教师教育系列教材

青少年心理咨询与辅导(第2版)

主　编　刘春雷

副主编　崔继红

清华大学出版社
北京

内 容 简 介

本书在遵循学生身心发展规律和人才培养规律的前提下，按照高素质健康快乐幸福型人才培养要求，立足教育和发展，培养学生积极心理品质，挖掘他们的心理潜能，以注重预防和解决发展过程中的心理行为问题为出发点，对教材内容进行了调整、优化、整合，实现了理论与实践的有机结合，完成了教、学、做一体化的课程设计。具体内容包括：青少年心理咨询与辅导概述、青少年心理发展特点、青少年心理咨询与辅导的理论、青少年心理问题的诊断、青少年心理咨询与辅导的过程和技术、青少年发展性心理咨询与辅导、青少年矫治性心理咨询与辅导、青少年的团体心理咨询与辅导、青少年心理测量与心理档案的管理、学校心理辅导的工作模式。

本书可作为高等院校心理学类公共课教材，也适合在校大学生和从事青少年教育工作的教师、家长以及青少年工作者等作为参考用书。

本书封面贴有清华大学出版社防伪标签，无标签者不得销售。
版权所有，侵权必究。举报：010-62782989，beiqinquan@tup.tsinghua.edu.cn。

图书在版编目(CIP)数据

青少年心理咨询与辅导/刘春雷主编. —2版. —北京：清华大学出版社，2020.5(2025.1重印)
教师教育系列教材
ISBN 978-7-302-55322-9

Ⅰ.①青… Ⅱ.①刘… Ⅲ.①青少年—心理咨询—师资培训—教材 ②青少年—心理辅导—师资培训—教材 Ⅳ.①B844.2

中国版本图书馆 CIP 数据核字(2020)第 057959 号

责任编辑：陈冬梅
装帧设计：刘孝琼
责任校对：王明明
责任印制：沈 露

出版发行：清华大学出版社
网　　址：https://www.tup.com.cn，https://www.wqxuetang.com
地　　址：北京清华大学学研大厦 A 座　　邮　编：100084
社 总 机：010-83470000　　邮　购：010-62786544
投稿与读者服务：010-62776969，c-service@tup.tsinghua.edu.cn
质量反馈：010-62772015，zhiliang@tup.tsinghua.edu.cn
课件下载：https://www.tup.com.cn，010-62791865

印 装 者：涿州市般润文化传播有限公司
经　　销：全国新华书店
开　　本：185mm×260mm　　印　张：17.75　　字　数：432 千字
版　　次：2011 年 8 月第 1 版　2020 年 5 月第 2 版　印　次：2025 年 1 月第 7 次印刷
定　　价：49.80 元

产品编号：083569-01

前　　言

心理健康是青少年综合素质发展的基石，是青少年健康成长、成才的前提。加强青少年心理健康教育是全面推进素质教育、培养未来社会高质量人才的迫切要求。

目前，我国心理教育工作刚刚起步，任重道远。受观念束缚，相当多的教师和家长及社会人员对学生心理健康的重视远未达到对学业成绩的重视程度，有的甚至为了成绩牺牲学生的身心健康；而青少年正值生理、心理发生重大变化的关键时期。因此加强青少年心理健康教育，为他们创造良好的成长环境，培养健康的自我和主动发展的意识与能力，培养健康乐观向上的人格是避免他们出现人际交往困难、自卑、逆反、生理发育困扰、情感挫折、适应障碍等各种心理问题的有效途径，也是贯彻《中小学心理健康指导纲要》精神的具体体现。

青少年心理咨询与辅导是提高中学生心理素质、促进其身心健康和谐发展的必要知识，是进一步加强和改进中小学德育工作、全面推进素质教育的重要组成部分。中小学生正处在身心发展的重要时期，随着生理、心理的发育和发展，社会阅历的扩展及思维方式的变化，特别是面对社会竞争的压力，他们在学习、生活、自我意识、情绪调适、人际交往和升学就业等方面，会遇到各种各样的心理困扰或问题。因此，在中小学开展心理健康教育，是学生身心健康成长的需要，是全面推进素质教育的必然要求。

以学生发展为根本，必须坚持以下基本原则：①坚持科学性与实效性相结合。要根据学生身心发展的规律和特点及心理健康教育的规律，科学开展心理健康教育，注重心理健康教育的实践性与实效性，切实提高学生心理素质和心理健康水平。②坚持发展、预防和危机干预相结合。要在应急和突发事件中及时进行危机干预。

本书理论与实践并重，侧重培养青少年的积极心理品质，提升青少年积极向上的乐观心态，预防心理问题的发生，促进学生身心健康，培养完整的人格和心理品质。本书侧重内容的前瞻性、完整性，贴合青少年成长发展的实际问题。随着新时期青少年常见心理问题的变化，青少年心理咨询与辅导的内容也在不断地充实与完善。本书注重体验性、可读性及可操作性，尽量使教材内容和体例丰富、有趣，调动学生的学习兴趣及求知欲，有利于学生的理解、吸收和运用；每章课后都设有本章小结、思考练习题和实践课堂及导读等，在巩固所学知识的同时全面培养学生发现问题、解决问题的能力。

本书可以作为高校心理学类公共课教材，亦可作为广大教育工作者学习及家长教育孩子的参考用书。

本书由吉林师范大学心理健康教育中心主任刘春雷担任主编，崔继红担任副主编，刘春雷负责统筹全局，崔继红负责统稿，赵灼对全书的修改完善做了大量工作。各章执笔人如下：第一章由吕珈锐编写，第二章由刘杭编写，第三章由杨继双、姜明月编写，第四章由兰晨编写，第五章由王斯文编写，第六章由赵灼编写，第七章由夏垒编写，第八章由苏鑫编写，第九章由李艳欢编写，第十章由李洁婷编写。

感谢编写组所有成员的辛勤努力，同时向本书引用的相关理论及参考文献的编著者表示由衷的感谢。

由于编者水平有限，书中难免存在缺憾和遗漏，恳请专家、同行及广大读者批评指正。

编 者

目 录

第一章 青少年心理咨询与辅导概述 1

第一节 心理咨询的含义与性质 2
  一、心理咨询的含义 2
  二、心理咨询的对象 4
  三、心理咨询的内容 5
  四、心理咨询的形式 7
  五、相关概念辨析 9

第二节 心理咨询的历史与发展 11
  一、心理咨询发展简史 11
  二、国外学校心理咨询的历史与发展 14
  三、我国学校心理咨询的发展与展望 16

第三节 青少年心理咨询与辅导的目标、内容和原则 17
  一、青少年心理咨询与辅导的具体目标 17
  二、青少年心理咨询与辅导的内容 17
  三、青少年心理咨询与辅导的原则 20

本章小结 21
思考与练习 21
实践课堂 22
推荐阅读 23

第二章 青少年心理发展特点 24

第一节 青少年心理发展的基本特点 25
  一、心理特点 25
  二、影响因素 29

第二节 青少年的学习与认知 31
  一、观察力的发展与学习 31
  二、记忆力的发展与学习 31
  三、想象力的发展与学习 33
  四、思维能力的发展与学习 35
  五、注意力的发展与学习 37

第三节 青少年的情绪与意志 40
  一、青少年情绪的发展 40
  二、青少年意志的发展 42
  三、青少年情绪、意志的培养 43

本章小结 45
思考与练习 45
实践课堂 46
推荐阅读 46

第三章 青少年心理咨询与辅导的理论 48

第一节 精神分析理论与疗法 51
  一、精神分析的基本理论 51
  二、精神分析疗法的运用 58
  三、精神分析疗法的贡献与局限 ... 63

第二节 行为主义理论与疗法 64
  一、行为主义的基本理论 64
  二、行为主义疗法的运用 68
  三、行为主义疗法的贡献与局限 ... 76

第三节 人本主义理论与疗法 76
  一、人本主义的基本理论 77
  二、人本主义疗法的运用 79
  三、人本主义疗法的贡献与局限 ... 82

第四节 认知理论与疗法 84
  一、认知疗法的基本理论 84
  二、认知疗法的运用 88
  三、认知疗法的贡献与局限 94

本章小结 95
思考与练习 95
实践课堂 96
推荐阅读 98

第四章 青少年心理问题的诊断 99

第一节 青少年心理问题诊断的特点 101

一、心理诊断的含义..................101
　　二、青少年心理问题诊断的特点
　　　　概述..........................102
第二节　青少年心理问题诊断的过程......108
　　一、青少年心理问题诊断的对象......108
　　二、青少年心理问题诊断的任务......108
　　三、青少年心理问题诊断的过程
　　　　概述..........................111
第三节　青少年心理问题诊断的原则......115
第四节　青少年心理问题诊断的方法......116
　　一、观察法........................116
　　二、访谈法........................121
　　三、个案法........................123
　　四、心理测验法....................124
　　五、问卷法........................127
本章小结..............................128
思考与练习............................129
实践课堂..............................129
推荐阅读..............................130

第五章　青少年心理咨询与辅导的过程和技术..........................131

第一节　青少年心理咨询与辅导的一般
　　　　过程..........................133
　　一、开始阶段......................133
　　二、指导与帮助阶段................136
　　三、结束阶段......................140
第二节　心理咨询与辅导关系的建立......142
　　一、真诚..........................142
　　二、尊重..........................144
　　三、温暖..........................145
　　四、共情..........................146
　　五、积极关注......................148
本章小结..............................150
思考与练习............................150
实践课堂..............................150
推荐阅读..............................151

第六章　青少年发展性心理咨询与辅导..............................153

第一节　青少年学习心理咨询与辅导......154

　　一、考试焦虑......................155
　　二、厌学..........................157
　　三、马虎..........................158
　　四、注意力分散....................160
　　五、学习方法不当..................161
第二节　青少年交往心理咨询与辅导......163
　　一、异性交往......................163
　　二、师生交往......................165
　　三、友谊挫折......................167
　　四、说话紧张胆怯..................168
第三节　青少年恋爱与性心理咨询与
　　　　辅导..........................169
　　一、青少年恋爱心理咨询与辅导......169
　　二、青少年性心理咨询与辅导........173
本章小结..............................177
思考与练习............................178
实践课堂..............................178
推荐阅读..............................180

第七章　青少年矫治性心理咨询与辅导..............................181

第一节　青少年常见的心理障碍..........182
　　一、智力缺损......................182
　　二、多动症........................186
　　三、口吃..........................190
　　四、神经性厌食....................193
　　五、学习困难......................196
　　六、自杀及心理危机干预............199
第二节　青少年常见的神经症与人格
　　　　障碍..........................201
　　一、神经衰弱......................202
　　二、焦虑症........................205
　　三、强迫症........................208
　　四、神经性抑郁....................211
本章小结..............................215
思考与练习............................215
实践课堂..............................216
推荐阅读..............................217

第八章 青少年的团体心理咨询与辅导 ... 218

第一节 团体心理咨询与辅导概述 219
    一、团体心理咨询的概念 219
    二、团体心理咨询的特点 219
    三、团体心理咨询的功能 220
    四、团体心理咨询的类型 221
    五、团体心理咨询的发展历史 223
第二节 青少年团体咨询与辅导的过程与方法 225
    一、团体心理咨询各阶段及其特征 225
    二、团体心理咨询的主要理论 227
本章小结 229
思考与练习 229
实践课堂 229
推荐阅读 231

第九章 青少年心理测量与心理档案的管理 232

第一节 心理测量概述 233
    一、心理测量的概念 233
    二、心理测量的性质 234
    三、心理测量的种类 235
    四、心理测量的方法 237
    五、心理测量的发展简史 238
第二节 青少年心理测量 239
    一、青少年常用的心理测量 239
    二、心理测量在青少年心理健康教育中的作用 247
    三、科学应用心理测量的几个问题 248
第三节 青少年心理健康教育档案建立的程序 248
    一、建立学生心理档案的目的和意义 249
    二、建立学生心理档案的原则 250
    三、建立学生心理档案的一般程序 251
本章小结 254
思考与练习 255
实践课堂 255
推荐阅读 256

第十章 学校心理辅导的工作模式 257

第一节 心理辅导队伍的建立 258
    一、学校心理辅导队伍的现状 258
    二、学校心理辅导队伍的建设 259
第二节 学校心理辅导工作的基本任务和职业道德 263
    一、学校心理辅导的工作内容 264
    二、学校心理辅导工作的具体形式 265
    三、学校心理辅导工作者的职业道德 268
    四、学校心理辅导工作中需处理好几大关系 269
第三节 学校心理辅导的工作评估 270
    一、学校心理辅导工作评估的内容 270
    二、学校心理辅导工作评估的基本程序 272
本章小结 273
思考与练习 273
实践课堂 274
推荐阅读 275

人类心灵深处，有许多沉睡的力量；唤醒这些人们从未梦想过的力量，巧妙运用，便能彻底改变一生。

——澳瑞森·梅伦(Orisen Mellone)

第一章 青少年心理咨询与辅导概述

本章学习目标

➢ 掌握青少年心理咨询的含义。
➢ 掌握青少年心理咨询的对象。
➢ 掌握青少年心理咨询与辅导的内容。
➢ 认识心理咨询与辅导在学校教育中的作用。

核心概念

心理咨询(psychological consultation); 心理辅导(psychological guidance); 青少年心理问题(young people's psychology questions); 心理咨询历史(psychological consultation history)

引导案例

我真的生病了吗

我遇到过两个男孩——一个喜欢我的男孩和一个我喜欢的男孩。喜欢我的男孩先出现在我的生活中，是我接触的第一个男孩。那是我在上学的时候。我们来自不同的城市，毕业之后我们开始异地工作，一两个月才能见一次面。但是，我们一直保持着联系。工作之后，我们单位的一个男孩走进了我的生活，这是我遇到的第二个男孩。我们在同一个办公室工作。可以说一见面我们就很投缘，共同语言很多，兴趣也很相似。现在我的困惑是，第一个男孩对我非常好，特别地爱我，他为我做了很多。如果我放弃他的话，从一般人的眼光看，似乎说不过去。而第二个男孩，我们在一起有共同的话题，我们有更多心灵的相通，我们更容易走到一起。面对这两个男孩，我该怎样作出选择？

在本案例中，求询者是一位有着感情困扰的女士。这位女士因为无法从两位男士中选出一个做自己的伴侣而感到苦恼，因此咨询的内容为人际关系中的恋爱、婚姻心理咨询。

在心理咨询过程中，咨询师应本着"助人自助"的思想帮助求询者寻找解决问题的方法。同时，心理咨询师不能违背心理咨询的间接指示原则，即为求询者决定选择哪个做伴侣，也不能代替求询者作决定。这些都是在心理咨询过程中需要注意的问题。

当心理问题影响到工作和生活，并且心理冲突难以自行排解时，情况就比较严重，甚至会出现心理异常。咨询师可以通过有针对性的咨询，科学地分析和疏导，帮助求询者缓解情绪困扰和内心冲突，防止向病态发展。这种情况属于健康咨询，也就是心理咨询的一部分内容。

本章将对心理咨询的含义与性质、青少年心理咨询的对象等问题进行探讨。

第一节　心理咨询的含义与性质

我们每个正常人，在日常生活中都要面对许多现实的问题，如学业、工作、婚恋、家庭、人际交往等问题。我们都希望顺利地度过人生的各个阶段，获得自身潜能最大限度的发挥，追求高质量的生活？当然，正常人也会产生一些心理问题，但大多没有达到心理异常或心理疾病的程度，他们都能正常地学习、工作和生活。作为心理咨询师，可以从专业的心理学角度提供相应的帮助。以上这些情况，都属于我们说过的发展性咨询。

一、心理咨询的含义

(一)心理咨询的定义

在大多数人眼中，心理咨询通常被理解为劝慰人或开导人，也有人认为心理咨询仅仅能够解决心理障碍问题。实际上，心理咨询过程是"人格重构"的过程，它所追求的目标是帮助人实现"心灵再度成长"。鉴于心理咨询对象和任务比较复杂，中外学者都给出了自己的定义。这些各有侧重点的定义，从不同角度揭示了心理咨询的特征。

1. 关注人格的发展

心理咨询是专业心理咨询工作人员运用心理学的理论与方法，通过良好人际关系的建立，借助各种符号系统(语词的、非语词的)，帮助当事人认识自我、发展自我、重建人格并达到自强自立的过程。

2. 关注咨询形式的性质

就心理咨询的过程来讲，心理咨询是借助一种特殊的人际关系，运用心理学理论、知识和方法，通过语言、文字及其他信息传递方式，给咨询对象以帮助、启发和指导的过程。因此，需要有两方参与才能进行：一方是接受帮助者，即为一名或数名有困难或问题需要帮助的咨询者(英文通常为client(s)或counselee(s)，又可作"当事人")；另一方是提供帮助者，即受过心理学方面的专业训练，能够给咨询者(counselor)以帮助。目的在于帮助咨询对象避免和消除不良心理因素的影响，并产生认识、情感和态度上的变化，解决咨询者在学习、生活等方面出现的各种疑难问题，从而更好地适应环境、发展自我、增进心理健康。

学校心理咨询，由于其面对的接受帮助的一方有其特殊性，所以，学校心理咨询的目的有一定的特殊性。

其一，针对一些学生在学习和生活中遇到的各种问题，结合他们的认知特点和行为特征，提供一些必要的指导，帮助他们处理好人际关系，提高学习效率，更好地处理因环境带来的各种问题，增强对环境的适应能力，解决现实生活中的问题，完成学习任务。

其二，帮助学生进一步树立正确的人生观，帮助他们了解和挖掘自身的潜能，不断突破自我的种种局限，获得全面的发展。

(二)心理咨询的性质

1. 心理咨询的要素

根据以上对心理咨询定义的讨论，可以了解到心理咨询主要有如下三个要素。

(1) 寻求心理帮助的人，即人们所说的"求助者""来询者""来访者""当事人""患者"以及"病人"等。本书统称为"心理求询者"或"求询者"。

(2) 提供心理帮助的人，有的被称为"心理医生""心理医师""心理助人者""心理辅导员"和"咨询者"等。本书统称为"心理咨询师"，或简称为"咨询师"。

(3) 心理帮助的过程，在现实生活中，有时被称作"心理辅导""心理指导"；在我国台湾被称为"心理咨商"；在香港叫作"心理辅导"等。本书统称为"心理咨询"，或简称"咨询"。

应当明确的一点是，心理医生与心理咨询师的工作是不同的，心理医生可以在门诊开药，心理咨询师则不能；再如，心理咨询的工作对象绝大多数是正常人，因此把他们称作"患者"或"病人"是不合适的，不但影响心理求询者的心态，也会增添他们的顾虑。又如，"来访者"的概念虽然比较中性，但只适用于当面的门诊咨询者。对于选择通信咨询或电话咨询的，叫"来访者"就不确切。

2. 心理咨询的特征

心理咨询具有如下特征。

(1) 心理咨询是助人自助的过程，这是最本质的特征。咨询师不能代替求询者解决问题，而是只能依据一定的心理学理论和心理学技术来影响求询者，协助求询者自己拿主意，进行自我救助。比如，求询者因为失业导致情绪低落而来求助，咨询师的任务是帮助求询者从糟糕的情绪中走出来，而不是为了让求询者情绪好起来而帮助其找工作。

(2) 心理咨询是一个人际互动的过程，咨询是一种互动，是双向的信息交流而非单向交流。这一特点意味着：不仅咨询师在影响、改变着求询者，求询者也在影响、改变着咨询师。互动的成功与否，关系着咨询的质量和效果。例如，在咨询中，咨询师要全面了解求询者各方面的情况。这表面看来是一个求询者陈述，咨询师倾听的简单过程，实则不然。假如求询者在说的时候发现你神情不专注，或者面露怀疑之色，求询者就会对此有所反应，会思考接下来该说什么、不该说什么，以及如何说。而他的进一步反应又决定着你能否了解到真实客观的情况。咨询中所发生的行为改变，主要就是通过这种互动实现的。

咨询过程中的互动应是一种良性互动。良性互动集中表现为在咨访双方之间建立起一种亲密、信任、富有建设性的关系。绝大多数咨询师都极其重视建立咨访关系，这从前面介绍的一些定义中也可以看出来。

(3) 心理咨询的内容是心理方面的。就是说，心理咨询的理论和方法是心理学方面的，所要解决的问题是心理学的，所要达到的目标也是心理学的。咨询互动的内容主要属于心理学范畴。如帮助求询者认识自己和环境条件，分析他的行为的意义和有效性，设计生活目标及实现目标的行动方式。又如，探讨消极情绪与认知评价的因果联系，帮助求询者领悟其内在动机冲突，指导求询者克服不良习惯，如此等等，都限于心理学的范围。

对于并非心理学的问题，只能说"心有余而力不足"，是不能包揽的（如法律咨询、管理咨询等）。

二、心理咨询的对象

生活中人们普遍有一种误解，认为接受心理咨询的人都"有病"，甚至有精神病。所以，很多本来需要心理咨询的人，因为怕被人知道自己"有病"而回避了心理咨询，这样一来也就错过了得到及时心理帮助的机会。

接受心理咨询的人真的是病人吗？不是的。恰恰相反，如果用一句简单通俗的话说，心理咨询的主要对象不是病人，而是正常人。心理学统计研究表明，在现代各年龄阶段的人群中，有80%的人存在不同程度的心理问题，如心理障碍、人格缺陷或习惯性不良行为。心理健康是一个发展的、相对的概念，人的一生从出生到死亡都处于不同阶段的心理发展过程中，任何人都不可能在心理上完全健康。

除有心理问题需要心理咨询外，还有以健康人群为对象，重视心理成长，以促进心理健康、促进快乐，使人更有价值感、成就感，更好地开发心理潜能为目的的发展性心理咨询；介绍各种心理卫生知识、心理问题的答疑与指导都属于心理咨询工作范围。心理咨询中还有一种比较特殊的类型就是危机干预，例如遇到突发事件，或遭受强暴、情感危机、自杀倾向等重大生活事件时，同样也需要心理咨询师的帮助。

拓展阅读

你需要心理医生吗

很多人能认识到自己有心理问题，但想依靠自己原有的认知力、意志力同心理问题抗争，没想到其结果是越克服越厉害，越抗争越严重，导致严重影响了工作、学习和生活；有些人还引发了躯体性疾病，最后不得不走进心理咨询室。

千万不要等心理问题成了堆再解决，要"防患于未然"。自己认为是小毛病的地方，很可能就是已存在心理问题的信号，也是心理咨询师查找心理问题的线索。具体如下所述。

(1) 我不知为什么经常感到烦恼，看什么都烦，无心思做事。
(2) 我见了生人就脸红心跳，在人多的场合，我说不出话来。
(3) 我和别人打上一架心里才觉得舒服。
(4) 我常把自己锁在房间里独处，不愿出门，总想痛哭一场。
(5) 有个人得罪了我，我想狠狠地报复他。
(6) 我经常失眠，惧怕夜晚来临。
(7) 我入睡前一定要多次检查房门锁是否锁牢。
(8) 我的手好像很脏，洗多少遍都觉得没有洗干净。

(9) 我的几个好朋友都先后不理我了，不知怎么得罪了他们。
(10) 我换了几个单位，总是和领导不对付，我该怎么办？
(11) 我和异性在一起就紧张，怎样也感觉不自然。
(12) 现有的工作非常不适合我的性格，我到底是什么样的性格？
(13) 我经常不由自主地大发脾气。
(14) 当让我拿主意时，我的脑子里就一片空白。
(15) 即使别人在谈论天气，我也觉得是在议论我。
(16) 我经常无故地感到自己有罪。
(17) 我从来就不敢从高处往下看。
(18) 我平常聊天很健谈，可在正式场合当众发言就紧张。
(19) 我和爱人在一起，经常找不到快乐的感觉。
(20) 快考试了，我又进入了脑子一片空白的状态。
(21) 我总是在走路时控制不住地数脚下的地砖。
(22) 我一紧张就要到厕所小便，不然就要尿裤子。
(23) 我很正派，但是一见到异性，就不自觉地往"敏感部位"看。
(24) 小时候使我不安的事，至今还在困扰着我。
(25) 其实我已经把事情做得很好了，可是我还是不满意，狠狠地自责。
(26) 有些很脏的东西，对我毫无用处，可我仍想抚摸或存集。
(27) 我总觉得自己很优秀，却从来得不到赏识。因此，常常怨恨他人。
(28) 我越是努力要把一件事情做好，效果反而越差。我究竟错在哪里？
(29) 我很喜欢虐待小动物来寻开心。
(30) 我常想与其这样烦恼，还不如死了好。

如果其中有与自己相似的问题，并且在一段时间里困扰着你，那么，就请看一下心理咨询师。

三、心理咨询的内容

心理咨询的内容十分广泛。人们丰富多彩、纷繁复杂的心理活动决定了心理咨询内容的丰富性和复杂性。

(一)心理咨询日常工作内容

心理咨询日常工作内容如下。

(1) 人生各个时期所遇到的心理问题，如日常生活中的人际关系问题、职业选择问题、教育过程中的问题、婚姻家庭中的问题等。

(2) 各种情绪与行为障碍，如焦虑、抑郁、恐怖、紧张情绪的分析、诊断及防治。

(3) 各种不可控制的强迫思维、意向和强迫行为、动作的诊断及治疗。

(4) 某些性心理、生理障碍，如性变态、阳痿、早泄、性欲异常等问题的诊治。

(5) 心身疾病，如冠心病、高血压、溃疡病、支气管哮喘等心理社会因素的探讨与心理治疗。

(6) 康复期精神病人的心理指导，促进更好地适应社会与生活，预防复发。

(7) 长期慢性躯体疾病久治不愈，需要心理支持及指导者。
(8) 要了解各种心理卫生知识者。
(9) 接受各种心理检查者(如智力测验、人格测验等)。
(10) 有其他心理疑虑而需要求询者。①

(二)心理咨询的种类

从心理咨询的定义可以看出，只要是人们在日常生活中产生的各种各样的心理问题都可以进行心理咨询。根据人们所需要解决问题的性质，大致可将心理咨询划分为如下种类。

1. 人格问题

人格的内容是非常丰富的，它既包括一个人的需要、动机、兴趣、理想、信念、气质、性格、能力，又包括一个人的人生观、世界观和对现实的态度，以及一个人的意志、情绪、理智等多方面的内容。人格如果明显偏离正常，就会形成人格障碍。

2. 心理发展

一个人从生到死、从小到大，要经历从婴幼儿期、儿童期、少年期、青年期、中年期到老年期的心理发展变化。这种心理发展过程是有顺序的、渐进的，前期的心理发展是后期心理发展的基础和条件。一个人如果不能完成某一阶段的任务，就会产生心理障碍，难以顺利地进入下一个发展阶段。心理发展的健康进行，会使人们感到心情愉快、生活幸福，同时也标志着一个人对社会具有良好的适应性。

3. 社会适应

我们人类都是在一定的社会环境中生活，能否适应社会是十分重要的。一个人对社会的适应性如何，主要视其社会行为和人际关系的情况而定。社会行为是一个人在一定的社会环境中，在公开场合下表现出来的行为。社会行为和人际关系常常是同一过程，它们是相辅相成的。如果人在社会行为和人际关系方面出现障碍，势必会影响他的成长和发展。

4. 恋爱、婚姻

恋爱、婚姻是人一生中的大事。一个人的婚姻是否美满，不仅在于配偶的选择是否合适，而且还与他们能否妥善处理好家庭、工作等方面的问题有着密切的关系。

人们在恋爱中会遇到诸如单相思、失恋、择偶标准不明、恋爱调适等问题。在婚姻生活中，会遇到如何协调夫妻关系、长辈关系、子女关系以及性生活的和谐、子女的教育等问题。如果依靠个人的力量不能妥善处理，就可以通过心理咨询得到帮助。

5. 职业选择

心理咨询除了帮助人们了解心理障碍以外，还可以帮助人们了解心理发展的规律，探求自己的心理能力，把个人的职业意愿和自身素质相联系，根据社会的需要和社会职业岗位需求的可能性，帮助人们充分利用心理潜能评测出个人职业意向，帮助人们以积极的态度去选择职业。

---

① 董利军. 心理咨询的内容和类型[EB/OL]. [2003-07-07]. http://www.psyc.com.cn/article.asp?id=607.

6. 学习调整

心理咨询可以帮助人们进行学习调整，扫除学习障碍。这里所说的学习是指人们对知识的学习。其中包括：①学习时的感知和理解等；②技能和熟练的学习，主要指运动的、动作的技能和熟练；③心智的、以思维为主的能力的学习；④道德品质和行为习惯的学习。这四个方面的学习是相辅相成、互相联系的。任何一个方面出现障碍，都会造成学习困难。

四、心理咨询的形式

心理咨询内容的复杂性决定了心理咨询形式的多样性。

(一)按对象的多少分类

心理咨询按其对象的多少可分为个别咨询和团体咨询。

1. 个别咨询

个别咨询是指咨询师与求询者之间的单独咨询。这是心理咨询最常见的形式。这种形式的咨询其优点在于针对性强，保密性好，咨询效果明显；不足之处在于成本较高，因为这种一对一的咨询形式需要双方投入较多的时间和精力。

2. 团体咨询

团体咨询是指根据求询者所提出的问题，按问题的性质将他们分成若干小组，咨询师同时对多个求询者进行帮助。它是一种很有前途的咨询形式。其突出的优点是咨询面广、咨询成本低，对某些心理问题或心理障碍效果明显优于个别咨询；不足之处是同一类问题也可能因个体差异而表现出明显的个体性，单纯的团体咨询往往难以兼顾每个求询者的特殊性。为此，心理咨询工作者应扬长避短，在团体咨询中，加入个别咨询，效果会更佳。

团体咨询可分为以下两种。

(1) 重点放在个体身上。这类咨询虽然也重视团体成员交互作用的意义，但主要还是把咨询方法、干预手段直接应用于团体咨询的每个成员，如讲座、训练等。正因如此，这类团体咨询又被称作团体讲座、团体训练。

(2) 重点放在团体成员的交互作用上。这类咨询主要是通过团体成员相互作用所产生的影响力而使成员调整自己的思想、情感和行为。国外流行的各种咨询小组大部分属于这类，如交朋友小组、"心理剧"疗法、游戏疗法、格式塔疗法、敏感训练小组等。

从严格的意义上讲，团体咨询主要指第二种形式，因为团体咨询的本质含义是指借助团体内心理相互作用的力量产生建设性影响的帮助活动。

(二)按方式分类

心理咨询按其方式可分为门诊咨询、现场咨询、信函咨询、专栏咨询、电话咨询和互联网咨询。

1. 门诊咨询

门诊咨询是指在相关的机构中开设心理咨询门诊，如在专科医院、综合性医院和专门的个体诊所开设的心理咨询。它是心理咨询最常见的方式。由专业咨询工作者与咨询对象直接见面，能进行深入的交流，及时发现问题，提出建议，因此咨询效果很好。

2. 现场咨询

现场咨询是指咨询师在学校、机关、企业、部队、城乡社区、家庭和医院病房等现场，对求询者提出的各种心理问题给予帮助的咨询形式。现场咨询对那些对心理咨询存有偏见的个体更合适，对虽有心理障碍，但本人由于各种原因又不能到门诊咨询的人最为合适。

3. 信函咨询

信函咨询是指以通信的方式进行的咨询。咨询师根据求询者来信描述的情况或提出的问题，以通信的方式解答疑难，疏导教育。其优点是简单方便，尤其是对异地的患者及一些有心理问题又羞于面见咨询师的求询者非常适合；缺点是有些求询者由于文化水平低和相关知识少，来信对问题、症状叙述不全面或欠准确，咨询师不能全面深入地了解情况，不利于问题的解决，必要时应给予门诊咨询。这种咨询形式现在越来越被互联网中的 E-mail 所取代，但是在互联网不是很发达的地区，信函咨询还是很普遍的。

4. 专栏咨询

专栏咨询是指针对公众关心的一些较为普遍的心理问题，通过报纸、杂志、电台、电视台、公众号等大众传播媒介进行专题讨论和答疑。随着互联网的发展，专栏咨询逐渐扩展到专门的网站、网页上进行。这种方式的优点是便于普及心理卫生知识，影响面广；缺点是针对性差。

5. 电话咨询

电话咨询是指通过电话的方式开展咨询。这种方式主要适用于心理危机或有自杀观念、自杀行为的人。在国外是专线电话，只限于心理危机者使用，主要目的是防止自杀。

目前，全国各个城市都已建立了各种"心理援助热线"，除了处理各种心理危机，也为其他有心理问题者提供服务。其优点是快捷、方便、保密性强，对心理危机干预非常及时有效。但由于缺乏咨询师与求询者之间面对面的直接交流，难以进行准确的心理评估，限制了咨询师的干预能力。

6. 互联网咨询

互联网咨询是指借助互联网进行咨询。这是近年来逐渐兴起的一种新型的咨询方式。它与信函咨询有某些相似之处，如对语言文字的依赖性强，咨询效果受文化水平、语言表达能力的影响很大。不同点在于网上咨询沟通迅速、快捷，但需要一定设备条件和比较熟练的电脑或手机操作技能。对于那些由于个人身体条件、地域环境的限制而不能直接、方便地寻求心理咨询者，以及由于个人生活风格、认知习惯，不愿意面对咨询师的人们来说，互联网咨询尤为必要。

需要指出的是，以上各种咨询方式是互为补充、互相促进的。许多求询者通过专栏咨询，了解了自己的心理问题或症状，再进行信函咨询、门诊咨询、电话咨询或互联网咨询；有些门诊咨询求询者，回到异地工作、学习或生活处所后，通过信函咨询、电话咨询、互联网咨询继续得到咨询师的指导；现场咨询中发现的心理障碍严重的求询者，需要转到医院进行门诊咨询。因此，多种形式配合，有利于心理咨询的广泛开展和咨询效果的提高。

(三)按时间长短分类

心理咨询按其时间长短可分为长期咨询、短期咨询和限期咨询。

1. 长期咨询

长期咨询是指咨询持续的时间较长，比如时长超过两三个月，甚至长达数年。这种形式的咨询目的不仅在于问题的解决和症状的消失，而且还包括改善性格及行为的方式，促进心理成长，所以需要的时间较长。长期咨询的重点放在深层心理的探讨、心理与行为改进的维持上。当然长期咨询需要求询者投入大量的金钱，而咨询师也要投入大量的时间和精力。

2. 短期咨询

短期咨询是指咨询的期间较短。至于如何界定短期咨询，没有统一的观点，可以是三到四次的会谈，也可以是十次左右，时间历经一两个月。短期咨询的重点在于问题的解决和症状的祛除。做短期咨询时，要把咨询的重点弄清楚，不能把范围无限制地扩大。求询者在短期内解除痛苦。

3. 限期咨询

限期咨询是指在咨询开始时，咨询师与求询者共同制订咨询计划，对咨询的次数或期限作出规定，如 5 次、10 次或两个月等。这种事先确定咨询期限的做法，目的在于事先安排和规划咨询计划，针对此约定的期限共同努力，求得实质性的改善。

应当明确的是心理咨询的期限并无硬性规定，一般可根据求询者的意愿、咨询的内容以及咨询师的建议等因素决定。很多求询者受时间、费用、交通条件等因素的制约，倾向于做短期咨询或限期咨询。只有情况特殊，在双方同意的前提下，才会做长期的心理咨询。

五、相关概念辨析

(一)咨询

在古汉语中，"咨"是商量的意思；"询"是询问，合起来就是与人协商、征求意见。英语中咨询(counsel)含有协商、商讨、会谈、征求意见、寻求帮助、顾问、参谋、劝告、辅导等含义。所以，咨询包含的内容比心理咨询要广泛得多。可以说，心理咨询是咨询的内容之一。

(二)辅导

在古汉语里，"辅"是帮助、佐助、辅助的意思；"导"是指引、带领、传导、引导的意思。英语中辅导(guidance)的含义和中文相同或一致，泛指有关专业人员对当事人的协助与服务。由于学校中的心理咨询的求询者多是学生，因此，咨询师在对学生进行心理咨询时，或多或少带有"辅"和"导"的成分。因此，本书将这一过程也称为学校心理咨询与辅导。

(三)心理辅导

心理辅导(psychological guidance)是学校教育者根据学生心理发展的特征与规律,在一种新型的建设性的人际关系中,有关专业人员运用心理学等专业知识与技能,设计与组织各种教育性活动,帮助学生形成良好的心理素质,充分发挥个人潜能,进一步提高心理健康水平的过程。

心理辅导一词是港台地区学校心理健康教育活动中常用的概念,我国内地过去使用得不是很普遍。近年来,有些学者开始使用这一词,但是其含义具有广泛性。在多数情况下,心理辅导就是指心理健康教育,有时这两个概念可以互用。

(四)思想教育

在我国,由于人们对心理咨询了解得不够,在生活中常常把心理咨询混同于思想教育。在我国心理咨询与思想教育有着特殊的关系:一方面,心理咨询与思想教育确实都是涉及人的心灵工作的,具有某种联系;另一方面,教育系统中通常把心理咨询工作隶属于德育工作。但是,二者在理论基础、工作目的、工作内容、工作方法等很多方面,都有本质的区别。

(五)心理治疗

心理治疗(psychotherapy)是指在良好治疗关系的基础上,由经过专业训练的治疗者运用心理学的有关理论和技术,对当事人进行帮助的过程,以消除和缓解当事人较严重的心理问题和障碍,促进其人格向健康协调发展,进而恢复其心理健康。

在人们的生活中,心理咨询与心理治疗更容易被看成一回事。这是因为,二者同属于临床心理学范畴,在理论依据、最终目标、伦理要求等方面存在相似性,特别是在临床实践中又常常交互使用。例如,为了更好地进行心理咨询,有时需要先对求询者进行放松治疗;为了更好地进行心理治疗,有时需要对求询者运用心理咨询技术调整其心态。所以,作为心理咨询师,不仅要掌握心理咨询的技术,还要掌握心理治疗的方法。

(六)心理辅导、心理咨询与心理治疗的区别与联系

对心理问题的处理,目前大致可分为医学模式和教育模式,前者更注重心理的治疗和重建,后者注重的则是心理的预防和发展。按使用这两种模式因素的多少,可分为心理辅导、心理咨询和心理治疗三个层次和类型。三者的共同点是都认为此过程是求询者的一个学习过程,即通过学习来改变其不健康的心理和行为。所以三者都强调双方之间的合作和建立一种民主、平等、和谐的关系,但是三者之间在目的、手段、对象等方面又存在差异。

(1) 心理辅导的对象往往是处于转变或转折时期的普通人,即他们的心理健康状况相对良好,关注自己的未来和发展。心理干预的重点是预防,根本目标是为防止未来问题的发生提供知识性服务。

(2) 心理咨询是以遇到心理困惑或有强烈心理冲突与矛盾的正常人为对象,关注对象在于现在,心理干预的重点是发展,根本目标是改善来访者个体的心理机能,提高其心理健康水平。

(3) 心理治疗是以心理健康水平较低或心理机能失调及心理上有障碍的疾患为对象,

关注对象在于过去，心理干预的重点是矫治，根本目标是纠正与治疗求询者心理与行为的失常问题，恢复其心理健康。

心理咨询与心理治疗是两类不同性质的操作过程。

(1) 最本质的区别在于互动关系是否带有强制性。心理咨询的互动关系，是"协助"，是咨询师和求询者之间的协助关系，是平等协商、互助互长的关系。在心理咨询中，咨询师启发求询者自己看到解决问题的几种可能性，最后通过协商，帮助求询者自己决策，选择解决问题的方法，也就是让求询者自己拿主意。但在心理治疗中，就不能这样了。心理治疗的互动关系，是"矫治"，是双方遵照执行治疗方案，有时没有商量的余地。例如采取某种治疗方案，只要当事人同意了，就要按照治疗计划执行。

(2) 二者的对象和方法不同。心理咨询主要针对的是正常人，着重处理正常人生活中遇到的各种心理问题，一般时间较短，不用药物。心理治疗的对象主要是心理疾病患者，一般持续时间较长，有时还要辅以药物治疗。

虽然心理辅导、心理咨询和心理治疗是互相紧密联系的，不能也无法完全区别开来，但是这三者毕竟是不同的。从某种意义上说，都具有各自不同的特点，所以应该区别开来。只有这样才有利于进行心理辅导、心理咨询和心理治疗工作，也有利于提高学校心理健康教育工作的准确性、针对性和科学性。

第二节　心理咨询的历史与发展

德国的生理心理学家艾宾浩斯曾经说过，"心理学有一个长期的过去，但只有一个短暂的历史"。心理学从1879年产生到现在只有一百多年的时间，但是心理学思想却在很久以前就在国内外的学者的思想中有所体现。

一、心理咨询发展简史

早在人类社会形成之初，人们就感到有许多自己无法解决的困扰，因此也就需要有人来解惑答疑，就需要"心理咨询"了。由于当时人类发展水平有限，只能求助于酋长或者年龄较长者。即使到了早期文明时代，人们也只有寻求神父、牧师、巫师等人员以帮助自己获得心灵上的解脱。随着人类社会的发展，人类出现了一种叫作"思想家"的人，开始为人们指点迷津。如古希腊时代的大哲学家苏格拉底，以他睿智幽默的诘问法，帮助人们认识生活和自我；再如，我国先秦道家的代表人物庄子，以他的智慧的语言，为人们解除心病，史称"庄子之言犹药也，可以医人之病"。这些思想家可说是最早的"心理咨询家"。事实上，真正意义上的心理咨询，是现代社会才开始出现的。社会的发展，科学的发展，特别是心理科学的发展，为现代心理咨询奠定了基础。

(一)外国心理咨询的历史

就现在人类心理咨询事业的发展状况来看，现代心理咨询发源于美国，而且美国也是心理咨询业最发达的国家。

具体来讲，现代心理咨询的出现源于19世纪中后期的工业革命给人们生活带来的深刻影响。第一次世界大战期间，由于美国军队面临着对征募的士兵进行甄别和分类的需要，因而委托了一些心理学家设计了一种智力测验，以便在培训过程中识别和淘汰那些智力低下的人。

很多人同意现代心理咨询的创始人是美国的威特默的说法。威特默是美国心理学家。1896年他在美国宾夕法尼亚大学，创办了世界上第一个临床心理诊所。

从1930年开始，以整个人格为对象的咨询发展起来，包括职业、学校生活、家庭、情感、人格、身体健康等方面的问题都可以咨询，很多学校成立了专门的心理咨询机构。在整个30年代，最有影响力的事件是由威廉森(E. G. Williamson)所创立的心理咨询理论的诞生，即"以求询者为中心"的咨询模式，这一模式在随后一段时间里的心理咨询实践中一直占据着主导地位。

20世纪30年代末到40年代初，个性与学习理论以及心理治疗理论促进了心理咨询的发展。以心理测量为基础的指导性谈话的临床咨询模式开始被心理治疗的模式所取代。

此后，特别是20世纪40年代以后，心理咨询在国外特别是在美国，更迅速地发展起来。1953年，美国心理学会成立了咨询心理学分会。1955年，开始正式颁发心理咨询专家执照。

随着对心理咨询师专业角色的明确定义，建立了一系列州级和国家级的职业道德规范、培训标准、权利范围、资格证书、职业证书制度，心理咨询逐渐成为一种明确的专门职业。

(二)我国心理咨询的历史

纵观我国心理咨询业的发展，特别是20世纪80年代以来的情况，从总体上说，心理咨询和心理治疗工作的区别不是很明显，两者基本上是相互渗透、相互重叠、共同发展的，彼此之间并没有严格的区分。这与国外发达国家的情况有很大的不同。因此，中国的心理咨询发展史实际上也就是我国心理治疗的发展史。

在新中国成立以前，心理咨询和心理治疗工作的开展比较零散，虽然在职业指导、心理测试等方面开展过一些工作，但它们并不属于当今所说的心理咨询与心理治疗的主流，而且也未形成较大的规模。新中国成立后，心理咨询和心理治疗事业既有曲折、停滞，也有兴旺、发展。

钟友彬1991年根据对国内公开发表研究论文的统计分析，把我国心理咨询与心理治疗的发展分为启动阶段(1949—1965年)、空白阶段(1966—1977年)、准备阶段(1978—1986年)和初步发展阶段(1987年至今)。

1. 启动阶段

在启动阶段(1949—1965年)只有少部分专业人员进行了零散的心理治疗工作。在此阶段影响最大的工作为50年代末60年代初对神经衰弱的快速综合治疗。

1958—1959年，中国科学院心理研究所医学心理组、北京医学院精神病学教研组和北京大学卫生院及心理学系合作，首先在北京大学对患神经衰弱的学生进行了快速综合治疗，而后治疗对象扩展到工人、军队干部和门诊病人。

2. 空白阶段

空白阶段(1966—1977年)由于历史的原因，心理学被斥为伪科学，心理咨询和心理治疗更是处于被批判的地位,当时思想政治工作代替了一切,因此在1966—1977年,几乎没有一篇心理学文章或一本心理学著述发表,故称之为空白阶段。

很值得一提的是,钟友彬等人从70年代中期开始,利用业余时间秘密尝试采用心理分析疗法对某些神经症患者进行治疗,为此后他创立认识领悟心理疗法奠定了一定的基础。

3. 准备阶段

准备阶段(1978—1986年)有关心理咨询和心理治疗的文章开始在专业杂志上发表,虽然发表的数量不多,但毕竟有了一个好的开端。这一时期还出版了一批西方著名心理学家的著作,如弗洛伊德、荣格、弗洛姆、霍妮等人的著作。

从20世纪80年代初开始,一些精神病院和综合性医院精神科开始设立心理咨询门诊,开展临床心理咨询与治疗工作,三级甲等医院的评定条件之一是设置临床心理科;上海、北京的一些高校相继开展了大学生心理咨询工作。

从整体上看,心理咨询和心理治疗工作的开展还不够普及,所采用的咨询和治疗方法较少(多为支持性疗法和行为疗法),而且咨询和治疗的水平也有限,但仍在心理学界、精神病学界产生了一定的影响,为以后的发展打下了良好的基础。

4. 初步发展阶段

1987年以后,我国心理咨询和心理治疗事业进入初步发展阶段。其主要标志如下。

(1) 公开发表的有关心理咨询和治疗的论著在数量和质量上较之以前都有了较大幅度的提高。在数量方面,钟友彬对1990年以前国内公开发表的文章进行了统计分析,结果表明1987年发表的文章数量首次超过了10篇,以后连年递增,至1990年达到20篇。钱铭怡曾对《中国心理卫生杂志》《中国临床心理学杂志》和《健康心理学杂志》这三种专业杂志中的文章进行过统计,1994年和1998年先后两次出现发表数量的高峰。

在质量方面,熊昌华等对1982—1994年我国专业杂志中发表的心理治疗文章的类型进行过统计,在这些文章中最多的是个案报告及案例观察,对照研究文章仅29篇。

另外,1987年以后除了不断有国外心理治疗名著被翻译出版外,由我国专家自己著述及编著的心理咨询与治疗著作也陆续问世。其中比较引人注目的是钟友彬所著的《中国心理分析——认识领悟心理疗法》、鲁龙光所著的《疏导心理疗法》和许又新所著的《神经症》等。

(2) 专业培训和管理逐步规范。从1987年至今,心理咨询与心理治疗事业在我国已有了长足的进展,但仍存在不少问题。例如,由于许多从业人员只受过很少时间的训练或者只接受过某一相关学科(如医学、心理学、教育学、社会学等)的训练,因此在咨询和治疗活动中遇到很多困难。针对训练不足的问题,我国专业领域已做了多方努力。

(3) 相继成立了若干全国性的学术组织。中国心理卫生协会于1990年11月在北京成立了自己的下属分支——心理治疗与心理咨询专业委员会。1991年初,中国心理卫生协会中的又一分支——大学生心理咨询专业委员会成立。

(4) 心理咨询与心理治疗机构大量出现。这一阶段全国各地城市已普遍在综合性医院建立了心理门诊,在高等院校成立了大学生心理咨询机构,一些城市甚至在条件较好的中小学也配备了专职心理咨询人员,出现了专门的心理治疗中心及私人开设的心理门诊。

(5) 心理咨询与心理治疗专业期刊相继问世。中国心理卫生协会于1987年创办了《中国心理卫生杂志》，1993年创办了《中国临床心理学杂志》和《健康心理学杂志》，这三个专业杂志的相继问世，促进了心理卫生领域的信息交流、学术研究、科学普及工作，推动了我国咨询心理学和临床心理学的发展。

(6) 心理咨询和心理治疗与我国国情相结合。目前，在我国应用的绝大多数心理咨询和心理治疗理论及其方法来源于西方。由于文化直接影响着人的心理与行为、人所遭遇的挫折与困难、人的应付与适应心理问题的方式，也直接影响着心理治疗的理论、模式和具体方法，所以我国的心理咨询和心理治疗工作者在应用西方心理咨询和心理治疗理论与方法的同时，还担负着如何使之适合中国国情的任务。

二、国外学校心理咨询的历史与发展

(一)国外学校心理咨询的历史

20世纪20—40年代，心理测验运动在美国的蓬勃发展为学校心理咨询的发展提供了另一块重要基石。

"一战"后，为军队服务的心理学家带着他们的心理测验转而服务于民间机构和企业，这为当时以职业指导为中心的学校心理咨询提供了科学手段，注入了新的活力。

1938年，美国明尼苏达大学的帕特森和威廉森合作出版了《学生指导技术》一书，对当时学校心理咨询的理论和实践作了较为全面的论述。

20世纪30年代末40年代初，世界政治、经济形势发生了急剧的变化。社会的动荡带来了一系列问题，安全感的缺乏、生存意义的迷失、焦虑、恐惧、迷惘笼罩着大多数人。

人们突然发现，周围的一切已经使自己无法适应，他们急需摆脱生活的困境，他们渴望帮助。于是，一时之间心理咨询家备受青睐，出现了所谓的"心理治疗时代"，学校心理咨询的重点逐步转到学习和生活适应，特别是情绪障碍的咨询上来。

50年代开始，社会趋于稳定，经济持续增长，人的发展也成为世界各国共同关注的问题。如何促使每一个人获得最有效的发展，使人的潜能和智慧得到充分发挥，是越来越多的人所关心的问题。

进入70年代后，世界各国都十分重视学校心理辅导，每年由政府拨出大量资金资助辅导工作的开展。早在1957年在苏联人造卫星上天这一重大新闻的震动下，美国联邦政府就有针对性地颁布《国防教育法》，指定学校要推行辅导及评估计划，识别天才及反应迟缓的学生并因材施教，而大学也不断增设辅导训练课程，并给辅导工作提供专门的经费。

(二)国外学校心理辅导的发展趋向

现在国外学校的心理辅导进入了空前发展的阶段，在原有的基础上不同程度地发生了变化并出现了新的趋势。华东师范大学的孙少平曾对外国学校心理辅导的发展趋势作过比较具体的总结，具体如下[①]。

1. 心理辅导的工作取向将由矫治性转向发展性

心理辅导的矫治性，是针对一些有情绪障碍、行为偏差以及学习和适应有困难的学生，

---

① 孙少平. 国外学校心理辅导发展的新特点[J]. 教育科学(大连). 1996(3)：59-63.

帮助他们适应环境，消除各种异常心理和行为。

心理辅导的发展性体现为促进学生身心的健康发展，其中包括促进学生健全人格与心理适应能力的发展，使他们的各种潜能得到充分的发挥。学校传统的心理辅导侧重于矫治这一层面，只为少数有问题和适应有困难的学生(如敌视同学的学生、羞怯的学生、学习困难的学生、寄养学生、离异家庭学生、少数民族学生等)提供服务，补救性工作占主导地位，忽视对正常学生的辅导。

现在，矫治性工作虽是辅导工作不可缺少的一部分，但强调提高学生的心理素质水平、发挥学生潜能的发展性工作却日益受到重视。辅导的工作取向向发展性倾斜，使辅导的对象、内容、目标也相应地出现了变化。辅导对象由过去单纯面向心理障碍的学生扩及全体学生。辅导内容由心理治疗、职业指导扩展为生活辅导、学生辅导和职业辅导，其中生活辅导是对学生整个人生、整个人格的辅导，故这些内容具有涵盖面宽、适应范围广、针对性强的特点。

2. 日益重视对心理辅导人员的专业培训

第二次世界大战以前，学校心理辅导人员的专业培训很少，职务也无资格标准。辅导主任都是由教师兼任，兼任辅导主任的教师每日半天教学，半天从事辅导工作，主要任务是给学生提供职业信息，他们并不懂得运用心理辅导的理论、方法、技巧以及评定手段等。

美国20世纪60年代开始出现了关于专业辅导人员的培养标准和作用的全国性文件。现在对心理辅导人员的要求越来越严格，辅导的专业化日趋明显。

3. 形成学校、家庭、社区相结合的辅导网络

在国外学校，心理辅导工作一般由辅导主任、辅导教师和社会工作者分工负责。由于辅导人员与学生人数的比例悬殊，造成辅导人员只能为少数有心理障碍的学生提供服务。

为了满足学生心理辅导的迫切需要以及解决供不应求的问题，现在国外学校都相应地采取措施，充实辅导力量，扩大辅导范畴。首先在校内形成辅导员、专业辅助人员、教师、学生辅导干部相结合的辅导网络。除了发挥辅导主任、辅导教师和社会工作者这些前线工作人员的作用外，还利用一般教师的力量，主要通过辅导人员为教师提供学生成长和发展方面的专业知识以及辅导方法、技术等，使他们参与一般性的辅导工作，形成一个"辅导学生，人人有责"的良好氛围。还有就是雇用专业辅助人员。如美国中小学为了在预算有限的情况下扩大服务对象的数量，普遍雇用专业辅助人员在辅导中做辅助性工作。

另外，学校辅导的范畴已由学校延伸至家庭与社区。要求辅导人员与家长保持联系，经常对青少年成长过程中的一些问题进行磋商；并结合校外支援力量，如心理卫生中心、家长委员、管区警察、少年警察队以及其他社区热心人士，共同为学生提供辅导服务。

4. 对各种心理辅导理论采用兼收并蓄的态度

目前，国外的辅导咨询理论及学派已超过250种，可谓学派林立，其中以行为矫正理论、人为中心理论、精神分析治疗理论、理性情绪治疗、现实治疗理论最负盛名。这些理论最初是分立的，各执一端，互不通融，各自具有自身的长处与不足。

从上述情况来看，国外学校心理辅导的理论、手段、方法、经验、资料，以及师资队

伍、组织机构等比较完备，比较健全。相比较而言，我国学校的心理辅导仅处于萌芽状态。

三、我国学校心理咨询的发展与展望

(一)我国学校心理咨询的发展

在我国，由于历史的原因，学校心理咨询在相当长的时间内一直处于空白状态。正如前文所述，20世纪80年代中期，在我国广州、上海、北京等大城市开始出现了心理门诊，随后又在这些城市中出现了中学生热线电话辅导，辅导的内容包括校园生活、学习方法、青春期卫生、心理卫生、交友艺术、就业、家庭伦理、权利和义务等。

教育部于1999年8月13日颁布了《关于加强中小学心理健康教育的若干意见》，2002年8月5日颁布了《中小学心理健康教育指导纲要》等心理健康教育的纲领性文件。文件明确指出，在中小学开设建立心理辅导室，指导帮助学生解决在学习、生活和成长中出现的问题。心理辅导室作为排解心理困扰的专门场所，是学校开展心理健康教育的重要阵地。在心理辅导过程中，教师要树立危机干预意识，对个别有严重心理疾病的学生，能够及时识别并转介到相关心理诊治部门。教育部也对心理辅导室建设的基本标准和规范作出统一规定。所以大多数学校都开始设立心理咨询中心，并且配备专职的心理咨询教师，提供健康心理咨询、学习咨询、成功咨询等，分别就学生的理想前途、人际关系、心理卫生以及学习和生活中遇到的各种问题给予指导。

1985年，北京师范大学成立心理测量与咨询服务中心，这是国内在高等院校成立的最早的学校心理咨询专业机构。

(二)我国学校心理咨询的展望

国外学校心理健康教育的发展历程、现状及趋向，对于加强和改进我国学校心理健康教育工作，促进我国学校心理健康教育的健康发展具有重要的借鉴意义。我们不仅要从对心理健康认识上发生改变，还要在具体措施上做很大的改进。崔景贵曾对我国学校心理咨询的发展趋势提出了一些建议，具体如下。

(1) 我们要确立"全人心理教育观"，面向全体学生，而不只是少数有严重心理问题的学生，促进学生心理的全面和谐发展、自主发展。这是我国当代学校心理健康教育不可忽视的新的生长点。

(2) 确立"大心理健康教育观"，把握系统性，探索从学前、小学、中学到大学心理健康教育的科学衔接和有效沟通的机制，通过各教育的结合，各学科教学的有机渗透，整合与优化心理健康教育途径。这是我国学校心理健康教育发展的新契机与新视野。

(3) 积极整合学校、社区、家庭、自我等多方面的资源，在"四结合"上来拓展学校心理健康教育的新空间，形成学生心理发展的社会支持系统，使"心理育人、人人有责"真正成为全社会的共识和共同行动。

(4) 加大培养、培训力度，推行心理健康教育资格认定制度，通过落实编制、职称评定、心理健康教育师资培训等举措，建设一支素质优良、专兼结合、全体教师共同参与的心理健康教育师资队伍。

第三节 青少年心理咨询与辅导的目标、内容和原则

由于青少年心理咨询与辅导的咨询对象为心智还不是很完善的青少年，所以其咨询目标、内容和原则有一定的特殊性。

一、青少年心理咨询与辅导的具体目标

学校心理辅导的目标是提高全体学生的心理素质，促进他们的心理健康。

(1) 发展性目标：通过提高全体学生学习、生活、人际交往和社会适应性等方面的心理素质，充分开发他们的潜能，促进他们的心理健康。

(2) 防治性目标：通过对学生心理问题的预防、矫治，进而促进学生心理健康。

学校心理辅导应以发展性目标为主，防治性目标为辅。

二、青少年心理咨询与辅导的内容

(一)青少年时期个体心理发展特点

1. 儿童期个体发展特点

青少年心理是关系人一生心理健康的筑基阶段，需要人人参与、人人关注。专家们呼吁把儿童心理辅导工作纳入学校、医院等公共服务机构的质量考核指标，做到学校有心理咨询室，医院有儿童心理专科，把社会、学校、家庭及儿童心理辅导工作者的力量整合起来，建立全方位的心理辅导服务体系，使有心理问题的儿童及早得到正确的帮助。

2. 少年期个体发展特点

少年期(从十一二岁到十四五岁)在人的一生中，无论在生理或心理上都是一个急剧变化的关键时期。这一时期学生心理发展的特点，已引起世界各国的生理学、心理学、教育学、社会学以及伦理学界的重视。他们从不同侧面强调少年期在人的成长中的重要性，并提出了少年期是"反抗期""危机期""飞跃期""烦恼期""孤独期""闭锁期"和"心理上的断乳期"等说法。但是，这些说法仅仅从某一侧面或角度谈到了这一时期学生的心理特点，没有揭示出少年期学生心理发展的根本特征。

我们认为，少年时期处于人生的过渡阶段，即从童年向青年过渡、从幼稚向成熟过渡、从不定型向定型过渡的时期，因而过渡性是少年期学生心理发展的基本特征。

而且，与人生的其他阶段相比较(与童年期、青年期、成年期比较)，少年期学生的心理发展具有变化大、周期短的特点，并且充满着依赖与独立、幼稚与成熟等种种错综复杂的矛盾。教师必须充分认识和掌握少年期过渡性这一根本特点，并针对这一特点进行心理健康教育，促使其迅速、健康地度过这一阶段。

1) 少年期个体生理的变化

少年期个体生理上发生了很大的变化。

(1) 性机能发育成熟。从生理的角度讲，少年期也即青春发育期。孩子进入少年期后，

性腺机能开始成熟和发生作用，第一、第二性征开始出现。第一性征主要指生殖器官的发育特征(即性腺的发育)，女性主要是卵巢，男性主要是睾丸。第二性征又称为副性征，主要指男女两性在发育时期从体态等方面表现出来的一些变化，例如，少年时期的男性声音变粗，甲状软骨开始增大，并且出现胡须；少年时期的女性声音变高，乳腺形成，乳房突起，开始有月经，皮下脂肪增多等。性机能的发育成熟，对少年期学生的心理发展有着重大影响。一方面，它刺激了学生成熟意识的觉醒；另一方面，也给学生带来了很多异性交往和性心理卫生方面的问题。

(2) 身体外形急剧变化。少年期是学生的身体生长发育的第二个高峰时期。人的整个生长发育过程一般有两个高峰时期。第一个高峰时期是从出生到一岁左右，这个阶段儿童的身高体重增长得最快，身高一般从出生时的 50 厘米左右长到 70~75 厘米，差不多增长了 50%；体重从三四公斤增加到七八公斤，增加 1 倍左右。第二个高峰时期就在少年期，学生在这个时期身高、体重、胸围、头围、肩宽、骨盆等都在加速增长，似乎突然地长高、长大了。体态的突变使他们开始意识到自己不再是小孩子了。

2) 少年期的主要心理矛盾

学生进入少年期后，随着学习内容的深化，知识经验的增多，社会影响的扩大，他们在认识、情绪、意志以及个性心理特征上，比童年期都有了新的发展，也出现了新的矛盾，主要体现在以下三个方面。

(1) 渴望独立与现实依赖的矛盾。少年期是学生自我意识迅猛发展的时期。此时期，学生在心理上产生的最突出的变化，就是出现了"成人感"，意识到"我已经不是小孩子了"。他们希望父母像对待成年人一样地对待他们，不希望父母还把他们当做小孩子对待，也不愿再受到小孩子般特殊的照顾。

这种渴求独立和现实依赖的矛盾，使学生的心理上经常产生冲突、混乱和不安。为了消除这种矛盾冲突或求得心理上的平衡，他们常常以孩子气的行为方式对抗父母或成人，以显示自己不再是儿童。例如，对父母的批评与责备，不管正确与否，都表现出越来越强烈的反抗情绪；故意与父母或成人"唱反调"，提出相反的主张或按相反的方式行事；不理会父母或成人的劝导，自作主张，"不撞南墙不回头"。当然，他们的反抗，更多地是以潜在的形式出现，如对父母在生活和教育上的安排，采取不关心、不表态、无所谓的态度等。

(2) 心理闭锁与求得理解的矛盾。学生进入少年期后，尽管内心世界变得更加丰富多彩，但是心理活动的外在表露却开始失去了儿童的直爽、天真和单纯。他们不再像儿童那样经常向父母敞开心扉，而是开始变得内向、闭锁起来。虽然他们在生活上还依赖父母，但是他们倾吐知心话的对象已经不再是父母，也不是老师，而是同伴或朋友了。而且他们中的多数人认为，朋友比父母更知心。

(3) 性发育迅速成熟与性心理相对幼稚的矛盾。从前述少年期学生身心发展的一般特点可以看出，初中阶段是性器官和性机能迅速发育成熟时期，性生理的迅速发育成熟必然带来性心理的发展变化。但由于学生心理过程和个性发展的限制，特别是在教育引导不够得力的情况下，导致他们的性心理发展表现出相对的幼稚性。

例如，随着性器官和性机能的发育成熟，少年期孩子在生理上开始出现了一些前所未有的急剧和显著的变化，大多数少年在感兴趣和好奇的同时，对这些变化都会不同程度地感到不安、害羞，甚至产生恐惧及不知所措的心理，这正是性发育成熟与性心理幼稚的一种矛盾表现。

因此，中学生的盲目早恋和冲动性异性交往行为，恰恰是他们性心理发展很不成熟的反映。中学生性发育迅速走向成熟与性心理相对比较幼稚的矛盾，是中学生心理健康教育中应当深刻认识到的一个问题。

3. 青年期个体发展特点

青年期个体发展具有如下特点。

(1) 青年人认识能力提高，求知欲旺盛，思想活跃，逻辑思维能力加强，能进行各种精细操作，作为社会成员的人格特征也不断完善，人生观、世界观也逐步形成。这时，他们的活动范围和生活领域不断扩大，同社会联系更加密切，同辈人的相互影响大于父母。

(2) 青年期的个体虽然自控的能力有所增加，但还容易动感情。好交朋友是青年的特点，要引导青年树立正确的友谊观，提高辨别是非的能力。

(3) 恋爱是青年普遍面对的一个问题，恋爱的不顺利和挫折，易造成情绪波动或出现不良后果，应教育青年树立正确的恋爱观。性成熟并不等于人格成熟，适当地推迟恋爱时间，能使他们对配偶的选择更理智些。

(4) 青年人往往过高估计自己的能力，"年轻好胜"；有时又过分低估自己，产生自卑情绪。要正确认识自己，扬长避短，充分挖掘自己的潜力，发挥主观能动作用。

(5) 青年人虽然认识和思维能力迅速提高，求知欲旺盛，独立思考能力进一步发展，且有持久的、高度的注意力，逻辑记忆发展，想象力丰富，意志力增强，在理想和抱负的追求中，在克服困难解决问题中表现出顽强的毅力，但是，由于知识经验欠缺，有些设想往往由于没有足够的根据而碰壁，或因动机过强，欲望过高，理想脱离实际遭到挫折而苦恼。

因此，要善于引导青年把个人志向、抱负同祖国和人民的需要结合起来。从实际出发，树立正确的世界观和人生观，这是优良道德品质、健康心理、完善人格的核心，家长、学校和社会都要关心青年的身心健康，重视青年心理卫生工作。

(二)学校心理咨询的具体内容

按照学校心理咨询的任务加以归纳，学校心理咨询大体可分为以下四个方面的内容。

(1) 以教育发展为中心的咨询内容：不同年龄阶段学生的身心特点与发展规律；童年期、青春期、青年期的发展目标与影响因素；家庭、学校、同辈集体和社会环境在发展中的作用；促进学生最佳发展的教育、教学方式和途径；智力发展、个性发展和品德发展的结构、关系与措施等。

(2) 以校园指导为中心的咨询内容：掌握教材感到困难的心理机制和对策；感知、记忆、理解、应用书本知识的科学方法和规律；良好学习习惯的培养和不良学习习惯的纠正；增强学习动机的途径和方式；课外学习与课内学习的关系和衔接；学习方法的自我检查和调整；应试技能的训练和提高；人际交往的原则和技巧；重大转折时期的环境适应和自我心理调节；个人与集体的关系及其矛盾处理；个人专长的确定和兴趣的培养；升学时的专业选择，就业前的职业定向和准备等。

(3) 以心理卫生为中心的咨询内容：心理健康的标准；不同时期学生的心理卫生原则和要求；影响学生心理卫生的条件和因素；不同应激源对学生情绪健康的影响；心理挫折、冲突所导致的心理危机及其预防；问题行为的早期发现和预防；吸烟、饮酒等不良习惯对学生的身心危害及其矫正；青春期性心理卫生的原则和对策；中学生早恋的原因和引导；大学生的异性交往和恋爱导向；不良性格对心理健康的影响等。

(4) 以心理治疗为中心的咨询内容，主要是对学生常见心理疾病的诊断、治疗和护理问题。儿童期常见心理疾病的咨询内容主要包括：儿童退缩、口吃、遗尿等行为障碍的成因和矫治；儿童多动症、厌学症、学习困难综合征的表现和治疗；儿童过度焦虑反应、强迫行为的发病机理和治疗。青春期、青年期常见心理疾病的咨询内容主要包括：神经衰弱、焦虑性神经症、恐怖性神经症、强迫性神经症、抑郁性神经症、疑病性神经症、癔病等神经官能症的致病因素和治疗；病态人格、性行为变态的原因和矫治。

三、青少年心理咨询与辅导的原则

在学校心理咨询的过程中，除了要遵循心理咨询的一般原则，如平等性原则、发展性原则、互动性原则、尊重性原则外，还要遵循独特的咨询原则。

(一)信任原则

信任原则是指站在学生立场为他们着想；辅导老师应具有健全的人格、渊博的知识、高尚的师德，为人正直、诚恳踏实，和蔼可亲，工作仔细、处事干练，富有竞争精神。

(二)认真倾听原则

认真倾听原则是指在咨询中，教师应集中精力认真倾听学生的讲述，给学生充分、足够的时间和机会讲完要讲的话，并表现出足够的同情和理解。

一般来说，认真倾听本身就会起到积极的安慰作用，学生通过讲述宣泄心中的不快和苦恼，使自己的精神压抑得以解脱。这是心理学中的基本规律之一。

(三)接受性原则

接受性原则是指一个人能够设身处地体会到他人的某种情绪、情感体验，能够将自身投射到他人的心理活动中去，分享其对外界事物的心理反应，以达到认知、情感与意向上的统一。情感沟通是心理咨询成功的核心，也是其成功的前提条件。情感沟通有主动与被动两种情况。

(四)不加评判原则

不加评判原则主要是指对学生所暴露的思想、行为表现不给予任何批评和是非评价，而是鼓励学生去自我认识、自我评价，自己判断自己的思想、行为表现。这里特别要强调的是，教师一定要注意不要以"家长式"的口吻与学生交谈，切忌教训人，亦不以自己对事物的主观立场、态度影响学生的认知、情感和意向变化，而只是着力加强与学生的情感沟通。当然，这里需要明确的是，不加评判原则在实践中具有很大的局限性和灵活性。

(五)间接指示原则

间接指示原则是指教师对学生所咨询的问题不作直接的建议或指示。这可以说是一种帮助人自助的策略原则,是心理咨询的基本原则之一。

所以,咨询教师一定注意不要将自己对学生咨询问题的认识、情感、意向等强加给学生,尽量避免对学生提出的问题予以直接的、正面的回答,力求保持中立。换言之,心理咨询教师对学生的思想、行为变化应起辅助作用,而不是主导作用。①

(六)保密性原则

保密性原则具体包括如下两个方面的内容。

首先,只有为求询者保密,才能给求询者提供一种心理安全感,减轻他们的心理负担,使他们愿意敞开心扉。这是建立心理咨询关系必需的心理前提。在心理咨询实践中,常常会有一些求询者沟通起来吞吞吐吐,说明他们心中顾虑重重。这时,就需要明确地甚至反复地说明和解释,使之确信你会替他保守秘密的。从这个角度来说,能否坚持这个原则,是咨询师的职业道德的关键。

其次,求询者的隐私又往往正是心结所在,要想顺利深入地进行心理咨询,这个心结必须解开。咨询师如果对此无所了解,就不可能作出正确的诊断,自然也难以提供有效的帮助。隐私只有得到了保护,求询者才可能把对心理咨询很有价值的却又不愿启齿的心结袒露出来,从而得到化解。

还有,保密并不是无限度、无条件的。有些情况下,泄密对求询者更有利,这就属于正当泄密。例如,发现求询者有明显的自杀企图,或蓄谋伤害他人危害社会安全时,咨询师除作危机处理外,还应及时与有关人员和部门取得联系,进行有分寸的、必要的信息沟通。这样并不违背保密性原则。因为从根本上看,这是对求询者的负责,同时也是对他人和社会的负责。事实上,过分地、无条件地强调保密,有时反而对求询者不利。但是,这种泄密行为必须是必要的、正当的,又是高度负责的。

本 章 小 结

本章主要讲述了青少年心理咨询的含义。其中详细分析了心理咨询与心理辅导的名称界定,进而阐述了青少年心理咨询的对象。明确了青少年心理咨询的对象以后,研究了青少年心理咨询与辅导的具体内容。最后通过大量的实证材料,阐述了心理咨询与辅导在学校教育中的作用。

思 考 与 练 习

1. 简述青少年心理咨询的含义。
2. 简述心理辅导的含义。

---

① 宋晓峰. 学校心理咨询的原则[EB/OL]. [2008-09-24]. http://whwz.hcedu.cn/dytd/ShowArticle.asp?ArticleID=2950.

3. 简述心理咨询、心理辅导与心理治疗的区别与联系。
4. 简述青少年心理咨询的对象是什么？
5. 简述青少年心理咨询与辅导的内容。
6. 简述我国心理咨询的历史。
7. 简述心理咨询与辅导在学校教育中的作用。
8. 简述当前国外学校心理辅导的发展趋向。

实 践 课 堂

我有危险吗
——一封来自网络的求助信

尊敬的医生：

我总是担心被养狗的人挠破了手而得狂犬病，比如说打篮球时。还有，被养兔子的人挠了有没有危险啊！朋友说我想的太多了。可是我害怕呀，在我看来生活中处处都有这种危险呀！我该怎么办啊，急切地等待您的回答。

心理咨询师的解答：

人要有信心，这样才能有健康快乐的心境。而这是生活中最重要的。

生活中的确处处存在危险：

皮肤和外界一切物体接触都可能造成各种疾病，如破伤风等；

空气中飘浮的病原体可能会导致几十种疾病，如流感等；

饮食中致病因素更多，如食物中毒、痢疾等；

蚊子、跳蚤、臭虫等的叮咬也会造成疾病，如乙肝等。

你说，人还需不需要生存？人活着是不是很难受？

事实上，人体具有一定程度的适应环境的自我调节机制，比如说对于传染病，有着免疫系统。我们平时应该注意卫生，但不必要求干净到什么程度。一周洗一次澡的人也不见得有皮肤病。过于紧张是没有必要的。如果为此担惊受怕，活得不开心，那更不值得。

不需要担心危险，因为危险的发生概率很低。即使危险发生，人也能够控制危险的伤害程度。

有人开玩笑说，走在路上都可能被车撞到，更别提各种交通事故，那么是不是不出门了呢？

当然不是！人最重要的是"活在当下"，把握好现在，快乐于每天的生活。至于未来发生的事情，人应该规划，但不要为可能发生但没有发生的事情担忧。你只需要有着面对它的信心和勇气。同样的生活，有的人会很开心，有的人很压抑，有的人很烦恼，有的人很恐惧。这都是心态不同的结果。一个积极进取的人应该主动地调整自己的心态，时时从外界获取力量，而不是把自己和外界环境隔绝。

狂犬病算什么？癌症算什么？记住我的话：摧毁人的往往不是疾病，而是迷失和逃避。

推 荐 阅 读

1. 约翰·麦克里奥德. 心理咨询导论[M]. 潘洁，译. 上海：上海社会科学出版社，2006.
2. Thompson Prout H，Douglas Brown T. 儿童青少年心理咨询与治疗——针对学校、家庭和心理咨询机构的理论及应用指南[M]. 林丹华，吴波，李一飞，等，译. 北京：中国轻工业出版社，2002.
3. 江光荣. 心理咨询的理论与实务[M]. 北京：高等教育出版社，2005.
4. 汪道之. 心理咨询——心理问题个案分析与解决方法[M]. 北京：中国商业出版社，2002.

第一章课件

拓展阅读

世界是你们的，也是我们的，但归根结底是你们的。你们青年人朝气蓬勃，正在兴旺时期，好像早晨八九点钟的太阳。希望寄托在你们身上。

——毛泽东

第二章 青少年心理发展特点

 本章学习目标

- ➢ 掌握青少年心理发展的基本特点。
- ➢ 掌握青少年认知发展的特点，依据其特点促进青少年的学习。
- ➢ 掌握培养青少年健康情绪和良好意志品质的方法。
- ➢ 理解青少年个性与社会性发展的具体方向。

 核心概念

青少年(teenagers)；认知发展 (cognition development)；情绪(emotion)；意志(will)；个性和社会性(individualization and socialization)

 引导案例

女儿的变化[①]

女儿小时候在我眼里一直很乖。她一天天长大，而我并不觉得她有什么变化，依然把她当做小宝贝来疼爱。直到她13岁那年，有一天她公然顶撞我，我才发现这孩子完全变了！从此，我的心再也难以平静下来。孩子上了中学，生活零用钱一下子涨了好几倍，我有点沉不住气，不厌其烦地向孩子讲述她小时候是如何节约的故事，女儿却不屑一顾，理都不理我。有一次，买回的书包颜色不合意，她拒绝使用，我也拒绝再给她买，还搬出我小时候的事进行说教："我一块八毛钱买一个书包，用了整整 6 年。"女儿愤怒地说："那是你！不是我！你愿意用多长时间就用多长时间！"我无言以对，心中充满了做母亲的无奈与辛酸。

---

① 张向葵，李力红. 青少年心理学[M]. 长春：东北师范大学出版社，2005.

在生活中，类似上述的事情可能许多父母都曾遇到过，他们真心关切和爱护孩子，却无法得到孩子的认同与理解。问题到底出在哪里呢？分析这位母亲的行为表现可以发现：虽然女儿开始长大并步入青少年期，但她却没有观察到孩子的变化，说明她在孩子成长上缺乏有关"青少年期"的观念准备；她想说服女儿，却拿女儿小时候的事情与现在的事情进行比较，说明她对处于青少年期孩子的身心发展规律不够了解；她想教育女儿，却拿自己那个时代的事例和孩子现在的事例进行比较，说明她还不清楚青少年期孩子身心发展的时代特点。如果想帮助这对关系陷入僵局的母女以及有类似问题的家长与孩子，最佳的方案就是让家长理解青少年期个体身心发展的规律。

第一节 青少年心理发展的基本特点

青少年期是指从儿童期向成人期的过渡时期，通常以发身期开始为标志。在现代文明社会中生活的青少年要学习和掌握的知识和技能非常多，他们也面临着各种各样的选择机会。因此，青少年期时间很长，差不多长达10年。生活在世界各地的青少年，虽然他们成长的社会环境和生活条件有很大的差异，但他们都面临大致相同的发展任务：在身体上要发育成熟；要学会成人的思维方式；要发展成熟地对待同辈、对待同性和异性的交往方式；要获得情绪上的独立和经济上的独立；要实现个性上健康的自我认同，即确认性别、道德、价值观以及职业上"我是谁"；要承担一个社会成员应尽的义务和责任。因此，青少年虽然与发身期相联系，但它绝不是一个生物学的概念，儿童要转变成为一个成人，转变成为一个合格的社会成员，不仅以生理上的发育成熟为基础，而且还以个体的心理发展的成熟为先决条件。所以，这个过渡期是个体发展的这样一个阶段：它意味着从一个依赖于成人抚育的孩子转变成独立生活、从事各项活动的成年人的整个过程。

一、心理特点

青少年是一个心理发展速度很快的阶段，这个阶段共同的、一般的心理特点具体如下。

(一)青少年智力发展走向成熟

青少年期的个体智力发育开始走向成熟，青少年期是智力发展由量变到质变的关键时期。根据琼斯(Jones H. E.)和康拉德斯(Conreds H. S.)的测定，智力在10~16岁期间发展迅速，大约在19岁达到顶点。虽然智力在青少年期达到最高水平，但各种智力成分的发展却各有其特点。

1. 记忆力的发展

青少年期记忆力在8~14岁发展得非常迅速，在15岁前后有一段记忆的停滞时期，到20岁前后发展达到顶点。青少年期记忆发展的显著特点是记忆方式的变化。日本学者桐原(1944)的研究表明，机械记忆(以再认成绩为指标)的发展趋势是男子在13岁、女子在12岁达到顶点，之后逐渐下降；逻辑记忆则在12~13岁以后迅速发展。日本学者大西(1938)认为，材料记忆向意义记忆转变是在 11~14 岁这个年龄阶段。斯梅德利(F. Smedley，1902)发现听觉性记忆、视觉性记忆在 13~17 岁都呈现迅速发展的趋势，此后就基本趋于稳定了。另外，我国学者刘文志、朱丽(2017)也通过研究得到，15~17 岁的青少年的记忆系统发育并未完善，具有较高的冲动性。但是随着记忆方式的变化，记忆的容量和内容也都日益扩大和丰富起来。

2. 思维的发展

青少年思维的发展以青春期为转机加快了发展的速度。一些研究揭示，从形象思维到抽象思维的转变发生在 11 岁前后。皮亚杰认为，12~15 岁是产生假设—演绎的时期。韦克斯勒认为，智能在幼儿期到青年期之间飞速发展，动作性智能在 18 岁前后、言语性智能在 22 岁以后达到发展顶点。青少年期智力发展的明显特点是形式运算思维向逻辑运算思维的过渡及逻辑思维的获得。牛岛(1954)曾指出，青年就是生活在"感情的逻辑"中的人。约翰逊(W. Johnson，1948)指出了青少年逻辑思维的四个特点：①自我中心；②过激；③虚无主义(否定一切)；④不合理主义(不遵循共同的逻辑规则，如强词夺理、钻牛角尖等)。日本学者四官(1960)也认为，青少年期的逻辑思维存在四个特点：①逻辑的主观性；②逻辑的情感性；③逻辑的跳跃性；④逻辑的纯粹性。

3. 创造力的发展

青少年期是创造力快速发展期。泰勒(1959)将创造力发展分为表达型创造、产出型创造、发明型创造和创新型创造四个层次。青少年期的创造力发展基本上处于发明型和创新型创造两个层次上。有关研究表明，青少年期个体求异思维的发展非常明显，而求同思维的发展则比较缓慢。董奇(1993)等人对中学生的创造力发展进行研究，发现中学生创造力发展的一般规律是：①在中学阶段，学生创造水平持续提高，并呈波浪式发展；②中学生创造力发展具有明显的主动性和有意性，创造成果的水平接近成人；③中学生的创造性想象力发展很快，现实性增强；④在中学阶段，创造力在总体和维度上的个体差异进一步增大；⑤经过教育训练，中学生的创造力有明显提高。

(二)青少年自我意识高涨

青少年是自我意识高涨期。马希娅(Marcia，1996)把青少年期自我发展分为早期解构、中期重建和后期巩固三个阶段，最后形成自我认同。与之相应，青少年期将出现与自我意识相关的四种活动，即自我关注、自我管理、自我尊重和自我增强。

1. 自我关注

青少年期对自我的关注明显增强，有人形容这时是"钟摆式"寻找时期，即不停地、循环往复地搜寻自我的阶段。自我关注的内容主要有两个方面：一是原有自我被瓦解和分化，需要建立新的自我概念；二是与现实自我对应，寻找和设计理想自我的形象。由于缺乏统一的自我概念，这时青少年更习惯根据具体环境或情境来描述自我，自我因此会随情境和时间的不同而波动。对自我的关注可使青少年努力而又敏感地通过各种渠道获取自我信息，如社会比较、同伴评价和自我反省等。自我信息除了外在仪表和形象外，还包括个人的性格、能力、品德修养等内在内容。对理想自我的渴求促进了个体对理性形象信息的寻觅，在"偶像崇拜"和"自居心理"中更多包含了这种意图；但同时它也导致与现实自我的矛盾，是青少年产生虚假自我或自我放任的重要根源之一。对于自我中心倾向方面，我国学者朱艳姣(2012)在对青少年进行研究时发现，高自我中心倾向被试在关注他人的条件下比低自我中心倾向被试在关注自己的条件下更容易产生积极情绪反应。

2. 自我管理

青少年期个体的自我管理意识和能力发展很快。其自我管理有两个方面：一是针对成人，主要采取逆反或对抗方式来摆脱他们的控制，由自己做主来安排和设计自己的生活，强调"我"是"我自己"和"我已经长大了"；二是指向自我内部控制，对自我各部分的矛盾和冲突进行调控和整合，实现自我的统一，又称自我控制。这时青少年将积极搜寻对自我具有诊断价值的信息，并在必要的时候调整自己的计划和行为。一般来说，青少年摆脱成人的控制相对容易，但整合自我却很困难，通常会出现"自我同一性危机"。此时他们渴望人生的导师，需要成人的帮助。

3. 自我尊重

自我尊重又称自尊，是对自我总体的带有肯定性的评价，它是自我认同的核心。在青少年期，自尊的内容扩展，自尊的发展特点也更复杂。从自尊源分析，自尊有内部自尊和外部自尊之分。外部自尊是外部给予的，如表扬、奖励；内部自尊是自己对自己能力、价值等的认同。青少年期个体的内部自尊较外部自尊有更快的发展，外部自尊只有同内部自尊一致时才对整体自尊有增强作用。从自尊结构分析，有特质自尊和情景自尊之分。特质自尊的发展很稳定，并出现逐步增强的趋势；情景自尊的构成是那些容易随情景变化的自我成分，如情绪、荣誉和成败等。情景自尊在青少年期的发展起伏很大，甚至会出现倒退现象。有研究指出，初中一、二年级是个体自尊发展的重要转折期，自尊(主要是情景自尊)水平有下降趋势。自尊的发展还有明显的个体差异，它随性别、家庭背景、种族、亲子关系和压力性质等的不同而不同。一般来说，男性、家庭背景好、种族认同积极、亲子关系和压力中等条件下的个体自尊水平较高。

(三)青少年社会化程度加深

个体在青少年之前可以用涉世未深来形容。但在青少年期，社会化进程大大加快，社会化程度日益加深，可使青少年逐渐摆脱童年的幼稚，逐步迈向成人行列。

1. 社会认知的发展

社会认知，简而言之就是对自我、他人、人际及社会关系的认识和看法。从对象分析，它包括人际认知和社会关系认知；从方式分析，它包括观点采择和社会归因。研究显示，青少年社会认知发展表现出多样化和纵深化特点。一是认知范围逐渐扩大。人际认知的对象已不仅限于以自我为中心的群体，而开始以旁观者的眼光去品评他人；社会关系认知也开始指向包括家庭和学校以外更广泛的社会生活领域。二是认知方法多样化。从观点采择看，青少年不仅关心父母、师长的看法，更留意社会舆论、同伴群体和名人偶像的观点；就社会归因而言，归因方式也由单一刻板向多样性和灵活性发展。三是认知程度加深。青少年对社会的认知已不限于知觉层面和感性印象。伴随社会阅历范围的扩大，以及思维方式的转变,他们对社会开始逐渐采取分析和评价的态度,能够透过社会表象看到接近本质的东西。当然,青少年期社会认知标准仍处于形成过程中,社会倾向还不稳定,认识容易趋于极端和片面,也容易受暗示影响,因此,这时发生认知冲突的频次也较多。

2. 社会活动的变化

青少年个体的社会活动主要有人际交往、学习活动和社会实践。伴随这些活动的展开,他们逐渐建立起各种新的社会关系。在人际交往中,寻找知心朋友并发展友谊,建立各种同伴团体并获得团体归属感和同伴地位是基本的人际活动目标,其中异性间的友谊也有可能发展为彼此间的爱慕,从而出现一些或明或暗的恋情行为。他们以评价的态度对待权威,但又对偶像盲目崇拜。在学习活动中,青少年学习的努力程度有所加强,学习方式开始多样化,特别是自主学习行为增多,但这时也容易出现厌学心理和逃课行为。在青少年期社会实践成为个体认识社会的重要途径,活动内容变得更为丰富,参观、访问、调查和协助生产是主要活动方式,活动的独立性和合作性都大大增强。到了青年初期,社会活动日益丰富化,为他们步入职业生活和家庭生活作准备。

(四)青少年情绪体验丰富

青少年期个体情绪的内容主要包括亲情、友情和恋情。这个时期个体的情绪体验多处于动荡之中,宛如在波涛汹涌的大海中行进的一叶小舟。

1. 亲情的离与合

青少年期个体与父母的情绪由单纯变得更为复杂。从自我发展来看,一方面青少年自我意识高涨,强调自己与父母的区别,进入了所谓的"仇亲期",与父母的感情渐行渐远;另一方面,青少年期正是一个矛盾集中和冲突不断的时期,个体由于经验缺乏等原因又对父母存在依赖心理。从生活距离来看,青少年在家庭以外生活的时间越来越长,生活空间也离家越来越远。一方面,这种生活会使青少年暂时淡化或淡忘亲情;另一方面,也会让青少年思亲的情绪更浓。这就使青少年的亲情生活表现为对亲情的疏远与依恋相互交织。

2. 友情的疏与密

友情是青少年感情生活中非常重要的一部分。虽然这个时期个体交友的数量呈增长趋势,但知心朋友仍然很少甚至没有,朋友之间常出现分离、更替和猜疑等现象。青少年与大多数朋友的友情要么离别后疏远,要么缺乏深度,但同时他们也在努力寻找或已经拥有数量很少的知己。他们的择友标准更倾向于看彼此是否具有相似的态度、生活方式和兴趣爱好等。一旦确立了朋友关系,彼此待在一起的时间就会很长,并共同参与对方的人生设计和重大生活事件的处理,在这个过程中他们的关系会变得更亲密。但是,青少年期个体与朋友的这种亲密关系并不十分稳定,常常会和好友反目或遭到好友的疏远,也会在不经意间和另外的人建立亲密关系。

3. 恋情的得与失

随着性的成熟,处于青少年期的个体对异性的兴趣逐渐增加,并开始产生朦胧的恋情,出现"哪个少女不怀春,哪个男儿不钟情"的情绪体验,恋情使他们既有欢喜也有忧虑。对15岁青少年恋爱关系的研究显示,大多数人并没有真正开始谈恋爱,但很多人动过念头和有过幻想。有过恋爱经历的人多数持续的时间很短，恋爱关系超过 1 年的人不足 1/10。随着年龄的增长，在恋爱或约会关系上持续的时间有所增加，但在青少年初期的恋爱关系绝大多数都是无果而终的，所以青少年期个体恋情是得之难而失之易的。无论恋爱或失恋，个体内心的情绪体验都非常复杂，这种经历对他们以后的生活将产生一定的影响。

(五)青少年偏离行为增多

青少年时期矛盾集中且冲突不断，是个体发展的"多事之秋"，这个时期个体极容易出现偏离行为或问题行为。青少年心理病理学把问题行为分为内化问题行为和外化问题行为两大类。外化问题行为是个体对他人和社会有伤害性和破坏性的行为；内化问题行为是自我破坏性行为。

青少年偏离行为或问题行为总的发展趋势如下。

(1) 涉及范围日益广泛。主要有攻击性行为、吸烟、酗酒、青少年犯罪、滥用药物、社会性退缩、焦虑、抑郁、逃学、网络成瘾、自虐和自杀等。

(2) 性质更为严重。就外化问题而言，已经由打架斗殴等发展到青少年犯罪等反社会行为；内化问题也由过分自责等轻度自损发展到自虐、自杀等严重自我伤害行为。

(3) 构成日益复杂。青少年的问题往往不止一种，常常是多种问题纠缠在一起，而且前一个问题往往是后一个问题的直接诱因。

(4) 许多偏离行为或问题行为来自发展中的正常问题没有得到很好的解决。如个体的表现欲、价值感、自尊心和地位等，如果通过正常途径(如教育)不能得到满足甚至被控制，个体就容易转向以非正常的方式去达成，这常常导致问题行为的产生。

(5) 个体问题行为的发展常常由尝试性问题行为开始，再到持久的问题行为，最后演变为持久危险的问题行为。

(6) 青少年的很多偏离行为或问题行为往往会在青少年期内得到解决，很少有长期的影响。如药物滥用、酗酒等现象在青年初期发生的比例会大幅度下降，到成年期大多数人已经解除。

二、影响因素

当代青少年发展理论家曾深刻地指出，青少年期心理的发展是这一时期个体生物的、认知的和社会的发展变化与这些发展变化发生的社会背景之间交互作用的产物。当代发展心理学强调在发展的真实生态环境中研究儿童青少年的发展，强调研究个体在"环境中的发展"或者说"发展的生态学"的重要意义。"生态"在这里是指有机体或个人正在经历着的，或者与个体有着直接或间接联系的环境。美国心理学家布朗芬·布伦纳提出了人类发展的生态模型，认为个体发展的社会生态环境是由相互联系的四个系统组成的，即微系统、中间系统、外系统和宏系统。其中，微系统是对个体有着直接影响的环境，影响个体发展的微系统主要包括家庭、同伴和学校等。

(一)家庭

家庭是由家庭全体成员及成员间的互动关系组成的一个动态系统。该系统又由许多子系统组成，如夫妻系统、亲子系统等。家庭系统与其子系统间以及家庭各子系统之间存在着双向影响。一方面，家庭的情绪氛围、父母的教养态度和方式会影响个体的发展；另一方面，个体的发展水平又反作用于父母的教养方式，影响着家庭的情绪氛围。进入青少年期以后，家庭是个体重要的生活场所和社会化动因，尽管这一时期家庭对个体的影响小于童年期。

与童年期相比，青少年发展过程中的家庭功能以及家庭各子系统之间的关系发生了明显的变化。首先，家庭的功能方面，家庭对青少年发展的支持和指导功能变得更为显著和重要，而教养、保护、社会化功能退居次要地位。其次，亲子关系的性质发生了重要变化，突出表现为由童年期以父母为中心的单边主义向平等与民主的双边主义过渡。再次，青少年自主要求增强，对父母权威的接受性降低，父母权威的合法性下降，亲子之间的冲突增加。有研究者就家庭关系中的父母冲突为切入点，探讨青少年知觉父母冲突水平对人际适应的影响，研究发现负面认知评价和情绪不安感依次在父母冲突影响青少年人际适应关系中发挥重要的中介作用。最后，青少年与同龄人之间的互动增多，亲子之间的互动相对减少。青少年时期家庭系统的上述变化以及出现的新特点，一方面是个体心理发展的必然结果，另一方面又深刻地影响着青少年的心理发展。

(二)同伴

同伴关系主要是指同龄人之间或心理发展水平相当的个体之间在交往过程中建立和发展起来的一种人际关系。青少年发展最迅猛的社会性需要是受人尊重的需要、友谊的需要和交往的需要。进入青少年期以后，个体开始疏远成人而热衷于同伴交往，对同伴倾注了越来越多的感情，同时萌生了与异性交往的强烈欲望，男女生之间的接触显著增多。相对前期的生命历程，青少年期同伴影响的作用大大增强，同伴关系对青少年发展具有无可取代的独特作用和重大的适应价值。首先，同伴关系对青少年情绪的健康发展尤为重要，不仅可满足其社交需要，而且是获得社会支持、安全感、亲密感的重要源泉。安娜·弗洛伊德(A. Freud)认为，同伴背景是家庭以外相对安全的释放攻击、性冲动的场所，高质量的积极同伴关系是情绪健康发展的需要。另一位精神分析取向的理论家布卢斯(Blos, 1967)指出，青少年期最重要的任务是"个体化"(Individualization)，在这一过程中个体会重新建构与父母的关系，走向自主，由此必然产生焦虑、恐惧、自卑等消极的情绪体验，而青少年正是依赖支持性的同伴关系来寻求慰藉的。其次，同伴关系具有认知发展功能。皮亚杰认为，只有在平等互惠的同伴关系中，个体才得以检验自己的思想、体验冲突以及协商不同的社会观点。这些同伴互动经历促进了儿童社会认知能力的发展，在引发折中主义和平等互惠的观念中起着重要的作用。此外，他还特别强调了同伴间的讨论和争论对道德判断能力发展的必要性。最后，同伴关系具有文化传递、行为发展功能。群体社会化理论认为，人类文化的传递模式是一个群体传至个体的过程。儿童在扬弃成人文化和创造自己新文化的同时，形成了自己的群体文化，并逐代传递。因此，青少年期积极的同伴关系是制约其发展的一个重要背景因素。

(三)学校

学校是青少年生活的又一个重要场所。在青少年期，个体的大部分时间都是在学校里度过的。学校不仅是向青少年传授文化知识的地方，同时也为青少年提供了良好的社会交往条件。许多研究者指出，对于青少年来说，直接影响其成就和心理发展的因素就是学校和班级风气。学校文化和风气与学生的行为和成就有着紧密的联系，而学校的规模、教师的年龄以及办学指导思想会在很大程度上影响着一个学校的文化和风气，因为这些因素影响着学校中教师的授课质量、师生关系、同伴关系和学习风气等。在课堂中，教师与学生的互动方式、教师对学生的标准和期望对青少年的发展具有重要影响。许多研究发现，温暖、高标准和适度控制等这些在家庭中能够促进青少年心理发展的因素在课堂中同样起着很大的作用。

第二节　青少年的学习与认知

青少年正处于个体发展的重要时期，生理发展尤其是神经系统的发展已经成熟，为其认知的发展奠定了重要的物质基础，所以整个青少年时期都处于认知发展的迅速上升时期。

一、观察力的发展与学习

进入中学后，几乎每门学科都要求学生发展自觉的观察力。例如，物理和化学的实验演示与操作离不开学生细致的观察，数学能力的培养以学生对自然界数量关系与图形关系的观察为基础。所以，随着教学的要求和学生智力活动自觉性的提高，其观察力也得到了充分的发展，具体表现如下。

(1) 目的的明确性。初中生一般能使观察服务于一定目的，并持续较长时间。但他们观察的目的仍有很大一部分依赖于成人的要求，具有被动性。直到高中阶段，青少年学生才表现出能主动地制订观察计划，有意识地进行集中、持久的观察，并对观察活动进行自我调控。

(2) 时间的持久性。中学生在注意力和观察的目的性、自觉性发展的基础上，观察的可持续时间不断增长。有研究发现，航模小组在寻找飞机模型的故障时，初二学生可平均坚持观察 1 小时 35 分钟，而高一学生可平均坚持观察 3 个小时。

(3) 内容的精确性。随着年级的升高，青少年学生在观察精确性、完整性和系统性方面有明显的提高。如有一项研究，让学生在 10 分钟内找出 50 张小照片各属于 9 张大照片的哪一部分。结果发现，初中生观察正确率为 30%，高中生则高达 50% 以上。这反映出随着青少年对观察对象本质属性理解的不断深化、语言表达能力的不断增强，其观察水平也在不断提升。

(4) 准确的概括性。低年级小学生对其所观察的事物进行整体概括的能力很差，表述事物特征也分不清主次，往往忽略了有意义的特征而注意无意义的特征。中学生的分辨力和判断力则有了明显的改善。国内一项研究表明，初二是观察力概括性的一个转折点。当然，观察力目的性、持久性、精确性和概括性的发展，还在很大程度上受教师与家长对学生训练和培养的影响，表现出很大的个体差异性。

二、记忆力的发展与学习

记忆是指人脑对过去经验的保持和提取，认知心理学将人脑比作计算机，认为记忆就是向计算机里输入、编码和储存信息。

在青少年期这一独特阶段，记忆表现出如下特点。

(一)总体水平的提高

青少年学生记忆发展的总体趋势是随年龄增大记忆力不断提高，到16岁(高中一、二年级)趋于成熟。高中一、二年级学生记住的学习材料的数量，比小学一、二年级几乎多4倍，比初中一、二年级多1倍多，达到了记忆的高峰。在16~18岁，记忆成绩基本上没什么变化，也就是说高中生处于记忆发展的黄金时期。

(二)记忆材料的影响

同一年龄的青少年学生，受所记材料性质的影响，记忆效果也不一样。总体来说，对直观形象的材料记忆要优于抽象材料，对图形的记忆要优于词语。即使同样是语言材料，视觉记忆要优于抽象材料，对图形的记忆要优于其他感官(听觉)收到信息的记忆。当然，这只是一般规律，实际情况要复杂得多。例如，对有意义的材料，无论是小学生还是中学生都表现出视觉记忆占优势；对于无意义的材料，小学生以听觉记忆占优势，中学生则以视觉记忆占优势。

(三)短时记忆广度的增加

记忆按照保存的时间可分为瞬时记忆、短时记忆和长时记忆三种类型。瞬时记忆的保存时间不超过2秒；短时记忆的保存时间不超过1分钟；记忆时间超过1分钟的就是长时记忆。在这三种记忆中，短时记忆的广度(容量)是有限的，一般人短时记忆的容量在7个"组块"。以数字记忆的广度为例，2岁儿童大约是两位，10岁儿童是六七位，大学生大约是八位，以后就不再增加了，到了老年，记忆广度还会有所下降。

青少年短时记忆的发展不单体现在组块数量的增加上，更重要的是体现在组块内容的丰富上。如刚刚学字的儿童，一次只能记一个字，所以他们在学习一个词语时总是把它分成两个字来记，也就是形成两个组块；已经有了一定语文知识的小学生在学习词语时，能把两个字结合起来形成一个组块，那么他们的记忆广度也就相应提高了。表2.1是一项青少年学生对不同材料短时记忆广度的研究结果，从表中可以看出短时记忆的容量随年龄增长的确在不断增加，增加的幅度受材料性质的影响。

表2.1　中小学生对各种记忆材料短时记忆容量的比较

种类 \ 年级	小学二年级	小学五年级	初中二年级	高中二年级
单　字	3	4	5	7
双字词	3	4	5	7
四字成语	1	3	3	4
无关双字	1	2	4	4
一位数	4	6	10	7
两位数	2	3	6	4
事物图	3	3	6	6
复杂几何图形	1	2	2	3

当材料有意义时(如单字、双字词和成语等)，短时记忆的容量呈现随年级增高而加大的趋势；当材料无意义时(如一位数、两位数)，短时记忆容量的发展到初二就达到了顶峰，高中成绩与其持平甚至有所下降。这一结果不仅与青少年记忆发展的上述特点有关，也与有意记忆和机械记忆的发展有关。

(四) 主导记忆的出现

主导记忆的出现主要表现在以下三个方面。

(1) 有意记忆占记忆主导地位。随着年龄的增长，青少年有意记忆和无意记忆效果都不断提高，但有意记忆逐渐占主导地位。所谓无意记忆是指没有预定目的，不用专门方法，自然而然发生的记忆。这种记忆的产生多依赖于被记内容自身的新异性、突然性等特点。有意记忆是指有明确的记忆目的，采取了相应的记忆方法，在意志努力地积极参与下进行记忆，学生的学习多属于这种记忆。

(2) 理解记忆成为记忆的主要手段。青少年学生机械记忆在10岁前后急剧上升，而后就停滞不前，逐渐理解记忆成为主要记忆手段。所谓机械记忆，是指在不理解所学材料的情况下，逐字逐句地硬记；所谓理解记忆，是指根据对材料的理解，结合自己经验的精细识记。

一项研究表明，7岁儿童机械记忆占72%，理解记忆占28%；到12岁，机械记忆占55%，理解记忆占45%，二者水平接近；15岁的学生机械记忆的内容只占17%，83%的内容是理解记忆的结果。当然，机械记忆并不是一点用处都没有，现实生活中的许多东西，如电话号码、门牌号和年代等，都得靠机械记忆来记住。机械记忆在10岁前后得到快速的发展后，一直保持几年的高水平，直到高中阶段，才随着年龄的增大而有所下降。所以，教师和家长应充分利用初中阶段良好的机械记忆能力，让学生多记忆一些知识。

(3) 抽象记忆成为优势记忆方式。青少年学生形象记忆和抽象记忆都在发展，但从小学四年级起，由于思维从具体形象占优势发展到逻辑抽象占优势，所以，相应的抽象记忆的发展速度也超过了形象记忆，并最终在中学阶段占据主导地位。所谓形象记忆是指以感知过的事物为内容的记忆。它保持的是事物的感性特征，具有鲜明的直观性。例如，我们能够记住一个人的容貌、一首歌的旋律等，跟事物在眼前时我们感觉到的极其相似。抽象记忆是指对以思想、概念和命题等形式组织起来的知识的记忆，它包括字词、公式、定理、观点、推理和规则等形式，具有概括性、理解性和逻辑性的特点。抽象记忆是人类所特有的，是个体保存经验最简便、最经济的方式，也是与学生掌握知识和青少年认知发展水平最相关的记忆方式。

三、想象力的发展与学习

青少年的想象力在小学建构的基础上，随着教学活动的深入得到了进一步的发展。其特点主要表现在以下几个方面。

(1) 有意想象占主导地位。想象可以分为无意想象和有意想象。无意想象是一种没有预定目的、不自觉的想象，它是当人们的意识减弱时，在某种刺激的作用下，不由自主地想象某种事物的过程。例如，在听见别人讲故事时，大脑中自然地呈现出故事中的情景，包括人物的表情和对话等；看到蓝天上飘浮着的白云，也会感觉云朵像什么，这些都属于无意想象。有意想象是按一定目的自觉进行的想象。它跟人的创造性活动密切相关，如科学家提出的各种想象模型、文学家构思的各种人物形象等。

特别是在高中阶段以后，学生的有意想象得到了迅速发展，能自主确立想象任务、围绕目的展开想象。例如，高中生的创造性作文，能进行完整的构思，突出主题，成文速度快。实验证明，经过有目的的训练，当场命题作文，高一学生最快能在17分钟内写出800字的文章。随着有意想象的发展，想象的现实性和创造性也日益提高，特别是通过课外活动的锻炼，高中生成功地进行发明创造的人数明显增多，不少人在文艺创造方面显露出才华。

(2) 想象趋于现实化。初中低年级学生最富想象力，其想象常常不切实际。但随着年龄的增长，他们的想象，特别是理想开始由具体、虚构向抽象、现实的方向发展，创造想象日益占据优势地位。到高中阶段，创造想象在想象中基本上处于优势地位。

(3) 想象内容更加复杂，抽象概括性更高。以空间想象力为例，我国心理学工作者曾按照研究空间想象力的四项指标，对中学生的空间想象力作了调查，根据调查材料，把他们空间想象力分为四级水平：一级水平，用数字计算面积；二级水平，掌握直线平面；三级水平，掌握多面体；四级水平，掌握旋转体。结果表明初一到初三是空间想象力发展的加速期或关键阶段，如图2.1所示。

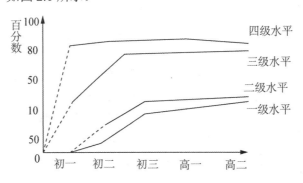

图2.1 中学生空间想象力发展曲线图

知识拓展

中国孩子的想象力[①]

中国孩子的勤奋、聪明是举世闻名的。中国小孩移民到了美国，不是跳级就是拔尖，这样的消息实在听得不少。与小时候的出类拔萃形成鲜明对比的是不少中国孩子到了大学以后成绩平平，缺乏创造性，若要探究其原因，下面的几件事是颇足一观的。

事件1：一家颇有几分名气的大学出版社出版了一本小学数学参考书，在大讲了一通"对应"概念之后，举出若干事物让孩子们画线。令人百思不解的是，"小鸟"的对应物居然是"笼子"！孩子问大人："小鸟的对应物不应该是森林和蓝天吗？怎么是笼子？"面对孩子的提问，大人无言以对，若说书上错了，书是学校发的，不按书上答不仅算错，而且有不尊重老师之嫌。如果按书上答，孩子的脑中势必会灌进错误观念。不可避免的矛

---

① 王景英，李天鹰. 小学生创造意识与创造能力的培养[M]. 长春：东北师范大学出版社，2000.

盾就这样尖锐地摆在家长面前：要么坚持真理"犯错误"，要么服从错误"受肯定"。

事件2：一所学校的劳动课上，教师让孩子们回答洗衣服的程序，答案是插电源、放水、按电钮和晾晒等。孩子们按教师的布置背了，考试都得了100分。然而这些"100分"们，几乎没有一个在家洗过一件衣服，哪怕是洗自己的袜子。这样的劳动课有什么实际意义吗？如果换一种做法，让孩子们带上小盆、肥皂，当堂脱下袜子洗一洗，然后给他们讲洗衣机的发明如何减轻了劳动量、提高了生产率……这不是一举多得的好事吗？为什么非要舍本逐末，去培养十足的本本主义者和教条主义者呢？

事件3：在高年级学生的教室里，老师在黑板上画了一个粉笔点。他指着这个粉笔点问学生："这是什么？"过了几秒钟，有个学生答道："那是黑板上的一个粉笔点。"其余的学生似乎都明显地松了一口气，没有人再加以补充。"你们太令我惊愕了！"老师对同学们说，"昨天我向幼儿园的小朋友也提出这个问题，他们有几十种不同的说法。他们说是猫头鹰的爪子、眼睛、烟蒂、电线杆的顶端、星星、小石头、南瓜虫、腐坏的蛋等，他们有极灵活的想象力。"

以上这几件事足以引起家长和教师的深思。难道中国孩子的想象力天生就差吗？难道一个孩子一出生就决定了他的想象力如何吗？答案应该是否定的。要想使孩子想象力的花朵充分绽放，家长及教师就应该有意识地去培养、浇灌这朵花。

四、思维能力的发展与学习

有的青少年在数学的计算题中能够从多个角度去思考，而有的青少年在考试中却没能从另一个角度去想，他们之间的主要差别体现在思维能力方面。思维是人脑借助于语言、表象和动作而实现的，是对客观事物本质属性的间接、概括的反映。它是组成人智力的核心，也是区别于其他动物最具有代表性和独特性的认知方式。

间接性和概括性是思维的两大基本特性。间接性是指思维以其他事物为媒介来反映外界事物。例如，早晨看见屋顶潮湿就能推知夜里下过雨。虽然人的感官并没有直接感知到下雨，但通过屋顶潮湿这样的媒介，思维能够推出正确的结论，这就是间接性。概括性是指思维能在大量感性材料的基础上建立事物间的联系，把一类事物的共同特征和规律抽取出来并加以概括。这样不仅能简化人们认识新事物的过程，而且使人摆脱了具体事物的局限性，用浓缩的概念、命题等来表现丰富而庞大的客观世界。例如，思维产生了"数"的概念，就使天时计算、货物交易简便易行。思维的概括性扩大了人的认识范围，加深了人对这个世界的了解。

整个青少年期，中学生的思维能力可以得到迅速的发展。但处于少年期的初中生和处于青年初期的高中生的思维特点是不同的。初中生思维发展的主要特点是抽象思维开始占主导地位，但在很大程度上，还具有经验性，他们的逻辑思维需要感性经验的直接支持。到了高中阶段，抽象逻辑思维明显地占优势，辩证逻辑思维基本形成。青少年思维发展的具体特点如下。

(一) 形式逻辑思维占优势

逻辑思维是指运用抽象的概念进行判断、推理，得出各种规律或解决各种复杂问题的过程。学生学习各种科学知识和科研工作者从事各种研究工作都运用这种思维方式。逻辑思维又可分为形式逻辑思维和辩证逻辑思维。这两种思维是逻辑思维发展的两个阶段。形式逻辑思维是由具体到抽象的过程，它先撇开事物的个别性、差异性和矛盾运动性，片面、静止地反映事物的某一方面的本质或普遍性。辩证逻辑思维是抽象上升到具体的思维过程，是人类思维的最高形态，它在形式逻辑思维的基础上，将事物的个别性、差异性和普遍性统一起来，在思维中恢复事物的本来面目，反映事物的矛盾运动，以形成对事物全面、灵活、抽象和具体的认识。

青少年的形式逻辑思维已获得大幅度的发展，并在其思维活动中占主导地位，具体反映在如下两个方面。

(1) 运用假设进行思维。假设是对因果关系的一种猜想、推测。有了假设，思维才能有明确的目的和方向。初中生比小学生有更高程度的建立假设和检验假设的能力，他们已经能认识到现实只是由事实与假设构成的总体中的一个子集。在面临智力问题时，他们并不是直接去抓结论，而是通过挖掘出隐含在问题材料情景中的各种可能性，再用逻辑分析和实验的方法对每一种可能性予以验证，以确定哪一种可能性是事实。到了高中阶段青少年运用假设思维的步骤更完整，他们能按照提出问题、明确问题、提出假设、制定解决问题的方案、实施方案和检验假设的完整过程去解决问题。

(2) 推理能力不断提高，但发展水平不平衡。推理是由已知推出未知的思维过程。在整个青少年期，逻辑推理能力不断提高，但不同种类的推理能力其发展是存在差异的。一般是归纳推理能力优于演绎推理能力。因为人的认识总是由特殊到一般，再由一般到特殊，即先归纳后演绎，演绎推理总是在归纳推理的基础上进行的。

运用逻辑法则的能力在不断发展中存在着不平衡性。青少年对逻辑法则的掌握主要表现在对矛盾律、排中律和同一律的认识上。研究表明，青少年在掌握以上三类逻辑法则的总平均得分的正确率上处于不断上升之中。初一的学生为68.26%，初三的学生为72.78%，高二的学生为76.8%。但青少年掌握不同逻辑法则的能力发展存在着不平衡，其中矛盾律掌握得最好；同一律次之；排中律最差。而且对三种逻辑法则运用的水平也不同，在正误判断问题上的成绩最高，在多项选择上次之，最差的是回答问题的总成绩。

(二)辩证逻辑思维迅速发展

青少年的思维在形式逻辑思维占主导地位的同时，辩证逻辑思维也获得了迅速的发展。小学儿童的辩证逻辑思维的萌芽。例如，他们已经能掌握左右概念的相对性，在学习分数时，大多数人能理解部分与整体的相对性和绝对性关系。初一学生已经开始掌握辩证逻辑思维，但由于这一时期青少年所掌握和领会的知识较为肤浅，缺乏对事物的深入了解，因此，他们的辩证逻辑思维的水平还较低。初三的学生开始学习较为系统深刻的知识，开始了解学科的基本结构、体系和基本规律，同时他们的形式逻辑思维有了较大的发展，这些都为他们辩证逻辑思维的迅速发展奠定了基础，即初中三年级成为辩证逻辑思维快速发展的重要转折期。到了高中阶段，由于青少年学习的内容更加丰富、深刻和复杂，并且掌握了正确的思维方法，而学校、家庭和社会又对他们提出了更高的要求，所有这一切使高中生对事物的认识更趋于深刻和完善，他们不仅能认识事物的本质属性，还能揭示事物运动发展变化的原因和它们对立统一的关系。因而，高中生的辩证逻辑思维逐步占优势地位，但辩证逻辑思维更完善、更成熟地发展，可能要到青年中、晚期才能完成。

(三)思维品质的矛盾性

青少年个体的思维品质有了较大的发展，但与心理发展的矛盾性特点相对应，青少年在思维品质的发展中也表现出明显的矛盾性，这种矛盾性在初中阶段表现得尤为突出。具体反映在如下两个方面。

(1) 思维的深刻性与表面性共存。思维的深刻性是指思维能够反映事物的本质和规律，预见事物发展进程的一种思维品质。与深刻性相对的是表面性。思维的深刻性是思维品质的核心，它依赖抽象概括能力的发展。但思维的表面性还明显存在，在初中阶段，学生在分析问题时还常被事物的个别特征或外部特征所困惑，而难以深入到事物的本质中去。经常表现为对自然规律和社会现象进行评价时易被表面特征所左右。

(2) 思维的批判性与片面性共存。思维的批判性是指在思维的活动中善于严格地分析思维材料，并精细地检查思维过程的一种思维品质。它具有分析性、策略性、全面性、独立性及正确性的特点。青少年随着自我意识和独立性的发展，在初二以后其思维的批判性得到了显著的提高，他们已经不满足于教师或教科书中关于事物和现象的解释，不轻信家长和教师的"话"或权威的意见；喜欢独立地寻求和争论各种事物及各种社会现象的原因和规律，常会独立、批判地对待一切；能比较自觉地对待自己的思维过程，能有意识地调节、支配和检查自己的思想。但少年期的思维批判性还不成熟，具有一定的片面性。主要表现为思想偏激与极端，不能全面辩证地分析问题和解决问题，在思考问题时易钻牛角尖，严重者会出现心理问题等。

(四)思维中的自我中心性

"自我中心"是指主体在思考问题或进行判断时受自己需要和情绪强烈影响的倾向。青少年的思维在初中阶段表现出明显的自我中心倾向。此时，初中生已能正确地认识世界，能够分清现实与想象的区别，能了解和考虑别人的思想，但他们却不能明确区分自己关心的焦点的不同。在心理上，他们制造出了假想观众。这使他们在对现实进行分析、判断和推论时，常按照个人的意愿进行，因而导致得出错误的结论。有学者证明，中学阶段个体自我中心发展模式是曲线式的，中学生自我中心在初中阶段发展迅速，15岁时达到顶峰，此后虽然有所起伏，但发展相对稳定。同时，他们还将极度的自我欣赏的心境投射到别人身上，当他们在一起时都在欣赏自己而并不过多地去关心别人。他们还常将自己的是非观、审美观与别人混淆起来，认为别人应爱自己所爱、恨自己所恨，这是导致青少年常常不理解为什么父母的想法与自己格格不入而产生冲突的主要原因。

五、注意力的发展与学习

注意不是一种单独的心理现象，而是各种心理现象的属性，如观察时，注意和观察同时发生。它是心理活动在某一时刻所处的状态，表现为对一定对象的指向和集中。其中指向是指认知活动往往选择一个或几个事物作为当前的认知对象，而排除其他事物；集中是指认知活动在进行过程中具有一定的紧张度和强度，从而保证这一活动的顺利完成。注意的指向和集中是密切相关的，当个体的注意集中于某一事物时，人的意识所能指向的范围就会相应地缩小。

注意的基本作用是选择信息,从而使其符合人们的需要、兴趣,以便其能被有效地记录、加工和处理,不受其他无关信息的干扰。在选择功能发挥作用的前提下,注意还有保持功能和调节功能。前者是指注意能使人的认知活动稳定在所选择的对象上,不来回起伏或变换;后者是指注意能调节和矫正认知活动进行中的状态,保证对事物产生最清晰、最鲜明的印象,以提高学习或工作的效率。

对于青少年来讲,注意力具有如下三个特征。

(一)种类的过渡性

青少年学生从无意注意为主向有意注意为主过渡。无意注意也称为不随意注意,是指预先没有目的,也不需要意志努力的注意。与无意注意相对的是有意注意或称为随意注意,它是指有预定目的,需要一定意志努力参与的注意。在有意注意的基础上发展起来的一种高级的注意是有意后注意,称为随意后注意,是指有一定目的、不需要意志努力的注意。有意后注意兼有无意注意和有意注意的双重特征,它一方面和自觉的目的、任务联系在一起,类似于有意注意;另一方面,它又不需要意志努力的参与,这又与无意注意相同。例如,中学生开始学英语时,由于不具备基本知识,不感兴趣,所以必须付出很大努力进行有意注意;但入门后,兴趣也就随之产生了,学习英语就不再是负担,外文杂志、电影、讲座和歌曲等都可以自然而然地吸引他们的注意,而不需要付出那么多的意志来维持注意了。

在青少年时期,学生的无意注意还起着至关重要的作用。很多经验或知识的获得都源于学生的兴趣,感兴趣的活动他们就愿意参加,并能保持注意很长时间;相反,对不感兴趣或不新鲜的事儿就漫不经心,提不起兴趣。年龄越小,无意注意所占的成分越大。随着年龄增长,无意注意的发展曲线呈递增趋势,如图2.2所示。在小学二年级以前无意注意就已出现,之后迅速发展,到初中二年级达到发展巅峰,而后又缓慢下降。

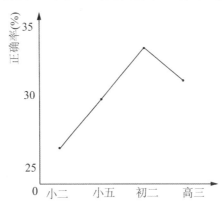

图2.2 无意注意发展曲线

(二)内容的深化性

对于青少年学生,不论哪一种注意,都在逐步深化。无意注意虽然在青少年期逐渐居于次要地位,但它有了进一步的深化,并达到成人的水平。这主要体现在产生无意注意的原因由外部为主转变为以内部为主。初中学生自身的兴趣还很不稳定,也不一定有固定的兴趣中心。最初,产生无意注意主要依靠外部刺激物的作用,以后青少年才慢慢转变到由于自身的兴趣、爱好而产生无意注意。例如，有一些中学生为了表现自己的能力，从而选择练习乐器。练习乐器的初衷是让别人注意到自己，但是随着对乐器的愈发熟练，发现学习乐器不仅仅是为了吸引别人的注意力，而是很单纯地对乐器产生了兴趣。这种转变可使青少年的认知活动具有更多的积极主动性。在无意注意得到深化的同时，有意注意也在逐渐发展并得到深化。有意注意是随着儿童在社会交往中对言语的掌握和使用逐渐发展起来，并在初中阶段才开始显露其优势的。表现为在学习中不是只凭兴趣，而是能够克服各种困难，付出艰辛的劳动，用意志努力维持自己的注意。在此过程中有意注意逐渐向有意后注意转化。就像学习骑单车一样，开始时要格外地注意我们的手应该放在哪里，脚应该怎么动。这是一个既有目的又有意志努力的过程。当熟悉了骑单车的技能后，就不会把注意放在车子上，而是放在我们行驶的路上。同样，开始时，前期青少年需要强迫自己克服困难，甚至要有顽强的意志努力地自动注意，即出现了有意后注意，从一般的有意注意向有意后注意的转化是青少年有意注意逐步深化的体现。

(三)品质的改善性

注意品质是指注意这一心理活动的特性。一般而言，注意有四种品质，即注意的稳定性、注意的广度、注意的分配和注意的转移。青少年学生在这四个方面都有了不同程度的提高。

注意的稳定性是指同一对象或活动上注意所能持续的时间。与其相反的是注意的分散性。初中阶段随着年级的升高，青少年的注意趋向稳定，注意的稳定性增强。研究表明，注意的稳定性对初一学生成绩的影响比学习能力对成绩的影响更加明显。在初一到初二阶段，注意稳定性的提高最为显著，李洪曾等人所作的实验就表明了这一点。在表2.2中，经检验，初一与初二学生注意的稳定性差别具有非常显著的统计学意义，如果教师能在初一到初二阶段对学生进行注意稳定性的培养和教育，就会对他们产生重要影响，收到良好的教育效果。

表2.2 初中生注意稳定性测试

年 级	被试人数	平均数(X)	标准差(S)
初一	110	144.50	66.62
初二	110	177.68	66.09
初三	121	186.85	62.02

注意的广度也称注意的范围，是指在一定时间内清楚地意识到的对象的数量。它取决于个体知识经验的丰富程度，同时受材料组合方式的影响。一般来讲，知识经验越丰富，注意的广度就越大，材料排列就越集中、越有规律，以及相互联系的整体性越高，则注意的广度就越大。青少年在初中阶段，注意广度已经接近成人水平，但受本身知识经验和直觉对象的特点的影响仍然比较大。初中低年级的学生由于缺乏经验，注意的广度狭窄，随着知识经验的积累，他们的注意广度就可以不断提高。

注意的分配是指在同一时间内把注意指向不同的对象，它与人动作的自动化程度有密切关系。在同时进行的两项活动中，必须有一项是熟练的、"自动化"了的，这样使大部分注意力能集中到较生疏的另一项活动上，从而做到活动的协调进行。

注意的转移是指个体根据任务要求，主动地把注意从一个对象转移到另一个对象上。它主要取决于个体原来的注意紧张程度和新对象对他的吸引程度。原来注意的紧张程度越高，注意的转移就越慢、越困难；个体对新对象越感兴趣，越被它吸引，注意的转移也就越易实现。在注意的转移能力上，青少年学生也都基本处于同一层次，没有太大差异。虽然随着年级的升高，注意转移速度也在加快，但这种变化并不明显。注意的转移在青少年学习中有着重要地位。如果学生在课间玩得过于兴奋，就不容易把注意力重新转移到课堂上来，就会影响听课质量，所以教师在上课前，都要利用一两分钟的时间使学生的注意力转移到教学内容上来，以确保教学质量。

第三节 青少年的情绪与意志

青少年一般处于初中和高中的学习阶段，学校教育对他们提出新的更高的要求。在小学掌握了读、写、算等基本知识和技能的基础上，要求他们系统地掌握各门自然科学和社会科学的基本知识，较为深刻地理解自然界、社会各个领域的有关规律，发展有关的技能和能力。这促进了青少年抽象逻辑思维能力的发展，并对意志调节、控制内部的智力活动过程提出了更高的要求。从小学生转变为中学生，青少年的社会地位也发生了很大的变化，青少年在家庭、学校要承担更多的义务和责任。由于不断介入社会生活，青少年的社会经验范围也在不断地扩大，青少年要学习处理各种复杂的人际关系，这对情绪的理解和表达也提出了新的要求。青少年处于人生的十字路口，面临升学和就业的选择，这给青少年的心理活动带来了新的体验和激烈的内心冲突，心理过程越来越指向内部，在寻求别人对他们"成人"的地位确认的同时，他们也在竭力"发现自我"，对自我重新定义，寻求对即将扮演的社会角色的"自我确认"，这也对情绪和意志活动提出了更高的要求。

一、青少年情绪的发展

初高中学生正经历青春发身期，在生理上迅速发育逐渐达到成人的水平，由于意识到身心各方面能力的急剧增长和变化，他们产生并发展了"成人感"，产生了对独立和自治的强烈渴望，这改变了青少年与他们周围人的关系，并给情绪的发展带来新的特点。

(一)青少年情绪发展的特点

青少年作为情绪的主体是一个复杂的心理上正不断成熟的个体，他们情绪的发展跟自我意识的迅速增长有着密切的联系，在对情绪的理解、表达和自我调节方面表现出新的特点。

1. 自我意识情绪的发展

青少年自我意识的增强使青少年的情绪生活更加丰富多彩，内心的体验也更加深刻。由于身体的迅速发育成熟，自我表征发生了很大变化，青少年强烈地意识到自己已经不是一个小孩子了，而很多家长却习惯于用过去对待小学生的方式对待他们，过多的呵护、关心成为束缚青少年健康成长的绳索，这也是青少年烦恼的根源。有些家庭中经常发生的亲子冲突成为青少年情绪生活的重要内容。

青少年初期是世界观开始形成的时期，青少年在"自我认同"的过程中，不断地探索和思考人生的价值，与世界观、与对人生的理解相联系的情绪决定着青少年情绪生活的主旋律。而且在青少年期，人与人之间的情绪越来越占有重要的地位。与童年期的儿童相比，青少年更加重视同伴关系、友谊关系，他们从自己的知心朋友中获得情绪上的支持，对朋友的失信、不讲"义气"感到特别伤心、气愤。青年时期结下的友谊对青年心理发展有巨大的影响，并能保持终身。由于生理上的发育成熟，男生和女生的接触交往就会产生一种新的心理体验，因男女之间的相互爱慕而产生的那种初恋情绪，既使他们感到欢乐和激动，也会给他们带来烦恼与不安，由于社会上的压力，他们对这视为神圣的情绪往往秘而不宣，也不允许别人对这一隐私有所侵犯。

2. 情绪理解的发展

青少年对别人的情绪表现出较高的洞察力。因为青少年认识到人是一个复杂的情绪主体，某种情绪的产生，不仅取决于当时的情境，而且取决于情境刺激落在什么样的心理基础上。他们认识到对同一种社会现象，人们可能会产生不同的情绪体验，这取决于一个人的道德水平。青少年比小学生能更好地认识情绪产生的复杂的心理原因，这包括每个人的经验、性格、气质、兴趣、动机和对当时情境因素的考虑等，这些都可能影响到情绪的性质和强度。青少年也能认识到由于人际关系的复杂性，以及每个人内心经常存在的心理冲突，因此，同一个人可能会同时存在矛盾复杂的情绪体验。如有许多处于青春期的孩子会经常回忆自己"幸福快乐的小学生时代"，现在人长大了，经历的事多了，看问题更深刻了，发愁的事也更多了。

3. 青少年情绪表达和调控能力的发展

青少年情绪表达能力的发展表现在他们能更熟练地运用情绪表达的社会规则。如有意识地掩饰自己的真实感情，避免伤害别人并保持良好的人际关系。例如，上初二的林小小，在班上的成绩经常名列前茅。有一次物理试卷发下来，她照例取得了一个好分数，心里非常高兴，但当她看见同桌因为没考好而痛苦流泪的时候，她很快掩饰住自己高兴的神情转而去安慰别人。

(二)影响青少年情绪发展的因素

1. 社会因素

青少年情绪的变化究竟是什么因素引起的呢？长期以来，人们认为从12～15岁开始作为青少年期特征的情绪变化主要用天赋和类似本能的机制来解释。这是由于精神分析学家对情绪发生变化的各阶段的解释是以"恋母情结"这一假设为基础的，而现在人们认识到在情绪发展中社会因素的作用更为重要。社会因素包括儿童的社会化和文化传递两个方面。影响儿童社会化的一个主要社会因素是成人对青少年的态度，连同家庭对青少年的态度，在青少年复杂的道德情绪发展过程中起着主要的作用。皮亚杰曾尖锐地问道："在西方社会中经常谈论的所谓'青少年危机'是否是社会上一种人为的东西？"

2. 认知因素

现代发展心理学家普遍认同皮亚杰学派的观点，即青少年认知的变化、抽象思维能力的发展是青少年情绪变化背后的一个重要原因。这是因为，形式运思和具体运思的根本区别在于：后者是以现实为中心的，童年中期儿童对世界价值的看法受到各种具体知觉的限制；而前者则能挣脱现实的束缚，思维指向假设的可能性，这种新的思维方式为"预见未来和接受新价值铺平了道路"。皮亚杰曾研究了"祖国"这一概念的发展过程，发现儿童直到12岁或12岁以上才能对这一概念获得恰当的情绪价值，而在此年龄阶段以前，儿童难以达到这一水平。皮亚杰认为，同样情况也适用于"社会公正""合理""审美""社会理想"等抽象的概念。这些研究发现表明，青少年与儿童的不同在于青少年不仅能形成理论，而且对"理论""理想"等抽象的可能性也能赋予情绪价值，而成为他们的动机力量，因此，青少年产生了改造社会和实现新理想的需要。

二、青少年意志的发展

青少年意志活动的基本特点是对行为的控制变得更加主动和自觉，并能更有效地控制和调节内部的心理状态和心理过程。这一基本特点具体地表现在意志行动的两个阶段的心理过程及有关的意志品质上。

(一)采取决定的阶段

在采取决定的阶段，青少年的意志发展主要表现在以下五个方面。

第一，青少年更能自觉地确定自己的行动目的。与童年期的儿童相比，后者的行动在很大程度上受制于成人(如家长、教师等)对他们的要求，还离不开成人的具体监督、指导，而青少年由于"成人感"的增长，变得很有主见，开始对成人的价值观和要求质疑，他们要自己作出决定，并要求别人理解和尊重他们作出的决定。

第二，与小学生相比，青少年更能把自己的行动服从于一个更为长远的目标，动机更有概括性，并有深刻的社会意义。由于青少年对"祖国""理想"等概念赋予情感的价值，对中学生来说，学习不仅是为了取得更好的成绩，而主要的是将学习与个人职业的选择、祖国的前途联系起来。有研究表明，当询问毕业后要求继续升学的初中生和高中生升学的理由时，其理由大致可以分为六类：①有前途，能找到好工作；②可以继续深造，多学知识；③为祖国、社会多作贡献；④能使个人的品格更完美；⑤家长的要求；⑥社会潮流的要求。其中前三个理由占多数。

第三，中学生随年龄的增长，越来越会计划自己的行动。这明显表现在他们能管理自己的时间，除了每学期给自己制定学习成绩的奋斗目标外，每周还会制订学习计划。在快到考试时能制订期末复习计划。班团干部每学期还制订活动计划。

第四，与小学生相比，初中生的意志行动是一个更为复杂、具有更多的内心冲突的过程。体验着不同的甚至是对立的目的、动机的斗争，如在处理友谊问题上，在升学志愿或未来职业的选择上，经常产生影响其作出决定的各种复杂的内心冲突。这是由于形式运思的思维方式使他们能思考、权衡各种可能性，因此当青少年需要作出决定时，其表现往往犹豫不决，需要用意志的力量加以调节。

第五，与小学生相比，青少年更加关注自我，重视自我形象，随着自我塑造个性的要求产生，他们开始能自觉地培养自己的意志品质。如为了锻炼自己的毅力，坚持整个冬天长跑和洗冷水澡；为了考验自己的勇气，主动承担危险的任务等。

(二)执行决定的阶段

青少年在执行决定的意志行动中也表现出新的特点。

首先，中学生比小学生更能坚持。在正确的教育下，中学生已经能有始有终地完成学校或老师交给自己的任务。在任务的执行过程中，更能抵御各种诱惑的干扰，以坚毅的精神克服各种困难。不少中学生特别是高中生在学习上表现出刻苦钻研、锲而不舍的精神。为准备高考，他们能夜以继日地复习。中学生坚持性的高度发展是由于他们具有越来越远大的行动目标，特别是高中生已了解学习的社会意义。

其次，中学生比小学生更能自制。小学生一般不善于控制自己的心理状态，他们情绪外露，能直接向成人敞开心扉。儿童升入中学后，随着生理上的成熟，自我意识的增强，变得深沉和内向了，要了解他们需要更敏锐的观察和以朋友的身份与他们进行更多的言语沟通。高中生已学会有效地控制自己的动作举止，他们能够根据不同的环境场合约束自己，行为举止变得更为文明和理智。青少年的自制还表现在当前紧张的学习活动上。在抗拒引诱和延迟满足的能力上，中学生比小学生有更大的提高。自制能力在中学生中也显出年龄发展的趋势，即初中学生更多地带有小学生的特点，他们显得不够稳重，上课讲话甚至打架等不守纪律的行为也较多地发生。

最后，在不少青少年身上存在着所谓的抗拒性和违拗症。违拗与坚持不同，它表现为固执地坚持自己不合理的想法或行为，拒绝成人的一切有益的建议、劝告，甚至跟成人顶撞、对着干。这是青少年追求独立、自主的合理要求得不到尊重和满足的一种扭曲表现。有些心理学家称少年期为人生的"第二反抗期"，这是从少年渴望摆脱对成人心理上的依赖，追求独立的意义上说的。而违拗症则是教育不当的产物，绝不是不可避免的年龄特征的表现。少年是否有违拗症在很大程度上取决于童年期的教育。在一个属于"权威型"的教育方式中，这种家庭具有民主的气氛，父母既尊重孩子自主的意向，也重视经过训练的服从，把控制和鼓励结合起来。随着孩子的成长，权威型的父母能敏锐地觉察到孩子进入中小学后发生的变化，也能及时地调整与他们的关系，以平等的方式对待孩子，这样才能帮助孩子顺利地度过"第二反抗期"。

三、青少年情绪、意志的培养

对青少年情绪、意志的培养应根据他们身心发展的特点进行，以下是一些具体的建议。

(一)把情绪、意志的培养与发展优秀个性品质、树立正确的世界观结合起来

情绪和意志与认知相对，是属于意向方面的心理活动，即行为"行"的方面。情绪的产生总是跟人的需要或愿望相联系，而成为驱动人去行动的动机力量。孔子曾说过："知之者不如好之者，好之者不如乐之者。"（《论语·雍也》）他十分了解情绪与做学问之间的关系。在儿童成长的过程中，情绪作为对客观事物的态度越来越带有倾向性，并被整合到个性结构中，成为个性的重要组成部分。意志作为一种行为的控制和调节力量是受一定

的道德准则、观点、信念支配的，而只有当这些准则、观点、信念获得相应的情绪价值时，才会变成在行动的决定和执行过程中克服困难实现既定目标的巨大力量。因此，要把情绪和意志的培养与发展优秀的个性品质、树立正确的世界观结合起来。

要鼓励青少年立志。有远大理想和抱负的青少年对自己的期望也比较高，他们往往为自己设置了较高的成就标准。心理学的研究表明：成就标准对儿童的行为能起到一种激励作用。一般来讲，儿童的成就标准越高，他们付出的努力也越大，因此往往能取得较高的学业成就。

青少年在寻求自我确认的过程中，往往给自己树立一个心目中的英雄作为自己模仿和学习的榜样，因此他们对人的行为特征特别敏感，特别重视人们对事物的情绪态度(即应该爱什么，恨什么)以及果断性、坚定、勇敢等意志品质。青少年时代又是激情燃烧的时代。针对这些特点，我们要经常用过去革命战争年代和当前社会主义建设事业中涌现出来的英雄模范人物的事迹去教育他们，帮助他们树立先进的学习榜样。

(二)鼓励独立性与适当的行为指导相结合

青少年有独立自主的强烈愿望，渴望得到别人的理解和尊重，教师和家长应当满足青少年这种合理要求，支持青少年组织各种独立的活动，如野营、军训、文艺会演、社会调查和参加社会公益活动等，为青少年的主动性和积极性创造充分发挥的机会。

教师和家长在鼓励青少年发展独立性的同时要对他们提供必要的支持和帮助。要理解青少年的矛盾心理，他们既意识到自身日益增长的能力，渴望摆脱对成人的依赖，但又对自己的知识和能力缺乏信心，感到需要得到成人的帮助；他们既讨厌成人把他们当小孩对待，又害怕成人拒绝和不理他们。因此，成人对他们提供支持时要注意方式方法，不要伤害他们的自尊心。

少年学生高度赞赏有坚强意志的人，喜欢模仿他们，但他们往往不能正确理解意志特征，如弄不清坚定和执拗的区别，把蛮干看作勇敢，把草率看作果断等，他们有时为了表现自己，会干出一些成人难以理解的事情，这需要教师和家长结合具体事例进行教育。

(三)帮助青少年应对成长的烦恼

青少年处于身心急剧变化的时期，由于认知方式的变换，青少年观察得越深刻，发现得越多，烦恼也会越多，他们往往不能认识理想的可能性和真实的现实之间的矛盾。青少年还经常面临各种情绪上的压力，如对自我形象的过分关注，独立自主的要求得不到成人的尊重和理解，秘而不宣的对异性的爱慕，升学和就业选择的竞争等，因此帮助青少年应对各种成长的烦恼是家长和教师的责任。在学校开展心理健康教育、心理辅导活动或心理咨询等能给青少年提供有益的帮助。教师和家长要当好青少年的良师益友，以取得青少年的信任，只有在此基础上，他们才愿意向你敞开心扉，与你分享他们的快乐和烦恼。家长和教师要以平等的地位与青少年谈心、讨论，帮助他们认识客观事物的复杂性，分析各种烦恼产生的根源。

(四)提高培养乐观向上的情绪和优良意志品质的自觉性

一个人有没有健康、乐观的情绪和坚强的意志品质，能否迎难而上，以积极的态度应对生活中的各种挑战，取决于他有没有远大的理想和抱负，取决于他是否有正确的世界观和人生观。因此对中学生特别是高中生需要帮助他们学点哲学，使他们逐渐学会用唯物辩证法去观察和分析问题，提高自觉性，减少盲目性和片面性。

中学生已出现了自我培养意志和健康情绪的要求。开始时，初中生是不够自觉的，更多地处于模仿自己崇拜的英雄行为的水平上，他们也没有掌握正确的培养方法，往往对自己提出一些过高的不切实际的要求，达不到时就很快放弃。升入高中后随着自我评价能力的提高，他们越来越意识到自身的某些缺点、弱点，也由于面临职业选择课题，越来越把意志、情绪的自我教育与将来承担的社会角色联系起来。

当然不是每个中学生都会运用这些方法，要进行自我教育首先要正确认识自己，包括自己身上的长处和短处。"人贵有自知之明"，作为教师和家长，一方面要帮助学生认识和发现自己的闪光点，树立良好的自我形象，提高自我教育的信心和自觉性；另一方面要帮助学生认识和掌握自我教育的各种方法，与各种消极的意志品质和不健康的情绪作斗争。

本 章 小 结

本章旨在使学生在了解青少年心理发展的基本特点及影响因素的基础上，掌握青少年各种认知能力发展的特点及影响因素，并能相应地对青少年的学习给予指导；理解青少年情绪与意志的发展特点，并能掌握培养青少年健康情绪和良好意志品质的方法；掌握青少年自我的发展情况及其社会性发展的特点，并根据他们的特点进行教育。

思考与练习

一、思考题

1. 青少年心理发展的一般特点是什么？
2. 影响青少年心理发展的因素有哪些？
3. 青少年记忆发展的特点是什么？
4. 青少年想象力发展的特点是什么？
5. 青少年注意力发展的特点是什么？
6. 如何培养青少年良好的情绪和意志品质？
7. 青少年自我发展的成就有哪些？
8. 青少年的同伴关系表现出哪些特点？

二、案例分析

先阅读下列材料，然后回答后面的问题。

材料1：

赵某某，男，某校初三年级学生，17岁。前段时间，他自己觉得与同班的一女生相爱了。那时，他们常常形影不离，一起上学，放学一起回家，好像有说不完的话。一到星期天，他们就千方百计地跑出来，逛公园、看电影、滑旱冰。不管干什么，两人只要在一起就特别开心。过了一段时间，不知道为什么两人在一起似乎没什么话可说了，一块儿玩也没什么兴致了。因此，赵某某问："我和她是不是真有爱情呢？"

材料2：

王某某，女，某校初三年级学生。在过15岁生日时，邀请了十几位同学来家里做客，文艺委员还唱了一首王某某最爱听的歌来助兴。听着他婉转动听的歌声，联想到平时文艺委员对她的热情和主动帮助，王某某突然产生了一种从来没有的特殊感受。从那以后，她一看到文艺委员便不知所措，她想见他，又怕见他。并且，她发现文艺委员也处处留心自己。此后，她天天心神恍惚，学习成绩也开始明显下降。

1. 根据材料1和材料2，分别判断一下这两个学生是否早恋了。
2. 如果你是这两位同学的班主任，你会如何帮助他们呢？

实 践 课 堂

如何不与自己的父亲吵架[①]

演出过程如下。

场景1：主角深夜归来，与父亲(辅角甲)在家中客厅里争吵，父亲认为女儿家不可以很晚回来，在家中目无尊长。继母(辅角乙)在一旁无声。

场景2：(角色互换技巧应用情景)家中人都在客厅。主角在一位替身的帮助下喊道："你们有谁关心过我？！在家里没有人听我说话，我根本是多余的，还回来干什么？！"辅角甲演出父亲的愤怒，但无法把气氛烘托出来，导演要主角扮演父亲(角色互换)，喊出，"你根本不懂事！我们怎么不关心你、不照顾你，任何事都顾及到你的想法！我有我的工作，你可不可以长大一些"。主角恢复原先角色后，辅角甲把上述的话语重复一遍，并且把父亲的情绪扩大："我好累！女儿！"经辅角甲把父亲的立场表明后，主角在与父亲的争吵中感受到争吵背后的深层含义。另外，主角一直觉得继母只关心妹妹，对她从来不闻不问。针对主角对继母的看法，在与继母(辅角乙)演出角色互换时，把主角内心的想法表露出来，因此，辅角乙演继母时说："我就怕你有这种想法，一直以来我小心翼翼对待你，生怕让你觉得我对待你们姐妹是不公平的。你很懂事，我怎么会不关心你呢。希望你真正了解我的用心。"

角色互换技巧使得主角在扮演中，能以父亲、继母的立场了解他们的感受，反思自己的想法和行为。通过进一步分享，主角在团体成员的帮助下，认识有沟通才能化解彼此的误会，其实全家人都很爱这个家。

推 荐 阅 读

1. 北京师大辅仁应用心理发展中心编. 身边的心理学[M]. 北京：机械工业出版社，2007.
2. 叶斌. 青少年户外体验式学习实用手册[M]. 北京：北京师范大学出版社，2006.

[①] 石红. 心理剧与心理情景剧实务手册[M]. 北京：北京师范大学出版社，2006.

3. 石红. 心理剧与心理情景剧实务手册[M]. 北京：北京师范大学出版社，2006.
4. 岳晓东. 心理面面观[M]. 上海：上海人民出版社，2007.
5. 刘文志，朱皕. 青少年与青年成人的词语与图片错误记忆发展[C]. 第二十届全国心理学学术会议，2017.
6. 朱艳姣. 高二学生自我关注对情绪反应的影响及教育建议[D]. 天津：天津师范大学，2012.
7. 付惠. 知觉父母冲突对青少年人际适应的影响：负面认知评价和情绪不安感的中介作用[D]. 哈尔滨：哈尔滨师范大学，2018.
8. 鹿美丽. 中学生自我中心、应对方式和心理健康的关系研究[D]. 山东：曲阜师范大学，2008.
9. 李霈. 同伴压力研究述评[J].校园心理，2016，14(4)：259-262.

第二章课件

拓展阅读

对生活环境进行控制的努力几乎渗透于人一生中的所有行为之中,人越能够对生活中的有关事件施加影响,就越能够将自己按照自己喜爱的那样进行塑造。相反,不能对事件施加影响会对生活造成不利的影响,它将滋生忧惧、冷漠和绝望。

——班杜拉

第三章　青少年心理咨询与辅导的理论

本章学习目标

- ➤ 了解精神分析疗法的理论、治疗方法的运用及其贡献与局限。
- ➤ 了解行为主义疗法的理论、治疗方法的运用及其贡献与局限。
- ➤ 了解人本主义疗法的理论、治疗方法的运用及其贡献与局限。
- ➤ 了解认知疗法的理论、治疗方法的运用及其贡献与局限。

核心概念

精神分析疗法(psychoanalysis therapy);行为主义疗法(behaviour therapy);人本主义疗法(humanism therapy);认知疗法(cognition therapy)

引导案例

抑郁的苦恼[①]

吴某,24岁,大学三年级的学生,自愿来到心理咨询室请求帮助。他在陈述自我状况时,表情麻木,面容憔悴,两眼无神,说话吃力,语速缓慢,但意识清楚,能有条理地自诉病史。吴某自我叙述道:"考上大学后,我的心情从此就没有好起来。学习负担重,与同学的关系一直不好,各科考试成绩都不理想。真是应了那句老话:'天下乌鸦一般黑。'我跟很多同学都吵过架,他们都不愿意和我交往。我感觉人生毫无意义,生活枯燥无味。现在我的脾气很暴躁,谁要是伤害了我,我是不会让他好受的。我的身体也是每况愈下,时感乏力、心悸、胸闷、气短,有时会无端地感到紧张,紧张时语言表达不流畅,结结巴巴。以前我可是从不口吃的。"

---

① http://www.fx120.net/disease2/200911/552108.html.

从求询者叙述的情况容易判断,该同学具有典型的抑郁症症状。由于吴某长期感受到学习及学校适应方面所带来的压力,精神创伤严重,心情十分压抑,形成了孤僻、多疑的病态人格和歪曲的自我意识,并伴有自杀倾向。同时,由于长期抵制外界压力以及对大学繁重的学习任务感到难以承担,吴某已患有一定程度的神经衰弱疾病。这一切使他在适应大学集体生活的过程中遇到了障碍。

在学校中,适应压力对于学生的学习生活有着重要的影响。几乎每一个学生在考入大学后都会有一定程度的紧张感和担心,这是很正常的,这也是学校对大学生适应性的一种考验。学习及生活适应给学生带来的压力存在着很大的个体差异。一般来说,性格内向、情绪波动大、挫折耐受力和内部矛盾化解力差的人,或自我意识差(自我多疑或自我评价过高)、独立性差、优柔寡断、谨小慎微的人容易出现过度抑郁的症状。

经心理咨询师对他做16PF测试,结果显示:在次级人格因素中,其心理健康水平低,焦虑性高;在16种人格因素中,稳定性、恃强性和兴奋性得分低,聪慧性、紧张性、世故性得分高。在此心理状态下,吴某呈现出心境恶劣、情绪低落、无生活兴趣、沮丧忧伤、感到生活无意义和前途无望的忧郁症状。上述症状使其学习效率和生活质量明显下降,并持续达3年多。由于吴某无脑器质性疾病和其他躯体性疾病,故诊断为抑郁症,且伴有焦虑情绪。

心理治疗的对策如下。

(1) 转变观念。首先要将他心中的郁闷全部发泄出来,同时,转变其不正确的观念。每个人在学校和社会生活中都会遇到各种问题,如何更好地适应压力在于自己的主动和努力。只有对生活、学习和人际感兴趣才能从其中获得收获。而且个体要适应新的环境、人和物,不是简单地嵌套,而是尽可能地融合。

(2) 自信训练。适应性抑郁的产生往往与消极的自我暗示有关。少数不合群的学生一想到新的环境,首先想到的往往是"我接受不了",或是尽可能地逃避现实,并将这种思维和行为扩大化,进而这些想法致使抑郁症状加重,影响了正常的生活。而考试成绩不理想和人际关系的紧张又强化了这些想法。即使更换一个新的环境,抑郁症状依然会加重,加大心理压力,极易造成恶性循环,从而难以自愈。

增强自信是治愈抑郁症的必要前提。在心理学上,挺胸抬头步伐快对提高自信有暗示作用,可以无意识地建立信心;多参与群体活动,有助于提高自信;多听一些振奋人心的音乐对提高自信心也是很有帮助的。

(3) 放松训练,包括肌肉放松法以及深呼吸训练等。如深呼吸缓解法的具体做法是:保持坐姿,身体向后靠并挺直,松开束腰的皮带或衣物,将双掌轻轻放在肚脐上。先用鼻子慢慢地吸足一口气,大约数4个节拍,然后慢慢吐气,也用4个节拍,每次连续做4~10分钟即可。也可以闭着眼睛做,边做深呼吸边想象一些美好的情景,效果会更佳。除了在安静的环境中进行深呼吸外,也可以在看电视、走路、临考前去做。

(4) 系统脱敏疗法,又称交互抑制法,是最常用和有效的治疗方法。利用这种方法主要是诱导求询者缓慢地暴露出导致抑郁症的情境,并通过心理的放松状态来对抗这种抑郁情绪，从简单的适应发展到更高难度的适应，提高抑郁症患者的生活兴趣，而达到治愈抑郁症的目的。系统脱敏疗法应在心理医生的指导下进行，或由医生进行。

心理咨询与辅导重在咨询与辅导中各种疗法的运用，但掌握咨询与辅导各种疗法的前提是对各学派理论的掌握及其使用过程中对其优点与不足的认识。因此，在学习过程中，应结合具体的咨询与辅导案例，充分理解各学派的理论，掌握各学派咨询与辅导的技术。另外，在咨询与辅导过程中，咨询师还要结合咨询与辅导的实际情况，创造性地使用各种疗法，很多时候需要各种疗法的综合运用。

以上案例是咨询师在工作中经常遇到的案例，求询者意识到自己的心理困惑，却不知该如何解决。在我们周围的环境中，像这样的人并不少见，他们在我们身边生活，内心却不能适应周围的环境或调适自己，本章讲述的各种疗法将会为他们提供一个安全的咨询与辅导的空间，帮助那些不能适应生活的人缓解或消除某些心理隐患。在这里，咨询与辅导会让他们重新认识现实、应对困难，成为积极而富有竞争力的人。

目前存在的心理咨询、辅导和治疗的理论取向非常多，美国心理学家达雷尔·史密斯(Darrell Smith)对美国的临床和咨询心理学家进行了调查，其理论取向大致有12种，见表3.1。

表3.1 临床和咨询心理学家的理论导向

理论导向	认为自己的治疗方法与某理论相一致的人数	该理论持有者在总人数中的百分比/%
精神分析理论	45	10.84
阿勒德理论	12	2.89
行为主义理论	28	6.75
现实理论	4	0.96
认知行为理论	43	10.36
人本主义理论	36	8.67
格式塔理论	7	1.69
存在主义理论	9	2.17
理性—情绪理论	7	1.69
相互作用分析理论	4	0.96
家庭理论	11	2.65
折中主义理论	171	41.20
其他	38	9.16
总计	415	99.99

综合前面的理论导向，一般认为最具有代表性的理论主要有精神分析理论、行为主义理论、人本主义理论和认知行为理论。除上述理论代表的疗法之外，还有现实疗法、家庭系统疗法、森田疗法、意象对话疗法、格式塔疗法、后现代主义疗法等多种疗法。本章主要介绍最具代表性的四种理论及疗法。

第一节　精神分析理论与疗法

"精神分析"(psychoanalysis)又称"心理分析",是现代心理咨询与治疗的奠基石,其对心理学领域的影响是巨大的。此理论是由奥地利精神医学家西格蒙德·弗洛伊德(见图 3.1)(Sigmund Freud,1856—1939 年)于 19 世纪末所开创的一种特殊心理治疗方法。该方法以潜意识的理论为基点,通过分析了解求询者潜在意识的欲望和动机,认识对挫折、冲突或应激的反应方式,体会病理与症状的心理意义,并经咨询师的启发,使求询者获得对问题的领悟。经过长期的治疗,运用求询者与咨询师所产生的转移关系,以改善求询者的人际关系,调整他的心理结构,化解内心的情感症结,从而促进其人格的成熟,提高其适应能力。

图 3.1　弗洛伊德

精神分析理论认为,一个人的心理与行为是动态地联系在一起的,受生活中各种因素的影响,精神病患者也不例外。精神分析方法的目的和价值在于它能把压抑在患者无意识中的,患者本身并不能意识到的那些创伤和痛苦体验(尤其是童年的精神创伤和痛苦经历)挖掘出来,使之上升到意识层面。患者借助于咨询师的分析、解释,理解这些关系,彻底顿悟和认识自己。通过疏导,使患者宣泄并消除深藏在潜意识中童年的精神创伤、心理矛盾和痛苦体验,最后矫治不良行为,达到治疗目的。此方法注重个人内在的情感、欲望和精神活动,是一种深入的、长久性的心理咨询与辅导的方法。

早期传统的精神分析疗法,要历经数年的咨询与辅导,非常费时。近年来的精神分析方法,通过运用精神分析的原则和理念,采用现代的咨询与辅导模式,可以在几个月内改善个体症状,精神分析疗法正在逐渐走向实用、普遍和有效。

一、精神分析的基本理论

(一)意识与潜意识

弗洛伊德在临床实践中发现,一些病人被催眠后容易受暗示,许多病人在清醒状态下也无法理解症状与其以前经历的联系。由此他推断在人的心中有个域,即无意识领域。在此之前也有人提及无意识,但弗洛伊德是第一个系统探索无意识心理过程的人。因此,无意识理论是弗洛伊德精神分析理论的一个主要贡献。

无意识概念出现于弗洛伊德的心理定位模型(1900)[①]中,在这个模型中,人的精神结构被分为意识、前意识和潜意识三个部分,潜意识和前意识组成了人的无意识。

---

① Jane Milton,Caroline Polmear,Julia Fabricius. 精神分析导论[M]. 施琪嘉,曾奇峰,译. 北京:中国轻工业出版社,2005.

在弗洛伊德看来，意识只不过是心理极其微小的一部分，是被我们所察觉的一部分，而精神活动的大部分，也是最深层次的部分都存在于意识之下，即潜意识。如同浮在水面上的冰山，露在水平面上的冰山一角是意识，而大部分心理功能都处于潜意识领域，就像冰山的大部分都隐没在水平面之下一样。潜意识是指在意识水平之下的所有心理现象，包括个人无法接受的原始冲动、本能欲望，还包括一些无法实现的需要和动机。因此它被视为原始愿望和冲动的存储库。这些心理功能在潜意识中，不能被个体察觉，但是它对于我们的一切行为都产生了影响。弗洛伊德认为，没有任何自由意志的行为，有些行为表面上好像出自我们的意识和自由意志，但实际上都是受潜意识力量的驱使，它们只不过是潜意识过程的外部标志。有意识的心理现象往往是虚假的、表面的和象征的，它们的真面目、真实原因和真正动机隐藏在内心深处的潜意识之中。在意识和潜意识之间是前意识区域，意识和前意识虽有区别，但二者没有不可逾越的鸿沟，前意识的东西可以通过回忆进入意识中来，而当意识中的东西没有被注意时，也可以转入前意识中。理解这一结构模型是理解弗洛伊德理论的重要起点。图 3.2 所示为弗洛伊德的心理冰山模型。

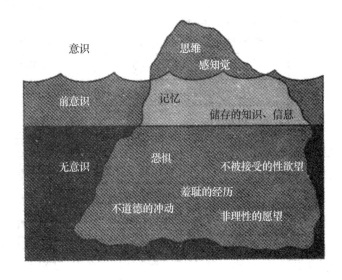

图 3.2　弗洛伊德的心理冰山模型①

(二)人格结构

弗洛伊德在他 1923 年出版的《本我与自我》一书中提出了具有独创性的"三我"人格结构理论。他认为人格包括三种成分：本我、自我和超我。三个部分共同控制着个体的心理与行为，本我是生物成分，自我是心理成分，超我是社会成分。

1. 本我

本我是人格中最原始的部分，在性质上是潜意识的，在人一生的精神生活中起着重要作用。弗洛伊德认为，个体出生时只有本我这一个人格结构。从心理内容方面来看，本我由先天的本能、基本欲望所组成，只与直接满足个体需求有关。从作用方面来看，弗洛伊

---

① 许艳. 心理咨询与治疗[M]. 合肥：安徽人民出版社，2007.

德认为促使个性活动的所有能量都来自本我。从活动方式方面来看，本我只寻求即刻满足，没有是非观念，纯粹依照"快乐原则"追求本能能量的释放和紧张的消除，以趋乐避苦。本我像是一个被宠坏的孩子，没有任何禁忌，是非理性的、盲目的与冲动的。弗洛伊德把它形容为"巨大的深渊、一口充满沸腾刺激的大锅"[1]。但弗洛伊德认为，自我和超我是在本我的基础上发展而来的，所以本我是人格结构的最基本部分。

2. 自我

自我是儿童在与环境的互动过程中，逐渐从本我中分化出来的，是有意识的结构部分。自我既要满足本我的即刻要求，又要按客观要求行事。自我代表的是理性，本我代表的是情欲。本我不能随心所欲地满足其愿望，因为现实环境有时不允许本我要求的即刻满足。例如，每当我们饥饿时，不一定总能吃到食物，当吃不到食物时，饥饿的个体就会体验到不舒服，有一种挫折感，本我对这种压力的反应称为初级过程。以饥饿为例，在给婴儿食物时，婴儿看到、闻到、摸到、尝到食物，这一程序的不断重复，使婴儿把食物的形象储存在了记忆中，并记住了食物与饥饿感消退间的联系。当再次体验到饥饿感时，本我就会进入初级过程，通过能满足其愿望的食物的心理意象来降低需要的紧张度。但是，初级过程不能实际地满足欲望，要想得到真正的满足，个体必须与现实世界接触，这种接触就导致了人格的第二个重要结构——自我的形成。

3. 超我

超我是从自我中分化出来的，是道德化的自我，居于人格结构的最高层。自我可分为两部分，一种是执行的自我，这是自我本身；另一种是监督的自我，就是超我。超我按至善原则活动，它的作用是监督自我去限制本我的本能冲动。超我象征着理想，是在个体成长过程中，通过道德规范、社会要求的不断内化而形成的。它代表社会的，特别是父母的价值和标准。具体来说，在儿童与父母的互动过程中，在父母的权威要求下，他不得不同化父母所代表的社会准则，以控制自己的某种冲动，并最终把父母的外在权威内化为自己的内在权威。超我形成以后，它便代替父母的外在监督而对孩子的思想和行为进行内在的自我监督。父母施行惩罚的职权，变成了超我中的"良心"；父母施行奖励的职权，则变成了超我中的"自我理想"。自我理想只确定道德行为的准则，良心则负责对违反道德标准的行为进行惩罚。[2]

根据精神分析的观点，人格这三种结构相互联系、相互作用，以动态的形式融为一体。超我监督着自我，根据现实的原则，有条件地满足本我冲动。如果人格的三个系统保持平衡，人格就能得到正常发展。但是三者的行动准则是各不相同的，冲突无法避免，如果这三种结构间的动态平衡被打破，则会导致人心理失常。

(三)焦虑与自我防御机制

1. 焦虑

焦虑是精神分析理论中的关键概念之一。焦虑(anxiety)是一种由紧张、不安、焦急、忧

---

[1] 弗洛伊德. 精神分析引论新编[M].北京：商务印书馆，1987.
[2] 傅宏. 咨询心理学高级教程[M]. 合肥：安徽人民出版社，2008.

虑、惊恐等感受交织在一起的情绪体验。它是由人格不适应状态引起的痛苦的情绪体验，是自我对待现实、本我和超我三者的软弱状态。焦虑可以分为现实焦虑、神经质焦虑和道德焦虑。

现实焦虑(reality anxiety)是由外界环境中真实的客观的危险引起的情绪体验。例如，在森林里行走，突然碰见一只老虎，就会令人感到紧张，需要急忙避开。这种焦虑就是现实焦虑，它基本上和害怕一样，警告人们要采取一些应对措施来避免危险。当危险消除时，现实焦虑就减轻或消失了。这种焦虑有助于个体的保存。但如果现实焦虑过于强烈，也可能使人无法去面对任何问题，丧失行动能力。

道德焦虑(moral anxiety)是指当个体的行为违背了超我的价值时，引起内疚感的情绪体验，即所谓良心的谴责。它主要通过内疚、罪恶感或羞耻感来表达。当本我的某种原始冲动威胁自我而去获得满足时，超我就会产生这样的反应。本我冲动和超我之间的斗争越激烈，道德焦虑也就越强烈。

2. 自我防御机制

弗洛伊德认为，既然焦虑是相当痛苦的情绪体验，就必须降低和防止焦虑。为了减轻焦虑，自我就得发展出一套用来欺瞒超我的防卫机制，即自我防御机制。它可以采取一些歪曲现实的方法保护个体，帮助个体不受焦虑的侵袭，让本我得到最大限度的满足，以保持自己的心理平衡，我们称自我这一特殊的功能为"自我防御机制"(ego defense mechanism)。即个体在无意识的驱动下，采用某种方法或手段，转变自己对现实状态的分析或改变与现实的关系，避免心理上的痛苦和挫折感。这是一种健康的正常现象，可以帮助我们缓解心理压力和焦虑，避免冲突的加深。但需要注意的是，防御机制毕竟歪曲了现实，而且是在无意识状态下进行的，过度使用会成为不健康的特征。

防御机制的目的是帮助人们保持一种心理平衡。实现自我防御有很多种方法，这与个体的发展程度和焦虑程度有关。

拓展阅读

常见的防御机制[①]

一、压抑

压抑(repression)是自我防御的核心和基础，即把不能接受的或痛苦的思想和情感从意识领域排除出去。压抑不仅仅只是选择性地遗忘不愉快的经验，也可以阻止潜意识的东西进入意识。例如，弗洛伊德认为，很多个体五六岁以前的痛苦记忆都被压抑起来，但这些事情依然会影响他以后的行为。

二、否认

否认(denial)即不承认客观现实，扭曲个体对现实的认知。与压抑相类似，但它是在前意识和意识的层次上进行的。例如，一些人对危险的现实情境视而不见或对自己身患绝症予以否认。

---

① 许艳. 心理咨询与治疗[M]. 合肥：安徽人民出版社，2007.

三、反向作用

反向作用(reaction formation)是指个体努力表现出与自己真实情感或想法相对立的行为。人们常常用亲近行为来掩饰憎恨，如笑里藏刀；用冷酷的面孔掩饰爱意，如恨铁不成钢。又如，刚进入青春期的少男少女们常表现出一种对抗和敌意，实际上这是为了缓解无意识中对异性的好感和倾慕。

四、投射

投射(projection)是一种把自己无法接受的欲望或冲动归于他人的防御机制，把自己的不良品质和行为看成别人的，甚至会借此来责难他人，而那实际上却是他自己本身的想法或者过错。

五、转移或替代

转移或替代(displacement & substitution)是一种处理焦虑的方式，把得不到目标物时的冲动宣泄到别的人或事情上。我们常见到某男人在公司被老板训斥后，回到家拿老婆和孩子当出气筒，找"替罪羊"。有时候能量的移置也可以指向自己本身，这时就会出现抑郁或自我轻视的思想和行为。例如，一个人受到上级责备后，就打自己耳光或骂自己不中用等。

六、退化

退化(regression)是当个体遇到某个重大的问题而不能解决时，他的行为举止往往会退回到那个能使他感到相对熟悉和安全的发展阶段。只不过这种退缩的作用只是相对的，并非他的所有行为都会回到先前那个发展阶段，而只是部分行为退回了而已。在弗洛伊德的著作中，常常提到病人的行为回到了儿童时期的特点。

七、合理化

合理化(rationalization)是指用一种自我能接受、超我能宽恕的理由来代替自己行为的真实动机或理由。失败或者缺少能力等，会对某些人的心理平衡带来很大的冲击，造成强烈的威胁。因此，人们往往不直接承认自己在某方面的失败，而是会找寻有道理的解释。这样的防御机制被称作合理化。合理化是那些有部分真实的影子，但又不完全正确的解释，它能使人的心理重新获得平衡或是挽回面子，保全自尊。

八、升华

升华(sublimation)是指人们将具有威胁性的潜意识冲动转化成可被接受的社会性行为的过程。弗洛伊德认为，升华是唯一正向积极的防御机制。例如，参与某些具有攻击性的运动，如拳击、橄榄球等，就可使潜在的攻击冲动以社会可以接受甚至鼓励的方式宣泄出来。当人们越经常地使用升华，就会越有创造力。因为这些行为是会受到赞赏的，而且需要具有创造力。

(四)人格发展理论

弗洛伊德的人格发展理论是建立在他的性心理发展理论的基础之上的，因此也称为"心理性欲发展理论"。弗洛伊德在临床实践中，根据对精神病人的精神分析资料，认为人的一切行为都是以性驱力(即 libido，力比多)为动力的。并且性生活的压抑或畸形乃是造成心理失常的重要原因。当然，弗洛伊德在这里说的性并不是都与狭义的性行为有直接关联的，还包括许多追求快乐的行为和情感活动。例如，父母子女之爱、兄弟姐妹之爱、朋友的情谊都来源于性本能，而且婴儿期强有力的欲望如吸吮、排便等也都与性有关。当一个吃饱了的婴儿愉快地吸吮着自己的拇指和橡皮奶头时,他并非由饥饿所激发,而是由于某种追求快乐的动机,即基本性动机所驱使的。

关于婴幼儿期性驱力发展的认识对弗洛伊德的精神分析理论是极为重要的。为了对求询者的心理问题做彻底的解释并收到完全的治疗效果,就不能仅停留在致病当时的经验,而必须追溯到病人婴儿时期所经历的性动机的挫折情境。弗洛伊德认为儿童从出生到成年要经历几个先后有序的发展阶段,每一个阶段都有一个特殊的区域成为力比多兴奋和满足的中心,此区域称为性感区。据此,弗洛伊德把心理性欲划分为以下五个阶段,这五个阶段以五种不同的形式来满足。

1. 口唇期(0～1.5岁)

在口唇期(oral stage),婴儿活动大部分以口唇为主,口唇区域成为快感的中心。其快乐来源为吸吮、咬、吞咽等。如果在该时期婴儿的口唇活动没有受到限制,婴儿成年后则趋于乐观、慷慨、开放和活跃等积极的人格特征;如果口唇活动受到限制,则易形成口唇依赖型性格,成年后表现为过度的依赖性、不现实而富于幻想、容易嫉妒别人等消极的人格特征,在行为上喜欢做各种和嘴有关的动作,如吸吮拇指、咬指甲、贪食、吸烟、嚼口香糖、多嘴多舌等。

2. 肛门期(1.5～3岁)

在肛门期(anal stage),幼儿通过排泄解除压力获得快感,因此,肛门一带成为快感中心。为了符合社会的要求,此时的儿童必须接受在厕所中进行大小便的训练,不能随意排泄。此时期,如果肛门排泄活动不受限制,儿童成年后倾向于肮脏、浪费、凶暴和无次序;若肛门排泄活动严加限制,成年后容易形成清洁、忍耐、吝啬和强迫性。大小便的排泄会对儿童成年后的性格产生重要影响。

3. 前生殖期(3～6岁)

在前生殖期(phauic stage),力比多兴奋和满足的中心在生殖器上。此时,儿童以异性父母为"性恋"的对象。包括恋母期(oedipus period)和恋父期(genitic period),其快乐来源为生殖部位的刺激和幻想,以及对异性父母的爱恋,即俄狄浦斯情结(oedipus complex)。如果这两种情结能够正当解决,儿童认同父母的价值观念,导致超我的逐渐形成与发展,就会形成与年龄、性别相适应的许多人格特征;否则,有可能导致性变态等不良人格特征。

4. 潜伏期(6～12岁)

在潜伏期(latenly stage),力比多处于休眠状态,这一阶段的性欲倾向大都受到压抑,于是转向外部世界,以好奇性知识等为满足,儿童可以通过丰富多彩的活动来宣泄、升华性能量。这时儿童的兴趣在同伴而不是父母,但男女儿童界限分明,不相往来,在游戏中也以同姓者为伴,直到青春期才有所改变。

5. 生殖期(12～18岁)

生殖期(genital stage)是人格发展的最后阶段。由于性成熟,个体的性对象逐渐转向异性,异性恋的行为明显。此时个体最重要的任务就是摆脱父母的影响,开始养成自己的生活习惯。个体已从一个自私的、追求快乐的孩子变成了具有异性爱权利的、现实的和社会化的人。

弗洛伊德认为，性心理发展过程中如果在某一阶段发生停滞或倒退，就可能导致心理异常。人的精神系统要经常保持一定能量的相对稳定状态，力比多就是一种重要的能量，过多积聚会使人紧张，如果受阻而不能以正常渠道宣泄时就会向异常渠道宣泄，这时就可能以病态的形式表现出来。

拓展阅读

埃里克森的心理社会发展观[①]

艾里克·埃里克森(Erik Homburger Erikson)在弗洛伊德人格发展理论的基础上提出了自己的人格发展理论，他把人的发展划分成八个阶段(见表 3.2)。他的发展理论认为性心理与社会心理的发展是同时进行的，但他认为弗洛伊德在解释自我在发展中的地位方面做得不够，而且不够重视社会对生命全程的影响，因此其理论重点放在了自我功能的发展上，并且认为自我的成长贯穿于人的一生。在每一个发展阶段都有带普遍性的心理与社会矛盾需要解决。在描述这种矛盾时，埃里克森使用了"危机"这一概念。"危机"相当于生命中的转折点。因为解决危机的方式决定了人格发展的方向：解决矛盾，自我力量加强；无法解决矛盾，自我力量削弱。这为不同年龄段的教育提供了理论依据，为咨询过程中充分了解求询者的核心冲突和发展问题提供了参考。埃里克森通过对社会因素、自我功能和全程发展等方面的强调推动了精神分析理论的发展。

表3.2 埃里克森的心理发展八阶段

各个时期阶段	核心发展任务
婴儿期(0~1岁)	发展信任感，避免怀疑
儿童早期(1~3岁)	发展自主自制，避免羞愧和怀疑
学前期(3~6岁)	形成主动性，避免内疚感
学龄期(6~12岁)	学会勤奋，减少自卑
青春期(12~18岁)	自我同一性的确定，避免角色混乱
成年早期(18~25岁)	获得亲密感，避免孤独
成年中期(25~50岁)	获得繁殖感，避免停滞
成年后期(50岁以上)	获得完善感，避免绝望

(五)梦论

梦的学说在精神分析中占有特殊地位。弗洛伊德认为，梦与无意识有密切的联系，通过对梦的分析，能够打开一条通向潜意识的道路。在《梦的解析》这部著作中，弗洛伊德全面阐述了他关于梦的理论观点。他认为"梦是一种被压抑的欲望的象征性满足"[②]。因此，研究梦和梦的内容，为我们了解无意识打开了一扇重要的窗户。

---

① 许艳. 心理咨询与治疗[M]. 合肥：安徽人民出版社，2007.
② 弗洛伊德. 梦的解析[M]. 罗林，译. 北京：九州出版社，2004.

一般来说，梦可以区分为显性内容(manifest content)和隐性内容(latent content)。显性内容(显梦)是指说出来的未经分析的梦，而隐性内容(隐梦)是指其背后隐含的意义由分析联想得到。显梦和隐梦好像猜谜语一样，谜面是显梦，谜底是隐梦。释梦就是要猜破谜底，谜面只提供线索。梦的显性内容可以有三个来源：第一，睡眠时受到的外界刺激，如声音或温度等。一个人可能报告他梦到了一场大水，这可能是由于他的腿部没有盖被子受凉而导致的。第二，白天的一些思考。常言道"日有所思，夜有所梦"，一些白天关心的问题可能在梦境里面继续体现。第三，本我的冲动，也是最重要的一个来源。白天由于受到自我的约束和控制，使本我的一些冲动被压抑，睡眠时自我的监控能力降低，这些压抑便出现在意识中，但由于受到自我和超我的阻碍，这些压抑往往以伪装的形式出现在梦境里。而且往往显性内容不符合逻辑，时空转换，乱七八糟。①

尽管并不是所有的梦都可以用上面的方法来解释，但弗洛伊德对梦的本质的研究为我们找到了一种对无意识进行探寻的方法。所以，很多精神分析师都把注意力转向梦，从而了解症状最核心的原因。

二、精神分析疗法的运用

(一)精神分析疗法的基本原理

精神分析疗法主要是挖掘求询者压抑在潜意识中的童年创伤和痛苦体验，把求询者所不知晓的症状产生的真正原因和意义召回到意识范围内，使求询者洞悉、领悟问题的根源，进而理智对待它们，便可使症状消失。也就是说，通过挖掘求询者潜意识中的心理矛盾和冲突，找到致病的症结，并把它们带到意识领域中来，使求询者对此有所领悟，在现实原则的指导下得以纠正和消除，从而建立良好、健康的心理结构，达到心理健康。

弗洛伊德认为，神经症状形成的根源是被压抑到无意识中未能得到解决的欲望，它们是求询者早年形成的症结。而通过精神分析，求询者能够真正意识到并在感情上体验到这是幼年期形成的病根，现在看来已经没有意义了。

(二)咨询与辅导的目标

咨询与辅导的基本目标如下。

(1) 使潜意识意识化，使潜意识冲突表面化，从而帮助求询者重新认识自己或重建人格。

(2) 帮助求询者克服潜意识冲突，启发求询者的自我意识，通过分析，使其达到认知上的领悟，消除各种不良的防御模式。

(三)咨询与辅导关系的建立

强调咨询师隐匿的角色，以使求询者能将他们的情感投射到咨询师身上。咨询与辅导中咨询师同求询者既要相互信任，又要保持一定的距离，以保持咨询所必需的客观性，避免求询者产生某种抵触心理。

---

① 许艳. 心理咨询与治疗[M]. 合肥：安徽人民出版社，2007.

(四)咨询与辅导的基本方法

1. 自由联想

自由联想法(free association)是弗洛伊德于 1895 年创立的。其基本要求是让求询者很舒适地躺着或坐好,把进入头脑中的感觉或想法不加隐瞒地如实报告出来,不论它们是如何微不足道、荒诞不经甚至违背道义等。弗洛伊德认为,浮现在脑海中的任何想法或事物都不是无缘无故的,都是有一定因果关系的,有其动力学意义,因此可以从中找到求询者无意识中的矛盾冲突,把它带到意识中来,使求询者有所领悟,重新建立现实型的健康心理。

拓展阅读

集中性自由联想[①]

下面的练习将有助于理解和应用本章所述的内容和概念。此外,该练习不仅适用于心理动力学治疗实践,而且也适用于其他理论取向的联合治疗。在练习前,注意以下每一步的要点。

(1) 将注意力集中在目前遇到的问题上。

(2) 对于该问题,你产生了何种情绪?将注意力集中到你的情绪上,找出相应躯体感觉的准确部位,然后再将注意力集中在这些部位。

(3) 任由你的思绪飘回与该情绪相连的早年生活时光,越早越好。进入脑海的是什么?也许会出现情绪的视觉画面或片段,也可能会记起一个特定的场景。任由自己重新体验这些熟悉的想法与情感。当求询者运用该技术时,注意不要对其施加特别的暗示。那完全应该是求询者的联想。

(4) 目前的问题与过去有何联系?过去与现在有何相似之处?过去与现在之间的联系对于理解目前问题是否有新的启示?

(5) 想一想你的性别、家庭、文化民族特征。这些因素与你的体验有何联系?自由联想常常只关注个人因素。如果让求询者自由联想性别、家庭或文化问题,那就说明你已经跨出了一大步,能将心理动力学理论应用于多元文化背景了。

2. 释梦

弗洛伊德认为梦是通向潜意识的一条迂回道路。人们在睡梦中,身体放松,意识模糊,自我控制减弱,潜意识的欲望就会趁机表现出来,所以梦境为本我冲动提供了表演的舞台,成为愿望满足的一种方式。弗洛伊德认为梦并非无中生有,许多梦的内容与被压抑的无意识内容有着某种联系,但由于人的精神处于一定的自我防御状态,这些无意识当中的愿望要通过化装变形后才能进入意识成为梦象。因此弗洛伊德认为梦是一种愿望的达成,通过分析梦最终能找到求询者被压抑的欲望。弗洛伊德在 1900 年出版的《梦的解析》一书中,详细论述了有关梦的解释、作用、形成过程等内容,所以《梦的解析》这本书可以说是弗洛伊德梦理论的代表作。

[①] 艾伦·艾维,迈克尔·丹德烈亚等. 心理咨询与治疗理论多元文化视角[M]. 5 版. 汤臻,等,译. 北京:世界图书出版公司,2008.

拓展阅读

梦的工作的六种规律[①]

(1) 象征化：指被压抑于潜意识的欲望、情感、意念、精神创伤与矛盾冲突，由于受超我的稽查作用，要在梦中表现出来则需进行伪装和改变形式。其中最常见的是象征化的作用，即用一种中性的事物来象征替代一种所忌讳的事物，可减少或避免引起梦中自我的痛苦或创伤。

(2) 移置：指在梦中将对某个对象的情感转移和投向于另一个对象。

(3) 凝缩：指在梦中将内心所爱或恨的几个对象凝缩成一个形象表现出来。

(4) 投射：指在梦中将自己的某些不好的愿望或意念投射于他人，以减轻对自我的谴责。

(5) 变形：指在梦中将潜意识的欲望或意念用其他甚至相反的形式表现出来。

(6) "二次加工"：指梦者在梦醒过程中，往往会无意识地对自己的梦进行修改加工，使它比较有次序、合乎逻辑些，或将梦中有意义的东西反而置于次要与不显著的地位。

3. 阻抗分析

阻抗又称抗拒作用，是指求询者有意识或无意识地回避某些敏感话题，从而有意无意地使咨询与辅导的重心偏移。有意识的阻抗可能是因求询者对咨询师不信任或者担心自己说错话而造成的，这种情况经咨询师说服即可消除。无意识的阻抗则表现为对治疗的阻抗，而求询者自己并不能意识到，也不会承认，求询者往往口头上表示迫切希望早日完成咨询与辅导，但行动上却并不积极热心。例如，求询者可能表现为不愿改变其某种行为，即使这种行为给他带来了很大的痛苦。咨询师此时需要与求询者一起面对这个问题，帮助其了解阻抗的原因。一般来讲，咨询师可以指出并且解释最明显的阻抗，以此减少抗拒。

4. 移情分析

在长时间的精神分析疗法中，求询者有可能逐渐变得不太注意自己的症状，也不再多谈自己的病情，不关心自己心理冲突的解决，症状也似乎减轻甚至消失了。但与此同时，他们对咨询师本人发生了特殊的兴趣，求询者会把对自己父母、亲人等重要相关人物的感情和情绪依恋关系转移到咨询师身上，即把早期对别人的感情转移到咨询师身上，把他们当成自己的父母、亲人和恋人等，这就是移情。

移情是精神分析疗法中重要组成部分，求询者经过移情，能将原来被压抑但并未消除的负面情绪在没有危险的情况下表达出来，消除原有的紧张焦虑。精神分析疗法认为没有移情就没有治疗。但是，对于咨询师的职业道德来说，要切忌在现实生活中接受求询者的移情。

5. 解释

解释是精神分析疗法中常用的技术，是指把症状的无意识隐义和动机揭露出来使其进入意识领域的一种方法，是克服阻抗的主要方法。解释的过程就是咨询师对求询者的一些

---

① 刘晓明，张明. 心理咨询的理论与技术[M]. 长春：东北师范大学出版社，2002.

本质问题加以解释、引导和劝阻，目的是向求询者指出他的无意识欲望，使求询者理解自己一直没有理解的心理事件，把表面上看来似乎没有意义的心理事件与可以理解的事件联系起来，以帮助求询者对自己的领悟和接纳。

6. 催眠

催眠是指用催眠的方法使求询者的意识范围变得极度狭窄，借助暗示性语言，以消除心理问题与心理障碍的一种心理咨询方法。通过催眠可以将求询者诱入一种特殊的意识活动状态下，这时求询者注意力高度集中，认知批判能力降低，防御机制减弱，表现得六神无主，被动服从。这时，暗示的效果比在清醒状态下明显，求询者的情感、意志和行为等心理活动可随催眠者的暗示或指令转换，而对周围事物却大大降低了感受性。在催眠状态下能重新回忆起"遗忘"的经历和体验，畅述内心的奥秘和隐私。

拓展阅读

精神分析疗法之神奇的催眠①

在国外一些电视节目上，常常可以看到催眠的现场表演。催眠师让受催眠者或站立或平躺，一步步发出指令，将其催眠。众目睽睽之下，那些进入深度催眠状态的受催眠者往往能作出令观众瞠目结舌的超常举动。如图 3.3(图片来源：*Psychology Themes and Variations*)的受催眠者身体能保持僵硬状态，就像一块木板，搭在两张椅子之间，甚至催眠师站在他的身上也稳稳当当。这在普通状态下是根本不可能做到的。

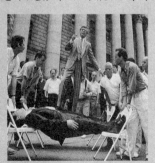

图 3.3 催眠的效果

无论催眠师自称他的功力有多高深，他仍然依赖于受催眠者的"配合"程度，即催眠的感受性(hypnotic susceptibility)。对于感受性高的人，任何一位他所认可的催眠师发出的指令，他都会遵照执行，达到预期的效果。所以催眠师会选择具有高感受性的人作为催眠的对象。

虽然催眠感受性是一个比较稳定的人格因素，但它仍然可以通过训练来改变。例如对催眠保持一种积极的肯定的态度或者掌握一些在催眠过程中积极参与而不是消极等待指令的技巧，都可以在不同程度上提高催眠的感受性。尽管如此，催眠感受性的提高仍然受限于这个人的专注性和融入情境的能力。

---

① 许艳. 心理咨询与治疗[M]. 合肥：安徽人民出版社，2007.

(五)咨询与辅导的一般步骤

根据亚罗(Arlow)的观点，咨询与辅导的步骤可分为以下四个阶段[①]。

1. 开始阶段

咨询与辅导开始阶段的首要工作是确定求询者的障碍是否符合精神分析的适用症。在确定这一点以后，要就精神分析治疗的情形、治疗规则及咨访双方各自的职责进行解释，取得共识，建立治疗联盟。其次是咨询师设法了解求询者及其潜隐的无意识冲突的情形。但在开始阶段，不深挖求询者更多的无意识材料，只处理求询者陈述问题的一些表面主题。

2. 移情发展阶段

随着咨询与辅导的进行，求询者开始出现对咨询师的移情。移情的实质是求询者过去对生活中的重要人物如父母的情感在咨询师身上的投射。随着移情的发展，咨询师要及时进行解释，使求询者对他将过去经历、体验投射至咨询师身上的情况有充分认识。移情解释关注咨询师和求询者之间真实的体验，它强调的是此时此地。

3. 修通阶段

修通阶段是前一阶段的继续和深化。它包括运用以解释为主的各种技术，帮助求询者对移情有更深刻的认识，使求询者了解症状的真意，获得并加深理解和领悟。修通是个漫长、艰苦的过程，并不是求询者获得领悟、治疗就完成了，精神分析要持续数年而非数月。在情感和理智型理解之后，旧有的阻抗在强迫性重复的推动下会再次出现同样的情景，因此，修通的过程中充满了反复与曲折，但只有坚持这种过程，才能逐渐获得治疗效果。

4. 结束阶段

结束阶段是最终解决移情并结束治疗的阶段。当主要的无意识冲突已经修通，求询者与咨询师都认为症状以及应该解决的冲突都得到了解决，遗留的情感问题已被澄清和接受，也理解了他们难题的历史根源，并且能够用他们目前的关系整合他们对过去问题的知觉时，就要确定一个大致的结束治疗的日期。通常咨询师和求询者要在一年前或更早就结束的时间达成一致。

拓展阅读

弗洛伊德的案例报告——他们为何强迫洗手[②]

某男一，因失恋等挫折而诱发强迫症，主要表现为反复不停地洗手，否则即焦虑不安。

某男二，害怕手上有病菌，总是洗手。开始时尚能控制，尽量少洗手，后来因工资调整未提级受到打击，这种强迫性洗手症状就逐渐加重起来，并继发焦虑性抑郁状态。

案例分析：

弗洛伊德报告的两个强迫症性洗手案例，经过其精神分析，发现男一致病根源与少年

---

① 江光荣. 心理咨询与治疗[M]. 合肥：安徽人民出版社，1995.
② http://www.100md.com/Html/Dir0/15/19/31.htm.

时的手淫有关。因为他在10岁前后时偶有手淫行为，被其父亲发现后遭到打骂，精神创伤较大，但到成年后也就忘记了。后来因失恋等挫折而诱发强迫症，表现为反复不停地洗手，否则即焦虑不安。这种刻板的强迫洗手行为，属于一种潜意识的"抵消"(undoing)心理机制，通过"洗手"来洗刷过去由于手淫过错所产生的罪恶感与"污点"。通过精神分析治疗，这个病人对自己的发病机制有了领悟并解除了潜意识内的心理压力，最后获得痊愈。

男二患者，通过自由联想与梦的解析，未能发现他的强迫性洗手与童年期手淫有关，但是却暴露了另一个重要的情结：原来他有一个幼妹，对她很疼爱，后来突然不幸患重症菌痢夭折了，使他十分悲痛。因此他怀疑幼妹患重症菌痢而死，是因为他在没洗手的情况下拿了一块蛋糕喂给她吃而引起的。从此，他总害怕手上有病菌，导致上述症状发生。弗洛伊德经过两个月的精神分析治疗、行为疗法与合并氯丙咪嗪药物综合治疗，最后患者的强迫洗手行为与焦虑、抑郁症状消失，获痊愈出院。

三、精神分析疗法的贡献与局限

精神分析疗法是最早发展起来的一种治疗模式，其后许多新的咨询与辅导理论都是在其基础上建立起来的，是精神分析理论的延伸、修正或对立。以精神分析理论为取向的精神分析心理咨询与治疗成为现代精神医学者及心理咨询与治疗者最广泛运用的治疗方法之一。关于精神分析疗法的贡献与局限，许艳作了系统的阐述[①]。

(一)精神分析疗法的贡献

无论咨询师采取的咨询与辅导取向是什么，他们需要充分利用和解释移情、阻抗、自我防御机制等基本精神现象，精神分析理论为咨询师提供了一种理解行为、理解症状成因和功能的框架。将精神分析理论应用到咨询与辅导实践，可以了解阻抗的原因，了解如何疏通一些长期困扰求询者的因素，了解移情的价值和功能，了解咨询与辅导关系建立得好坏对咨询与辅导效果的影响。

了解求询者早期童年经历通常有助于理解并解决他当前的问题。尽管我们不能全盘接受弗洛伊德主义的观点，但仍然可以用很多精神分析中的概念深入理解求询者内心冲突的根源，并帮助求询者最终解决问题。

(二)精神分析疗法的局限

在心理咨询与辅导的过程中，很多因素都限制了精神分析技术的应用，如咨询与辅导费用高、缺乏接受过良好训练的咨询师以及求询者自身缺乏信心和精神能量等。传统的精神分析治疗要达到治疗目的需要很长的一段时间。在现有的医疗管理体系中，如不能很好地保护求询者的病历隐私，将会对其造成很坏的影响甚至伤害。精神分析另外一个局限是咨询师在咨询与辅导过程中不进行过多的自我表露，这在短期的个体咨询与辅导中可能被误用，一些经验不足的咨询师会把自己伪装成"专家"而让咨询工作难以实现预期的目标。

---

① 许艳. 心理咨询与治疗[M]. 合肥：安徽人民出版社，2007.

第二节　行为主义理论与疗法

行为治疗的基本理论主要有经典条件作用理论、操作性条件作用理论和社会认知学习理论，这三种理论都是关于有机体学习的发生机制和条件的理论，都是以"刺激—反应"的学习过程来解释行为的。所以，学习概念是行为疗法的核心，行为治疗技术实际上是一些获得、消除和改变行为的学习程序。在行为主义心理学家眼里，人和动物在行为规律上没有什么区别，都可以用科学的方法进行客观的观测、描述、解释、预测和控制。行为主义理论及技术被广泛应用于教育、临床实践等许多领域。

一、行为主义的基本理论

(一)经典条件作用理论

经典条件作用理论又称应答性条件作用理论，它是以无条件反射为基础而建立的，一个中性刺激通过与无条件刺激反复结合，最后能引起原来只有无条件刺激才能引起的反应。

巴甫洛夫(Z. P. Pavlov)在这一领域作出了突出的贡献，他通过用狗做实验阐述了经典条件作用。给狗喂食物时，把食物放在狗的嘴边，狗开始分泌唾液，这是一种应答性的行为。如果给狗喂食时，用一个中性刺激(如音叉声)和食物反复结合，经过多次练习，只给狗听音叉声不给狗食物，狗也会分泌唾液，如图3.4所示。

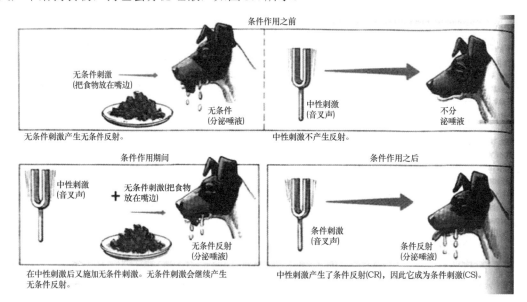

图3.4　巴甫洛夫的经典条件作用

行为主义创始人约翰·华生(J. B. Watson)(见图3.5)曾用经典条件作用的原理做了一个实验(见图3.6)，证明人的行为反应包括情绪反应都可以通过学习获得。华生让一只白鼠出现在11个月大的小阿尔波特面前，当这个男孩伸手要去和白鼠玩耍时，华生就在他脑后用铁锤敲击一根钢棒，发出刺耳的巨响。以后每次白鼠一出现，就用铁锤敲击钢棒。反复数次之后，小阿尔波特对白鼠产生了强烈的恐惧反应，每当白鼠出现，他就会哭闹。而且，小阿尔波特的这种反应还会泛化到别的白色茸毛东西上。

图 3.5　约翰·华生

图 3.6　华生的婴儿恐惧实验

华生的这些观点从桑代克(E. L. Thorndike)关于学习效果规律现象的发现中也得到了有力的支持。桑代克通过尝试错误学习法使猫学会打开笼子，并得到所喜欢的食物作为奖励，然后在猫打开笼子吃食时给予电击。几次以后，饥饿的猫在笼子面前犹豫起来，趋避冲突的结果使猫产生了类似于人类焦虑状态般的反应。

(二)操作性条件作用理论

与经典条件作用理论一样，操作性条件作用理论的发现和证明也来自动物实验，这就是桑代克关于猫的迷笼实验(见图 3.7)。桑代克把一只饥饿的猫关进笼子里，并在笼子外面摆放了食物，猫能够看到却够不着食物。笼门用机关与一根杠杆相连，只要猫碰到杠杆，笼门就会打开，猫就可以吃到外面的食物。猫刚被关到笼子里时，它作出比如乱抓、乱咬等很多种无效行为，最后，猫偶然碰到了杠杆，才得以从笼子里出来吃食。之后，猫打开笼门的时间越来越短。结果，只要桑代克把猫放入笼中，它就立刻去拍打杠杆打开笼门。

桑代克认为行为的后果会影响行为发生的频率。这只猫拍打杠杆所带来的结果是逃出笼门和获得食物，这个结果是积极的，它对猫拍打杠杆的行为有强化作用。因此，当猫被重新放入笼中时，它就更有可能去拍打杠杆。桑代克把这一现象称为效果律：导致满意后果的行为更可能重复出现，而导致不满意后果的行为则不大可能重复出现。

斯金纳(B. F. Skinner)是当代用学习与行为理论来解释异常行为贡献最大的心理学家。他认为，心理异常只不过是一种特殊的学习获得性行为。因此，对于心理问题的诊断，无非是对特定的行为反应改变的分类。人的一切行为，除了直接由生理因素决定的能力以外，都是通过学习和训练而获得的。

斯金纳也用老鼠和鸽子等动物进行了大量的行为强化的实验研究。他把饿鼠关在实验的笼中(这个笼子被称为"斯金纳箱"(见图 3.8))，每当老鼠压下笼子里的杠杆，它就能得到一个食丸。起初老鼠在笼子里四处乱窜，只是偶然地用爪子压了下杠杆，笼子里的自动装置就给它送进一个食丸。这样，每当老鼠被放入笼中的时候，它就更可能去压杠杆，这是因为压杠杆的行为出现后，会带来食物出现的满意后果，所以，按压杠杆的行为被强化了。

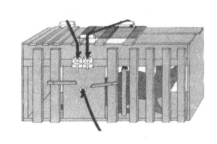 

图 3.7 桑代克的迷笼实验　　　　图 3.8 斯金纳和他的斯金纳箱

桑代克和斯金纳的实验都是操作性条件反射的例子,这与经典的条件反射不同。经典条件反射的行为是由前提刺激(音叉声或食物)引起的,它的"强化"在行为之前(分泌唾液之前出现食物)。操作性条件反射的行为是由其后果(得到食物)决定的,虽然也有外部刺激(杠杆),但行为并不是由这种外部刺激引起的,并且强化在行为之后(压了杠杆之后才能获得食物)。

斯金纳的操作性条件作用所建立的原理,在许多动物和人类的学习中得到验证。例如,鸽子偶然抬高头,驯养员会给它食物作为强化,此后鸽子会继续抬高它的头;婴儿偶尔叫一声"妈妈",妈妈便报以微笑和爱抚作为强化,于是孩子学会了叫"妈妈"。所以,根据斯金纳的理论,只要巧妙安排强化程序,就可以训练动物习得各种行为。

拓展阅读

与操作性条件作用有关的概念[①]

一、强化

强化是操作性条件作用的核心概念,是指行为被紧随其出现的直接结果加强的过程。通过行为强化过程得到增强的行为称作操作性行为,增强了操作性行为的结果称作强化物。强化分为正强化和负强化两种。正强化指的是,随某一行为出现了刺激的增加或刺激强度的增加从而导致了该行为的增强。如咨询师的目光关注和微笑使得求询者更多地作出自我暴露。

二、惩罚

惩罚涉及的是行为的消除机制,它是和强化相反的概念。惩罚的定义包括三个部分的内容:①一个具体的行为发生了;②这个行为之后立刻跟着一个结果;③将来这个行为不太可能再次发生。因此,不能以行为的结果是否让人感到不快来对惩罚下定义,而是要看将来的行为是否减少了。和强化一样,惩罚也分正性惩罚和负性惩罚。正性惩罚是指,当个体作出一个行为后,出现惩罚物,个体以后会减少作出该行为的频率。负性惩罚则是当个体作出一特定行为后,紧跟着某一刺激物的消除,这也会减少他作出该行为的频率。

---

① 傅宏. 咨询心理学高级教程[M]. 合肥:安徽人民出版社,2008.

三、消退

操作性条件作用的消退概念与经典条件作用的消退概念比较相似。它是指在一特定情景下，如果个体作出以前被强化过的反应，而现在这个反应没有得到往常的强化，那么他下次遇到类似情境时，就较少可能再做同样的事。换句话说，如果通过积极强化使一种反应的出现率增加了，那么完全停止强化就会导致这种反应的频率下降。

四、强化程序

斯金纳认为，在日常生活中，一种操作性行为受到强化的机会不可能是有规律的和均匀一致的，因此他通过实验总结出了一套强化程序，揭示了不同的强化安排的后效，它为强化方式提供了依据。①固定比例程序，指在提供强化物之前必须发生一定数量的反应，如计件工资。②变动比例程序，在这种程序中，强化物的提供是以发生行为的总数为基础的，但每次提供强化物以前所需的反应数量都可能围绕着一个平均值而有所不同。这种强化的典型例子是赌博。赌徒们即使一直在输钱，却被"下一次没准会赢"的念头驱使着不愿离开赌桌。研究表明，变比率强化的行为比每次均强化的行为和固定比率强化的行为更难消退。③固定时距强化，指不管个体作出多少次反应，均在一个固定时间后给予一次强化。例如，按月发工资就是这种强化的例子。④变时距强化，与变动比例强化类似，是按照一个有平均时距但每次时距随机变化的程序进行强化。一般来说，按反应比例强化的行为出现频率高于按时距强化的行为；而变比率变时距的强化效果又优于定时距定比例的强化效果。

五、塑造

建立操作性条件作用的前提是有机体首先要表现出理想的行为反应，有时等待这一理想反应的出现要花费很长时间。斯金纳认为，通过塑造就可以解决建立操作性条件作用过程所需时间太长的问题。他认为，可以先强化一个近似于理想反应的行为，然后再强化理想行为，这样就可以循序渐进地达到目的。所以，塑造是用来培养个体目前尚未表现出的目标行为的方式，可以被定义为使个体行为不断接近目标行为而最终作出这种目标行为的差别强化过程。

(三)班杜拉的社会认知学习理论

经典条件作用理论和操作性条件作用理论都排除了思维、态度和价值观等中介概念在人类行为中的作用，而阿尔伯特·班杜拉(Albert Bandura)(见图3.9)在坚持行为主义基本原则的基础上，又吸收了认知心理学的概念。他反对人类是被动的接受者、行为是由外界刺激来塑造的观点，认为人类的行为与思维和信息加工有关，从而开创了行为主义理论的新道路，并把自己建立的理论体系称为社会认知学习理论。班杜拉指出，如果所有的行为都需要强化才能形成，如果我们的学习和生活也都需要强化来进行，那么现在我们可能都不如黑猩猩。回想一下，自己所拥有的技能都是怎样形成

图3.9　阿尔伯特·班杜拉

的？是伴随着食物出现而发生的经典条件作用，还是用食物来强化的操作性条件作用？强化和惩罚的过程这样缓慢，并不适合人类进行复杂的学习活动。就拿儿童学习语言为例，如果儿童学习说话也要靠强化，那就意味着他的每个正确发音都要受到不断的强化，直至

其能保留下来，如果按照这样的说法，儿童要学会人类丰富的语言是根本不可能的事。

班杜拉把观察学习分为四个阶段，即注意过程、保持过程、复制过程和动机过程。

(1) 注意过程。要进行观察学习，首先就要注意学习的榜样。生活中的每一天，我们都会遇到一些人或经历一些事，但并不是所有的人和事都会引起我们的注意。注意过程与被观察的对象有关，越是优秀、地位越高、知名度越大的对象越容易受到别人的注意。

(2) 保持过程，是指观察者记住他们从榜样情景了解的行为，把这些行为以符号的形式储存在记忆中。如果观察者记不住这些行为，就无法进行模仿和学习。保持过程的另一目的是为了能够重新提取出来付诸行动。

(3) 复制过程，是指观察者复制从榜样情景中观察到的行为。有时我们会记住榜样的行为，但不一定会模仿所有记住的行为，这可能是因为我们缺乏复制的能力。也许我们能够一字不落地记住赵本山在许多小品中的经典对白，但能把对白演绎得惟妙惟肖的人却寥寥无几。

(4) 动机过程，是指观察者因表现所观察到的行为而受到激励的过程。我们不仅从榜样身上学习怎么做，还认识到这样做的后果。如果榜样得到奖励，我们会认为自己这样做也将得到同样的奖励，这就是替代强化。班杜拉认为，观察学习的动机不一定是外部的，也可以是自己给自己的。例如，完成自己所设定的目标，我们会有成就感，这种成就感就是自我强化。

二、行为主义疗法的运用

(一)行为主义疗法的基本原理

行为主义疗法的理论基础是行为主义学习理论，其基本假定是：异常行为习惯与正常行为习惯一样，都是学习的结果，既然人的行为习惯可以通过学习获得，同样也可以通过学习而改变或消除。行为主义疗法作为与精神分析疗法相对立的一种咨询与辅导方法，它是建立在实践基础之上，从实验中发展而来的。行为主义认为，症状是不适应的条件反射造成的，是错误学习的证据。因此，它把咨询与辅导的着重点放在直接消除或纠正适应不良或异常行为上，不去研究、分析行为的内在动机，只是以特殊的行为目标，并通过经典条件作用、操作性条件作用、观察学习等行为治疗技术予以改变。

(二)咨询与辅导的目标

咨询与辅导的主要目标是消除不良行为，并代之以更有效的行为。咨询师可以帮助求询者制定明确而具体的目标，求询者也可以自己界定目标。

(三)咨询与辅导关系的建立

传统的行为治疗方式只重视技术，不太重视咨询与辅导过程中咨询与辅导关系的作用。当代行为治疗开始吸收来自关系研究的成果，比较重视关系因素，因为好的咨询与辅导关系能增加求询者接受咨询与辅导的可能性，求询者合作的意愿以及他们对咨询与辅导效果的积极期待都可以提高治疗的效果。已有研究表明，咨询与辅导关系即使是在行为取向的背景下，也可以为行为的变化作出重要的贡献。

(四)咨询与辅导的基本方法

1. 放松疗法

放松疗法又称松弛疗法、放松训练，它既是系统脱敏法一种不可缺少的重要组成内容和技术，同时也是一种独立的心理咨询与辅导的方法。作为一种行为训练技术，它的基本原理是通过自我调整训练，由身体放松进而使整个身心放松，使由心理应激而导致的交感神经的兴奋性降低，从而达到消除紧张和疲劳的目的。例如，放松训练能使心率、呼吸率减慢，收缩压下降，脑电波多呈α波等，使人们有效应对紧张、焦虑、不安、气愤的情绪或情境，帮助人们恢复体力。放松疗法对于高血压、失眠、头痛、心律失常以及各种由于心理应激所造成的疾患都有良好的疗效。我国的气功、太极拳，印度的瑜伽术（见图 3.10），日本的坐禅也能收到类似的疗效。

图 3.10 瑜伽放松训练图

放松疗法一般使用最多的是渐进性肌肉放松法。这是 1938 年德国心理学家雅各布森(Jacobson)发明的一种肌肉深层放松技术。此法可使求询者系统地紧张并松弛身体的每组主要肌群，从中有意识地去感受四肢和躯体的松紧、轻重和冷暖的程度，从而取得放松、安静的效果。

渐进性肌肉放松法的具体步骤详见表 3.3[①]。

表 3.3 肌肉放松法的具体步骤

1. 准备工作及环境	靠在沙发上或躺在床上，让求询者找到一个舒适的姿势 安静的环境，光线不要太强，尽量减少无关刺激
2. 放松程序	步骤： 集中注意→肌肉紧张→保持紧张→解除紧张→肌肉松弛 1. 手臂部放松 第一，伸出右手，紧握拳，紧张右前臂 第二，伸出左手，紧握拳，紧张左前臂 第三，双臂伸直，两手紧握拳，紧张手和臂部 2. 头部放松 第一，皱起前额肌肉，像老人长满皱纹的额头一般 第二，皱眉头 第三，皱起鼻子和脸，咬紧牙关，使嘴角尽量向两边咧，用力鼓起两腮 3. 躯干放松 第一，耸起双肩，紧张肩部肌肉 第二，尽量挺胸，紧张胸部肌肉 第三，拱起背部，紧张背部肌肉 第四，深吸气，屏住呼吸，紧张腹部肌肉 4. 腿部放松 第一，伸出右腿，脚掌与腿垂直，像在蹬一堵墙，紧张右腿 第二，以同样的方式紧张左腿

---

① 许艳. 心理咨询与治疗[M]. 合肥：安徽人民出版社，2007.

除了肌肉放松法外，还有腹式呼吸法、注意力集中训练法和行为放松训练法等。一般认为，所有放松反应训练技术，都需要四种条件：安静的环境；被动、舒适的姿势；心情平静，肌肉放松；注意力集中(一般通过重复默念一种声音、一个词或一个短句来实现)。放松训练简便易行，学会之后可以自行练习。但是，对于那些有严重创伤史的求询者使用放松训练是不合适的，因为他们常常保持着某种程度的警觉，以使自己更安全。

2. 系统脱敏法

系统脱敏法(systematic desensitization)又称交互抑制法，由美国精神病学家沃尔普(Joseph Wolpe)于20世纪50年代首创，是应用最广和研究最多的行为治疗方法之一。它是治疗恐怖症的首选方法。这种方法主要是引导求询者缓慢地暴露出导致神经焦虑症的情境，并通过心理的放松状态来对抗这种焦虑情绪，从而达到消除神经症焦虑的目的。

其基本原理为，人和动物的肌肉放松状态与焦虑情绪状态是一种对抗过程，一种状态的出现会对另一种状态起抑制作用。例如，人的肌体在全身肌肉都放松的状态下，呼吸、心率、血压、肌电、皮电等生理反应指标都会表现出同焦虑状态下完全相反的变化。这就是交互抑制作用。根据这一原理，应从引起个体较低程度的焦虑或恐怖反应的刺激物开始进行治疗。

系统脱敏法一般包括三个步骤，即建立恐惧(焦虑)等级、放松训练和脱敏(见表3.4)[①]。

表3.4 系统脱敏法的过程

序号	过程
1	建立恐惧(焦虑)等级层次：找出求询者感到焦虑或恐怖的所有事件，让求询者报告对每一件事情的主观感受程度，并进行打分。100分表示极度焦虑，75分表示高度恐惧，50分表示中度恐惧，25分表示轻度恐惧，0分表示心情平静 0　　　　25　　　　50　　　　75　　　　100 以考试焦虑为例： (1) 考前一周 20 (2) 考前一晚 30 (3) 进入考场 50 (4) 发卷子时 70 (5) 拿到卷子 80
2	放松训练(如本书89页所述的放松疗法)
3	脱敏步骤：从焦虑低的时间开始，直到求询者对该事件不再感到焦虑为止，接着对下一等级的事件进行脱敏。 以考试焦虑为例： 想象自己正处在复习迎考前一周→想象明天就要考试了→想象自己进入了考场→想象主考官发卷子了→想象自己拿到了试卷 以恐惧蛇为例： 蛇的图片→蛇模型→玩蛇玩具→看真蛇→用手摸真蛇

---

① 许艳. 心理咨询与治疗[M]. 合肥：安徽人民出版社，2007.

拓展阅读

系统脱敏法案例[1]

加维(Garvy)和海格雷恩(Hegrenes)曾经使用系统脱敏法治疗一例学校恐怖症患者。患者是一个10岁的男孩,他对学校的恐怖甚至使他无法坐上送他去学校的汽车。脱敏由12个阶段完成。①心理学家与这个男孩坐在停于学校附近的汽车上,当这个男孩在这种情境下最后感觉舒服时,就进行下一步。②下了车向路边走。③进入道边。④走到学校门口的最下面一个台阶。⑤走到最上面的一个台阶。⑥走向大门。⑦进入大门。⑧走向教室,每天走近一定的距离。⑨进入教室。⑩跟老师一起待在教室里。⑪跟老师和一两个同学一起待在教室里。⑫跟全班同学一起待在教室里。从该案例中,我们看到,系统脱敏是一步步建立起来的,直到最强的引发焦虑情境。据报告,这项治疗进行了20次,共用了10~12小时。

3. 满灌疗法

满灌疗法,又称"暴露疗法""冲击疗法"和"快速脱敏疗法",是鼓励求询者直接接触引起恐怖焦虑的情境或事件,直到其恐怖感消失的一种快速行为治疗法。其治疗原理是:由于恐怖是经过经典条件作用而习得的,因此,某一事物或情境在一个人身上所引起的恐惧体验,会激发他产生逃避行为,而不管此事物或情境是否真的构成了对他的威胁,这种逃避行为会影响恐惧体验的强弱,从而起着负强化的作用。因此,心理专家认为,与其逃避恐怖情境,不如让求询者面对,一旦求询者能够毅然正视恐惧,恐惧感就会减轻。

一般可采用想象的方式,鼓励求询者想象最使他恐惧的场面,也可由心理咨询师在旁边反复地,甚至不厌其烦地讲述他最感恐惧的情景,或者使用录像、幻灯片放映最使求询者感到恐惧的情景,以加深求询者的焦虑程度。在此过程中,必须让求询者面对该情景,不允许求询者用闭眼睛、哭喊、堵耳朵等方式逃避。在反复的恐惧刺激下,尽管求询者因焦虑、紧张而出现心跳加快、呼吸困难、面色发白、四肢发冷等植物性神经系统反应,但求询者最担心的可怕灾难却并没有发生,这样焦虑反应也就相应消退了。

除了上述方法外,还可以让求询者直接面对他最害怕的情境,经过切身体验,使其觉得也没有产生多么严重的后果,恐惧感自然就慢慢消除了。此方法的运用,需考虑求询者的文化水平、需要暗示的程度、发病原因和身体状况等因素。对体质虚弱、有心脏病、高血压和承受力低的患者,不能应用此法,以免发生意外。

拓展阅读

她为何如此怕脏——漫灌疗法的具体运用[2]

英国心理治疗家马克斯(I. Marks)教授1982年在成都举办的精神卫生讲习班上曾提到一案例。有一个女病人,由于怕脏,每天花大量时间洗手,擦家具,擦墙壁、地板。

案例分析:

马克斯医生根据上述病人的症状,认为此人患有强烈的恐惧症,惧怕脏。为了治疗她

---

[1] 李百珍.青少年心理咨询[M]. 北京:北京师范大学出版社,2015.
[2] 许艳. 心理咨询与治疗[M]. 合肥:安徽人民出版社,2007.

的恐惧症，他自己带头，用手接触墙壁、地板甚至鞋底，又用脏手去接触水杯，故意把杯口弄脏，再喝杯子里的水，让病人照样去做。做完之后两小时之内不准洗手，让接触脏物引起的焦虑和恐惧情绪经过两小时的延缓，自行获得部分消退。两小时后才可以洗手，最初病人要洗 1 小时，以后洗手时间给予限制，逐步缩短到三刻钟，半小时，一刻钟。每天让病人在家里重复上述过程。几天之后，又让她回到自己那尘封半年的脏床上去睡觉。最后又让病人到肿瘤医院门诊部诊室去，坐在癌症病人坐过的椅子上，并与癌症病人握手。这一切措施使患者十分惊恐并出现失眠、食欲不振等症状。但是这时马克斯不用任何镇静药物，等待她焦虑状态的自我缓解。结果她的恐惧症被治愈了。

4. 厌恶疗法

厌恶疗法又称为"对抗性条件反射疗法"，它是应用惩罚的厌恶性刺激，即通过直接或间接想象，以消除或减少某种适应不良症状的方法。它的基本原理是利用条件反射，把令人厌恶的刺激与求询者的不良行为相结合，形成一种新的条件反射，用来对抗原有的不良行为，进而最终消除这种不良行为。厌恶疗法的使用，从资料上看，可以说源远流长。例如，中国古代妇女为了避孕，故意延长哺乳时间，以致小孩到了六七岁仍未断奶。而此时，要使孩子断奶，成人往往只能采用在乳头涂黄连或难看的颜色，使儿童望而生畏，产生厌恶感，以达到断奶的目的。常用的厌恶刺激方式有物理刺激(如电击、橡皮圈弹痛等)、化学刺激(如催吐剂等)和想象中的厌恶刺激(即口述某些厌恶情境，然后与想象中的刺激联系在一起)。

在进行心理咨询与辅导时，厌恶性刺激应该达到足够的强度，通过刺激使求询者产生痛苦或厌恶反应，持续的时间直到不良行为消失为止。

5. 代币疗法

代币疗法又称奖励强化法、代币管制法，是通过某种奖励系统，当求询者出现某种预期的良好行为表现时，立刻给予奖励，使该种行为得以强化，从而使求询者所表现的良好行为得以形成和巩固，同时使其不良行为得以消除。

代币可以用不同的形式表示，可以是小红旗、带有分值的小卡片和筹码等多种形式。咨询师常用代币作为奖励，强化求询者的期望行为，然后求询者可以用获得的代币换取自己喜欢的东西。

使用代币法时，需要注意以下几点。

(1) 确定所要改变的目标行为。咨询师与求询者都要知道所要改变的行为是什么，并对此达成共识。

(2) 确定代币的类型。如有价券、小红花、小红旗或是记录分数等。

(3) 选择支持代币的强化物。如用代币可以换得食物、水果，参加某种有趣的活动等。与求询者商定奖励的内容，这一内容应当是求询者感兴趣的。

(4) 建立代币兑换规则。

表 3.5 所示为某少年犯的代币治疗程序。[①]

---

① 许艳. 心理咨询与治疗[M]. 合肥：安徽人民出版社，2007.

表 3.5　某少年犯的代币治疗程序

正性靶行为	获得分值	负性靶行为	失去分值
7 点钟起床	2	骂人	1
洗漱	1	叫喊，恐吓其他人	1
梳头	1	打架	4
收拾衣物	1	偷窃	4
收拾床	1	说谎	4
按时早餐	1	聚众聊天	2
按时上课(上午)	1	聚众活动	2
按时午餐	1	逃课	4
按时上课(下午)	1	恐吓施治者	1
按时参加小组咨询与辅导	1	攻击施治者	5
完成一些杂务	1	未经批准而离队	5
就寝时整理房间	1	外出后晚归	3
按时上床	1		
完成课外作业	6		
每日总分	20		
附加分			
考试 A 级	10		
考试 B 级	5		
30 分钟的游戏	10	1. 自由进出游戏室	2 周每天都拿到最高分
30 分钟录像节目	10		
30 分钟电子游戏	10	2. 每日 1 小时自由时间(可外出)	4 周每天都拿到最高分
30 分钟弹球	10		
30 分钟乒乓球	10	3. 全天的自由(周六或周日)	6 周每天都拿到最高分
30 分钟电视	10		
租电影带	15	4. 整夜的自由	8 周每天都拿到最高分
挑选杂务	5		

6. 生物反馈疗法

生物反馈疗法又称生物回授疗法，或称植物神经学习法，是在行为疗法的基础上发展起来的一种新型心理治疗方法。它是利用现代生理科学仪器将求询者体内的生理信息予以描述，并转换为声、光等反馈信号，使求询者能根据这些反馈信号，进行有意识的"意念"控制和心理训练，以达到调整机体功能，从而消除病理过程、恢复身心健康的目的。由于人们对体内的生理、心理过程不易察觉，生物反馈可以将体内许多器官的活动加以记录、放大，并处理成容易被大脑皮层理解的信号加以显示，因此，通过生物反馈，人们能观察到体内微妙的心理、生理变化的动态过程。

常用的生物反馈设备有肌电反馈仪、脑电反馈仪、皮肤温度反馈仪、皮肤电反馈仪、血压和脉搏反馈仪等。

7. 模仿学习

模仿学习的原理主要是班杜拉的社会认知学习理论。通过观察别人的行为，人们能够学习并获得新的行为。运用模仿学习的方法，可帮助求询者学习一些良好的行为。中国古代"孟母三迁"的故事就是这种疗法的具体例子，即所谓近朱者赤、近墨者黑的道理。

使用模仿学习的方法一般有三种形式，即观察生活中的榜样、观看电影或电视录像中的榜样、想象榜样的行为。

模仿学习可以按照求询者参与与否分为主动学习和被动学习。在主动学习的过程中，求询者不仅仅是观察榜样的行为，还会进行模仿。例如，咨询师摸过玩具蛇后，让求询者也摸一下它。当然，主动模仿学习的效果要好于被动学习，所以咨询师要尽可能地让求询者参与其中。

> **拓展阅读**
>
> **班杜拉的模仿学习疗法**[①]
>
> 班杜拉将模仿学习疗法用于儿童的治疗，特别适用于集体治疗。他根据父母的陈述和对儿童怕狗行为的观察，将幼儿园中怕狗的孩子分成四组：第一组让一个不怕狗的 4 岁男孩，作为示范者带狗入室，并与狗逐步接近，亲热抚弄 3 分钟，通过 8 次活动，整个组内形成一个良好习惯，以对抗焦虑反应；第二组同样看到这个示范者和狗亲近，除了观察外，其余环境因素保持中性；第三组只是大家一起看狗，无示范儿童在场；第四组只是几个儿童一起活动，狗与示范儿童均不在场。实验结束一个月后，让各组儿童分别接近实验狗和不熟悉的狗，观察各组儿童的恐惧行为。结果第一组和第二组儿童显然更能接近实验狗和不熟悉的狗，且两组行为无明显差别，其中 67% 的儿童可以单独与狗同处一室。另外两个对照组中的孩子很少能够做到这一点。
>
> 又如，某集体为预防传染病要给每个孩子服一粒苦中药丸。一位有经验的教师自己先吃了一粒，又让一位平时不怕苦的孩子站在小朋友们面前吃，全班孩子看着他俩"有滋有味"地咀嚼，似乎很香甜，便纷纷喊着："我也要吃，我也要吃！"不大工夫，所有的孩子均吃完苦药丸。这是教师利用模仿学习方法，帮助孩子克服对苦药丸的恐惧心理的典型实例。

8. 角色扮演

角色扮演是指求询者扮演一些与自身问题有关的人物角色，在咨询师的指导下，求询者能够改变自己原来的行为方式或学习新的行为，进而改变自己对一些人或事物的看法。角色扮演是对现实生活的重复，也是预演。

咨询师帮求询者找出一个具体且典型的事例或情境，求询者扮演事件中的主角，而配角可以由咨询师或其助手扮演。每次扮演结束后，咨询师给予求询者必要的信息反馈，并

[①] 李百珍.青少年心理咨询[M]. 北京：北京师范大学出版社，2015.

提出改进建议。必要时，咨询师可以亲自示范或者让求询者观看录像，把模仿学习和角色扮演结合在一起。例如，一个女求询者不知怎样与异性交往，咨询师可以扮演一位与她交往的异性。扮演结束后咨询师指出，在交往过程中她的言行过于夸张，让别人觉得不真实。接着进行角色交换练习，由咨询师示范如何正确与异性交谈。再进行角色扮演时，求询者的表现就进步很多了。

9. 肯定性训练

肯定性训练又称为果敢训练、决断训练、自信训练或声明己见训练，适用于人际关系情景，能够帮助求询者正确和适当地与他人交往，表达自己的情绪、感受和想法。肯定性训练尤其适用于不能表达愤怒或苦闷的人、不敢说"不"的人、过分有礼貌并允许别人占自己便宜的人、不会表达爱或作出积极反应的人，以及自认无权表达思想、信念及情感的人。

拓展阅读

新兵的烦恼[①]

李某，男，18岁，某部队新兵，是家里的独生子，自幼没有单独离开过家，生活基本由父母帮忙料理，认为只有在家里才是最幸福的。自入伍一个多月以来，每日的训练很紧张，很辛苦，有些手忙脚乱，感到疲惫。不适应部队驻地的饮食习惯，常常听不懂战友们的方言，也不知道该和战友们讲些什么。在部队很难听到自己家乡的口音，感觉自己是个外乡人，时常感到孤独，想回家。新兵连规定每人每周只能与家里通一次电话。为此，心情不好，苦闷，有时因为想家睡不着觉。训练时经常走神，效率不高，无心参加连里的集体活动，就盼着早点回家。经指导员做思想工作后，无明显好转。

如果你是咨询师，面对这样的案例，你该给出怎样的诊断？你认为采取哪种行为主义疗法进行咨询与辅导更有效？

(五)咨询与辅导的一般步骤

咨询与辅导的一般步骤如下所述。

(1) 确认求询者的问题行为，制定目标行为。准确地确定目标行为有助于咨询师选择正确的治疗方法，制订合适的咨询与辅导计划，这是咨询与辅导获得成功的第一步。首先通过访谈、观察、评估量表等方法确定求询者的问题行为。然后要区分其问题行为是不是由生物原因造成的。如果是躯体疾病引起的问题行为，不适合进行行为治疗。接下来，进一步分析问题行为发生或维持的条件或环境，同时要注意求询者的心理和生理状况。目标行为要精确、具体，便于观察和测量。还需对咨询与辅导前的目标行为进行记录，以便和咨询与辅导后的该行为进行比较，评估咨询与辅导的效果。

(2) 选择适当的技术方法对问题行为进行矫正。第一，选择方法技术。咨询师应对求询者问题行为的性质和特点、咨询与辅导的条件和环境等方面进行综合考虑，选出最适合、最有效的行为治疗方法。咨询师还需向求询者进行说明，在取得求询者的同意之后方可进行咨询与辅导。第二，实施咨询与辅导计划。咨询师在制订咨询与辅导计划后，求询者和

[①] 郭念锋，虞积生. 心理咨询师. 习题与案例集[M]. 北京：民族出版社，2012.

与咨询辅导有关的其他人员必须严格按照计划实施咨询与辅导。咨询师有责任定时检查求询者行为改变的状况，以便对咨询与辅导计划作出及时调整。

(3) 双方对治疗的过程及结果进行评估总结。咨询与辅导结束时，咨询师应采用一些有效的方法对疗效进行评估，包括使用心理测验、求询者的主观感受、旁人的评价、咨询与辅导记录等，并对行为的巩固提出建议。咨询与辅导结束后，咨询师最好能进行不定期的随访，以便深入了解治疗效果，巩固疗效。

三、行为主义疗法的贡献与局限

(一)行为主义疗法的贡献

行为主义疗法的贡献表现在如下几个方面。

首先，行为主义疗法是应用范围最广的心理咨询与辅导方法之一，该理论与方法强调对求询者问题或症状的直接关注以及所运用的方法都应有较强的针对性，常能及时为求询者提供需要的帮助，因此它比任何一种理论与方法都有更快的疗效、更短的疗程。正如有学者所评价的："批评家们对行为治疗批评最多。通常被认为是行为治疗最大缺陷的方面，恰恰被证明是行为咨询过程中的最大优点，这就是治疗直接对准症状。"因为这无疑给咨询师带来了极大的便利。

其次，求询者所面对的问题，大多表现为行为问题，而行为的共同特征就是客观化且可以评价。因此，该理论与方法源自实证性研究，比较客观、科学，既消除了咨询过程的神秘化色彩，也能使咨询本身具有更多的客观性。

再次，实践证明，该理论与方法对解决求询者诸如恐怖症之类的许多行为问题是有效的。确切地说，它对解决行为缺陷、饮食异常、药物滥用、心理性功能异常和肥胖等行为现象是一种恰当而有效的方法。

最后，行为疗法不以语言作为治疗的主要工具，适用范围较广；这种方法效果立竿见影；操作性强，易教易学，能在短期内培养咨询人员，深受咨询师欢迎。

(二)行为主义疗法的局限

在行为主义疗法中，根植于实验室条件下的有些方法很难被直接移植到现实的心理咨询与辅导的情景中；这种方法不适用于水准较高、渴望高度成长的求询者；该疗法只治标不治本，难以改变行为深层的问题；行为主义疗法对咨询关系的忽视，使求询者成为被操纵、控制的对象，不重视求询者的主动性，使咨询程序显得过于机械，可能大大降低行为方法的有效作用；另外，在行为治疗过程中，咨询师只顾及求询者的细枝末节问题，忽视求询者的认识和信念，不注重人的全面发展，往往影响求询者不良行为的最终根除。

第三节　人本主义理论与疗法

人本主义心理疗法是20世纪60年代兴起的一种新型心理疗法，该疗法是受美国人本主义心理学思潮的影响，由一些具有相同观点的人实践得来的。该疗法主要有以当事人为中心疗法、存在主义疗法、完形疗法等。其中，影响最大的是美国心理学家罗杰斯(Carl R.

Rogers)(见图 3.11)开创的以当事人为中心疗法(也称以人为中心疗法),其被公认为人本主义疗法中的主要代表。

图 3.11　罗杰斯

之所以称为以当事人为中心疗法,是因为在人本主义的治疗关系中,咨询师不是用自己的理论去影响求询者或把理论强加给他们,也不是以专家、医生或科学家的身份去面对和理解他们,而是相信求询者自己有能力了解自己的问题,他们也完全有能力作出合理选择并改变自己。

人本主义心理学一方面反对精神分析学派从对心理障碍患者的观察去推论人性,把人看成"病态的人";另一方面也反对行为主义者从对动物的观察去推论人性,把人当做"大白鼠"。人本主义心理学家主张应该从健全发展的人身上去观察人的本性,这样才能正确把握人的根本属性。人本主义精神主要可归纳为这样几点:一是相信人本质上是好的,有善良之心;二是相信人有向好的、积极的、完善的方向发展的强大潜力;三是相信人能够自我依赖、自主自立;四是主张心理学应该研究人的价值和尊严,咨询与辅导应该为恢复和提高人的价值、尊严作贡献。

一、人本主义的基本理论

(一)人性理论

人本主义心理学家罗杰斯受欧洲存在主义哲学和现象学传统的影响,对人性持比较乐观的看法,他认为人性本是善的,所以不需要控制自己的需要,人天生就有一种基本的动机性的驱动力,他称之为"实现倾向"。人是有价值的,可以信任的,也是可以改变的,每个人都有一种充分实现自身各种潜能的趋势,这种积极的倾向,使人具有引导、调整、控制自己的能力,因而人们是完全可以信赖的。心理治疗的关键是咨询师对求询者的尊重和信任,以及建立一种有助于求询者发挥个人潜能,促其自我改变的合作关系。因此,以当事人为中心疗法强调了人的主观能动性,为每个求询者保存了他们的主观世界存在的余地。

(二)自我概念

在以当事人为中心疗法之中,自我概念(self-conception)及其理论具有重要的地位。罗杰斯提出的"自我概念",包括人对自己的认识,对自己与其他客体的区别和相互关系的认识以及对人的价值标准的认识。自我概念是在自我发展的过程中、在与环境和别人的接触与交往过程中逐渐形成的。

罗杰斯认为,一个人对他人的反应方式取决于自我概念。在人际交往中,人总是愿意使自己的行为得到别人的尊重。当一个人的行为产生了积极的自我体验,同时又得到他人的肯定时，他的自我概念是准确的，他的人格就能正常发展。但他如果一味地去满足别人的期望而忽视自我或不惜改变自己的准则，就会使自我概念扭曲，忽视内心的真实感受，从而也就可能导致心理上的混乱，自我概念歪曲得越严重，各种心理异常如焦虑、抑郁、罪恶感和精神错乱等就表现得越明显。罗杰斯认为，以当事人为中心的心理治疗过程，是通过建立良好的治疗关系，减轻病人内心的压力，使其不至于歪曲或拒绝与正确的自我概念不一致的体验。

罗杰斯认为影响自我概念的因素有以下几个方面。

1. 积极性尊重

自我概念不是天生就有的，是在社会化的过程中形成的，它有赖于环境中的许多因素。在罗杰斯看来，自我概念的建立取决于婴儿期所获得的抚爱。在自我形成和发展中，儿童需要爱的哺育。罗杰斯把这种需要称作"积极性尊重"(need for positive regard)。"积极性尊重"就是指在生活中得到周围人的喜欢、关怀、同情、尊敬、认可、爱抚等情感的需求。每个人都有获得别人积极性尊重的需求，这种需求经验的获得来自他人的赞许。这种需求非常强烈和迫切，以至于小孩子会为了这种需要的满足而放弃某些别的事情或者需要。

2. 价值的条件

儿童在寻求积极性尊重的过程中，会慢慢地明白有些事情可以做，有些事情不可以做。一般来说，大多数父母总是表扬孩子的好行为，对好的行为给予积极性尊重；而对于不好的行为，不给予积极性尊重。这样，孩子们就会知道得到父母的积极性尊重是有条件的，这就是价值的条件(conditions of worth)。儿童通过反复体验这些价值条件，把它们加以内化，从而变成他们自我中的一部分。这种价值的条件对儿童的社会化过程起着重要的作用，但同时也有负面的作用。许多父母在日常生活中，经常会通过言语或行为，有意无意地暗示孩子，如果孩子能在某方面表现很出色，爸爸、妈妈就会非常高兴，甚至会以他(她)为荣。这虽然会对孩子的成长有一定的激励作用，但同时也可以成为孩子的压力，孩子甚至可以认为如果他(她)表现不出色，爸爸、妈妈就会不高兴，会不喜欢他(她)。在这种情况下，孩子为了获得父母的积极性尊重，会尽量让自己去满足父母的愿望，不去认同自己的感受和经验，这样就可能阻碍儿童的成长和自我实现。

3. 无条件尊重

罗杰斯认为，每个人都是有价值的，都应当得到尊重。当父母用言语或行为暗示，孩子的行为如果符合了父母的愿望时，就可以得到父母的爱，那么，这个孩子就不能达到完全的自我实现。孩子需要的是父母无条件尊重，不管孩子是什么样子，他做了什么，父母都能给他们全部的、真正的爱。

拓展阅读

"当事人中心疗法"的心理病理机制[①]

根据罗杰斯的观点，一个人的自我结构包括三部分：①自己的态度和感情，即直接体验到的、符合自己价值观的经验；②符合他人的价值观，并已全部内化为自己的经验；

---

① 李百珍.青少年心理咨询[M]. 北京：北京师范大学出版社，2015.

③符合他人的价值观，但并未完全内化为自己的经验，使自己的经验受到歪曲。

对正在成长中的儿童，第三部分的经验往往会使他感到别人的评价和他自身的经验发生矛盾和冲突。

一个小孩打了他的弟弟感到快活，但由于不符合父母的价值观而受到了惩罚，因而得出经验：这种行为不是令人满意的。这个经验使他自己的经验受到歪曲。如果不被完全内化为自己的，他就可能在得到快活和避免痛苦这两个欲望之间陷入冲突。在解决这些冲突时，他必须改变自己的态度和相应的价值观。这样，他的真实经验就被扭曲了。这个扭曲的经验虽然不一定被清楚地意识到，但它仍以不同的方式影响着人的行为。

按照罗杰斯的观点，由于自己的真实经验被否认而接受符合别人价值的经验，人们的自由结构中就加入了虚假的成分。这些成分并不基于他的本来面目，在虚假的可意识到的价值和真实的意识不到的价值之间，就存在着冲突。然而，自身应该具有整体性和一致性。如果一个人的真实价值越来越多地被从别人那里借来的价值所替代，而本人又感觉是自己的价值，这样自身内部就出现分裂，为了阻止使自己感到威胁的经验形成意识，就要建立防御机制来维持自身造成的假象，好像戴着假面具生活。这时，人就越来越不能与环境适应，并出现烦恼、焦虑和各种异样行为，这就是当事人中心疗法的心理病理学机制。

二、人本主义疗法的运用

(一)人本主义疗法的基本原理

人本主义疗法认为人的本性是善的，不应当对人性采取悲观消极的看法，而应采取积极的态度。人是有理性的，在适合的环境下，会努力朝着潜能充分发展的方向前进。因此，应当注重营造良好的咨询与辅导气氛，给求询者以真诚、无条件的尊重和准确共情。这样就能够调动起求询者自身的潜力，使之开放内在的自己和外在的经验世界，从而迈向自我实现的境地。人可以独立自主、自我引导自己的生活，无须凭借心理分析和行为指导即可有效地解决自己的问题。咨询与辅导的中心应是最大限度地发掘求询者自身的潜能和积极能动作用，依靠自己的努力来解决心理问题。

(二)咨询与辅导的目标

咨询与辅导的基本目标是为求询者提供一个安全与信任的环境，在这个环境中，求询者能够利用咨询与辅导的关系进行自我探索，能以更开放、更自信与更强烈的愿望进行咨询。具体目标主要在于使求询者能够做到以下几点。

(1) 对经验开放，不再对经验进行取舍，也不再歪曲和否认某些经验，能面对现实。

(2) 自我结构变得能与其经验相协调，能够不断变化以便同化新的经验，并且使求询者感到他对经验的评价是立足于自身。

(3) 信任自己，相信自己的能力。

(4) 自愿把自己看作一个发展的过程，咨询愿望能贯穿于咨询过程之中。所以，人本主义疗法的最主要目的就是帮助求询者改变其不正确的自我概念，改变其对待自己的方式。

(三)咨询与辅导关系的建立

以当事人为中心疗法的基本假设之一，就是求询者有能力自己发现自己的问题，并有潜在的个人能力来获得价值，解决自己的问题。所以，这种疗法反对咨询师以说教的方式告诉求询者什么好、什么不好。同时也反对用奖励、惩罚等行为控制手段来"治疗"求询者，认为咨询师和求询者是平等的关系，求询者的改变过程在很大程度上取决于这种平等关系。因此，在治疗过程中，咨询师以接受的方式耐心倾听求询者的经历。这样求询者就会逐渐知道怎样接受自己。当求询者感到咨询师对他们的关心和认可时，就会开始看到自己的价值；当求询者感到咨询师的真诚时，就会撕下他们的伪装并真诚地对待自己和咨询师。

(四)咨询与辅导的基本方法

以当事人为中心疗法主要强调咨询师和求询者之间关系的重要性，所以很少使用技术，认为咨询师的态度第一，技术其次。强调要把指导、分析、质问、探究、诊断和收集个案史等降到最低限度。反之，咨询师要尽可能地积极倾听，作出情感反应和澄清。

以当事人为中心疗法更多提供的是一种咨询的理念而非方法，因此没有如精神分析疗法、行为疗法中那些具体明确的咨询方法和技术，它强调的是如何挖掘求询者自身的潜力，如何营造一种适宜的气氛，以引导求询者作自我探索，认识成长中的障碍，体验从前被否定与扭曲的自我，从而能开放自我，相信自我，增加自发性与活力。以当事人为中心疗法更强调咨询态度的重要性，认为融洽的咨询与辅导关系是咨询与辅导获得进展的决定性因素，同时也提出了建立适宜的咨询与辅导气氛的三种最重要的态度及相应的形成技术，这三种态度是真诚、无条件积极尊重和共情。

1. 真诚

咨询师在咨询与辅导的整个过程中都要言行一致，要真诚、坦白、开放地对待求询者，表现出真实的自己，没有虚伪的面具，让求询者了解到你也是个人，并非扮演某一角色。

真诚一般包括由浅入深的四个层次：①咨询师隐藏自己的感觉，或者以沉默来惩罚求询者；②咨询师以自己的感觉来反应，其反应符合自己所扮演的角色，但不是他们自己真正的感觉；③为了增进两人之间的关系，咨询师有限度地表达自己的感情，而不表达否定、消极的情感；④无论是好的或是不好的感觉，咨询师都以言语或非言语的方式表达出来，经由这些情感表达，双方的关系会变得更好。①

真诚是咨询师内心感情的自然流露，咨询师应通过自身的潜心修养和不断实践，进一步表现出高层次的真诚，促进求询者更好地了解自己。

2. 无条件积极尊重

无条件积极尊重，就是指咨询师以平等的身份真正地深切关心求询者，对求询者无条件地尊重和认可。无论求询者是何种身份的人都要给予尊重，没有歧视性，一视同仁。无条件积极尊重能够创造一种没有威胁的情境，在此情境中，求询者能够自由地表达并且接

---

① 刘晓明，钱福永，等. 学校心理咨询模式[M]. 长春：吉林大学出版社，2000.

受自己的感受，不担心会被拒绝。咨询师不对求询者的感情、思想、行为作出评价和判断，这并不表示咨询师必须赞同求询者所说的每一件事，特别是可能对求询者本人或其他人造成伤害的行为。但是如果咨询师对求询者不尊重、不喜欢或厌恶，咨询与辅导工作就不可能有收获。

3. 共情

共情也称移情的理解，是指咨询师要放下个人的参照标准，站在求询者的立场上，试着将自己融入求询者的感觉世界中，设身处地从求询者的立场去看待问题。咨询师所表达出来的想要了解对方的态度，使求询者体会到自己是一个值得被了解与倾听的人。罗杰斯曾这样描述：感受求询者的私人世界，就好像那是你自己的世界一样——这就是共情。它对咨询与辅导是至关重要的。感受求询者的愤怒、害怕或迷乱，就像那是你的愤怒、害怕和迷乱一样，然而并无你自己的愤怒、害怕和迷乱卷入其中，这就是我们想要描述的情形。

拓展阅读

以当事人为中心疗法的特点[1]

最初在1942年，罗杰斯称他的治疗为非指导性治疗，1951年定名为以求询者为中心的心理治疗。与一般的指导性心理治疗相比较，罗杰斯治疗反对操纵和支配病人，很少提问题，避免代替求询者作出决定，从来不给什么回答，在任何时候都让求询者确定讨论的问题，不提出需要矫正的问题，也不要求求询者从事推荐的活动。

罗杰斯治疗采用的治疗技术，从最常用的开始，依次为：

(1) 认识求询者方才以某些方式表达的感情和态度；
(2) 对求询者从一般举止、特殊行为和以往谈话中表达出来的感情和态度进行解释或认识；
(3) 提出交谈的话题，但是让求询者发表意见和展开来谈；
(4) 确认方才求询者谈话的中心意思；
(5) 提出一些非常具体的问题，答案只限于"是"或"不是"，或提供具体情况；
(6) 解释、讨论或提供与问题或治疗有关的情况；
(7) 用求询者对治疗的反应来说明和解释交谈的情况。

罗杰斯为了避免操纵求询者，在交谈时往往只是简单地点点头或嘴里"嗯""啊"应着，似乎是在说："好，请继续说下去，我正在听着。"因而他曾被称为"嗯啊治疗先生"。有人经过言语操作性条件试验，证实这是一种很好的办法，它能强化求询者的言语表达，激发求询者的情感，使求询者进一步暴露自己，并随之产生批判性的自我知觉。

(五) 咨询与辅导的一般步骤[2]

罗杰斯认为咨询与辅导的过程可以分为有机联系着的12个步骤。

(1) 求询者前来求助，表明他有咨询与辅导的愿望，这也是咨询与辅导成功的一个必

---

[1] http://www.xici.net/b25569/d5834559.htm.
[2] 刘晓明，张明. 心理咨询的理论与技术[M]. 长春：东北师范大学出版社，2002.

要条件。

(2) 咨询师向求询者说明咨询与辅导的情况。主要工作是介绍个人中心疗法的特点，创造一种有助于求询者自发成长的气氛。

(3) 鼓励求询者情感的自由表现。即以友好、诚恳的态度接受对方，促使对方自由地表达自己。

(4) 咨询师要能够接受、认识、澄清对方的否定情感。此阶段咨询师应在反应时深入求询者的内心深处，注意发现对方影射或暗含的情感，如矛盾、敌意或不适应的情感，以接受的态度加以处理或予以澄清，使求询者对此有更明确的认识。

(5) 求询者成长的萌动。当否定的情感充分暴露之后，模糊的、试探性的、肯定的情感不断萌生出来，成长由此开始。

(6) 对求询者肯定的情感要加以接受和认识。即对求询者表现出的肯定情感予以无评价地接受，并促使其加深自我了解和领悟。

(7) 求询者开始接受真实的自我。由于良好的咨询气氛的作用，使求询者开始换一种心境看待自己，重新考察自己，抛开否定、歪曲的情感和经验，重新接受真实的自我。

(8) 帮助求询者澄清可能的决定及应采取的行动。当咨询与辅导涉及作出决定或采取行动时，咨询师要协助求询者澄清其可能作出的选择。

(9) 疗效的产生。领悟导致了某种积极的尝试性的行为，表明疗效已经产生。

(10) 进一步扩大疗效。当求询者已能有所领悟并作出积极尝试后，接下来就应促使其将领悟向更深、更广的范围发展，因为对自我的了解越正确、全面，就会以更大的勇气面对自己的经验、体验，并考察自己的行为。

(11) 求询者的全面成长。表现出处于整体的积极行为与增长的过程之中，并有较大的信心进行自我指导。

(12) 咨询结束。求询者感到无须再寻求咨询师的协助，咨询与辅导关系就此达到了解、接受真实自我的境地。

三、人本主义疗法的贡献与局限

(一)人本主义疗法的贡献

以当事人为中心疗法建立在假定人性生来就是努力追求自我实现的哲学基础上。罗杰斯对心理咨询与心理治疗领域具有重要影响。自从罗杰斯建立了非指导咨询模型后，只有很少的其他心理治疗模型出现，同时，也对精神分析和指导性治疗提出了一个强有力的挑战。罗杰斯是把心理治疗从重视技巧和治疗师权威转移到重视治疗关系上来的先驱。很多实践者都接受了罗杰斯关于共情、平等及治疗关系的首要性的观点及其研究价值。现在罗杰斯的这种思想已经渗透到大部分咨询与辅导工作中。

与以往的心理治疗方法相比，作为心理治疗第三个里程碑的以当事人为中心疗法有以下几点不同。

(1) 打破了以前疾病诊断的界限。罗杰斯所提倡的以当事人为中心疗法打破了医学传统的诊断界限，不进行疾病诊断和鉴别诊断，治疗对象不分神经症病人和正常人甚至精神病人，因而不把他们称为病人而称为求询者，而治疗让不懂心理治疗的人来主持。

(2) 不注重咨询与辅导技巧。以当事人为中心疗法长期以来在咨询与辅导界一直很流行。部分原因是这种疗法不是以技术为中心，所以比较容易学。

(3) 不强调专家的作用。以当事人为中心疗法批评精神分析中的父母—子女式的医患关系和行为疗法中的师—生关系，主张施治者不应以医生、专家的身份而应以普通人的身份出现，以平等态度对待求询者，不给予具体指导和分析，只引导他们抒发自己的情感。咨询师把求询者作为一个有自尊心的主人来看待，而不是一个普通的病人，故用"求询者"一词。在进行咨询与辅导时，咨询师让求询者畅所欲言，但不需要什么自由联想。咨询与辅导的关键是咨询师处于中间的媒介，帮助求询者发泄他的情绪，咨询师耐心地倾听。

(4) 注重咨询与辅导的环境和气氛。罗杰斯对咨询与辅导过程的气氛非常重视。从咨询和治疗科学的发展角度来看，以当事人为中心疗法的一个主要贡献是他对咨访关系的研究。

(5) 激发人自身的成长力。以当事人为中心疗法还有一个贡献，就是它对人的能力的积极信念，这种能力是当事人的自我指导能力和自我负责的能力。一旦咨询师怀着这样的信念去对待求询者和咨询，它本身似乎会创造一种神奇的力量，推动咨询取得进展，推动求询者发生改变。

(6) 强调咨询师的人格与态度。以求询者为中心疗法强调咨询师个人的人格和态度的作用，而不是方法技巧的作用，这对咨询师形成自己的咨询思想是有积极意义的。咨询师的人格和态度比应用方法技术更重要，对求询者的影响更巨大。

(二)人本主义疗法的局限

当然，以当事人为中心疗法也有不少相当明显的局限或缺陷，具体如下所述。

(1) 重情轻理。首先，它的整个体系透露出一股强烈的重情轻理的气息。把人的情绪感受摆在第一位，理性的力量退居次要的地位，这一点已有不少人予以批评。人对生活价值的选择和评价，既不依据他们认为这种选择正确，也不需要逻辑的合理性，而主要依靠人的情绪感受，这对绝大多数人来说，恐怕都是难以接受的。

(2) 个人主义取向。第二个问题是这个体系的个人主义取向。舒尔兹评论罗杰斯的体系："看来缺乏对他人的责任感和清楚明确的目标和目的。这一理论好像是鼓励个人过一种完全自私和率性而为的生活。它强调的是体验、感受，完全为自己而活着，而没有相应地强调对事业、目标或人在每时每刻的新鲜体验的爱、奉献和义务……机能充分发挥的人……所关切的只是一己的存在，而不是促成他人的成长和发展。"这种取向在中国文化中的适用性需要进行思考，因为我们的文化是重视社会价值，重视个人的社会责任的文化，个人主义者很难有真正自由的生活空间。

(3) 咨询师的被动性。罗杰斯认为，求询者是自己最好的专家，他们有找到解决自己的问题的办法。咨询师的任务是促进求询者对自己的思想和情感进一步地了解，以找到解决办法。以求询者为中心治疗的咨询师显得过于消极、被动，有时甚至会受求询者的操纵。仅仅满足于倾听和反映求询者的感受，对有些求询者，比如内省能力和内省习惯比较好的求询者，可能很适合；而对另一些自我感悟力差的求询者则可能使咨询旷日持久地拖下去，却收获很少。因此，这种方法对求询者的自身素质要求比较高。

(4) 忽视客观评估与咨询技术。以当事人为中心治疗体系排斥诊断或评估，不对障碍进行任何分类，也忽视具体策略和技术的运用。罗杰斯对当事人的主观经验和自我报告非常重视，有人认为他过于依赖个人的自我报告，所得到的资料不一定十分可靠。有人批评以当事人为中心疗法的咨询师缺少训练，而这是无法用热情所弥补的。而且即使咨询师做到了以求询者为中心，是否就能真正消除求询者扭曲的认识和经验，也有待于进一步的研究。

第四节　认知理论与疗法

认知疗法是新近发展起来的一种心理治疗方法，于20世纪60—70年代在美国产生，其理论假设是人的认知过程，会影响其情绪和行为，因此，通过认知和行为技术可以改变求询者的不良认知，从而使其矫正并适应不良行为。它的主要着眼点放在求询者非功能性的认知问题上，目的是通过改变求询者对己、对人或对事的看法与态度来改变并改善所呈现的心理问题。亚伦·贝克(Aron T. Beck)(见图3.12)被公认为"认知治疗之父"。开始，贝克的认知治疗技术只用来治疗抑郁症，后来它的应用范围扩大到治疗许多心理和临床的障碍。除了贝克的认知治疗技术，一些学者也发展了各种形式的"认知行为治疗"技术，阿尔伯特·埃利斯(Albert Ellis)(见图3.13)的理性情绪行为疗法是最具代表性的一种认知行为治疗技术。

图3.12　亚伦·贝克

图3.13　阿尔伯特·埃利斯

在生活中，我们每个人都有这样的体会：同样的事件发生在不同的人身上往往会引起不同的行为反应。原因就在于在刺激与反应之间存在着一个重要的中介变量——认知因素。由于文化、知识水平及周围环境背景的差异，人们对问题往往有不同的理解和认知，从而人为地给刺激赋予了一定的意义，再由这种意义引出了相应的行为反应。事件本身并不是行为反应的直接原因，对事件的认知才是行为反应的直接原因。人的烦恼通常来自人的不合理认知，正所谓"天下本无事，庸人自扰之"。无论哪一种认知治疗方法，关注的焦点都是求询者的想法。每一种认知治疗技术都认为：不合理的想法是引起情绪困扰和行为反应异常的原因。因此，认知治疗师大多会帮助求询者认识导致情绪困扰的不合理想法，然后用更恰当的想法代替它们。

一、认知疗法的基本理论

(一)贝克的认知治疗理论

贝克认为，"心理问题"的产生不一定全部都是由神秘的、不可抗拒的力量所引起的，它也可以从日常的事件中产生,如错误的学习、根据片面的或不正确的信息作出错误的解释、不能妥善地区分现实与理想之间的差别等。他提出,每个人的情感和行为在很大程度上是由自身认识世界、处理问题的方式和方法决定的,一个人的思维方式决定了他内心的体验和反应。

认知理论的假设在于人的思想和信念是情绪状态和行为表现的原因。贝克论证说,抑郁症病人往往由于作出逻辑判断上的错误,而变成抑郁、歪曲事情的含义,而自我谴责,一件在通常情况下很小的事情(如溅出饮料)会被他看成生活已完全绝望的表现,因而,抑郁症病人总是对自己作不合逻辑的推理,用自我贬低和自我责备的思想去解释所有的事件。

贝克把人们在认知过程中发生的认知歪曲归纳为以下六种形式。

(1) 随意推论(arbitrary inference),即在证据缺乏或不充分时便草率地作出结论。这种扭曲现象包括"大难临头"或对于某个情境想到最糟的情况。如"我是无用的,因为我去邻居家借东西,他没有借给我"。

(2) 过分概括化(over generalization),即仅依据个别细节而不考虑其他情况便对整个事件作出结论。这是一种瞎子摸象式的、以偏概全的认知方式。如"如果你曾咨询与辅导过一位青少年而碰到困难,于是你便下结论说你对青少年的咨询是不擅长的,你也可能下结论说你没有能力帮助任何人"。

(3) 过度引申,或称为过度泛化,是指在单一事件的基础上作出关于能力、操作或价值的普遍性结论。也就是说,从一个琐细事件出发引申作出结论。如"因为我不明白这个问题,所以我是一个愚蠢的人"或"因为我打碎了一只碗,所以我不是一个好孩子"。

(4) 夸大或缩小(magnification and minimization),即对客观事件的意义作出歪曲的评价。如因为偶然地开玩笑并无恶意地撒了一次谎,于是便认为自己完全丧失了诚意。

(5) 极端化思考(polarized thinking),是指思考或解释时采用全或无(all-or-nothing)的方式,或用"不是……就是……"的方式极端地分类,把生活看成非黑即白的单色世界,没有中间色。如"你可能认为自己不是一个完美的人,那么就不是完美的咨询师;或你可能认为自己是个完美而且有能力的咨询师(指你能成功地咨询与辅导所有的当事人),而一旦你发现自己并非全能时,你就会把自己看成彻底的失败者(根本不容许自己犯任何错误)"。

(6) 乱贴标签(labeling and mislabeling),是指根据过去的不完美或过失来决定自己真正的身份认同。因此,如果你未能符合所有当事人的期望,你可能对自己说:"我是个完全没有价值的人,应该立刻把咨询执照撕掉。"

(二)埃利斯的理性情绪疗法的基本理论

1. 人性观

埃利斯的理性情绪疗法所依据的人性观理论包括以下几个方面。

(1) 人既可以是有理性的、合理的,也可以是非理性的、不合理的。当人们按照理性去思维、去行动时,他们就会是愉快的、富有竞争精神以及行有成效的人;当人们按照非理性进行思维时,他们体验到的就是消极情绪。

(2) 情绪是伴随着人们的思维而产生的,情绪上或心理上困扰的原因多半源于自己的不合理思维,很少是外因造成的。

(3) 不需要有事实根据,人们单凭想象就可以形成信念。而非理性的思考方式会形成

"不合理的信念",使人陷入越想越苦恼的困境之中。

(4) 每个人都拥有不同程度的不合理信念,只不过有心理障碍的人所持有的不合理信念更多、更严重而已。

(5) 人生来就具有以理性信念对抗非理性信念的潜能,能够改变认知、情绪和行为。

(6) 人们的思维、情绪和行为是同时发生的,当人有情绪体验时,他同时有思想和行动;当人思想时,他同时有行动和情绪体验;当人行动时,他同时有思想和情绪体验。

2. 埃利斯的 ABC 理论

ABC 理论是理性情绪行为疗法的核心理论。这一理论的主要观点是:情绪和行为反应并不是外部的某一诱发事件引起的,而是个体对这一事件的解释和评价引起的。

A(activating events)代表发生的与自己有关的事件。所谓事件可能是客观事实(如丢了一笔数量不少的钱),可能是他人的态度和行为(如有人对自己很冷淡),可能是与别人的关系发生了变化(如失恋),也可能是自己所造成的后果(如自己学习不得要领,导致考试成绩不理想)。

B(beliefs)代表个人对与自己有关的事件所持的信念,也就是对事件的看法、解释和评价。

C(consequences)代表个人对事件的情绪反应和行为结果,这种反应可能是正性的(积极的),也可能是负性的(消极的);可能是适度的,也可能是过度的。

埃利斯认为,B 是 A 和 C 之间的中介因素,是对于 A 的信念、认知、评价或看法。也就是说,不是 A 直接引起了 C,而是 B 直接引起了 C。换言之,事件本身的刺激情境,并非引起情绪反应的直接原因,个人对刺激情绪的认知、解释和评价,才是引起情绪反应的直接原因。例如,一个人报考英语六级,结果没通过,他感到很沮丧,这不是考试没通过本身引起他沮丧反应的,而是这个人对于考试失败所持的信念所引起的。埃利斯认为考试失败的信念 B 才是导致沮丧 C 的主要原因,而不是考试没通过这一实际事件 A。理性情绪行为治疗的核心在于教导人们如何改变直接导致其困扰情绪结果的非理性信念。人们的认知可以促进人的心理健康,使人愉快地生活,也可以使人轻者陷入情绪困扰之中,重者导致多种心理疾病甚至自杀。对于同一个诱发事件,如果持有合理的信念,就会引起人们对事物适当、适度的情绪和行为反应。如果人们坚持某些不合理的信念,就会长期处于不良情绪状态之中,最终将导致情绪障碍的产生。

拓展阅读

分析人物的 ABC

某位世界级的画家,他是人们公认的出类拔萃的绘画天才。现在,他的一幅画可以卖到几千万美元。然而,他在生前对自己、对生活的看法和评价都过于消极。他因为失恋,因为自己的画在当时不能得到恰当的评价,就认为自己前途黯淡,并且陷入悲观绝望之中。后来,情况更为严重,他吞食颜料、松节油、煤油,甚至割自己的耳朵,对自己开了一枪。当时,他才 37 岁,一个才华横溢的生命就这样陨落了。

说说这个画家面临的事件(A)是什么,他如何看待这些事件(B),最后的结果(C)又是什么。

3. 不合理信念及其特征

1) 不合理信念

不合理信念是一种不合理的认知，它会使人出现情绪和行为问题，包括抑郁、自卑、焦虑和恐惧。埃利斯根据自己的临床观察，总结了以下十一种不合理信念。

(1) 自己应该获得周围的人特别是重要人物的喜爱和赞许。

(2) 要求自己是全能的，只有在人生的每一个环节、每一个方面都成功的人才能体现自己的人生价值。

(3) 对于那些邪恶、可恶的人，应该给予严厉的惩罚和制裁。

(4) 任何事物都应按自己的意愿发展，否则会很糟糕。

(5) 生活中的不愉快是由外部环境因素造成的，因此人们无法控制和改变自身的痛苦与困扰。

(6) 生活中充满了艰难困苦，要面对现实中的困难和承担责任很不容易，因此应设法逃避它们。

(7) 对危险和可怕的事情应该高度警惕，一个人应该担心随时可能发生灾祸。

(8) 自己是无能的，必须找一个比自己强的靠山才能生活，自己不能掌握情感，必须由别人安慰自己。

(9) 一个人过去的历史对现在的行为起决定作用，一件事过去曾影响自己，所以现在必然影响自己的行为。

(10) 人们应该十分关心他人，并为他人的问题感到难过。

(11) 一个人碰到的种种问题，总应该都有一个正确、完满的答案，如果一个人无法找到它，便是不能容忍的事。

2) 不合理信念的特征

韦克斯勒(Wechsler)经过归纳研究，总结出了非理性信念的三个共同特征，即绝对化要求、过分概括化和糟糕至极。

(1) 绝对化要求。绝对化要求是指人们从自己的意愿出发，对某一事物怀有认为其必定会发生或必定不会发生的信念。这种信念通常与"必须""应该"这些词联系在一起，如"我必须获得成功""别人必须很好地对待我"等。这种绝对化的要求在现实生活中是行不通的，客观事物的发生、发展都有其规律，不可能完全符合某个人的意愿，如果事情的发展不如他所愿，那么由失望而导致的情绪障碍就在所难免。

(2) 过分概括化。这是一种以偏概全、以一概十的不合理思维方式的表现。过分概括化是不合逻辑的，就好像以一本书的封面来判定其内容的好坏一样。过分概括化的一个方面是人们对其自身的不合理的评价。例如，一个人因为恋爱失败，认为自己一无是处、毫无魅力，从而导致自责自罪、自卑自弃的心理及焦虑和抑郁情绪的产生。过分概括化的另一方面是对他人的不合理评价，即别人稍有差错就认为他很坏、一无是处等，这会导致一味地责备他人，以致产生敌意和愤怒等情绪，从而导致人际摩擦增加。俗话说，"金无足赤，人无完人"。

(3) 糟糕至极。这是一种将可能的不良后果无限严重化的思维定式。一旦有不好的事情发生，即使发生的是一个小问题，也会认为非常可怕、非常糟糕，甚至是一场灾难。这将导致个体陷入极端不良的情绪体验如耻辱、自责自罪、焦虑、悲观、抑郁的恶性循环中，难以自拔。如得了感冒就认为自己病情很严重，甚至会死；领导没有和他打招呼就认为自己做错了什么事，以致会影响到自己的前程；一个人没考上大学，就觉得世界末日到了，自己没有前途，活不下去了等。

二、认知疗法的运用

(一)认知疗法的基本原理

每个人都会因为对自己、他人、事物有不同的认识而产生不同的心理感受。认知是刺激与反应的中介，反应并不是刺激的直接后果，而是由认知引起的。存在于刺激与反应间的认知是一个复杂的变化过程：刺激通过感觉器官而成为感觉材料，经过以记忆方式储存的过去经验和人格结构的折射，再由思维过程为感觉材料赋予意义，由此构成一个知觉过程；通过这一知觉过程，个体可对过去事件作出评价，对当前事件加以解释，对未来可能发生的事件作出预期；这些评价、解释和预期可以激活情绪系统和运动系统，产生各种情绪和行为。如果认知发生错误，就可能导致错误观念，继而产生不适应的行为与情绪。

(二)咨询与辅导的目标

认知疗法咨询与辅导的主要目标是帮助求询者找出他头脑中不现实、不合理、扭曲的观念，并帮助其建立较为现实的认识问题的思维方法，减少扭曲的认知所造成的不良后果。不仅要帮助求询者消除已有的症状，同时也要帮助他尽可能地减少产生情绪及行为问题的认知倾向，改变其人生哲学，促使其人格产生深刻的变化。

(三)咨询与辅导关系的建立

在认知疗法中，咨询师的中心任务是教给求询者一些自我了解与自我改变的方法，咨询师更多扮演的是一位教师与指导者的角色；而求询者则处于学生或学习的地位。作为指导者，咨询师主要是指导求询者找出自己认知上的错误，帮助求询者更好地认识自己情绪和行为上的问题，从而恰当地处理和解决自己的心理困扰。同时，咨询师还要鼓励求询者在日常生活中不断应用新的应对技巧，以有利于强化新认知。当求询者开始了解自己的扭曲认知时，他们就能够积极地改变自我挫败的情绪与行为，并代之以理性的认知。

(四)咨询与辅导的基本方法

1. 贝克认知治疗的主要治疗技术

1) 去灾难法

去灾难法也称"如果……怎么办"技巧，这是专门针对后果反应过度的那些求询者的。有时，一些求询者害怕一些实际上不大可能会出现的后果，去灾难法可以帮助他们准备好去面对所害怕的后果。这种方法对降低求询者逃避行为效果较好，特别是当这种方法与应对策略配合使用时效果会更好。

2) 再归因法

再归因法是指，有时候事情本来没有求询者的责任，但求询者却把责任归因于自己，从而感到自责、内疚和抑郁。此时，咨询师要帮助求询者重新公正地分配责任。

3) 去中心化

很多求询者会错误地认为自己是别人注意的焦点，自己的一言一行、一举一动都会受到他人的品评。为此，他常常感到自己是无力、脆弱的。如果某个求询者认为自己的行为举止稍有改变，就会引起周围每个人的注意和非难，那么咨询师可以让他不像以前那样与人交往，即在行为举止上稍有变化，然后要求他记录别人不良反应的次数，结果他发现很少有人注意他言行的变化。

4) 理解特殊意义法

由于求询者的自动思维和认知图式与一般人不同，一个词对他们的意义也会不同，因此，咨询师一定要注意，在使用词语的时候要首先明确其从求询者的角度是怎么理解的，不能随便按照自己的理解和求询者进行交流。咨询师确切地理解求询者所表达的意义非常重要，这对于咨询师及求询者都有帮助，可以让他们各自都理解求询者的思维过程。

5) 质疑绝对化

求询者往往用绝对化的表达方式表现自己的负性情绪，他们常常使用"所有人""总是""从来不"和"没有人"等词汇。咨询师对这些极端化的质疑，可以帮助求询者学会使用更正确的思维方式。

2. 埃利斯理性情绪治疗的主要治疗技术

1) 与不合理信念辩论的技术

在理性情绪行为治疗的整个过程中，与不合理信念辩论的技术一直是咨询师帮助求询者的主要技术。咨询师帮助求询者向其不合理信念提出挑战和质疑，以动摇其信念。寻找求询者的不合理信念，可先从 ABC 模式入手，即先从某一典型事件入手找出诱发性事件 A；询问求询者对这一事件的感觉和对 A 的反应，即找出 C；询问求询者为什么会体验到焦虑、恐惧等情况，即从不适当的情绪及行为反应着手，找出其潜在的看法、信念等；分清求询者对事件 A 持有的信念哪些合理，哪些不合理，将不合理的信念作为 B 列出来。而在此过程中，要采用逐个击破的原则。

找到不合理信念后通过辩论，不断向求询者不合理的信念提问，以挑战求询者的不合理信念，从而使求询者的信念动摇。提问的方式，可分为质疑式和夸张式两种。

(1) 质疑式提问。咨询师直截了当地向求询者的不合理信念发问，如"你有什么证据能证明自己的观点？""是否别人都可以犯错误，而你却不能？""是否别人想问题、做事情都应该符合你的意愿？""你有什么理由要求事情按你所设想的那样发生？""请证实你自己的观点！"求询者一般不会简单地放弃自己的信念，面对咨询师的质疑，他们会想方设法为自己的信念辩护。因此，咨询师要不断地提问，使求询者感到自己的辩解理屈词穷，才有可能放弃不合理的信念，接受合理的信念，从而让他们认识到：第一，那些不合理的信念是不现实、不合逻辑的；第二，那些信念是站不住脚的；第三，什么是合理的信念，什么是不合理的信念；第四，最终以合理的信念取代那些不合理的信念。

(2) 夸张式提问。咨询师针对求询者不合理的信念故意提出一些夸张的问题。此方法只是提问方式上不同于质疑式。这种提问方式犹如漫画手法，把对方信念不合逻辑、不现实之处以夸张的方式放大给他们自己看。

与不合理的信念辩论，咨询师不仅要主动质疑求询者所持有的不合理信念，还要引导求询者对这些信念进行主动的思考。这样的效果优于咨询师单方面的说教。

辩论实施中咨询师能准确地找到不合理的理念和运用积极、主动的询问以促进对方的主动思维是十分重要的。

拓展阅读

他总是瞪我[①]

有位高一女生林某，因同班男生罗某瞪了她一眼，就恐惧极了，哭着请求学校给她换班。原来林某在小学曾与罗某同班，罗某在校表现较差，好骂人、打架，学习成绩也差。林某曾在背后骂过罗某。小学毕业后，林某考入重点中学初中(一中)，罗某到普通初中就读，三年初中没有见过面。林某在初中，学习成绩很好，三年当班长，又以优异的成绩考入原校高中，罗某未考到重点高中，却寄读于同一学校，高一编班刚好分在一起。

林某流着眼泪说："我现在一看到他(罗某)就害怕，害怕他报复我。我上课无法集中注意力，如果不换班，我就没法再继续读下去了。"

案例分析：

实际上，林某的这种心理障碍是因多疑产生的，而这种多疑，不是由某一诱发性事件本身所引起的，而是由经历了这一事件的个体对这一事件的解释和评价所引起的。在这个例子中，罗某看林某一眼是诱发性事件(A)；林某认为罗某认出自己，并要对其实施报复，是个体遇到诱发事件之后相应而生的信念，即对这一事件的看法、解释和评价(B)；林某产生害怕情绪、恐惧心理，上课不安心是在特定情景下，个体的情绪及行为的结果(C)。根据ABC理论，林某对罗某瞪眼事件所持的信念、看法、解释是引起其情绪及行为反应的直接起因。所以改变林某所持的不合理的信念是解决问题的关键。

治疗的基本步骤如下所述。

第一步，向林某指出其思维方式、信念是不合理的。"小学时候对罗某的指责，也许罗某根本没有听到，或者根本不当一回事，或者认为你说得对，所以他在小学期间，初中三年时间，并没有找你的麻烦。现在分到同一个班，罗某看你一眼，也许他并不在意，也许他认出是小学的同学，也许是他表现出一种意外和惊奇，并试图向你表示友好，而你却以自己的想法来理解他的行为。这就如同曹操在刺杀董卓败露后，与陈宫一起逃至吕伯奢家，吕伯奢本想杀一头猪款待曹操，可是，曹操因听到磨刀之声，又听说要'缚而杀之'，便大起疑心，以为要杀自己，于是不问青红皂白，杀了吕伯奢一家。还有，从前有一个人，他家的斧头找不到了，于是怀疑邻居家的儿子偷去了。当他产生了这样的怀疑之后，再去看邻人之子，发现其言谈举止、神色态度无一不像偷斧头的样子，于是更加确信对方偷了自己的斧头。直到有一天在自己家里找到了斧头，再看邻人之子，才越看越不像偷斧头的样子。所以一个人一旦掉进猜疑的陷阱，必定处处神经过敏，事事捕风捉影，对他人失去信任，对自己也同样心生疑窦，损害正常的人际关系，影响个人的身心健康和学习。再者，一个人一生中不可避免会遇到这样那样的问题，如果遇到问题一概回避，那如何在人生路上行走？缺乏自信是促成多疑的重要因素，一定要相信自己能够处理好遇到的问题，一定要抓住出现问题这个契机，培养自己的自信和正确分析、解决问题的能力。"

第二步，向林某指出，她的情绪困扰之所以延续至今，不是由于早年生活的影响，而

[①] http://haofengzhang.blog.sohu.com/38539847.html.

是由于现在自身所存在的不合理信念所导致。一个人不可能十全十美，总有失误的地方，如果一次失误便摆脱不了这种阴影，那在个人的成长中，这种阴影就会越积越多，最终生活在黑暗之中。正如英国哲学家培根说的："猜疑之心犹如蝙蝠，它总是在黑暗中起飞，这种心情是迷陷人的，又是乱人心智的。它能使人陷入迷惘，混淆敌友，从而破坏人的事业。"我们认识了多疑的危害，就要果断地克服多疑，要用高度的理智、宽阔的胸怀、友善的态度对待他人，只要我们心广大如天地，虚旷如日月，就不会为一些小事斤斤计较，无端猜疑。

第三步，通过与不合理信念辩论的方法为主的治疗技术，帮助林某认清其信念之不合理，进而放弃不合理的信念，帮助其产生某种认知层次的改变。这是治疗中最重要的一环。

(1) 质疑式：直截了当地向林某的不合理信念发问。例如，"你有什么证据能证明你自己的这一观点？""你有什么理由怀疑一个同学的思想和行为？""你如果不是一直在看这个同学，你怎么知道这个同学在看你？"

(2) 夸张式：这是针对林某信念的不合理之处，故意提一些夸张的问题。例如，"无充足理由换班是违反学校有关规定的，换班不成，是你转到其他学校读还是劝人家(罗某)去别的学校读？""即使给你换班，两个班的同学会怎样看你？是因为跟班主任、教师合不来才换班，还是老师、同学不喜欢才换？""新的班级同学在不知道你换班的缘由之前，肯定会有各种各样的猜疑，是不是到班上跟大家解释一下换班的理由？或者在身上贴张纸写上'我是个好女孩，不要猜疑我'的字样？"

第四步，不仅要帮助林某认清并放弃某些特定的不合理信念，而且要从改变他们常见的不合理信念入手，帮助她学会以合理的思维方式代替不合理的思维方式，以避免重做不合理信念的牺牲品。例如：

(1) 了解多疑心理产生的原因。多疑心理产生的原因，往往和消极的暗示有关，多疑的人一旦产生怀疑，就会进行自我暗示，为自己的怀疑自圆其说。

(2) 认识危害，加强修养。要认识到无端猜疑的危害及不良后果。

(3) 自我暗示，厌恶猜疑。心理学家证明，从心理上厌恶它，在观念和行动上也就随心理的变化而放弃它。

(4) 交换意见，坦率地把猜疑问题提出来，心平气和地与同学罗某谈一谈，只要你以诚相见，襟怀坦荡，相信疑团是会解开的。

在合理情绪治疗的整个过程中，与不合理的信念辩论是最关键的方法。尤其是夸张式的质问，为林某描绘了一幅换班后荆棘丛生、虎狼遍地的更可怕的情景，使她感到后怕，从心灵上得到震撼，置之死地而后生，打消了"换班逃避"的退路，收起了"只要给我换班我一定改"的想法，不再提出换班的请求。如今林某已认识到自己绝对化要求的不合理之处、不现实之处，高兴地回到班级上课，并决心以合理的方式去看待自己和周围的人与事。

拓展阅读

一个大二女生的困惑[①]

心理咨询室来了一位大学二年级的女学生，20岁。在她担任团干部期间，曾给一位男

---

① http://hi.baidu.com/jimmyyun/blog/item/e778ec1f134fc5f0e1fe0b66.html.

同学写过一封信，鼓励其多参加集体活动，此事后来为同学所知道，被当众开过玩笑。此后，该女同学便对学校生活产生恐惧心理，自觉被人瞧不起，责备自己做了蠢事，不愿再去上学，后在母亲陪伴下前来咨询。

如果你是咨询师，采用与求询者不合理信念进行辩论的技术，怎样提问才能使求询者改变其不合理的信念，产生新的认知？

2) 认知家庭作业

认知性的家庭作业也是理性情绪行为治疗常用的方法。这种方法是让求询者自己与自己的不理性信念进行辩论，求询者在咨询室里发生的改变也许还不够深入，在咨询以外的时间去实践才能真正改变人的思考、情绪和行为。主要有两种方式：理性情绪行为治疗的自助量表和合理的自我分析报告。

(1) 理性情绪行为治疗的自助量表。这是埃利斯特制的一种自助表格，填表者要根据表格要求进行填写。内容是先要求当事人写出事件(A)和结果(C)；然后从表中列出的十几种常见的不理性信念中找出符合自己情况的B，或写出表中未列出的其他不理性信念；接着，填表者对自己的不合理信念逐一进行分析、质疑、辩论(D)，并找出能够替代B的理性信念，填在相应的栏目中；最后填写经过辩论后得到的新的情绪和行为(E)。完成这个自助表格，实际上就是求询者自己进行ABCDE的过程。

(2) 合理的自我分析报告。合理的自我分析与理性情绪自助量表基本类似。当事人要以报告的形式写出ABCDE各项，只不过它不像自助量表那样有严格规范的步骤，但报告的重点也要以D，即与不理性信念的辩论为主。

拓展阅读

合理的自我分析举例[①]

事件(A)：出席一重要会议，突然发现自己已经晚了，心里顿时慌乱起来，抱怨自己无能。

信念(B)：
(1) 我怎么那么差劲，连开会时间都会搞错。
(2) 我总是把事情搞错，真无用。
(3) 别人会认为我是傻瓜。
(4) 在众目睽睽之下迟到，真丢人现眼。

情绪(C)：紧张、害怕、自责、沮丧等。

驳斥(D)：
(1) 每个人都会出现记错时间这种情况，我只是第一次，以后会准时的。
(2) 错过开会时间，只能说我不够细心，并不能说明我无用。许多事情我还是干得不错的。
(3) 可能有人会认为我真傻，但只是少数人如此。大多数人会对我的迟到持无所谓的态度。

---

① http://hi.baidu.com/jimmyyun/blog/item/e778ec1f134fc5f0e1fe0b66.html.

(4) 我迟到了，是不对，别人可能会对我表示不满。但这并非糟糕透顶，我仍然可以继续开会、继续我的工作。

效果(E)：通过自我辩论，消除了自责心理，但仍有些紧张、担心。继续自我鼓励，并勇敢地进入会场。

3) 改变求询者消极的自我暗示

不恰当的语言是造成思维歪曲的重要因素之一，求询者所使用的语言模式往往是无助和自我谴责的反映，绝对化、糟糕至极的语言，对求询者的思维有暗示的作用。通过咨询与辅导使求询者认识到可以用"较喜欢"来取代"必须""最好"和"应该"，从而把绝对化的要求转变为愿望。

4) 使用幽默

理性情绪行为疗法认为，如果求询者过于严肃，以致对生活中的事件失去了欣赏与幽默感，就会导致情绪困扰，所以咨询师会使用幽默感来协助求询者对抗他们过于严肃的一面，并协助他们驳斥生活中的"必须"哲学。例如，埃利斯常使用合理而幽默的歌曲来教导求询者，鼓励人们在感到抑郁或焦虑的时候，就对自己或团体唱这些歌。他相信幽默会使求询者嘲笑某些根深蒂固的不合理性信念，能够有效地帮助求询者改变这些信念。

5) 理性情绪想象技术

理性情绪想象技术是在辩论方法的基础上发展起来的一项技术，也是理性情绪疗法中最常用的方法之一。其基本的思路是借助于想象技术，将发现求询者的非理性信念的工作交由求询者自己来完成。

拓展阅读

理性情绪想象技术案例[①]

一名女大学生，对在即将举行的一个会上的发言感到恐惧，认为自己肯定不行，会出丑、砸锅，一切都会变得非常糟糕。治疗师帮她做以下的想象练习。

咨询师：好，闭上你的眼睛，想办法使自己坐得很舒服。现在请你想象你已经到了会场，要想得像真的似的。

求询者：嗯。

咨询师：现在你感觉怎么样？是不是真正感到像你所说的那样恐惧、困窘了？

求询者：嗯，已经觉得要不行了，要讲不下去了。

咨询师：对，这正是你担心的情景。现在，我要求你把这个场景保持在脑海中，同时，请你把那种要不行的感觉变成只是有点紧张，想象你仍在会场上发言，只是有点紧张。

求询者：恐怕不行。

咨询师：要坚持这样做。

求询者：……嗯，差不多了。

咨询师：很好，说说你是怎么想的。

求询者：我要是逃走会更糟，反正我得在这坚持讲完。

---

① 李百珍.青少年心理咨询[M]. 北京：北京师范大学出版社，2015.

> 咨询师：还想聊些什么呢？
> 求询者：我已经站在这开始讲了，虽然讲得不好人家笑话我，但我要是中间停下来跑掉了，人家会更加看不起我，不管别人说我什么，我也得讲完该讲的话。
> 咨询师：说得对，你现在所做的事情正是在用合理的理念代替那些不合理的东西，这会使你的情绪不会那么坏。不管别人怎么想你，你现在要做的最关键的事，是要完成大会发言。而且，不管别人会怎样看你，你还是你，可能你不如某些人讲得好，但并不是一个一无是处的人。
> 求询者：……点头。

(五)咨询与辅导的一般步骤

认知疗法认为，人的心理问题是由其不合理或扭曲的认知造成的，咨询与辅导的重点就是要以理性代替非理性，以合理的思维方式代替不合理的思维方式，以合理的认知代替不合理的认知，从而最大限度地减少不合理认知给心理带来的不良影响，减少或消除已有的心理问题。

咨询与辅导的一般步骤如下所述。

(1) 检查消极的自动化思想，并使求询者明确认识到，其思维方式、认知是不合理的，帮助求询者弄清楚为什么会变成这样，弄清不合理认知与其情绪困扰、非适应性行为三者之间的关系。

(2) 向求询者提出，他们的心理问题之所以延续至今，不是由于早年生活的影响，而是现在他们自身所存在的不合理认知所导致的。让求询者认识到：他们的信念引起了情绪和行为的后果，而不是诱发事件本身；他们自己要对自己的情绪负责；只有改变不合理的认知才能减轻以至消除他们目前存在的各种症状。

(3) 咨询师采用多种方法帮助求询者认识到自己的认知或信念无论在逻辑上，还是在验证上，都有很多错误，是荒谬、不正确的。使求询者放弃这些不合理的东西，改变自己的思想，以合理的认知代替不合理的认知，进而达到减轻以至消除症状的目的。这是一个向求询者习惯化思维方式进行挑战的过程，咨询师可使用认知的、情绪的以及行为的各种方法。

(4) 帮助求询者巩固咨询与辅导的效果，进一步摆脱旧的思维方式和不合理信念，达到认知重建，强化新的信念和思维方式，以避免成为不合理认知的牺牲品。

三、认知疗法的贡献与局限

(一)认知疗法的贡献

在咨询理论上，精神分析疗法，把人看成生物性冲动的奴隶；行为疗法，把人看成与没有意识的动物无异。而认知疗法，则把眼光放在了人的认知上，它把人与动物最根本区别的理性还给了人。它强调意识的重要性，认为人的意识是导致情绪障碍和非适应行为的根源，它看到了人的很多心理障碍是受思维限制的。

在咨询方法及效果上，认知疗法在调整和改变人的不合理的认知的同时，并没有忽视对其进行行为方面的矫正和训练，它将认知调整技术与行为训练方法有机地结合起来，是一个开放的、兼容的心理治疗系统。它治疗的时间短、见效快，并且能够解决行为疗法所不能解决的意识层面上的问题，因此，它的适应范围非常广。现在，认知疗法在心理咨询领域扮演着令人瞩目的角色。

(二)认知疗法的局限

认知疗法的局限表现在如下三个方面。

首先，认知疗法忽视求询者过去经历的作用，只强调认知和信念的作用。而事实上，有些求询者过去的经历是他现在产生问题的一个比较关键的因素，了解和分析求询者的经历，对我们进行正确的诊断和分析都是很有帮助的。

其次，认知疗法忽视潜意识条件反射的情绪。它过分注重人的认知情绪，而没有看到除认知情绪之外的条件性情绪对人的行为及认知的影响。单纯地消除认知因素而忽视条件性情绪因素，必然会使治疗不彻底。

最后，虽然认知疗法告诉我们，人的错误认知会导致消极情绪和行为，但是，认知、情绪及行为之间的关系到底是什么，认知理论并没有给出详细的答案。

本 章 小 结

本章主要阐述了精神分析、行为主义、人本主义、认知主义四大学派理论及其疗法的运用。首先介绍了各派的代表人物及其理论观点，然后重点介绍了各个学派的疗法在心理咨询与辅导中的运用，最后阐明了每种疗法对心理咨询与辅导的贡献及局限。

思考与练习

一、思考题

1. 弗洛伊德的潜意识理论的主要内容是什么？
2. 弗洛伊德关于人格发展有哪些理论描述？
3. 弗洛伊德关于焦虑与自我防御机制的观点是什么？
4. 精神分析学派咨询与辅导的目标、常用的方法和步骤是什么？
5. 简评精神分析疗法的贡献及局限。
6. 阐述行为主义学派的代表人物及其理论的主要观点。
7. 行为主义学派咨询与辅导的基本原理、目标、步骤是什么？
8. 利用行为主义学派理论进行咨询与辅导时常使用哪些技术？行为主义疗法有何优缺点？
9. 人本主义的人性观是什么？它与精神分析的人性观有何本质的不同？
10. 自我概念的形成条件是什么？
11. 人本主义心理咨询与辅导的一般过程是什么？
12. 怎样看待以求询者为中心疗法？
13. 试评价以求询者为中心疗法的贡献与局限。
14. 简述认知学派的主要代表人物及其观点。

15. 贝克的认知疗法与埃利斯的理性情绪疗法各有哪些独特的咨询与辅导技术？

二、案例分析

1. 案例一：一位男大学生的烦恼[①]。

有一位21岁的男大学生，自小学习成绩十分优异，性格内向，因高考发挥失常只考入了一所普通大学，自此认为自己很失败，别人看不起自己，自卑，不愿与人交流，对任何事情提不起兴趣，无法正常地学习与生活。

试分析这位大学生所持有的信念是什么，是否合理，不合理在什么地方。

2. 案例二：一例学校恐怖症案例[②]。

求询者今年读初二，是某市一所知名中学的学生。表现出的问题：已有半个学期不愿上学了，在家休息。寒假时家长做通了他的工作，他答应这学期开学就去上学，但他去了一天又不愿去了。求询者自述在学校学习成绩差，压力很大，听不进讲课，心烦，怕出家门，怕进校门。他人长得挺高大，喜欢穿名牌，但不是很整洁。他父母(主要由母亲讲)介绍，他在初二上半学期中途不愿上学了，结果就待在家里休息。他在小学里成绩挺好，但现在成绩很差。在幼儿园有过被老师斥责而对老师和学校害怕的经历。小学时，对学习很重视，经常感到紧张。现在被诊断为学校恐怖症，服用赛乐特抗焦虑药。但药物并没能使他重新上学。因此，这次想试试心理咨询，看看情况是否会有转机。在谈话过程中，孩子有抽动的现象，面部隔一段时间会抽搐一下，像是在挤眉弄眼，身体坐一会儿也会扭动一下。妈妈说孩子很小就有这种现象，医生也说不出太多的道理，只是说可能到了青春期，孩子身体发育了，这症状自然会消失的。现在看来，症状的确有所减轻，但仍然存在。在孩子心情烦躁时，尤其明显。求询者的母亲常显焦虑且控制感很强。看得出这个家庭是以孩子为中心的，母亲围着孩子转，而父亲拗不过母亲，只有听母亲的。求询者的父亲是一所普通中学的教师，性格内向。如果求询者初中学习成绩不合格，可转入父亲的中学读书，可他说他不愿意转学。

用以求询者为中心疗法设计该案例咨询与辅导的方案。

实 践 课 堂

一例初中生由于严重心理问题导致厌学的案例报告[③]

初中二年级学生刘某，在与唯一的好朋友因对方原因产生矛盾后被其误伤，又被传染水痘歇病假，两周后成绩下降，周身不适、浑身无力、气喘虚汗三个月余，失眠，近半月不愿上学，经多科室就诊检查不出原因而辗转就诊心理科。心理咨询师经过收集刘某的基本资料，有针对性地进行心理测验，与刘某及其父母商定了阶段性的咨询目标，咨询师主要运用以求询者为中心疗法帮助刘某了解成长中的问题和遇到的挫折，用认知疗法帮助刘某调整认知观念，使其了解清楚自己的问题后重新树立了信心，调整了与朋友的关系，可

[①] 郭念锋，虞积生. 心理咨询师. 习题与案例集[M]. 北京：民族出版社，2012.
[②] 徐光兴. 学校心理咨询优秀案例集[M]. 上海：上海教育出版社，2000.
[③] http://www.ooxlzx.com/younger/showanli.asp?id=169.

以面对病假后不利的学习情况，消除了对学校的回避心理，咨询效果明显。

一、一般资料

求询者：刘某，男，14岁，初二学生，与父母同住。父亲为烟厂职工，工作繁忙，母亲下岗，在家料理家务。经详细询问、调查，父母无人格障碍和其他神经症性障碍，家族无精神疾病历史。

二、个人成长史

独生子，足月顺产，母亲身体健康，孕、产及哺乳期未服用特殊药物。8个月会说话，1岁会走路，3岁上幼儿园，小学开始学习国际象棋。上学后学习成绩一直很好，又能帮助其他同学，深受同学和老师的喜爱，并成为班里的小干部，各方面表现都好。身体健康，未患过重大疾病。6岁以前同爷爷奶奶一起住，父亲工作忙，在一起的时间少；6岁以后与父母同住，父母关系好，对刘某要求不高。从小活泼外向，处处严格要求自己，凡事做得尽善尽美。

三、主诉和个人陈述

主诉：因"周身不适、浑身无力、气喘虚汗三个月多，近来失眠，不想上学"而就诊。

个人陈述：在三个多月前的一次课间和唯一的好友因其不讲理发生争执被误打到鼻子出血，心中害怕，很难过。之后因被传染水痘，父亲疏忽，就医晚了，致使病情不能像早治那样好得快，休病假两星期之久，落了很多课。病假后身体一直不好，考试成绩从十几名一下退到三十多名，学习压力很大，记忆力和理解力都不如从前，总睡不好觉，经常周身不适、浑身无力、气喘虚汗，在父母的陪同下多次就医，各项检查未发现器质性病变。最近只要提起与上学有关的事就很不舒服，感觉气不够用，浑身无力、气喘虚汗，如果不提上学的事，则一切如常。已在家休息一个星期，一个人在家时心情不好，常为一些小事跟父母发脾气，学习效率也低。渴望能够早日恢复之前的良好状态，把学习赶上去，希望咨询师能够帮助他。

四、评估诊断与鉴别诊断

1. 评估诊断

评估诊断为严重心理问题，焦虑抑郁状态，有躯体化表现。

评估依据：

(1) 内心体验痛苦且复杂。

(2) 持续有三个多月的时间。

(3) 对焦虑的源头——学校有回避行为，一星期未上学，社会功能轻度受损。

(4) 自己知道应在学习上努力追赶，但无法控制自己的情绪，因为一点小事就经常和父母发脾气，反应对象被泛化。

(5) 焦虑发作时伴有显著的植物神经功能障碍，如一想到上学就会出现焦虑，感觉气不够用、浑身无力、气喘虚汗等不适症状。

(6) 有自知力，能够主动求医。

(7) 智能完整，能够在家学习。

2. 鉴别诊断

(1) 与精神分裂症相鉴别：根据病与非病的三原则，刘某的知、情、意是统一的，对自己的心理问题有自知力，有主动求医的行为，无逻辑思维的混乱，无感知觉异常，无幻觉妄想等精神病的症状，因此可以排除。

（2）与抑郁症相鉴别：刘某虽有情绪低落现象，但不是主要症状，也没有兴趣缺乏、自罪自责、自杀意念等，因此可排除抑郁症。

（3）与焦虑症相鉴别：焦虑症和恐怖症都以焦虑为核心症状，但两者不同。形成恐怖症的焦虑是由特定的物体或处境引起的，为了减轻焦虑有回避行为。焦虑症的焦虑是没有明确客观对象和具体观念内容的提心吊胆和恐惧不安的心情。

与神经症(2)、(3)相区分还因为：刘某的心理冲突是现实性的，刺激表现为常形，持续时间在半年以下。

推 荐 阅 读

1. 许艳. 心理咨询与治疗[M]. 合肥：安徽人民出版社，2007.
2. 傅宏. 咨询心理学高级教程[M]. 合肥：安徽人民出版社，2008.
3. 刘晓明，张明. 心理咨询的理论与技术[M]. 长春：东北师范大学出版社，2002.
4. 朱翠英，高志强，凌宇. 心理咨询理论与技能[M]. 长沙：湖南科学技术出版社，2007.
5. 渠淑坤. 青少年心理咨询案例分析与辅导修订版[M]. 北京：中国科学技术出版社，2008.
6. 郭念锋，虞积生. 心理咨询师. 习题与案例集[M]. 北京：民族出版社，2012.
7. 李百珍. 青少年心理咨询[M]. 北京：北京师范大学出版社，2015.
8. 张亚林. 神经症与心理治疗：常用的心理治疗[DB/OL]. [2012]. http://open.163.com/ movie/2012/3/0/O/M7STJB4MG_M83BKDG0O.html.
9. 包头医学院.心理剧大赛：爱的诗篇[DB/OL]. [2017]. https://v.qq.com/x/page/ i0518pqbhed.html.

第三章课件

任何人都无法保守他内心的秘密。即使他的嘴巴保持沉默,但他的指尖却喋喋不休,甚至他的每一个毛孔都会背叛他!

——弗洛伊德

第四章 青少年心理问题的诊断

本章学习目标

- ➢ 心理诊断是以心理学的方法和工具为主,对个体或群体的心理状态、行为偏移或障碍进行描述、分类、鉴别与评估的过程。
- ➢ 青少年心理问题诊断的过程包括确定诊断目的和目标、详细收集资料、实施测量和综合评定。
- ➢ 青少年心理问题诊断的原则包括客观性原则、整体性原则、动态性原则、综合性原则、指导性原则和保密性原则。
- ➢ 青少年心理问题诊断的方法有观察法、访谈法、个案法、心理测验法和问卷法。
- ➢ 青少年心理问题常用诊断工具有症状自评量表(SCL-90)、明尼苏达多相人格测验(MMPI)、心理健康测验(UPI)等。

核心概念

青少年(adolescents); 心理问题(mental aberration); 心理诊断(psychological diagnosis); 过程(process); 原则(principle); 方法(method)

他们怎么了

案例1:贝贝,7岁,小学一年级,性格活泼好动。贝贝在班级中个子最高,嗓门也最大,但朋友却最少。由于其蛮横任性,经常打骂同学,在班级里几乎没有同学愿意跟她一起玩,为此她很不开心,而又无可奈何。贝贝的父母都是知识分子,贝贝的出生使爸爸妈妈无比欣喜,因为他们一直想要一个女儿。贝贝患有先天性眼疾,双眼无法适应强烈的光线,白天出门必须戴墨镜,否则便泪流满面,为此看了很多医生并做了手术,但效果不尽如人意。因此家里所有人都十分疼爱她,让着她。

案例2：四年级的小宇，聪明机灵，活泼好动，但是自卑，对自己的评价和要求都较低，没有目标，上进心也较弱，一般同学很重视的"红旗榜"在他看来无所谓。长期拖欠作业，上课总显得心神不宁，成绩不稳定。当小组讨论学习时，小宇总不愿参加，课间休息时常常独进独出，显得很孤独。家访时发现其家庭贫穷，父母没有固定职业，收入很低，平时父母最为关心的就是孩子的健康状况，只要小宇身体健康，其他方面都可忽视，其父母对小宇的学习要求不高，对学习的关心也较少。

案例3：某中学初一年级学生小周，对学习无兴趣，上课思想不集中，小动作不断，经常不带书本和作业本，不能及时完成作业，只有老师或家长盯着才勉强动笔。老师多次劝告批评不起作用，反而与老师对立、发火，后来老师干脆让他回家完成作业再来上课，想以此警戒。结果小周越是与老师对着干，一次作业也不交了，学习成绩越来越差。但是小周平日对劳动感兴趣，不管脏累都抢着干，目的似乎是为了逃避做作业。父母因为他不好好学习，经常打骂他，但是其祖父母又极其溺爱孙子。

案例4：倩倩，初二年级学生，家庭教育专制，学习成绩在初一下学期大退步，学习上不愿下工夫，常抄作业。到了初二，学习成绩依旧很差。初一以前人际关系一直较好，由于好朋友转学后，成绩便大幅下降，人际关系恶化，在与同学交往时较为敏感，感到同学看不起她。同学不小心惹到她就大发脾气，表现得很敌对。

案例5：萍萍，普通高一年级学生，经常撒谎，不对母亲说真话，讨厌母亲，与母亲无情感沟通，不愿接受母亲的管教；害怕回家，不愿看见母亲，但又因得不到母亲的关爱而痛苦。萍萍在单亲家庭中成长，父母离异，与母亲一起生活，家庭经济状况不太好。小时候母亲很爱她，对她期望值过高，要求极严。小学五年级因为与同学外出游玩回家晚，被母亲打骂，并找到同学威胁她们以后不准约她女儿出去玩；以后再没有同学与萍萍玩。萍萍觉得孤独无助，越来越自卑，学习成绩一落千丈，母亲的打骂也越来越多。

这些孩子都怎么了？该怎样帮助这些孩子呢？无论家长还是教师都首先应该知道孩子到底是出了什么问题。

案例分析

案例1：这是一个源于父母过分溺爱的典型事例。贝贝有轻微的品行障碍，她的表现背后是父母对贝贝眼疾的补偿心理。辅导方案：重点在于家庭教育。建议爸爸用适当的方法和女儿进行交流，学会对女儿说"不"；其次，培养贝贝的责任感，让贝贝懂得谦让和关心他人，要求贝贝做一些家务事。可以采取代币奖励法纠正其不良行为。

案例2：这是一个由于缺乏学习动力而厌学的典型事例。辅导方案：找出动力源——兴趣，重新建立认知观念。树立自信、共同关心、递进目标、记录鼓励、扬长避短。

案例3：父母的打骂，缺少关爱，教师滥用惩罚，观念不当，祖父母的溺爱，学习动机不强造成小周的厌学。辅导方案：采用以当事人为中心的辅导方法，用关注、倾听、理解、同情与当事人更好地沟通交流；家庭辅导；用自我暗示法和代币制帮助小周重新认识自己，树立自信心。

案例4：难以适应学校的学习生活，因成绩不好而导致情绪异常低落、忧郁而焦虑，自卑，人际关系差。辅导方案：采用以当事人为中心的辅导方法，用关注、倾听、理解、同情与当事人更好地沟通交流；改变同学看不起她的观点，找到她的长处或优点，从而帮助其树立自信心；需要家长、班主任和同学的配合与帮助。

案例5：属于亲子交往问题。辅导方案：第一阶段以理性情绪疗法为主，以改变母女双方对待对方的态度；第二阶段以行为疗法为主，萍萍和母亲一起制定各自的行为目标，控制自己的不良行为，做计划，并记录自己的评价。

心理诊断是进行心理咨询与辅导的重要前提和依据，同时，心理诊断还可作为心理咨询与辅导效果评定的参考。因此，有必要对青少年心理问题诊断的特点、过程、原则、方法以及常用诊断工具做一详细的介绍。

第一节 青少年心理问题诊断的特点

了解青少年心理问题诊断的特点，首先应该了解什么是心理诊断。

一、心理诊断的含义

心理诊断，是由瑞士精神病学家罗夏(Rorschach)在1921年出版的《心理诊断》一书中提出的。当时这一概念专用于精神病领域，后来很快从医学领域延伸到了临床心理学领域，把测量成人与儿童智力水平、人格倾向、情绪状态、兴趣爱好、能力水平，以及测量各种偏离常模行为的工作都纳入了心理诊断的范畴。

心理诊断的定义很多，不同学者从不同角度分析了心理诊断的实质。一般认为，心理诊断是以心理学的方法和工具为主，对个体或群体的心理状态、行为偏移或障碍进行描述、分类、鉴别与评估的过程。在对存在心理问题的人进行干预时，心理诊断也被当做心理问题评估，指的是干预者通过访谈、测验、观察、个案、问卷等方法来收集当事人的信息，并运用分析、推论、假设等手段对其心理问题的基本性质加以判定的过程。一般而言，充分地收集信息并有效地加以分类，进而确定影响求助者心理健康的若干重要变量，是评估问题的主要目的。所以，问题评估既影响着心理干预目标的最终确立，也影响着干预策略的选择与实施。

心理诊断与心理评估这两个概念的内涵尽管在某些方面是一致的，在没有特别强调的情况下可以通用，但两者并非完全相同——心理诊断强调的是结果和确定性，是一个相对静止和孤立的概念；而心理评估强调的是过程，是一个侧重联系和变化的概念。

根据学校心理干预的具体情况，可以从当事人现实生活的角度出发将他们的心理问题分为行为方面、情感方面和认知方面。行为方面的问题，主要是指习得性的不良行为和良好行为的缺失，它们与躯体疾病或人格冲突通常无本质联系。情感方面的问题，主要是指由人格冲突而导致情感上的各种困扰。认知方面的问题，主要是指各类认知偏差所引起的行为不当和情感困扰。

需要指出的是，干预实践中，当事人的心理问题有时较为明确，很清楚是属于上述三类问题中的哪一类，但有时又比较复杂，给人以似乎在行为、情感、认知诸方面均有问题的感觉。这时就更需要干预者下功夫做好问题评估的工作，分析并确定当事人心理问题的主次与轻重，在抓主要矛盾的同时，兼顾其他因素，拟订现实的目标，选择适当的干预途径。

心理诊断对于心理卫生工作来说是非常重要的,因为各种心理诊断方法给我们提供了比较客观和直观的数量化指标。心理诊断是开展心理咨询、心理治疗的必要前提和重要基础。

二、青少年心理问题诊断的特点概述

(一)心理诊断的特点

心理诊断具有如下特点。

(1) 心理诊断的对象既包括在心理或行为方面存在缺陷或障碍的人,也包括心理正常的人。这一点与医学诊断不同,医学诊断的对象是患有某种疾病或症状的病人;心理诊断不仅对心理缺陷者进行分析、鉴别,而且也对正常个体或群体进行测查评估。

(2) 心理诊断是在多层次、多维度上进行的,可以运用系统的方法进行跨学科的比较分析,对于获取较全面的诊断结果具有重要作用。

(3) 心理诊断的对象模糊程度比较高,因而推断难度较大。所以,在心理诊断中,不宜简单地套用医学诊断方法进行非此即彼的类别划分,而应根据被诊断者的实际情况,进行小心谨慎的推断与预测。

(4) 心理测量是心理诊断的重要手段,心理评估在心理诊断中占有更重要的地位。测量的目的是为评价者提供依据。因此,只有把测量与评估有机地联为一体,诊断过程才能显现出其应有的价值。

(二)青少年心理问题诊断

在倡导素质教育的今天,研究学生常见的心理问题,帮助他们掌握心理调适能力,全面提高其心理素质,创设一个符合青少年健康成长的心理环境,是教师应该追求的主要目标。作为一名教师,一般应从以下方面去诊断学生的问题。

1. 学习方面

首先是入学适应问题。对学校生活的不适应一般在一年级学生中较为常见。学生从学前班进入小学,从小学升入初中,由初中进入高中,前后环境有了显著变化。通常,大部分学生在一两周内就能适应。但是有少部分学生却总感到陌生、恐惧、怀疑、拘谨等,从而抑制了他们参与学校活动的积极性。主要表现:对上学的态度消极;出现或多或少的学习困难;不能很好地与同学相处;缺乏责任感;经常扰乱集体的秩序等。

其次是厌学。厌学的主要表现:课堂学习、课外作业等学习活动完全处于消极被动状态;注意力分散,有意注意少,无意注意多,微小的外部动因也能使他们呈现明显的分心状态;常常听课不专心、作业不用心、预习复习无恒心,形成心不在焉的不良习惯;对学习不感兴趣,讨厌学习,他们往往一提到学习就心烦,对家长和教师有抵触情绪,学习成绩差等。

最后是学习疲劳。学习疲劳是指长时间紧张学习后学习效率下降的现象。学生年龄越小,越容易产生学习疲劳。

2. 情绪情感方面

首先是羞怯。羞怯就是我们常说的胆小、害羞。主要表现：见到生人就脸红，不爱说话，即使说话也慢声细语；上课时不敢举手，不敢大声回答问题；参加活动时主动性不强，不敢带头或自愿去做某件事等。

其次是焦虑。一种是分离性焦虑。多见于一年级学生。主要表现：不愿远离家长，担心家长出意外，担心自己走失或被拐走。另一种是考试焦虑。主要表现：怀疑自己的能力，缺乏自信；害怕考试，考试时过分紧张等。

再次是易怒。主要表现：自我约束能力差，情绪不稳定；说话、做事好感情用事，不能理智地处理问题；遇事易冲动、任性；在困难面前，不能持乐观的态度。对符合自己心意的什么都好，遇到不顺心的事则怨气冲天。

最后是嫉妒心。嫉妒心存在于许多孩子身上，特别是女生群体尤为明显。主要表现：盲目骄傲，不愿意看到他人的长处和优点，常对他人挑剔和贬低；感情上自私，只要求老师对自己关心、重视，看到老师关心、重视他人，就生气，甚至怨恨他人；与同伴相处，喜欢显示自己，讥笑他人；发现比自己强的人或事，轻则有意视而不见，重则想方设法破坏等。

3. 行为方面

首先是说谎行为。说谎，主要发生在违反纪律的学生身上。主要表现：为了逃避惩罚或责任，故意说谎；为获得某些东西或荣誉而不惜说谎。

其次是攻击行为。主要表现：打人、骂人，欺侮弱小同学；占有欲、支配欲强，性情急躁；缺乏同情心和正常的人际情感；蛮横无理，粗暴地扰乱他人，甚至在课堂上作出各种小动作打扰同学；好主动出击，喜欢公开批评他人，好开他人玩笑，拒绝与自己不和的人交往，喜欢报复，易为小事发怒等。

最后是退缩行为。退缩行为是由挫折所引起的逃避、依赖、好哭、不爱社交、自暴自弃等行为。

4. 自我意识、意志品质方面

首先是自我评价能力较低。不能对自己的能力作出正确的评价。主要表现：缺乏自信；常常对自己不满；不敢单独接受任务；不敢与同伴进行竞争。这些学生常伴有自卑的情绪体验。

其次是以自我为中心。很多学生，在娇生惯养的环境中长大，形成自我为中心、任性、固执己见的性格，不懂得为别人着想，不能与同伴友好相处。以自己的好恶来论人、论事，并且自以为是，甚至把自己的观点强加于人。稍有不满，便大闹，大发脾气。做事情有始无终，粗心大意，缺乏责任感。

再次是自制能力较弱。主要表现：感情用事，情绪波动大；做事情虎头蛇尾，甚至半途而废；上课随便说话，做小动作；经常不完成作业等。

最后是抗挫折能力较低。感情脆弱，受不了小小的挫折，经不起一点委屈和失败。被玩伴拒绝、被老师批评、没当上班干部、考试成绩不理想等，就闹情绪，有时作出极端的举动。

通过以上这些方面的观察，教师可以及时发现青少年的心理问题，进行及时的诊断与辅导。

拓展阅读

青少年十大心理问题[①]

学生时代，人的生理和心理都会发生急剧的变化。如果在这一阶段遇到心理问题，没有解决好，就可能影响今后的一系列发展，本应无忧的年纪，也会从此蒙上阴影。种种心理健康状况的调查显示，目前中小学生的心理问题仍然普遍存在。

一、考试焦虑症

个案：小莉从小成绩优异，但近几个月精神无法振作，不能完成作业，说不出原因地烦躁，不愿上学。对家里的人反感，饭后呕吐已两个月，常常失眠，多梦，经常无缘无故想哭。近来面临中考，学习特别紧张。一个月前感冒，结果有两门功课没考好，经受不住就想哭，老师建议休息，但她怕考不上高中，面子不好看。家长和老师都理解她、劝解她，但她自己给自己施加压力。常常自卑，对考试特别害怕，认为自己记忆力不好。

应对：每个学生都有考试焦虑，只是程度因人而异，显然小莉是得了典型的考试焦虑症。这时，家长和老师的耐心鼓励很重要。家长应该先接纳孩子的紧张焦虑，听孩子说说她的担心与不安，让她慢慢放弃那些不利的想法，进而改善考试焦虑的状况。孩子也可以找一个亲密朋友，把种种委屈都发泄出来。

小贴士：所谓"考试焦虑"，是指由考试所引起，在生理或心理上的紧张。生理上的紧张包括心跳加速、呼吸急促、头脑一片混乱或空白等；心理上的紧张则大多以担心的形态呈现，如担心考试时自己有一大堆题目不会做，担心考不好被父母责骂等。

二、强迫症

个案：自从进入高中后，琳琳觉得学习比以前更紧张了，可是她回到家的第一件事却是要将家里所有的东西进行整理、归类。做完了这些事后，才能集中精力做作业。有时放好的东西又会再拿出来重新放。这样的事总要重复几次，最终必须做到全部让自己认可，才终止这一行为。这花费了琳琳许多宝贵的时间，为此她感到很烦恼。但她表示，自己也控制不住自己。

应对：一般来说强迫症的背后都有一个潜在的原因，如父母追求完美，对孩子要求很高等。如果家长发现孩子经常发呆、做功课特别慢、咬指甲、耸肩膀等，就需要注意了，这很有可能是一种强迫性的行为，这时家长要注意观察孩子，了解一下孩子为什么会这么做，并及早带孩子去看医生。

小贴士：强迫症是一种通过仪式化行为来减轻内心焦虑的精神疾病，病患会产生挥之不去的想法，出现不得不做的行为。主要表现为强迫思维或强迫行为。强迫思维是指反复出现在患者脑海里的某些想法、冲动、情绪等。强迫行为是指重复出现一些动作，自知不必要而又不能摆脱。常见的强迫行为有强迫检查、强迫询问、强迫洗涤、强迫计数等。患者能认识到这些是不必要的，很想摆脱，但又摆脱不了，因而十分苦恼。

[①] 赛迪网，http://zhang1018.blog.ccid.pei.blog.ccidnet.com/blog-htm-do-showone-uid-35772-itemid-4310445-type-blog.html。

三、性别角色模糊

个案： 明明是个男孩，今年10岁，长得白白净净。由于父亲去世早，他从小就和外婆生活在一起。开学一周后，他的一些异常举动引起了老师的注意，说话嗲声嗲气，经常抱着年轻女教师撒娇。一个月后，他不仅要抱女教师，还经常去抱女同学，有时还会亲女孩子。

应对： 明明这样的表现显然是性别角色模糊。心理专家研究后发现，由于明明从小的社会关系网中几乎都是女性，这使他产生爱跟女孩玩、认为她们同自己一样的想法。为了改变这一性别偏差，可以请他的外公和学校的男教师经常和他谈心、交流、玩耍，同时有意识地安排一些男同学和他一起做游戏，使他在男性榜样的示范下，肯定自己是个男子汉，并逐渐学会勇敢、坚强。

小贴士： 所谓性别角色模糊是指个体对自己性别角色认同的错位。一般来说，大约从3岁起，儿童开始逐步形成性别角色的概念。如果小男孩把自己看作一个与周围女孩子一样的人，在打扮、表情、举止上努力模仿女性，即成为女性化男孩；反之也一样。

四、恐学症

个案： 青青今年8岁，刚上一年级，原本是一个活泼可爱的孩子。可是近半年来，每天早上上学前，她就千方百计找借口赖在家中不肯走，或是发汗、肚子胀、胃痛，或是昨天晚上没有睡好、吃不消等。但一到双休日不用上学时，一切异常状况就都烟消云散。后经医生检查，发现青青得了恐学症。

应对： 家长、学校和教师的各种压力和教育方式不当，以及孩子的胆小、敏感、经不起批评等性格特点都易导致恐学症。家长首先要寻找孩子不肯上学的原因，不要采用简单的恐吓的方法迫使其去上学。开始时先让孩子在学校待一个小时，如果成功了，可将时间逐步延长。

小贴士： "恐学症"是一种较为严重的儿童心理疾病，多见于7~12岁的小学生。由于学生害怕上学，具有恐惧心理，也称为学校恐怖症。常见的表现是，儿童害怕上学，甚至公开表示拒绝上学，上学时感到勉强、不高兴，该上学的时候不去或提出苛刻条件，一旦到校又借故回家，或在上学当日清晨或前一天晚上诉说头痛、头晕、腹痛、呕吐等不适，以上症状在节假日不出现。

五、体象烦恼

个案： 小亮今年正读初二，是班里的学习委员，身材瘦高，长相不佳。情窦初开的年纪，他喜欢上了同班的一位女孩子。没想到表白后，女孩转身就逃，一边逃还一边喊："难看死了。""我是不是真的很难看？"小亮不停地问自己，当天回去后就照镜子，镜子里的他小眼睛、塌鼻子，他越看自己越难看，于是产生了自卑心理。他想"改头换面"，但没办法，于是常常失眠，开始在意别人对他的评价，再也不敢去人多的地方，成绩一落千丈。

应对： 男孩更多地忧虑自己的身躯不够高大，女孩则担心自己的形体不够优美。进入初中的学生，随着生理的变化，都渐渐开始注意自己的形象，其中不少青少年甚至由于容貌或生理上的缺陷而产生了严重的精神负担，可以说体象烦恼在青少年各种心理烦恼中占有很高的比例。

心理专家建议，告诉这类孩子，体象上没有十全十美的人，俊男美女也有不足，告诉他们气质才是最重要的，要学会欣赏自己的才华。例如小亮虽然眼睛小，但很有神，虽然长相普通，但身材不错。

小贴士：体象烦恼是一种性心理障碍，一般出现在青春发育期。此时面对性别差异的突然出现，青少年往往缺乏足够的心理准备。他们会不由自主地与他人进行对比，一旦出现较大的差距，其中的一些人就会产生体象烦恼。

六、恋爱受挫

个案：瘦高、文弱的小杨从高一开始就对同桌女同学产生了好感，买雪糕总是买两支，有新书主动借给人家，晚上放学还护送同桌回家。学期结束时，小杨便兴奋地提出"发展恋爱关系"，同桌却说他"歪心眼"，并让老师给调了座位。被浇了冷水之后，小杨不但没有冷静下来，反而产生了强迫性思维："她为什么不喜欢我呢？我长得太瘦弱？我对她还不够好？"终日胡思乱想，成绩不断下降，终于有一天，他选择了轻生。

应对：青少年的心理发展和生理发育往往是不同步的，因而恋爱受挫往往使他们心灰意冷，这时候心理承受力差的就容易产生心理疾病。因此对恋爱受挫的青少年，家长和老师应当及早发觉，并予以正确的引导和无微不至的关怀。老师可以对青少年开展青春期性教育，并以优秀的文艺作品和伟人的事迹来帮助其形成正确的世界观。

小贴士：青春期的孩子往往比较敏感，此时一些微小的事情也容易引发心理问题，像恋爱受挫、体象烦恼等属此类。

七、社交恐怖症

个案："要我上台发言，还不如把我杀了。"小张是名高中生，性格内向。上初中时，由于爱斜着眼看同一排的女生，引起了对方的反感。调换座位后，仍无法改变这种行为，后来连男生也不愿意坐在他旁边了。从此他便认为世上最难打交道的是人，十分害怕与人交往。老师说，每次遇到轮流上台发言的时候，他总是装病逃学；平时也不敢和朝夕相处的同班同学交流。小张显然是得了社交恐怖症。

应对：内向的孩子在青春期如果不注意调整心理状态，就会惧怕与人交往，从而引发社交恐惧。因此作为父母应及时审视自己对待孩子的行为是否恰当，并尽早纠正不恰当的教育行为，对孩子给予更多表扬和鼓励。孩子则要注意训练用大胆而自信的眼光看别人，为建立自信心打下基础。

小贴士：患社交恐怖症的人，面对不熟悉的人讲话、在众人注视下运动或与异性交往时，往往会出现显著的、持续存在的担忧或恐惧，担心自己将面临窘境或耻辱。患者对所恐惧的环境一般采取回避行为，即使坚持下来也十分痛苦，经常会出现焦虑、多汗、面红耳赤等症状。

八、学习障碍

个案：小丽今年刚刚入学，可是父母却发现孩子写作业时十分粗心，经常多一笔少一画，把答案抄错。一次试卷发下来，父母发现中间竟然漏做了很多题，而小丽却说自己根本没看见这些题，父母于是觉得孩子学习态度有问题，故意不肯做题，于是打了她一顿。但整整一个学期，这种情况始终没有得到改善。

应对：专家指出，小丽其实是有书写障碍。一般这类患者的眼睛似乎与别人的不一样，好像"懒惰的眼睛"，会漏掉许多明显的信息，表现在学习时视而不见，可以把整个题丢掉，事后却说自己没看见这道题。这种孩子最易受到老师和家长的误解，其实这是一种特殊的学习能力障碍。只有进行有关的视知觉训练才能见成效。因此，遇到孩子学习表现不佳时，家长和教师应当首先了解孩子的学习心理出现了什么问题，严重到什么程度，从而为孩子设计一个个别化的教育方案，针对特殊的学习能力不足进行训练。

小贴士：学习障碍是指智力正常，但因学习能力落后而导致成绩低下的现象。研究表明，有5%～10%的在校生属于学习障碍儿童。学习障碍是由若干不同类型构成的，包括书写障碍、阅读障碍、数学障碍(又称非语言学习障碍)。

九、精神分裂症

个案：小王自从升入高三后，成绩每况愈下，每天一回家便躲在房间里不出来，而且很少跟父母说话，与朋友联络也越来越少。一开始王妈妈以为小王是因为升学压力太大，而出现暂时不适应的症状。岂料小王的状况越来越怪异，整日自言自语。某天晚上吃完晚饭后，小王竟然声称看到阎罗王要夺取他的性命，而父母便是牛头马面，于是拿起菜刀追杀父母。最后，小王被送入医院，诊断的结果是精神分裂症。

应对：由于这类疾病常有许多前兆表现在日常生活中，因此父母或老师应提高警觉，一旦发现征兆，立即送医院治疗，以免错过治疗时机。这类患者的挫折应对能力较正常人差，因此在面对较大的生活压力时，便可能恶化，不能承担太大的学习任务。应尽量减少患者的心理负担，不要对他们有太高的期望。可以将家中许多压力较小的家事交由病患处理，让病患自觉地对家务事作出贡献，以提升其自信心。

小贴士：精神分裂症是一种严重的精神疾病，多发于15～20岁的青少年。主要症状包括思考、情感、行为等多方面的障碍。在发病之初，病人可能出现成绩或工作表现一落千丈、社交退缩、个人卫生习惯不良等先兆，在潜伏期阶段，若未予以适当的处置，病情便会更加恶化，而衍生出幻觉、妄想、语无伦次、行为怪异等症状。

十、抑郁症

个案：小张正读高一，是某校的特困生之一。有一天他找到班主任老师，紧张而急促地说："我完了。一个多月了，晚上几乎通宵失眠，白天神情恍惚还经常呕吐。"说着懊丧地抬手扶了扶眼镜，右手腕上一道伤疤赫然而现，这是他不久前试图割脉自杀留下的痕迹。

应对：经过心理专家的咨询，发现小张得了抑郁症。专家建议，为了避免心理问题而导致情绪低落，学生可以把自己的生活和学习安排得充实一些，避免因过多的空想和胡思乱想而产生失落感，多参加一些文体活动，使自己心情舒畅起来。另外，还可以多与父母及亲近的同学谈心交流，向他们倾吐心头的积郁，使自己心情愉快起来。

小贴士：抑郁症是一种以情绪异常低落为主要临床表现的精神疾病。其特征是无趣、无力、无望、无能、无助。症状包括极度忧伤、绝望、疲劳、身体疾病。患有抑郁症的人，其情绪低落的程度和性质都远超正常变异的界限，不同于日常生活中的各种烦恼那样容易逐渐地"云消雾散"。

心理求诊应注意以下五要素。

(1) 有心理问题要及时求诊。每个人都有偏离正确认知的时候，人只要醒着就有情绪表达，因此每个人都会产生心理问题。有心理问题自己不能解决的，就要及时求诊。

(2) 心理医生的劳动是高价值的复杂劳动，收费比一般门诊高。美国心理医生一小时收费200美元，国内社会开设的心理机构一小时收费200元。求诊者如因为收费高一些就望而却步，会延误心理问题的解决。

(3) 中国各地目前都有众多心理咨询机构，它们各有特长。找怎样的心理机构求诊，一要看其心理咨询师的组成及其专长，二要看其是否适合自己。

(4) 一个人的心理问题是其个性的反映。个性一旦形成就具有稳定性，会顽强地表现在其行为中。心理问题是一个人不良个性的表达，心理咨询师解决心理问题靠一次往往是不够的，而要进行几次甚至十多次的心理干预。求诊者要配合心理治疗，不要中途中断，以免前功尽弃。

(5) 家庭对一个人具有重大的影响，孩子有了心理问题，家长除应及时带其到心理咨询机构进行治疗，自己也要虚心向心理医生求教，找出家庭教育中存在的问题，并积极配合心理干预，这样才能使心理咨询发挥最大的效果。

第二节　青少年心理问题诊断的过程

一般来说，诊断都是安排在心理咨询与辅导的初始阶段。在进行评估诊断之前，我们需要确定求询者是否属于心理咨询与辅导范围。也就是说需要知道诊断的对象。

一、青少年心理问题诊断的对象

在青少年中，心理非常健康，即没有丝毫心理紊乱的人是极少数，而患有精神疾病的人也是极少数，大部分人处于两者之间。这些处于没有任何心理紊乱与患有精神疾病之间过渡带的人群便是心理诊断的对象。这一人群处于心理亚健康状态，有的人出现心理问题或心理障碍，有的则临近精神疾病的边缘，对他们中求助咨询和辅导的人首先必须给予恰当的诊断。

二、青少年心理问题诊断的任务

心理诊断的主要任务是正确区分正常精神活动和异常精神活动，还要寻找心理紊乱的原因并作出分类诊断。

(一)正确区分正常与异常精神活动

心理咨询师在诊断中有责任发现精神异常的求询者，但无权处理这类疾病患者，应立即将患者转介到精神病医院就医。

根据心理学原理，区分正常与异常精神活动应把握以下三个原则。

(1) 主观世界与客观世界的统一性原则。由于人的心理活动是对客观现实的反映，所以任何正常心理活动和行为，必须在形式和内容上与客观环境保持一致。不管是在怎样的社会历史条件和文化背景中，如果一个人说他看到或听到了什么，而客观世界中当时并不存在引起他这种感觉的刺激物，那么我们肯定这个人的精神活动存在异常了。另外，一个人的思维内容脱离现实，或思维逻辑背离客观事实的规定性时，这个人的精神活动也存在异常。这些都是我们观察和评价人的精神与行为的关键，我们称它为统一性标准。人的精神或行为只要与外界环境失去统一，必然不能被人理解。有些学者所称的"人们行为的均值"或"普通行为模式"局部地包含在统一性标准之中,有时,统一性标准要比这两种概念更广泛。例如:按人的行为的均值,在公共场合不能大吵大闹,否则可能是精神不正常。但是,如果一个人在公共场合受到不能容忍的污辱,忍无可忍的情况下大吵一番,这时虽然背离了"均值"水平,但仍然是十分正常的行为,因为它在量与质方面都和外部刺激是保持一致的。又如,一个人有宗教信仰自由是无可非议的,信教的人做祷告也是可以理解的,但是在许多做祷告的人中,有人可以由于过度的企望而产生幻觉,他似乎真的在与天使对话。这时,我们按人的行为的均值去判断与天使对话的人,不能说他的行为是异常的,但是他确实产生了幻觉,精神已经异常了。

(2) 精神活动的内在协调一致性原则。人类的精神活动虽然可以被分为知、情、意等部分,但它自身确实是一个完整的统一体,各种心理过程之间具有协调一致的关系,这种协调一致性保证人在反映客观世界过程中的高度准确和有效。例如一个人遇到一件令人愉快的事却痛苦,或是对痛苦的事作出快乐的反应,就可以说他的心理过程失去了协调一致性,转为异常状态。把心理过程之间的协调一致性作为区分正常与异常的标准之一应该是最容易理解的。

(3) 个性的相对稳定性原则。每个人在自己长期的生活道路上都会形成自己独特的个性心理特征。这种个性特征形成之后具有相对的稳定性,在没有重大外界变革的情况下,我们也要怀疑一个人的精神活动是否出现了异常。这就是说,可以把个性的相对稳定性作为区分精神活动正常与异常的标准之一。例如一个用钱很仔细的人突然挥金如土,或者一个待人接物很热情的人突然变得很冷淡,如果在他的生活环境中找不到足以促使他发生如此改变的原因时,就可以说他的精神活动已经偏离了正常轨道。

以上三个原则中的任何一条失去作用或遭到破坏,就应视为异常精神活动的征兆。

拓展阅读

精神病

求助者:李某,女,汉族,19岁,高中三年级学生。

一、求助者自述

出现在洗澡的时候害怕别人说、情绪低落、焦虑、烦躁、入睡困难等症状,该症状已达半年。

个人陈述:我是一名高中生,学习应该说还是挺好的。我的性格内向一些,在父母、老师、同学的眼中一直是个好孩子。可自从那件事发生后就全变了。我是住校生,在一个特别闷热的下午,我不知为什么那么热,就到女厕所去冲澡。刚进去时也没有什么,后来我听到楼下有很多人讲话,就趴在窗口往下看,看到几个人正往楼上看。我听到她们在大声地说我:"某某真不正经,窗帘都不拉就洗澡,就是想让别人看,真不要脸!"我当时害怕极了,赶紧穿上衣服跑回了宿舍,越想越害怕,我洗澡被她们看见了,这可怎么办啊?过了一会儿,宿舍的同学回来了,她们用一种怪怪的眼神看着我,我知道她们一定是看到我洗澡,也听到其他同学的议论了。我跟她们解释,她们却说根本不知道别人议论什么。我才不信呢,要不然她们怎么会那样看我?我难受死了,就知道哭,饭也没吃,晚自习也没上。最让我受不了的是第二天,无论我走到哪他们都在议论我。我是一个好孩子,从小就很懂事,唯恐自己做了什么错事。可还是没有躲过去,就因为洗澡没拉窗帘让别人说我不要脸，可女厕所根本就没有窗帘啊！后来老师、同学都说我变了。我知道不是我变了，是他们都讨厌我，说我不要脸。我多次和父母、同学解释，可他们就是不听，还让我好好学习。我还能好好学习吗？成绩一直在往下降。父母说不能正常学习就休学吧。我也知道只能这样躲了，现在是休学在家。我真是痛苦死了，觉得活着没一点意思，对什么事情都没有兴趣，一天到晚都在想这件事，白天没精神，晚上睡不着。

二、咨询师观察了解到的情况

求询者衣着不是很整洁，头发比较凌乱，紧张不安，面带愁容；说话遮掩，低头不语或少语，声音低沉，不敢正视咨询师；身体紧缩，双手紧握；言语表达尚得体。求询者由父母亲陪同前来。从母亲处了解到，其家教严格，从小较内向、听话，不爱与人交往，但学习很努力，成绩也很好。高二时喜欢上一个男同学，但该男生并不喜欢她，也就没什么结果。后来说自己洗澡被别人看见了，别人都在议论她，怎样解释都没用。多次想带她看病，就是不听，认为自己没病，只同意休学但不能缓解，好不容易才同意来心理科看病。

三、诊断

对该求助者的诊断是精神病(精神分裂症)。诊断依据如下。

(1) 根据病与非病的三原则，该求助者的知情意已经不统一，主观和客观不一致，对自己的心理问题没有自知力，没有主动求医的行为，逻辑思维已经混乱，有幻听、被害妄想等典型精神病的症状，因此可以考虑诊断为精神病。

(2) 由于其初始反应强烈，幻听、被害妄想等症状持续时间长达半年，内容充分泛化，心理痛苦无法自行摆脱，不能上学，已严重地影响了社会功能，有泛化、回避出现，说明问题非常严重，可以诊断为精神病。

(3) 根据该求询者为青年女性，首次发病，主要症状为逻辑思维混乱，有幻听、被害妄想等，可以诊断为精神分裂症。

(二)寻找心理紊乱的原因

造成个体心理紊乱的因素很多，按性质划分，有社会因素、生物因素、文化因素、审美因素和认知因素等。心理诊断应在综合原因中找出经常的、起主要作用的因素，并对主要因素之间的关系作出解释。

(三)对心理紊乱状态作出分类诊断

在心理诊断中，一般把心理紊乱状态分为心理问题、心理障碍和精神疾病边缘三大类。

(1) 心理问题指近期发生的、非持久的、尚未泛化的、反应强度不太剧烈的心理紊乱状态。主要表现为心境和情绪产生了一定波动，但思维保持着逻辑性，人格也较完整，对人的正常生活影响不大。如婚姻问题、人际关系问题、考试焦虑问题等。

(2) 心理障碍表现为初期反应剧烈、持续时间久、内容充分泛化和自身难以克服的一种沉重心理负担，行为出现异常，在一定程度上影响了正常生活。心理障碍者不仅在情绪方面波动大，而且会出现各种反逻辑的思维错误，人格也有可能出现某些缺陷，如冲动毁物、广场恐惧等。

(3) 精神疾病边缘是心理紊乱的最严重状态。这类人会出现不甚典型的精神异常现象，如注意力涣散、好幻想、意志力减弱、自我评价过分偏离常态、社会交往和人格方面发生较大改变。

三、青少年心理问题诊断的过程概述

心理诊断是一个复杂的过程，它没有固定的程序或统一的模式，一般主要包括下列步骤。

(一)确定诊断目的和目标

心理诊断目的和目标的确定是心理诊断过程的开端。在心理诊断之初，为什么要进行心理诊断，心理诊断大致从哪些方面着手是首要解决的问题，也是非常重要的问题，它决定着诊断的行为导向和效果。如果诊断目的和目标不明确，就把握不住必要的信息，做不到有意识、有系统地收集资料，诊断盲目，无法达到预期的诊断效果。随着诊断的心理问题复杂化和心理诊断应用的广泛发展，心理诊断目的和目标的作用更加重要。一般来说，在实施诊断之初，必须明确几个问题：诊断的用途是什么？拟选用哪种诊断方式？诊断大致的逻辑起点是什么？

(二)详细收集资料

详细收集资料是作出正确诊断的前提条件。总的要求是全面获取求询者的相关资料信息，越详细越具体越好。

1. 资料收集的模式

在心理诊断中，资料的收集没有固定的模式。一般来说，应当在诊断目标和目的指导下，在允许的情况下，尽量收集有关求询者各方面的资料，然后通过分析再有针对性地定向深入获得有关资料，确定诊断具体措施。一般来说资料收集大致可以分两类，即一般资料收集与专门资料收集。专门资料的收集是为专门性诊断而服务的，如临床各种病症的病史。职业诊断有关资料，收集的多是专门资料，它特别专业和细致，方向明确，针对性强。一般资料收集是各种类型的诊断通用的最基础性资料的收集。对于心理诊断来说，一般资料收集是常用的，它一般由下列几部分内容构成。

(1) 个体基本资料。这部分资料旨在了解求询者的自然情况，具体包括性别、姓名、年龄、籍贯、学校、年级、家庭住址、联系电话等。

(2) 生长发育史资料。心理学资料表明人的遗传、发育等生理因素与心理发展状况对人后天的心理与行为有一定的影响。收集这部分资料可以了解人的心理与行为发展的基础情况。它主要包括一个人的生理发育、心理发育与性发育情况。

生理发育资料包括以下内容。

① 母孕时的年龄、胎次，有无严重疾病，有无先天流产、人工流产未遂等现象。
② 母孕时的营养状况和心理状态，特别是有无重大精神创伤史。
③ 母妊娠是否足月，抑或是早产或过期妊娠等；分娩时是顺产还是难产，产程长短；生产时母亲及产儿有无异常现象等。

心理发育资料包括以下内容。

① 抬头、独坐、爬行、行走等各种运动及言语出现的时间与状况。
② 心理与行为发育是否符合年龄特征，与其他同龄儿童相比曾出现过什么问题。

③ 适应生活、环境及社会交往能力如何。

性生理与心理发育资料包括以下内容。

① 性心理与性生理发展是否和谐一致。

② 首次遗精或月经初潮的年龄，对遗精或月经的心理、生理反应。

③ 最早获得性知识的年龄及途径。

④ 首次对异性产生性兴奋的年龄与情节。

⑤ 对青春期性体验的态度。

(3) 既往健康史资料。此部分资料主要探讨过去的健康状况及疾病对当前心理与行为的影响，找出心理问题的身心发展诱因及基础。

① 精力是否旺盛，是否活泼健康。

② 有无重大疾病史，特别是脑炎、脑膜炎、脑外伤、抽搐、感染、中毒及其他躯体疾病。

③ 是否患过某种疾病，临床认知、情绪、人格、行为有无明显变化。

④ 过去是否有过心理障碍或疾病，如何诊治的，而后疗效如何。

(4) 家庭生活背景资料。家庭是儿童最早的教育场所，父母是儿童的第一位老师。早年的家庭生活背景对人的心理发育有重要影响。咨询实践表明，许多心理问题都起源于幼儿与童年时代家庭生活史。探明求询者家庭生活背景，旨在探究家庭对心理发展的影响。

① 婴幼儿期主要由谁抚养，成长与生活的地点。

② 入托及入园的年龄。

③ 早年家庭的经济状况。

④ 家庭的主要氛围与家庭成员作风。

⑤ 家庭的人际关系特点(和睦的与冲突的)。

⑥ 家庭的规模与结构(核心家庭与复合家庭、完整家庭与不完整家庭)。

⑦ 家庭成员中的个性及身心健康状况。

⑧ 家庭的教养方式(专制的、放任的、溺爱的、民主的)与情感。

(5) 学校生活背景资料。学校是有计划、有目的、有系统地对学生实施教育的专门机构，学校对学生心理及行为具有决定性影响。了解学校生活背景在于探讨求询者学校生活的轨迹与当前心理状况的关系，为诊断提供必要的资料。

① 入校的年龄与在校的表现。

② 个人的学历、学习态度、学习成绩、喜恶的学科。

③ 与同学及老师的感情、适应学校集体生活情况。

④ 所在学校的风气及教育、教学方式。

⑤ 在学校期间获得的奖励和受到的处分。

(6) 社会生活史资料。作为社会成员，社会生活对人的心理与行为有重要的影响。特别是过去不幸的生活经历、挫折往往是产生心理障碍潜在的原因。掌握这部分资料的目的在于探讨心理与行为问题的社会影响机制。

① 社交的兴趣状况及交往网、社交表现。

② 幼年及童年时代对自己影响较大的人与社会事件。

③ 与异性交往的情况，有无恋爱史，有无失恋。

④ 从事过哪些社会实践，曾扮演过哪些社会角色。

⑤ 一生中有哪些生活变迁，曾受过什么挫折与伤害。

(7) 家族史。人的生理及心理现象有很大一部分是通过先辈遗传给下一代，或是对下一代有一定影响。收集家庭史的有关资料意在揭示家庭成员的生理、心理状况对求询者的影响，从而为心理诊断提供纵向资料。家族史主要包括以下内容。

① 家族疾病史。父母两系三代亲属中是否有酒精中毒、癫痫、药瘾、心理疾病，其他精神病史及对心理有影响的身心疾病史。

② 家族成员的人格特征、健康状况及劣迹经历。

③ 求询者的父母是否有血缘关系。

(8) 求询者及其亲属主诉咨询的问题。包括求询者根据自己的感受去体验主诉咨询的问题及其亲属提供的咨询问题，这是心理诊断的主要依据。

(9) 求询者当前的心理、行为状况资料。求询者当前的心理与行为资料，主要是指求询者当前的心理与行为的表现(特征、性质、程度)及其产生的可能诱因、现实环境的背景情况、心理行为异常的初期情况及其变化过程等。这部分资料在实际诊断中是十分重要的。如果说上述收集的资料主要是为诊断心理问题的产生原因、机制、外界影响因素的话，那么这部分资料能帮助咨询师弄清求询者的各种临床症状表现，这是收集资料的主体。这部分资料涉及求询者的认知、情绪、人格、行为、心理健康等各方面问题。对这部分资料的收集主要是通过观察和访谈的方式进行宏观了解。

2. 一般资料收集的途径

学校心理诊断所需要的一般资料丰富，来源广泛，收集的途径很多。既可以通过个别的方式收集，也可以通过团体方式获得；既可以由学生本人提供，也可以向学生的家长、亲属、教师和其他熟悉求询者的人索取；既可通过直接的方式进行观察、访谈，也可以借助测验、活动产品来进行间接的分析；既可以收集有关的书面资料，也可以捕捉有关的口头材料或线索。综合而言，学校心理诊断中一般资料的收集主要有以下三个途径。

(1) 求询者本人提供的资料。人都有一定的自知力。人在长期的社会实践中不仅认识了外界现象，同时也在不断认识自己。人通过自我意识可以较系统地意识自身出现的问题、倾诉自我感受、描述自我心态、体验自我情感、回忆自我经历。这些资料对于心理诊断是非常重要的，它是求询者身体力行的第一手资料，构成了一般资料内容的主体，特别是在求询者提供的资料中有一些在其他人看来是荒诞、不合情理的叙述，往往会给诊断提供重要的线索。因而，在收集这部分资料时，咨询师应认真倾听求询者的叙述，全面掌握。

(2) 其他有关人员提供的资料。其他有关人员，主要是指求询者的父母、直系亲属、亲朋好友、邻居、同学、老师及有关机构的人员。他们与求询者有密切的接触或共同的生活经历，对求询者比较了解，通过他们可以从不同的侧面，从横向与纵向两个视角提供求询者本人意识不到或是不能叙述的种种现象，从而弥补"当局者迷"的不足，发挥"旁观者清"的长处。它构成了关于求询者一般资料的另一重要组成部分。在学校心理咨询的诊断中，通过这种途径获取资料尤为重要，特别是对于低年级的学生，是常用途径。

(3) 求询者的活动产品提供的资料。每个学生在日常的学习与生活中都要从事各种各样的活动，继而产生了多种多样的活动产品，像作业、绘画、作品、日记、传记、书信、物品等。这些活动产品是在求询者心理支配下制造与创造出来的，它能投射出求询者的心理特点。通过这些产品可以间接透视出求询者的智能水平、知识范围、情绪、人格特点、价值取向、行为模式及对社会、对自己及对别人的态度，以至不为外人所知的心理行为隐私等。尤其是对于中学阶段的学生，心理发展的闭锁性使得他们不愿把心理世界公之于众、把内心秘密与他人分享，而把它倾诉于日记中。因而，通过活动产品来获得有关资料便成了非常重要与必要的途径。

3. 一般资料收集应注意的问题

一般资料收集的内容是非常丰富的，途径也是比较多的。由于诊断之初收集到的一般资料往往是庞杂的，因而，不能仅仅一味地收集有关资料，还要对掌握的资料进行初步的、客观的、科学的分析与评价，保证资料的质量与价值。具体来说，应注意以下几点。

(1) 在收集求询者本人提供的资料时，除详尽记录外，还要对当事人叙述的现实意义进行分析。

(2) 在分析其他人员提供的资料时，还应分析有关人员与当事人之间的关系和对当事人的态度。

(3) 对当事人的活动产品进行分析时，应注意准确地鉴别和科学地推断，不要受其意识的遮掩、粉饰的影响，要注意对当事人隐私权的尊重与保护。

(4) 要善于通过多种途径获取各方面的资料，并对这些资料进行多方比较、印证与分析，对关键性问题应反复检查，力求客观准确。

(5) 资料收集过程中，既要观测现实表现资料，又要收集当事人心理与行为产生的背景与环境资料。

(6) 收集一般资料时，应建立与求询者良好的关系，掌握资料收集的技巧与具体方法。

(三) 实施测量

通过收集资料，咨询师对求询者形成了第一印象，获得了大量的感性材料，对其存在的问题有了初步的认识。但这个阶段得到的资料常常还比较零散、直观、不深入，特别是没有客观的评价标准。因而，在实际诊断中往往还要对收集来的资料进行检验和分析，得出较明确的结论。心理测量是心理诊断的主要方法，它不仅可检验咨询师的初步判断是否正确，还可以帮助诊断人员进一步分析与明确求询者的心理问题。

(四) 综合评定

综合评定是在对上述过程获得的诊断信息和获得的感性资料的专门测量基础上，进行综合分析、加工，并根据一定的判断标准或理论模型得出诊断结果的过程。这个过程是在量化描述基础上的分析与综合，对量化结果的理论阐述和逻辑推理的过程。它具有统摄全局、理性升华、概括总结、预测指导的作用。

以上四个阶段构成了心理诊断的基本环节和完整过程。但是，心理诊断是个复杂的过程，诊断并不是一次完成的，许多情况下还需反复进行，从诊断到咨询，再从咨询到诊断，反复确诊。心理诊断不能"一锤定音"，初诊结论要用以后的咨询与治疗实践予以佐证，不断修正错误的判断，使诊断结论真实可靠。

第三节　青少年心理问题诊断的原则

青少年心理问题诊断是一项复杂、专业技术要求较高的工作，进行心理诊断必须从客观上掌握开展心理诊断工作的基本要求与指导思想。这些基本要求与指导思想体现为心理诊断的原则。青少年心理咨询中的心理诊断应遵循以下六个主要原则。

(1) 客观性原则。青少年心理问题诊断的客观性原则，是指在运用心理诊断过程中要遵循实事求是的态度，依据诊断对象的客观心理事实和科学的方法，对求询者的心理问题进行科学的诊断，防止主观臆断，更不允许猜测虚构。在青少年心理咨询中，心理诊断的客观性原则是非常必要的。它是从事心理诊断根本性的指导原则，直接关系到收集到的资料是否真实，观测的数据是否可靠，诊断的结果是否科学、可用，咨询与辅导效果能否有效等。

(2) 整体性原则。青少年心理问题诊断的整体性原则，是指在心理诊断过程中运用系统观点，既要对被诊断的心理现象及其影响因素之间的相互关系进行整合研究，又要对被诊断的心理现象进行多层次、多水平的系统分析。按照系统论的观点，人的心理是由多个子系统构成的开放系统，在构成系统的各个要素之间相互联系、相互制约的同时，还与外在系统存在一定联系。心理现象与生理现象有密切关系。

(3) 动态性原则。青少年心理问题诊断中的动态性原则是指心理诊断人员运用变化、发展的观点，对青少年的心理问题力求通过动态的考察，把握青少年心理发展的轨迹和外部影响的脉络，防止僵化的诊断模式对诊断工作产生干扰。

(4) 综合性原则。青少年心理问题诊断的综合性原则，是指在心理诊断中除运用心理学的方法和技术外，还要根据需要结合运用多种学科的方法和技术以取得最佳的诊断结果。心理诊断不同于医学上的诊断，其复杂性决定了它是一种多层次、多水平的诊断。在实际咨询中除运用心理学的诊断方法外，往往还要采用多种方法综合进行诊断。

(5) 指导性原则。青少年心理问题诊断的指导性原则，指的是对求询者的心理问题作出诊断后，对其存在的心理问题给予有针对性的指导，从而更好地促使心理问题的解决和促进心理的健康发展。青少年心理诊断是青少年心理咨询的一个基本环节，它最终以咨询与治疗青少年存在的心理障碍、促进青少年的最佳发展为宗旨。

(6) 保密性原则。保密性原则是青少年心理问题诊断中的重要原则，也是咨询师最基本的道德水准和从事诊断最基本的要求。它是鼓励求询者提供真实材料的基础，也是对求询者的人格及隐私权的最大尊重。

拓展阅读

案例展示中的隐私保密原则[①]

以下是咨询师与某位求询者的电子邮件通信。
×××：
你好！
我非常欣赏你的领悟能力和配合能力，你的咨询是我目前见到的进步最快的。虽然，

---

① 华夏心理咨询在线，http://www.psychcn.com/counseling/jdjc/200511/2873517971.shtml.

这个过程有反复,但是,确实在反复中坚实地前进了。

第一,你是否愿意在网上公开或部分公开你的咨询案例(除去同你的个人信息密切相关的部分);或者仅展现我的回复,而不公开你的信件的内容。

第二,如果愿意公开,×××这个名字是否会对你的现实生活造成影响,是否需要换名字。

第三,是否由你来帮我个忙,删掉一些内容,再转发给我,这样既可达到你同意公开的部分,又能帮我展现案例的效果。

第四,如果你不同意公开案例,完全不影响我对你的后继辅导。因为充分尊重求询者的个人隐私是我们这个行业最基本的职业道德。我不但不会公布你的隐私,还会积极保护你的隐私。你完全没有必要在后继的辅导过程中有丝毫的顾忌而放不开。

第四节 青少年心理问题诊断的方法

目前还没有找到像诊断躯体疾病那样准确可靠的心理诊断方法。心理咨询学家认为,心理评估是心理诊断的先决条件,只有通过全面的心理评估,才能透彻地了解心理诊断对象的各种心态和个性特征,才能确定心理紊乱的性质、程度和原因。常用的心理评估与诊断方法主要有观察法、访谈法、个案法、心理测验法、问卷法等。下面对这些常用的方法作一简要介绍。

一、观察法

在心理评估中,离不开对被观察者的观察,这是评估者获得信息的基本手段。观察法(observation method)是指在自然条件下,有目的、有计划地观察被观察者的外显行为表现,如表情、语言、动作等,以及内部体验反应,并根据观察结果,研究或了解个体心理状况和活动规律,作出判断的一种方法。通过这种方法可以直观地了解求询者存在的心理问题,掌握详尽的第一手资料,为心理诊断提供基础材料。

(一)观察法的特点

观察法是心理诊断中常用的一种科学研究方法,与日常观察法相比,它具有明确的目的性、直观的形象性、预先的计划性、观测的客观性与适用的广泛性等特点。与其他诊断方法一样,观察法有其优点与缺点。了解这些特点,在青少年心理问题诊断中可以扬长避短。

1. 观察法的优点

观察法具有如下优点。

(1) 观察法是观察者对被观察对象的外部表现直接进行的观察。因而能获得较详尽的第一手诊断资料。

(2) 观察法是在自然条件下进行的研究,被研究的现象很少受到"环境的干扰"。因而,观察的结果真实、可靠、更接近于现实。

(3) 观察法是有计划、有目的、有系统地进行的。因而,能对观察对象有比较系统的认识。

(4) 能有效地收集非语言行为资料。观察法克服了在诊断中有些求询者可能不愿接受访谈或问卷调查，或是年龄小的求询者表达不清自己想法的弊端，可以通过公开或隐秘的观察途径收集到所需要的资料。

2. 观察法的缺点

观察法具有如下缺点。

(1) 由于观察法是在自然条件下进行的，观察时可能不出现所研究的现象，这样容易使咨询师处于被动地位，只能消极地等待被观察对象和研究现象的出现，花费的时间也较多。

(2) 在观察条件下，由于影响被观察现象或活动的因素多种多样，它们又很难按相同的方式出现，因而，对被研究的现象难以进行重复观察，对观察的结果也难以验证。

(3) 由于在观察过程中影响被观察现象的因素复杂且不易控制，因而，对观察的结果难以进行精确的分析。

(4) 观察结果容易受观察者个人的知识经验、情绪倾向、态度、期望、心理定式等主观心理因素及观察技能的影响。

(5) 观察法主要是通过直接观测被观察对象的外部表现来进行研究的，它往往仅能很好地说明"现象"，而不能很好地解释"机制"和"规律"。因而，由观察法发现或收集到的问题还需用其他方法作进一步诊断。

3. 观察法适用的条件

每种诊断方法都有自身的适用条件，观察法一般在下列情况下被采用。

(1) 对所观察的现象无法很好地控制，只能在自然条件下进行观察。如有关学生情绪表现资料的收集与分析就比较适用于观察法。

(2) 对所观察的现象不能控制，如果实施控制，就会影响被观察者的真实表现，获取不到客观的结论。这类研究一般都在不让被观察者觉察的"自然条件"下进行。

(3) 由于社会道德的制约不能对某种现象进行控制研究，例如，研究亲子分离对小学生行为的影响，就不能人为地将儿童与父母分离开来，剥夺儿童的父爱或母爱，只能通过观察偶发的事件进行研究。

(4) 研究的目的是描述对象在自然条件下的具体状态，或是需要对正在进行的某些过程作出描述，适合用观察法进行研究。

(二)观察法在青少年心理问题诊断中的操作步骤

在青少年心理问题诊断中，观察法的运用主要有下列环节。

1. 确定明晰的观察目的和现象

青少年心理问题诊断中的观察不同于日常观察的之处在于有明确的目的性。观察要达到什么目的，为什么而观察是必须明确的问题，它是观察行为的导向，也是保证收集到的资料的准确且有针对性的措施。观察目的确定之后，首先要考虑的是观察什么，以哪些现象为对象进行观察。观察时应该注意两点。第一，需要对观察对象进行分类和界定。如对求询者的认知状况进行观察，首先要弄清楚什么是认知现象，它具体包括哪些成分，这样观察才有效度。第二，确定被观察现象包括的"行为单元"，即被观察现象的范围。观察现象的范围不同，获得的资料也不一样，应根据观察目的灵活确定。

2. 选择使用适合的观察类型和方法

观察从不同的角度有不同的分类与具体操作方法。了解这些不同的分类与每种具体方法及其特点，有助于从各个侧面深入地了解观察法，以便在实际诊断中根据实际情况恰当地使用。

1) 观察的类型

可以根据不同的标准对观察进行分类。

(1) 根据观察过程的结构、性质与控制程度，可将观察分为结构观察和非结构观察两大类。

结构观察是指观察者根据事先设计好的提纲并严格按照规定的内容和计划所进行的可控性观察。它的特点是结构严谨、计划周密、观察过程标准化。结构观察对观察的结果能进行统计分析，并且观察结果较为客观。但采用这种方法观察缺乏弹性，容易影响观察结果的深度与广度。

非结构观察是观察者预先对观察的内容与计划没有严格的规定，而依据观察现场的实际情况所进行的观察。它的特点是观察弹性大、随意性大，可根据实际情况随时调整观察的计划和内容。因而，这种观察方法的适用性强，而且简单易行。但是，用这种方法收集的资料整理难度大，不容易进行定量分析。

(2) 根据观察时观察者是否直接参与被观察者的活动，可将观察法分为参与观察与非参与观察。

参与观察者参与被观察者的活动，作为其中的一员进行观察，从而系统地收集资料的方法是参与观察。参与观察根据参与的程度又可分为完全参与观察和不完全参与观察两种。完全参与观察是指观察者隐瞒自己的真实身份和目的，自然加入被观察者群体中进行的观察。完全参与观察能深入地了解到被观察者的真实资料，但如果参与过深，又往往容易失去客观立场，使观察结果掺入主观成分。不完全参与观察是指观察者不隐瞒自己的真实身份和目的，在被观察者接纳后进行的观察。不完全参与观察避免了被观察者产生紧张心理，可以进行自然的观察。但这种方法的缺点是被观察者容易出现不合作行为，或是隐瞒和掩饰对自己不利的表现，或是故意夸大某种表现，使观察结果失真。

总体来说，参与观察要比非参与观察效果好。因为观察者参与其中，既有自我体验，又能与被观察者建立融洽的关系，对所观察的活动有较深入的了解，并能够及时发现一些新的信息。

2) 观察的方法

观察的具体方法很多，在青少年心理问题诊断中，常用的心理观察方法有以下几种。

(1) 实况详录法，是指在一段时间内，连续地、尽可能详尽地记录被观察对象的所有表现或活动的方法。这种方法的目的是无选择地记录被观察行为或现象系列中的全部细节，获得对这些行为或现象详细的、客观的描述。实况详录法对于观察的现象详细记录有较高的要求，用于较为困难的记录，在实际诊断中往往采用现代化的录音或录像技术，将现场实况全部记录下来，作为以后进行诊断的依据。

(2) 时间取样法，是指在一定时间内，按照一定的时段观察预先确定好的行为或表现的方法。时间取样观察法是一种测量行为的方式。它的原理是把被观察者在每一时间阶段中的行为，看成一般通常情况下的一个样本，如果抽取充分多的时段，了解在这些时间段中所观察到的行为，便可得出规律性的结论。时间取样法事先有计划性，一定程度上摆脱了咨询师的主观性。这一方法还能使观察本身与资料分析过程简化，可收集到关于行为频率的资料，往往对检验假设有一定价值。

(3) 事件取样法，是指根据一定的目的观察某些特定行为或事件的完整过程的方法。它要求在观察前，选择与规定所要观察行为或事件的类型，观察时需等候所选行为或事件发生，再作记录。

(4) 日记描述法，又称为传记法，它是通过同一个或同一组被观察者以日记的形式描述其长期反复表现出的行为表现，获取较系统资料的方法。日记描述法一般可分为综合日记法和主题日记法两种。综合日记法一般记录被观察者在各方面发展过程中出现的新的行为表现；主题日记法主要侧重记录被观察者某方面的新发展，如认知发展、情绪发展、言语发展、个性发展等。

(5) 轶事记录法，是指通过观察者把认为有价值的、反映求询者行为或心理的各种表现记录下来，进行研究的方法。它不限于观察被观察者显著的或典型的新出现的表现，凡是观察者直接观测到的都可以记录下来。轶事记录法要求在记录时尽量做到及时、准确、具体，尽量在事件发生时及发生后及时记录下来，尽量把中心人物的言谈举止，在场其他人的活动以及活动背景、情景均如实记录下来。

(6) 频率计数图示法，是指在被观察的行为发生时计算其发生的频率，再用图示将所收集到的行为频率显示出来的一种方法。在心理咨询中，常用这种方法收集有关问题儿童的行为障碍资料。

(7) 清单法，就是指一系列项目的排列，并指明关于这些项目是否出现的两种选择，供记录者判断后选择其中之一，并作出记号。清单中列出的项目很多，可以是观察对象本身各方面的情况或环境情况的项目，如年龄、性别、种族、父母工作单位、父母受教育的状况、学校环境等情况；也可以是有关某些动作行为，如友好行为、互助行为、侵犯行为、依赖行为等。

3. 采用适应的记录技术

对运用一定的观察类型与具体的观察方法获得的有关被观察者的资料，还要采用适应的技术记录下来。常用的技术有以下几种。

1) 连续记录法

连续记录法是观察者用一定的手段将一段时间内观测到的行为表现连续记录下来的一种方法。利用实况详录法、轶事记录法及事件取样法观察到的现象都可以用连续记录法记录下来。连续记录法可采用人工书面记录，也可以用现代化的设备，如录音机、录像机等将观察的结果实录下来。进行人工书面记录时，记录者应对观察的现象进行客观、全面描述。同时，为了掌握全面的资料，观察者往往要加入一些解释，但是必须将它与观察者的客观描述区分开来。

2) 频率记录法

频率记录法是在一段时间内记录观察行为出现频率的一种方法。在时间取样法、频率计数图示法中，一般都采用频率记录法。运用频率记录法要求预先制定好记录表格，预先规定行为的分类系统及对各种行为进行界定，按照分类标准在观察现场对观察到的行为进行记录，并记入记录表内。观察结束后，可以根据分类对行为发生的频率进行分析，获得有关诊断的定量资料。

3) 等级记录法

等级记录法是观察者把观察到的现象记录在预先制定的等级评定量表上。采用这种记录方法要求事先给被观察的行为确定一个等级系列，然后，根据被观察者行为的表现确定一个相适合的等级，并记录在等级量表上，最后可根据需要对评定结果进行定量或定性的分析。

4) 符号记录法

在对某种活动或事件进行连续的观察记录中，往往出现涉及的对象多、事件复杂、用言语记录比较困难等问题，这时可以用事先规定好的符号进行记录。在运用符号记录法时，应首先预计分析将要观察到的行为表现，对它们进行分类，然后对每类行为或表现规定不同的代表符号，用这些简要符号将复杂的行为与表现以简要的形式快速捕捉下来。

对被观察者的有关资料除用上述四种常用的技术记录外，还可以用微型录音机、录像机、摄影机与电子计算机等现代化手段与技术记录资料。无论用哪种方法或技术记录资料，都要考虑到对被观察者心理的影响，避免被观察者心理上的顾虑而使记录下来的资料失真。

4. 初步的统计与分析

对通过上述程序与方法获得的资料进行统计与初步的整理和分析，使资料系统化，获得初步的感性认识，为进一步深入诊断提供表象。

(三) 运用观察法的要求

心理诊断中的观察是一项复杂的工作，因而，要做好这项工作应遵循下列要求。

(1) 观察者应有良好的观察习惯和敏锐的观察力。在青少年心理问题诊断中，观察者首先要有良好的观察习惯，这是获得良好观察结果的保证。其次还要具有敏锐的观察力。求询者的心理问题往往要通过咨询师对求询者的动作、表情、言语的感受来判断，观察能力强的观察者能敏感地捕捉到对诊断有价值的信息，能从别人熟视无睹的事件中发现有意义的问题与线索。

(2) 观察者与被观察者建立良好的关系。观察者与被观察者建立良好的关系决定着观察结果的真实程度。在青少年心理问题诊断中的观察实施之初，被观察者往往对观察者有一定的戒备心理，尤其是涉及个人的问题症结、情绪、隐私时往往故意掩饰，不愿真实表露，或由于某种原因触伤被观察者，从而使观察工作难以进行或是影响观察的结果。如果观察者与被观察者建立起了良好的关系，被观察者从心理上接纳、信赖观察者，就可以敞开心扉，暴露心理问题，从而获得丰富的资料。

(3) 尽量避免主观心理效应的不良影响。在观察过程中，观察者与被观察者之间常常会产生一些不良的相互影响，从而影响了观察客观性。它主要表现在以下两种心理效应上：第一种是观察者效应，表现为观察者对所要观察的问题的假设有相当的已知度，有可能根据对问题的预期答案带有主观地吻合于研究的期望，使假设得以验证；第二种是被观察者效应，即观察者的期望为被观察者知觉后，故意作出投合研究意图或是研究期望的行为反应。这两种效应都会使观察结果失真。因而，在实际观察中，应控制条件，尽量避免或减少观察者与被观察者所带来的消极影响，保证研究的真实性。

(4) 把观察与思考相结合。观察的目的在于透过观察到的现象，探讨形成这种现象的机制与原因。

观察法是观察者直接用自己的感官去感知观察对象的行为表现，它不受条件限制，简单易行。由于观察法一般是在被观察者没有察觉的情况下进行的，因此可以收集到观察对象一些真实资料。但由于观察具有表面性和偶然性，因此应将观察法与其他方法结合使用，进行综合评估和诊断。

二、访谈法

访谈法(interview method)又称晤谈法，是通过与求询者交谈，让其叙述和追忆所要研究的心理活动的表现、性质及其原因，以进行心理评估和诊断的方法。

(一)访谈法的特点

访谈法有其优点，也有其缺点。

1. 访谈法的优点

访谈法具有如下优点。

(1) 灵活性大。访谈法与问卷法等其他调查法相比，灵活性大，尤其是在非标准化访谈中更显优势，从而可以获得较深的、可信的诊断信息。

(2) 回答率高。谈话者能及时解释求询者不明白的问题，因而可确保有较高的回答率。

(3) 能有效地控制调查环境。咨询师能面对求询者，能有效选择不受他人干扰的环境访谈。同时也能有效杜绝他人代答的现象，也能够详细询问求询者，以期得到详细、明确的答案。

(4) 有利于深入探讨问题。在那些需自由回答的项目上，咨询师可以广泛地与求询者交换意见。

(5) 所得资料真实。因为谈话的资料是咨询师亲自收集来的，是亲眼所见、亲耳所闻，因此真实性更高。

(6) 可解除求询者的顾虑。面对面的谈话可帮助求询者解除对调查的心理顾虑和误会，从而得到真实回答，提高获得资料的信度和效度。

(7) 访谈法不受求询者的书面文字能力限制，因而适合于调查广泛的对象，包括低年龄儿童和没有文化的人。

(8) 访谈法是调查方法中最亲切、最深入的方式，适合于收集与人有关的态度、意见、观点、事实等方面的资料。

2. 访谈法的缺点

访谈法具有如下缺点。

(1) 访谈法所需的时间长，耗费个人精力多。访谈法是一对一的调查方法，效率低且费时长，而时间越长则消耗咨询师的个人精力越多。

(2) 对谈话结果难以作出定量分析。特别是在自由回答的项目上，答案多种多样，可比性较差，难以用定量手段分析。

(3) 所得资料可能是庞杂的。可能有很多谈话的内容对诊断是毫无价值的，因而，在青少年心理问题诊断中需要咨询师掌握谈话技巧。

(4) 访谈法对咨询师的资历、态度、才学、谈话技巧要求较高。

(5) 访谈法易使求询者产生"警戒心理"，不易收集到难以或羞于启齿的问题。

(6) 访谈法不适用于那些口语表达能力差的人，或者说访谈法受到求询者个人口语能力的限制。

(二)访谈法的分类

根据对访谈的控制程度，访谈法可分为三种方式：标准化访谈、非标准化访谈和半标准化访谈。

(1) 标准化访谈又称结构式访谈，它是以比较固定的程序和结构，按照一定的目的，事先设计好访谈内容和要提的问题，依次向求询者提出问题，要求作出回答的一种访谈方式。其优点是控制性强、目的明确、重点突出和节省时间；缺点是单调刻板、缺乏深度、不易取得求询者的积极配合。

(2) 非标准化访谈又称无结构式访谈，它没有固定的程序和结构，而是以自由交谈的方式进行，交谈目的隐蔽。其优点是比较灵活，容易取得求询者的积极配合，使其在轻松的自由交谈中吐露内心的真实感受，从而获得更为真实的资料。其缺点是费时较多，掌握困难，容易偏离主题。

(3) 半标准化访谈又称半结构式访谈，它是介于标准化访谈和非标准化访谈之间的一种访谈方式。其特点是既有事先准备好的各种心理诊断的问题提纲，又不拘泥于固定的程序和谈话方式。这是一种常用且易于为求询者所接受的诊断访谈方式。

(三)访谈法在青少年心理问题诊断中的操作程序与技巧

对于标准化的访谈法来说，主要包括下列步骤。

(1) 制订谈话的计划。其内容包含确立访谈的目的，确定访谈的主题和内容，确定访谈的方式，编写提问的措辞说明，确定必要的备用方案，确定对回答的记录方法、确定访谈工作进程。在实际心理诊断中不一定机械地按上述"标准程序"进行，应在有计划指导前提下根据谈话特点灵活选用。

(2) 准备访谈需用的工具。根据目的和需要准备供谈话使用的表格、提纲、摄像机或录音机等。

(3) 与求询者建立良好的合作关系。与求询者建立良好的关系，是取得谈话成功的保障。在心理诊断中，与求询者建立良好关系，可采用下列技巧：开门见山地自我介绍；建立起职业或工作的信任感；耐心倾听、尊重、热情。

(4) 有目的、有计划地提问。这是心理诊断中谈话的主体，在这个阶段应注意下列问题：第一，所提问题不能使人产生歧义，尽量避免使用生僻字词或专业术语，以利于沟通和节省时间；第二，提问应符合不同年龄学生的特点；第三，围绕谈话主题，控制谈话方向；第四，启发诱导，深入了解；第五，灵活掌握发问技巧；第六，适时插问；第七，适当运用表情和动作。

(5) 有效记录谈话内容。谈话记录的主要内容包括求询者的回答情况、谈话的气氛及出现的问题、求询者的个人资料及咨询师的评价等。

三、个案法

个案法是指通过收集与求询者有关的个案资料，进行综合分析，查清求询者的心理异常表现及病理机制和原因，从而对其作出心理评估和诊断。

(一)个案法的特点

个案法具有下列几个主要特点。

(1) 适用于心理诊断中多个领域的研究。个案法可以用于心理诊断中心理问题、生理问题、行为问题的研究，适用于求询者现实问题与历史发展问题的研究。既适用于对学生问题的诊断、职业诊断，又适用于心理健康方面的诊断。

(2) 运用于多层次的研究目的。个案法既可用作基础理论的研究，也可用作应用性和技术性问题的研究，还可用来解决某种具体问题。

(3) 可以与多种诊断方法结合使用。个案法在其发展过程中吸收和接纳了许多其他研究方法，从而生成了许多新的研究模式。在心理诊断中，个案法更多地与观察法、访谈法、问卷法、测量法、实验法结合使用，形成一种较综合的方法。

(二)个案法的实施步骤

在心理诊断中，个案法的实施步骤主要有以下几个方面。

(1) 界定被诊断对象。其内容包括被诊断对象或被诊断现象的研究范围、对此现象进行诊断的意义等。

(2) 收集与被诊断对象有关的资料。个案法需要收集的资料主要有如下内容。①身份资料：姓名、年龄、性别、民族、文化程度、职业等。②个人史：胎儿期情况、出生及新生儿情况、发育情况、学习情况和人际关系状况等。③既往史：患过哪些疾病，特别弄清是否患过中枢神经传染病、颅脑外伤、昏迷抽搐、药物过敏等。④家族史：父母的年龄、职业及健康状况，父、母系三代中有无患明显的精神疾病，家庭中有无重大挫折及意外遭遇。⑤现病史：目前心理异常的表现及可能的诱因、心理异常的产生及发展的背景与过程。

(3) 对被诊断的现象作出分析。对被诊断现象作出分析就是找出导致求询者问题的主要原因和产生条件。它具体包括对问题产生的外部条件、内部因素和行为结果及三个方面相互联系的分析。

(4) 指导咨询与辅导。根据诊断的结论及探寻到的问题行为产生的原因与条件，指导咨询与辅导的具体实施，追踪疗效，获得反馈资料。

(5) 形成案例报告。案例报告是对整个个案研究的总结，它能反映出对求询者问题的处理过程及结果。

个案法只是一种以个案为对象的研究方法，在从事个案研究时，需要采用其他多种方法，才能收集到所需的各种资料。例如，在收集有关个人史的资料时，就需要用到访谈法或观察法。个案法可以全面、系统、深入地研究求询者的心理行为特征，但是在对资料进行分析时，需要考虑资料提供者与求询者的关系，认真地对资料加以甄别，以便得到较为准确的诊断结果。

四、心理测验法

心理测验法(psychological test method)是指依靠各种心理测验量表对人的心理特征进行定量的心理评估和诊断的方法，是心理诊断的主要方法之一。

(一)心理测验的特点

心理诊断的方法有很多，但都无法代替心理测验，可见心理测验在心理诊断中的重要性。心理现象不同于物理现象，对于它的测量也更为困难。心理测验具有如下特点。

1. 间接性

人的心理是一种内部活动，至今还没有办法能够对其加以直接测量，因此通常都是通过对外显行为的测量(即对测验题目的反应)来推论人的心理特征。

2. 相对性

比较不同个体之间的行为或心理特征时，没有绝对的标准，也没有绝对的零点，而是在一个连续的行为序列中进行比较，测量得出的结果只是这个序列上的一点，只能说明这个点在整个序列中的相对位置。也就是说，每个人的测量结果都是与他所在群体的大多数人的行为或某种人为确定的标准进行比较而得出的相对结果。例如，韦克斯勒智力量表测出某人的智商为115，说明他的智商比84%的同龄人高。

3. 客观性

尽管心理测试是间接的，不像物理测量那么客观，但是仍具有一定的客观性，因为心理测试都是在标准化的前提下进行的。例如，测验题目、施测过程和评分原则等都必须标准化后才能进行测量。

(二)心理测验的种类

心理测验的种类繁多，按照不同的标准分类，有不同的类型。

1. 按测验的目的分类

按测验的目的分类，心理测验可分为能力测验、人格测验和神经心理测验。

(1) 能力测验：以测验智力及一些特殊能力为目的，包括智力测验和特殊能力测验等。常用的有比纳—西蒙智力量表、韦克斯勒智力量表，绘画、音乐、手工技巧等特殊能力测验。

(2) 人格测验：以测验人格为目的，如明尼苏达多项人格测验、卡特尔16项人格因素问卷、艾森克人格问卷等。

(3) 神经心理测验：以临床辅助诊断为目的。如 HR 成套神经心理测验、Bender 格式塔测验。

2. 按测验的方法分类

按测验的方法分类，心理测验可分为问卷法、作业法和投射法。

(1) 问卷法：测验多采用结构式问题的方法，让被试以"是"或"否"或在提供的几种答案中作出选择回答。此法易于评定分数，易于统一处理，如明尼苏达多项人格测验。

(2) 作业法：测验形式是非文字的，测验项目用图画、木块或其他非语言文字的方式来表达，让被试进行实际操作或进行简单的记号。此法多用于测试感知觉和运动等操作能力。对于儿童及不识字的成人被试，也多采用作业法进行测试。

(3) 投射法：采用一些模糊人形、墨迹图或一些不完整的句子，让被试观察，要求被试根据自己的想象、理解或感受随意作出回答，借以投射出被试的经验、情绪或内心冲突，以反映其内心世界。投射法多用于测量人格，如罗夏墨迹测验、主题统觉测验等。

3. 按测验材料的性质分类

按测验材料的性质分类，心理测验可分为文字测验和非文字测验。

(1) 文字测验：测验项目和回答问题都用文字表达(口头或书面)。此法要求被试要有一定的文化程度。各种团体、个人调查表，韦氏智力测验中的常识、算术、词汇、领悟、相似等分测验均属此类。

(2) 非文字测验：测验项目和回答问题都用非文字形式表达。如前述的作业测验，韦氏智力测验中的填图、图形排序、图形拼凑、数学符号等分测验即为非文字测验。

4. 按测验的方式分类

按测验的方式分类，心理测验可分为个别测验和团体测验。

(1) 个别测验：一个主试在同一时间只测验一个被试。这种方式有利于面对面地观察被试测验时的情况，如罗夏墨迹测验。

(2) 团体测验：一个主试同时测验多个被试。如明尼苏达多项人格测验、卡特尔16项人格因素问卷、艾森克人格问卷等。团体测验与个体测验的指导语不同，而且测验时有时间限制，要求所有被试同时开始测验，同时结束测验。

(三)心理测验的使用

心理测验是心理诊断的主要方法，在心理诊断中发挥着独特作用。做好心理诊断工作就必须掌握心理测验的科学使用方法，而心理测验的使用主要包括心理测验使用的原则及心理测验使用的技术问题。下面主要从宏观角度，阐述这两方面的问题。

1. 使用心理测验的一般原则

使用心理测验一般应遵循如下原则。

(1) 正确认识心理测验。正确认识心理测验是科学使用心理测验的前提。

自心理测验问世以来，对待测验曾有两种极端的看法：一种把测验看成完美无缺，奉若神明；另一种把测验视为无用有害、全盘否定，这两种观点都不是对心理测验的科学态度。

(2) 保护测验内容，防止测验滥用。一个成型的心理测验往往反复使用。鉴于以上两个原因，为了保证心理测验的科学性，发挥其应有价值，心理测验应控制使用，使用测验的人必须具有一定的资格。为此，国内外对从事心理测验的人都有严格的要求，同时为了保证心理测验的准确性与有效性，还应对测验的具体内容保密，不能私自向他人透露，更不能在书刊上公开发表。否则就会造成测验滥用，使测验失效。

(3) 做一名合格测验者，维护心理测验的声誉。心理测验是一项严肃的技术工作，它不仅仅是按固定的程序与规则进行标准化的操作，更主要的是需要一定的心理学修养与心理测验技术。对于从事大、中、小学生心理测验的非专业人员来说，他们可能有丰富的工作经验，但有关心理测验的心理学理论的不足往往会限制心理测验操作的深化。

(4) 根据测验的目的与对象特点，选用适宜的心理测验。心理测验种类很多，不同的测验标准化程度、信度、效度水平、测验的侧重点、适用的年龄范围、对主试素质与水平的要求等都有差异，在心理测验之前，应根据测验的目的与测验对象的特点进行选择，这样的心理测验才有价值与针对性。

(5) 应慎重地解释与使用心理测验结果。由于心理现象的复杂性与影响因素的多样性，决定了对心理现象的测量不能像对物理现象那样直接、精确与客观，再加上由于心理测量的一些理论与方法还有不足之处，决定了心理测验还有一定的误差。鉴于心理测验的这个特点，我们在心理诊断中，为保证心理测验的客观性与科学性，应慎重解释与使用测验结果。

2. 心理测验使用的一般技术

心理测验是一门技术，也是一门艺术。要科学地运用测验，在测验一般原则的指导下还要掌握下列有关使用心理测验的一般技术。

(1) 做好测验的组织与准备。

心理测验结果受多种因素的影响且程序复杂，实施测验前应做好以下几项工作。

第一，选择适宜的测验环境。安排好测试的房间，保证房内充足的光线与通风，避免噪音，防止无关因素的干扰。

第二，准备好测验材料。测验所用的量表、测验用笔、计时工具和其他必需材料应在测验前清点、检查和准备好。

第三，熟记测验的指导语及测验的具体实施程序。

(2) 建立与求询者间协调的关系。在心理测验中，主试与求询者间协调的关系是引发被测验者的兴趣、获得合作、保证测验顺利实施、使测验结果可靠的保证。建立良好关系的技巧因测验性质不同、求询者的年龄等不同而有差异。

(3) 标准化地实施测验。标准化心理测验的实施应遵从下列程序与方法。

第一，向求询者呈现所有测验项目的指导语与测题。指导语与测题的呈现要清晰，严格按测验标准化的内容实行，不能随意地增添与删减，更不能随意解释启发，或给求询者暗示。

第二，严格按测验要求准确计时，必要时可依靠录音与录像等先进的记录方法，避免记忆的困难与差错。

第三，严格按测验的计分标准给求询者的反应记分，并通过常模将分数进行转换。

(4) 全面、科学地分析心理测验结果。对求询者的测验结果进行分析、解释是心理测验的重要技术，它直接关系到测验结果的科学性与价值。

五、问卷法

问卷法是通过书面的形式,以设计的项目或问题为中介收集诊断资料和数据的一种方法。

(一)问卷法的特点

问卷法在心理诊断中运用广泛,它既可以由求询者本人回答,也可由家长、教师及其他有关者代答,它与其他诊断方法相比有自己的特点。

1. 问卷法的优点

问卷法具有如下优点。

(1) 运用问卷法可以在同一时间内调查许多对象,省时、省力、省经费,并且简单易行。

(2) 由于不与求询者面对面地接触,相对来说,对诊断对象的行为及心理影响较小。

(3) 问卷法可以进行一致性的控制,结果易于统计,适于量化研究。

(4) 用问卷法可以收集到对诊断对象不能进行长期直接观察或观察不到的东西,尤其是调查求询者生活史上的一些态度、事实、体验等。

(5) 问卷法不受时间、地点及情境的限制可随时进行,形式也比较灵活。

(6) 采用问卷法收集资料,可使求询者有充分考虑的时间,因此,可获得较充实的资料。

2. 问卷法的缺点

问卷法具有如下缺点。

(1) 编制问卷中的问题难度很大,稍有含混不清,就不能得到正确的回答。

(2) 回答问题的人常有故意说谎的情况,因此所得到的结果不一定完全可靠。

(3) 采用问卷法所收集的材料或事实,真假难以分辨或核实。因此根据问卷材料所得的结论,往往不能作出最后的定论。

(4) 问卷中的问题太多,易使人产生厌烦情绪,不认真作答;问题太少,所得的数据又不能说明问题。这是问卷编制中的两难问题,不好把握。

3. 问卷法使用的条件

问卷法的性质和特点决定了在使用问卷法时应考虑以下条件。

(1) 调查的范围与人数。如果调查范围广、地区跨度大、人数多、研究现象差别不大,适于用问卷法。

(2) 求询者的文化程度与意愿。问卷法是以书面形式呈现的,如果求询者的文化程度不高,对问卷的某些问题不理解,则不适合用问卷法。求询者的文化程度不高,但不愿牺牲时间与咨询师面谈,也可以用问卷法。

(3) 调查的内容。如果要调查的内容是一般事实、行为、态度,不涉及个人的隐私,可以采用问卷法;如果是涉及个人生活的私情,或是在某种情况下被认为"越轨"的行为,最好不用问卷法。因为被调查者会拒绝回答或不正确回答,从而影响到问卷的效果。

(二)问卷法在青少年心理问题诊断中的操作

1. 根据目的和需要选择问卷类型

问卷一般可分为开放型、封闭型和图画型三种类型。开放型问卷是提出问题，不作回答范围的限制，由求询者根据自己情况自由作答的一种形式；封闭型问卷对问卷中的每个问题都列出了若干答案，求询者可根据自己的实际情况选择答案的形式；图画型问卷是以生动、形象的画面向求询者提出问题，由求询者回答的形式。这三种类型各有特点，诊断中可根据需要选择使用。

2. 问卷的编制

一个完整的问卷一般是由题目、指导语、问题、编码、结束语等几个相互联系的部分组成。

(1) 题目的设计一般有三方面的要求。第一，题目要与被调查的目的相符；第二，题目不要给求询者不良的心理刺激；第三，题目不要含暗示的成分。

(2) 指导语的设计应遵循下列原则：第一，指导语要说明调查的意义与价值；第二，指导语要诚挚、热情、恳切；第三，指导语在文字上应力求简明扼要。

(3) 问题的设计应遵循以下几个原则：第一，问题的设计要有一定的目的和理论依据；第二，问题应醒目易答；第三，问题中的概念应是具体化的、可操作的指标；第四，应避免诱导性问题；第五，避免不适当的分类；第六，设计的问题最好少用反问句；第七，注意敏感性问题的提问方式；第八，问题的设计要利于量化与统计处理。

(4) 编码应注意下列问题：第一，问题应以良好的心理顺序呈现；第二，问题的编排应注意逻辑性；第三，问卷的长度应适当；第四，问卷编排应充分利用卷面，使问卷格式清晰、美观。

(5) 结束语是问卷的最后一部分，它的设计一般很简单。其内容往往是对求询者表示感谢或是要求求询者对问题作出简单的评价，其表示方式可以是一个问题。

3. 问卷的评价

对问卷的评价主要包括对问卷信度与效度的评价。经评价，信度与效度较高的问卷，才是较理想的问卷。

4. 问卷的实施与处理

问卷的实施，首先选择实施对象，然后确定问卷实施形式。问卷收回后，还要对问卷进行整理，分出合乎要求的，剔除无价值的，并对问卷进行分类。实际诊断中，对问卷还要进行必要的统计处理，并对结果进行初步的分析，获得必要的资料。

本 章 小 结

心理诊断是进行心理咨询与辅导的前期基础，更是解决青少年心理问题必不可少的环节。本章首先介绍了青少年心理问题诊断的特点，然后阐述了青少年心理问题诊断的对象、任务、过程、原则和方法，最后列举了青少年心理问题常用的诊断工具(SCL-90)。

思考与练习

1. 心理诊断中的资料是否应该保密？
2. 在心理诊断中需要注意哪些问题？
3. 在心理诊断的过程中，有哪几种情况需要转诊？
4. 如何才能提高心理诊断的准确性？

实 践 课 堂

青少年心理问题案例[①]

小学生明仔爬上5楼护栏，扬言要跳楼。经过老师、家长1个多小时的苦劝，他终于放弃了轻生念头。事件起因，怀疑是明仔与同学发生口角，情绪不稳。

17日中午12时许，随着清脆的铃声，广州海珠区某新村第一小学结束了上午最后一节课。

据五年级5班的单老师回忆，当时他正在布置作业，突然从外面跑来几名学生说："老师，不好了，明仔上5楼要跳楼了！"单老师立即往5楼走廊跑去，只见明仔正坐在护栏上面，离地面有15米高。据一些知情同学表示，下课以后，明仔就一个人不声不响地走到5楼走廊，翻过盥洗池，坐在护栏上面。

"他要我退后，否则，他就要跳下去。"单老师说，为了安定明仔的情绪，他一边慢慢地后退，下了几级台阶，一边打电话通知明仔的班主任和校长，而且时刻注意明仔情绪的变化。

接到通知后，校方立即启动突发事件应急预案，迅速通知海珠区教育局和明仔父母，并拨打110、120。据方校长介绍，校方立即组织老师疏散学校操场上的学生，并开始试着与明仔交谈。

随后，明仔父母赶到，并与校长及班主任逐个上前，耐心地劝说明仔。据校方表示，区教育局相关领导也赶到现场。消防员还在一楼空地铺设气垫。经过老师及其家长1个多小时的耐心劝说，中午1时40分许，明仔情绪由抵触慢慢地恢复平静，最后终于双脚翻过护栏，自行回到老师和家长身边。

下面是他们的一段对话。

方校长：你为什么要坐在上面不下来？

明仔：不知道(低下头)。

方校长：是不是有老师批评过你？你有什么心里话可以向我说。

明仔：没有老师批评过，你问其他的同学，就知道是怎么回事了。

老师找来其他同学，可是同学也搞不清楚明仔为什么会这样冲动。

方校长：你有什么想法可以说。

明仔：就是与同学争吵过。

---

① http://www.jzkcn.com/a/2009/1102/223.html.

方校长：你的父母和学校老师都这么疼你，你还是先下来，有什么可以好好说。

明仔：……

方校长：你看这么多人都在这里，你给个面子下来吧！

明仔缓缓爬下护栏。

据单老师说，最后一节课的时候，明仔显得有些反常。上课之前，班主任刘老师正与明仔谈心，当上课铃响起以后，刘老师准备转身离开，突然明仔抓起旁边同学的笔盒摔了出去，飞出的铅笔砸中正在辅导学生的单老师；就在上课不到10多分钟，明仔的桌子也不知为何被掀倒。为了不影响其他同学正常上课，单老师只是让明仔扶起桌子，然后继续上课。而直到下课，就出现上文所述的一幕。

为什么明仔有这些反常的行为？明仔的同班同学向记者透露，当时上午的时候，明仔曾将硬币投入水瓶里喝水，有些同学笑话他这种行为。班主任老师教育他不要这样做。直到上数学课的时候，明仔的情绪一直不太稳定。

据校方表示，明仔当时的确将硬币投入水瓶之中，班主任跟明仔说这种做法不卫生。但明仔却说是情绪不好，主要是由于与班上同学发生了口角。

方校长说，明仔是四年级时从外地学校转到该小学的，而且来学校一年多时间里，学习成绩提高很多，平时与同学相处还是比较融洽的。"虽然明仔讲的是普通话，但是还是能听懂广东话。"方校长介绍。

在一个人的成长之中，对于小孩的心理影响，一般在三个方面：家庭、社会及学校。在童年时受到家庭教育的影响最大，而且培养小孩的心智最佳时间在出生到6岁之间。期间，父母首先应该掌握一些教育子女的基本理念，如不能包办，而是用爱的教育，让孩子独自完成一些事情。再则，父母不能忽视孩子，要多与孩子交流，了解孩子的心理。

此外，由于家庭教育上的问题，现在部分小孩子存在"以自我为中心""生活自制能力差""不考虑他人感受""心理承受能力差"等毛病，导致遇到问题的时候，用一种极端的方式解决。

推 荐 阅 读

1. 赫尔曼·罗夏. 心理诊断法[M]. 杭州：浙江教育出版社，2004.
2. 徐光兴. 临床心理学[M]. 上海：上海教育出版社，2000.
3. 张仲明，李世泽. 心理诊断学[M]. 重庆：西南师范大学出版社，2005.
4. J. J. F. ter. 拉克. 心理诊断[M]. 陈会昌，译. 北京：华文出版社，2000.
5. Kurt Pawlik，Mark R. Rosenzweig. 国际心理学手册[M]. 张厚粲，主译. 上海：华东师范大学出版社，2002.
6. 心理障碍\精神疾病诊断，http://open.163.com/movie/2015/9/S/U/MB3BV210T_MBDB33KSU.html.
7. 强迫症与焦虑症，http://open.163.com/movie/2015/9/E/G/MB3BV210T_MBDB39QEG.html.

第四章课件

拓展阅读

教导、辅助就是触抚生命。

——题记

第五章 青少年心理咨询与辅导的过程和技术

本章学习目标

- 掌握青少年心理咨询与辅导的一般过程。
- 掌握青少年心理咨询与辅导的一般技术。
- 掌握建立良好的心理咨询与辅导关系的方法。

核心概念

咨询与辅导关系(relationship advice and counseling); 积极倾听(active listening); 共情(empathy); 真诚(sincere); 尊重(respect); 会谈技术(talks technology)

引导案例

让学生重整旗鼓[①]

小华,男,12岁,六年级学生。父母均是农民,小学文化程度。家里兄弟三个,小华排行老大。他基础知识差,一至四年级主科考试均不及格。对人对事冷淡,学习兴趣缺乏,上课注意力不能集中,听课时常常哈欠不止,从不主动举手发言,老师提问时常常是哑口无言,无论怎样引导、鼓励都不愿开口。喜欢看电视、打游戏机,学习习惯差,经常不做作业,书写极其马虎。性格比较内向、古怪,从不主动与老师说话,也不大愿意与同学交流,课后只与班上几个学习较差的同学在一起。在家里脾气暴躁,从不谦让弟弟,有时会顶撞父母,发起脾气来还会离家出走。

小华的问题的形成主要受到以下几方面因素影响。首先,从家庭情况来看,小华的父母是珠海市郊区的农民,靠出租房屋为生,家庭经济状况良好。但父母好赌,整日打麻将,

---

① 郑希付,蔡丽华.小学生心理健康教育个案分析——让学生重整旗鼓[M].广州:广东高等教育出版社,2004.

无暇顾及孩子的学习，使孩子长期处于一种放任自流的状态。他们平时对孩子的学习不闻不问，可是，每次老师找家长谈及孩子的在校情况时，孩子回家就要遭到一顿打骂。这就导致孩子对老师和家长产生敌对心理，怕学、厌学，最后导致学习成绩很差。其次，在学校里，由于小华学习成绩差，经常拉班级后腿，老师不喜欢他，同学们瞧不起他，使他对学习产生恐惧感，性格也逐渐变得内向、孤僻。在学习等方面受挫使他产生了己不如人的心理，越发对学习失去了热情，过分的自卑使他不思进取，自暴自弃。针对小华这种情况，采取了如下的辅导工作。

一、第一阶段的主要工作

（1）对小华进行学习适应性的测试，了解他的内心情况。

（2）采用"沟通"法和"融洽"法与家长沟通，共同探讨教育问题，制定努力目标。

① 正确引导并控制孩子看电视、玩游戏的时间；

② 多方面共同监督完成家庭作业；

③ 多表扬少批评，多鼓励少责备；

④ 言传身教，为孩子创造良好的家庭学习氛围。

（3）多次与小华谈心。首先表扬他在电脑、劳动、体育等方面都胜过许多同学，夸奖他是一个聪明的孩子，并给他讲爱迪生、牛顿小时候的故事，让他明白自己并不笨。引导他正确对待失败，克服自卑，同时要改正其消极的归因倾向。其次与他一起查找成绩差的主要原因，倾听他的想法，引导他正确认识学与玩的关系，鼓励他树立学习信心。

二、第二阶段的主要工作

（1）帮助小华克服不做作业的习惯。第一，布置与其实际学习水平相符的作业，并利用作业评语给予表扬和鼓励，使其通过完成作业获得成就感，从而喜欢做作业；第二，设法使其养成按时完成作业的好习惯，要求其每天完成作业后，在自己的作业本上写上"我对自己负责"的字样，让他认识到做作业是对自己负责；第三，布置多样化的作业内容，让其自由选作，以此培养其自主学习精神；第四，加强对其作业的检查辅导，发现进步及时表扬，发现问题及时矫正。

（2）帮助改善小华在班级中的人际关系，鼓励同学与他友好相处，通过让他参加各种活动转变其内向、孤僻的性格。为他找学习伙伴来帮助他解决家庭作业中的疑难问题，并督促其完成作业。

（3）选小华当班上的劳动委员，并定期召开班委会，从而培养他的集体归属感，促进他在学习、行为表现等各方面的进步。

三、第三阶段的主要工作

（1）注意观察小华的表现的反复性，经常给予关心、提醒，及时发现问题并耐心地教育。

（2）经常与家长联系，及时反馈小华的进步情况，与家长分享喜悦，从而树立家长对孩子教育的信心，更好地配合学校的教育。

（3）根据小华爱玩游戏机的特点，采取正面引导，推荐他参加学校的电脑兴趣班，鼓励他在电脑方面发挥自己的聪明才智。

通过一年多来多方面的共同努力，小华克服了许多学习上的不良习惯，逐步树立了学习的信心，学习态度明显好转，学习成绩和学习行为都有了很大的改善。特别是语文成绩进步最大,测验成绩在及格以上。以前他很厌烦学习,而今他在完成作业之余还主动向老师请教问题,有时还看看报刊,读读课外书,有意识地拓宽自己的知识面。他还变得大胆了,敢在课堂上举手回答问题了,也变得关心集体了。

这个案例,为我们提供了一个青少年心理咨询与辅导的成功范例。从咨询与辅导的过程可以看出,这位咨询师从学生的心理特点和实际情况出发,以提高小华的自信心为主要目标,设计了一系列的辅导方法,如建立良好的人际关系、改正不良的学习习惯以及学校与家长共同督促等。这一系列的辅导方法能够让小华明确地知道自己的问题出在哪里,应该朝什么方向努力,从而调动了他的主动性,能够向着咨询与辅导的目标发生积极改变。

青春期是人生道路上一段非常重要的过渡时期,青春期又像是一段无序的发展时期。处于青春期的青少年容易出现各种心理和行为问题,如厌学、无法集中注意力、孤僻、自卑等,这些问题常常令所有关心他们的人(包括他们自己)感到惊讶和困惑。对处于这一时期的青少年进行咨询与辅导时,在正常运用各种心理咨询与辅导技术的同时也要兼顾这一特殊阶段青少年的身心特点。本章主要介绍青少年心理咨询与辅导的一般过程,并单独列出一节详细介绍这一过程中的一个重要环节,即建立良好的心理咨询与辅导关系。最后一节介绍几种咨询技术以供参考。

第一节 青少年心理咨询与辅导的一般过程

不同学者对心理咨询与辅导的一般过程应包括哪些阶段有不同的看法。但总的来看,学者们对咨询与辅导的过程应包括哪些事情,以及做这些事情的先后顺序的看法较为接近。一般认为,咨询与辅导过程分为三个阶段,即开始阶段、指导与帮助阶段、结束阶段,每一阶段又包括若干个步骤。各阶段之间存在交叠,没有明确的界限。另外,并非每个咨询与辅导的个案都一定要包括这些阶段。例如,有些个案仅仅帮助求询者对自己有新的认识,或产生了某种领悟,其情绪困扰就基本消除了。

一、开始阶段

开始阶段分为两个步骤:一是建立良好的咨询与辅导关系,为咨询与辅导奠定合作的基础;二是澄清问题,即让求询者尽量更开放地表露自己,使咨询师和求询者对其问题能有一个清楚明确的认识。

(一)建立良好的咨询与辅导关系

建立良好的咨询与辅导关系是指咨询师必须同求询者建立起信任、真诚、接纳的人际关系,这是心理咨询与辅导的起点,也是咨询与辅导取得成功的关键。咨询与辅导关系是存在于咨询师和求询者之间特殊的人际关系,它是一种在特定时间内的、隐蔽的、具有保密性的特殊关系。这和我们熟知的存在于人际交往中的亲戚关系、朋友关系、同事关系、师生关系等都不同，主要区别在于这种关系的密切程度和深度超过了一般的社会关系，因为这种关系是在没有任何威胁的情况下小心翼翼地建立起来的。为此，咨询师必须建立起这样一种气氛：让求询者感到安全、感到温暖、感到被欣赏，可以畅所欲言。建立并维持这样一个充满信任、理解和温暖气氛的人际关系是咨询与辅导过程中始终要留意的事情，并不是开始阶段特有的任务。但是，由于这个阶段是咨询与辅导开始的阶段，所以建立关系的工作就更为关键。不过，咨询与辅导的会谈过程中，除一些直接涉及关系的时刻之外，并没有一段时间专门用来发展关系。咨询与辅导关系的建立是在进行其他事项——如讨论求询者所面临的问题的同时进行的。由于建立积极的咨询与辅导关系特别重要，我们会在下一节详细探讨，本节中只作简单说明。

为建立和发展良好的咨询与辅导关系，咨询师需要处理好以下细节。

(1) 咨询室的环境要布置得舒适雅致，使人感到安全、放松。咨询室的面积不宜过大，光线要柔和。一张桌子，桌子不宜大。两张单人沙发，摆设的时候不宜过远，最好呈90°角。

(2) 咨询师要注意表现出的态度。在初次会谈时，求询者往往比较紧张、局促，因此咨询师的态度会对其心理产生很大的影响。所以，咨询师要用温和、机敏、从容和有效率等态度使求询者感受到亲切与关怀，从而会觉得受到尊重与保护。

(3) 咨询师要采取增进咨询与辅导关系的方法。如无条件地尊重、准确的共情、真诚、温暖等。

(4) 可以进行简单的自我介绍和寒暄，让求询者感到放松。

(5) 可以简单解释咨询与辅导的流程，内容包括咨询与辅导的性质、时间的限制、会谈的次数、正常的期望等。

(6) 一定要澄清保密性的问题，对咨询与辅导过程中必要的记录给予说明，如做笔记，对所谈内容和隐私权的保密与尊重作出肯定性承诺。这样，求询者才可能畅所欲言。

(7) 如果求询者出现沉默，咨询师需要反复地引导和鼓励，或采取一些其他的技术，比如共情、自我暴露。这样就可以减轻求询者的顾虑。

往往许多求询者在开始进入心理咨询与辅导时，可能有一些阻力或误解，不愿谈及那些损伤自尊心的心理创伤，生怕交谈过程中会暴露他人格中的弱点或不光彩的地方，还有些求询者可能对咨询师的能力持怀疑态度等。所以，处理好上述这些细节，可以减少求询者的困惑，消除其焦虑和戒备心理，也使对方不致对咨询与辅导产生不当或过高的期望。

(二)澄清问题

澄清问题是指收集求询者的各种资料进行分析诊断，认清其存在的主要问题。需要咨询师与求询者共同探讨，双方对问题的认识越清楚，对下一阶段要进行的指导与帮助就越有利。

求询者的各种资料是以求询者的基本背景资料为主，收集各种有用的信息。资料可以通过会谈、观察、心理测验等方式收集。通过了解求询者的基本资料，进而了解其心理问题的性质、成因、持续时间和对求询者的影响程度。求询者的基本背景资料包括姓名、年龄、班级、家庭及社会生活背景、自身生活经历、兴趣爱好、学习生活近况及有无心理咨询经验等。这里要注意三点：第一，通过对基本背景资料的了解，掌握其过去、现在、将来的活动及生活方式。对于求询者过去经历的了解，可以得知其目前的状况；对于求询者现状的了解，又有助于获得其对自己和自身问题理解的有关信息；而对于求询者对未来的看法和打算的了解，则可以更进一步认清其对自己、对周围世界的期望，以及他所面对的使之产生烦恼与困惑的矛盾点。第二，在收集背景资料的同时，咨询师要注意求询者对于自身、他人及有关事件的看法，注意由此而引发的情绪活动。对思维与情绪的认识有助于了解思维与情绪之间的交互作用，以及理智与思维不协调甚至对立的情况。第三，咨询师还要注意求询者对现实的理解与看法，注意其怎样处世待人，怎样处理自身所遭遇的各种事情，注意其出现心理冲突时，采取什么应急防范措施，以及他对自身处理这些事物的看法。这有助于了解求询者是怎样一个人，有助于了解其思维与行为之间的关系，并可预测其今后在某事上的反应。

通过谈话法、观察法、心理测验等手段收集了大量资料后，咨询师就要对这些资料进行综合分析归纳并判断它是属于哪一方面的问题，即进行心理诊断。通过建立在资料收集基础上的诊断进一步明确心理问题的实质、程度及原因，并对其作出正确的评估。因为并非所有的求询者都适合做心理咨询与辅导，所以咨询师还需要考虑心理咨询与辅导的适应性问题。一般咨询师能解决的求询者的心理问题主要有三类：一是一般的心理问题，这是咨询师主要的工作内容；二是心理紊乱或轻度心理障碍，这也是咨询师的工作内容；三是处于心理疾病边缘的心理问题，如神经症，咨询师要特别注意与重性精神病进行区别。在这一个问题上，需要咨询师将心理问题进行细致归类——属于学习问题、人际关系问题，还是其他方面的问题。除此之外，求询者其他问题则不属于一般心理咨询与辅导能解决的，如属于器质性疾病，应及时介绍到医院就诊；如属于精神疾病，应及时转送精神病院接受治疗；如属于严重障碍性心理问题，也可介绍到综合医院开设的心理门诊接受心理治疗。

对求询者的问题的确认和分析诊断是一个由此及彼、由表及里的过程。强调对深层次问题的注意，需要咨询师具有不为表面现象所迷惑以及能够透过现象看本质的能力，咨询师要注意事物的特殊性，并且将问题具体化。实际上，从收集与问题有关的信息，到进行综合分析、判断，然后决定采用何种心理咨询与辅导的理论和方法的过程是一个部分(收集信息)到整体(综合分析、对问题的确认)再到部分(在抓到主要问题的前提下各个击破)的工作过程。

咨询师在确定心理问题属于心理咨询范畴并明确其性质后，需要寻找心理问题产生的原因。造成求询者心理问题的原因是多方面的，一般分为三大类：第一类是由生物学因素引起的心理问题；第二类是由社会性因素引起的心理问题；第三类是由求询者本人的认知因素引发的心理问题。实际上咨询师可以运用不同的心理咨询与辅导理论和方法，从不同的角度寻找并发现心理问题的根源。如精神分析理论重视从无意识的矛盾冲突、幼年生活经历中寻找根源；行为主义理论重视对行为的分析，发现行为产生的原因；认知理论认为不良情绪、反应由认知错误造成，求询者的非理性认知是其心理问题产生的原因；人本主义理论认为人有各种需要，而造成心理失调的原因是人的需要不能得到满足，内在潜能无法发挥出来，从而自我意识发生扭曲。

总之，继心理诊断后，求询者与咨询师达成这样一个共识：求询者应清晰了解我是谁，我的处境是什么样的，我在这样的处境中现在是怎样反应或表现的(思想、感受和行为)，这些反应或表现对我有何意义(对我有益还是有害)，我真正的问题(或需要改变的)是什么。

> **拓展阅读**
>
> **咨询师在澄清问题时容易犯的错误**
>
> 咨询师在澄清问题时容易犯的错误有以下几种。
>
> (1) 急于下结论。这样做的后果是一方面咨询师无法全面、准确地把握求询者的问题，从而无法解决问题；另一方面会让求询者对咨询师的专业能力产生怀疑。
>
> (2) 轻视求询者的问题。可能咨询师觉得求询者的问题没什么大不了的，是自寻烦恼。但是，对于求询者而言这些问题确实是困扰着他的难题。咨询师应该耐心细致地分析求询者的思维方式并准确的共情，让求询者了解心理问题的性质。
>
> (3) 干扰、转移求询者的话题。往往一些经验不足的咨询师无法把握求询者所叙述问题的背后隐藏着的东西，常常会打断求询者的叙述而转移话题。这就需要咨询师注意在咨询与辅导的过程中认真倾听、思考并加以判断。
>
> (4) 作道德或正确性的评判。求询者是来寻求帮助的，而不是来听指责的。因此，咨询师不能轻易进行道德或正确性的评判，这种判断最好由求询者自己进行。

二、指导与帮助阶段

指导与帮助阶段主要完成的任务有三项：确定咨询与辅导目标，选择咨询与辅导方案，实施指导与帮助。

(一)确定咨询与辅导目标

心理咨询与辅导的目标，就是心理咨询与辅导所追求的结果与所要达到的目的。帕特森和白妮将目标分为三类。①直接目标。直接目标是针对求询者提供的现实性的问题进行探讨，以促进求询者的自我了解与直觉。直接目标与求询者的问题直接相关，一般是求询者急需解决的问题。②中间目标。中间目标一般是协助求询者认识自己、接纳自己与欣赏自己，使之建立健康的自我形象与适当的生活方式等。③终极目标。终极目标就是使求询者能够自我成长，接纳自己也接纳别人，有良好及深入的人际关系，有开放的态度，诚实，有创造力，有责任感，达到现实的自己与理想的自己协调一致等。那么，在具体的会谈过程中如何确定目标呢？从行为治疗的角度来说，确定具体目标就是：减少或消除不恰当的行为，或改变某些行为，或学习并练习新行为。然而在确定哪些是需要消除的不恰当行为，哪些是应当学习的新行为时，需要综合性的审慎考虑。

总体来看，咨询与辅导目标的确定是一个重要又颇复杂的问题。

从重要性的角度来说，至少表现在以下三个方面：①它使咨询师和求询者都清楚地意识到努力的方向。通过开始阶段的探讨，双方已经对问题是什么、哪些方面需要改变有了共识。制定咨询与辅导目标则是在此基础上，明确求询者应向什么方向改变，经过改变后应该达到一个什么样的状态。②它有助于咨询师与求询者的积极合作。有了明确的目标，使求询者看到了希望，增强了咨询与辅导的信心与动力。由于方向明确，求询者成为咨询与辅导过程的主动参与者，使双方能积极合作，协调一致。③它使心理咨询与辅导的评估成为可能。通过咨询与辅导目标，求询者可以清楚地看到自己的变化，从而认识到心理咨询与辅导在自我成长中所发挥的作用。咨询师也可以借此评价咨询与辅导方案的适用性及确定心理咨询与辅导的进展程度。

从复杂性的角度来说，为保证心理咨询与辅导的顺利进行，咨询与辅导目标的制定应注意以下几点。

(1) 必须由咨询师与求询者双方共同制定目标，最后达到双方都可以接受的程度。咨询与辅导目标的制定，必须由咨询师和求询者共同配合、互相交流并最终达成一致。

(2) 保证心理咨询与辅导目标的针对性。咨询与辅导目标的针对性，即咨询与辅导的目标是心理方面的，而不是生理方面、物理条件方面的目标。如使求询者变得更为自信、不再自卑、减少焦虑等，这些目标则应是有利于求询者心理或人格健康发展的目标。有时在学校心理咨询与辅导中，经常会遇到一些不属于心理方面的问题，如学生经济上发生困难、考试不及格等。这些问题虽然使求询者感到不安，但心理咨询与辅导的目标只能是帮助求询者调整认知和心态而不是直接解决这些问题本身。

(3) 中间目标与终极目标相统一。中间目标是向终极目标发展的步骤。确定心理咨询与辅导的目标，应强调中间目标与终极目标的辩证统一，即咨询师不仅要解决求询者当前所面临的具体问题，更应该从提高心理健康水平、充分发掘潜能、促进人格完善着眼，把终极目标融入中间目标，以终极目标引导中间目标，通过中间目标的实现达到终极目标的完成。

(4) 心理咨询与辅导的目标要具体、可行。求询者的表述有时比较具体、明确，如考试焦虑、失眠问题等，但有时比较笼统、抽象，如希望有较强的学习能力、善于交往等。这样的目标因大而空泛，既难以操作、落实，又无从对咨询与辅导效果进行评估，因此，心理咨询与辅导很难进行。这就需要咨询师与求询者经过商讨，共同将抽象的目标具体化，模糊的目标清晰化。

(5) 心理咨询与辅导的目标要有积极意义。一般来说，由于目标定得具体、现实、可测，经过咨询与辅导，求询者一般都会显示出某种进步。

(6) 心理咨询与辅导的目标是可以评估的。咨询与辅导目标需要经常检查和评价。检查咨询和辅导目标的完成情况，对求询者来说会成为一种积极的强化，有助于激发他的动机，增强他对咨询与辅导的信心。若咨询与辅导进行得不顺利，通过评估也有助于调整咨询方向和选择更适当的咨询与辅导方法，使咨询与辅导得以深入，并取得良好效果。

(二)选择咨询与辅导方案

选择咨询与辅导方案包括咨询与辅导方法的选定以及为实施这些方法而制订的具体计划。选择咨询与辅导方案可以使咨询双方明了行动的方向和目标，便于操作、便于检查、便于发现问题，总结经验和教训。一般来说，解决求询者心理问题的方法是多种多样的，有许多咨询与辅导方法可供使用。它可以是双方就某些矛盾、观念、感受进行讨论，达到透彻的理解和领悟；可以是采用某些策略对情绪问题进行疏泄或消减；可以是采用行为矫正技术去塑造或消除某种行为；或者是求询者改变其在日常生活中对人、对事的态度和反应方式。到底采用什么方法，要根据问题的性质、咨询师对资源的了解与掌握程度以及咨询师个人的咨询经验来考虑。因此，咨询师应该熟悉咨询与辅导领域的基本理论和研究，并关注该领域的新进展。

选择咨询与辅导方案时可按以下步骤进行。

(1) 双方根据上述综合因素,即问题的性质及其与环境的联系、求询者自身的条件、能力与习惯等,设想出各种咨询与辅导方案。

(2) 对这些方案的优劣进行权衡。

(3) 选定一个合适的方案。

在实际咨询与辅导中,不一定严格地按照这个顺序进行,但这个总体思路是指导咨询师行动的基本指南。选定合适的咨询与辅导方案后应明确下列内容:①咨询期望达到的目标或者结果;②咨询与辅导次数与时间安排以及所采用的方法和原理,即该做什么,如何去做,以及不做什么;③咨询的效果及其评价手段;④求询者和咨询师双方各自的责任、权利与义务;⑤咨询费用以及其他需要说明的有关问题,如告诉求询者必须对心理咨询与辅导的过程抱有足够的耐心,这些方法不可能立即产生奇迹,所有的改变都是循序渐进的。当然,制定好的方案不是一成不变的,而是随着咨询的进程有所调整,如发现求询者有其他更深层次的心理问题或因某种原因要改变咨询的时间等。

(三)实施指导与帮助

实施指导与帮助是咨询与辅导的重要阶段,直接决定着咨询与辅导的效果。在这一阶段采用何种方法,使求询者产生何种变化,与求询者及其所面对的问题有关。此外,由于咨询与辅导方式方法不同,进行此阶段的步骤也各有异。可灵活运用鼓励、指导与解释,对求询者的积极方面给予真诚的表扬、鼓励和支持,增强求询者的自信,促进其积极行为的增长;可以直接指导求询者做某件事、说某些话,或以某种方式行动;可以通过解释,使求询者从一个全新、全面的角度面对自己的问题,重新认识自己及周围的环境,从而提高认知能力,促进其人格的完善和问题的解决。各种理论的心理咨询与辅导的具体进行步骤已经在第三章详述,这里仅强调与帮助求询者改变其认知或行为等有关的问题。

1. 领悟

在领悟阶段,咨询师往往可以帮助求询者重新审视自己内心与问题有关的"情结",并帮助对方达到某种程度的领悟。这种领悟的作用之一是,可以使其问题的严重程度降低,并能建立使对方心理真正强健起来的心理平衡。此时,许多求询者的问题虽然仍然存在,但他已经开始有所改变了。帮助求询者进行内心的探索,使之得到某种领悟的第二个作用是,可以为他改变其外显行为提供心理依据,产生强大的彻底解决自己的问题的动机。

2. 咨询师的责任

在实施过程中,求询者是主角。求询者在咨询师的帮助和支持下,积极进行自我探索,产生理解、领悟,克服不良情绪,或开始作出某些行为,尝试新的态度和行事方式,借此产生实实在在的改变。一般求询者往往容易把咨询师当做心理"建筑师",认为他一定能为求询者个人提供心理"建筑蓝图"。即咨询师应告诉求询者,他的问题是什么,他应怎样解决这一问题,何时应往哪儿走哪一步等。在这种情况下,咨询师几乎是个万能的人,不仅在为求询者改变其行为或其他问题承担职责,而且也在为求询者承担一生的全部责任。实际上,咨询师应注意避免扮演这一角色,而应成为求询者在心理咨询过程中的管理者。

3. 移情

移情意味着求询者可能把以前生活里与他人关系中产生过的情感、态度等主观体验移植到咨询师身上。例如，当咨询师以一个权威者的身份出现时，对方可能产生过去对某一权威的种种心态：敌对情绪、防御反应或逢迎等。求询者对咨询师的移情反应既可能是积极的，也可能是消极的；既可能是直接的，也可能是间接的。不论对方的反应如何，咨询师都应对此保持较强的洞察力，认识到所有的移情都可能成为某种形式的阻力。移情一旦出现，就会对咨询与辅导过程产生不利影响。一般来说，对咨询师移情的处理方式应依据移情本身的情况而定，也许应对此进行解释，也许应让其自生自灭。

4. 反移情

反移情是指咨询师以不适当的行为来对待求询者在咨询与辅导中的某些行为表现。这种反移情同样既可能是积极的，也可能是消极的。例如，咨询师可能并没有什么缘由而表现出对求询者的关心、注意，或者求询者并未有任何行为不当之处，但咨询师却对他感到反感，并表现出厌烦。反移情对于咨询师来说，既有有利的一面，也有不利的一面。有利的一面是，当咨询师认识到自己反移情倾向存在时，会更好地认识自己。不利的一面是，咨询师一旦把自己的情绪带入治疗过程就必然失去判断力，失去客观性。

5. 解释

解释是为求询者提供关于现实世界的另一种看法，它被认为是咨询师在咨询过程中最常用、最有力的"武器"。根据不同学派的理论，有不同的解释方式，如精神分析学派偏重于压抑潜在的无意识内容，认知学派则注重理性地、现实地帮助求询者认识世界。但无论如何，在进行解释时，咨询师首先应知道向对方解释的内容是什么，其次要注意何时应用解释以及怎样应用解释来面对求询者。因为只有适当地应用解释，才可收到良好的效果。

6. 沉默

会谈时出现沉默，并由此产生一种无形的压力，使双方不知所措，严重时影响双方对本次咨询的信心。对此，作为咨询师既不能听之任之，也不能惊慌失措。必须立即行动起来，率先打破沉默，引入辅导正题。出现沉默时，咨询师应迅速判断和分析现在的沉默所代表的意义。一般来说，沉默主要有三种性质：一是创造性沉默，是指求询者对自己刚刚说的话、刚刚出现的感受的一种内省反应；二是自发性沉默，往往源于不知道下面该说什么好；三是冲突性沉默，是指可能由于害怕、愤怒或者愧疚而引起了阻抗，也可能由于内心正经历着某种抉择。同时还要分析沉默是来自咨询师还是求询者。在这些问题比较清楚时，应付沉默就会自如了。

帮助和改变阶段是心理咨询与辅导中最重要的阶段，同时也是咨询师最重要、最能发挥创造性的阶段。在此阶段，咨询师可以开动脑筋，采用一切可能的方式，针对性地创造出一些新的技术来帮助求询者产生某些改变，以达到咨询的目标。故对咨询师来说，这一阶段又是最富于挑战性的阶段。

在帮助与改变阶段，咨询师应特别留意三种工作：一是介入求询者的行动过程中去，对行动中遇到的困难、不明白之处予以及时讨论或指导；二是保持对行动过程的监控或作必要的调整；三是随时注意评估进展情况。在做所有这些的同时，一定不要忘了维持一种安全、信赖、积极的关系，咨询师的态度是对求询者最有力的支持。

三、结束阶段

咨询可以根据咨询法案中商定的时间结束，也可以根据求询者的要求或者咨询师的经验来判断。一般经过前两阶段咨询师与求询者的共同努力，在取得满意的咨询与辅导效果后，双方认为可以结束便进入了心理咨询与辅导的结束阶段。咨询与辅导效果可以从五个方面进行判断：一是求询者自己的叙述；二是别人的观察；三是求询者的态度与行为；四是心理测验；五是咨询师自己的经验。在结束阶段心理咨询与辅导的工作主要是巩固咨询与辅导的效果和追踪调查。

(一)巩固咨询与辅导的效果

巩固已取得的咨询与辅导效果，是结束咨询与辅导之前必须完成的一项任务。具体工作如下。

(1) 综合所有的资料，作结论性解释。重新审视求询者心理问题的前因后果，以及据此确定的咨询与辅导目标、咨询与辅导方法、咨询与辅导过程中出现的问题和进展等，对前两个阶段进行总结。咨询师应向求询者指出其已经取得的成绩与进步，说明已基本达到既定的咨询目标。这也是一种暗示，即预示着心理咨询的过程即将结束，使求询者对此做好心理准备。

(2) 指导求询者巩固已有的进步，学会应用咨询与辅导经验。引导求询者将获得的经验运用到日常生活中去，并逐步稳定、内化为求询者的观念、行为方式和能力，使之能独立有效地适应环境，即便没有咨询师的指点、引导与帮助，也能自主学习、发展，走向成熟。在巩固阶段，咨询师应逐渐退出咨询师的角色，让求询者自己扮演独立、自主、积极的角色来改善自己的心理状况。应指出从学习"经验"到运用"经验"尚有一段距离。通常求询者在咨询师的指导下，在特定条件下能表现其习得的经验，但当其独立面对实际生活环境时，又显得难以应付。这既有经验掌握尚未牢固的原因，也有其自信心不足的心理因素。能否顺利完成这一过渡，是能否"结束"咨询的前提条件。

(二)追踪调查

为了了解求询者能否运用获得的经验适应环境并确定整个咨询与辅导过程是否成功，咨询师必须对求询者进行追踪调查。追踪调查应在咨询基本结束后的数月至一年之内进行。时间过短，调查结果的真实性难以保证；时间过长，亦不能及时了解情况，发现问题，同时也增加了调查工作的难度。在心理咨询与辅导中，追踪调查可采用以下方式进行。

(1) 填写信息反馈表。信息反馈表一般是由心理咨询与辅导机构统一印制，咨询师应嘱咐求询者定期填写并反馈给咨询师。

(2) 约请求询者定期前来面谈。咨询师与求询者面谈是直接了解咨询效果的有效方式。这种方式获得的信息量大，容易深入，也便于咨询师及时察觉问题，并适时予以进一步指导。

(3) 访问他人。向了解求询者学习、生活等情况的人，如父母、同学、关系密切的朋友等了解求询者当前的实际状况。这种做法比较客观。如果能将这种方式所获得的信息与其他方式反馈的信息综合起来考察，得出的结论将更全面、真实。运用这种方法时，必须注意维护求询者的利益，保护其自尊和隐私，注意保密原则，因此，有时需要以间接、委婉的方式进行。

经过追踪调查，可能会有几种不同的结果：一是咨询与辅导效果显著，即求询者的问题已经解决，此时可结束心理咨询与辅导过程；二是咨询与辅导有效果，但问题尚未完全解决；三是咨询与辅导效果不大，问题基本没有解决。若是后两种情况，则应继续进行咨询与辅导。咨询与辅导结束的过程并非一蹴而就，仍需掌握一定的结束咨询与辅导过程的技巧。

在整个咨询与辅导过程即将结束之前，应让求询者明白咨询与辅导关系即将终止，从而使其对咨询结束及结束后的生活均有一定的心理准备。有的求询者经过长期的心理咨询与辅导以后，可能形成依赖咨询师的心理，或产生喜欢咨询师的情感，舍不得结束咨询。为此，咨询师必须向求询者说明其心理问题已基本得到解决，通过咨询求询者已获得了经验，增长了能力，已经能够应付生活环境，继续保持咨询关系将不利于其成长。让求询者了解凡事都有终结，鼓励其自力而为，在真实的世界里独立自主，暗示求询者结束咨询是件自然、平常的事情。

有的求询者依赖性很强，咨询师应采取逐步结束的办法而终止咨询与辅导，慢慢地减少求询者对咨询师的依赖，在不知不觉中离别。逐渐结束的方式有两种：一是拉长两次会谈的时间，如果原来是每周会谈一次，到咨询与辅导末期改为两周甚至一月一次；二是减少每次会谈的时间，即由原来每次会谈一小时缩短为每次半小时甚至更短的时间。

拓展阅读

咨询师如何做笔记

良好的咨询与辅导关系是从细节开始建立的，为了更好地咨询与辅导，咨询师需要处理好一些细节。这里简单介绍如何做笔记。这貌似是一件小事，但是在咨询与辅导的过程中每件事情都可能对咨询与辅导产生影响，所以有必要分析：做笔记的目的是什么？笔记该记些什么内容？笔记该怎么记？做笔记会对求询者产生怎样的影响？如果求询者要求看笔记该如何处理？如果求询者不希望咨询师做笔记又该怎么办？

做笔记是一种常见的规范的做法。笔记是一种原始资料，需要妥善保管、严肃对待。笔记本身是为了辅助咨询与辅导的，做笔记不是目的，所以咨询师应该注意做笔记时不要埋头笔记，导致不能把精力放在求询者身上。如果因为笔记记录过多、过慢而影响了咨询与辅导的速度，同样不可取。

一般咨询师做笔记的目的和内容有这样几种可能：一是记录下自己的判断；二是记录下自己想要提问的重点；三是记录求询者所叙述的重点，用来提醒自己注意和需要回头再分析的地方。一般有经验的咨询师常常用描述性语言来描述求询者所叙述的重点，这种方法较为快速、便捷和准确。

咨询师在咨询与辅导的过程中不会预料到求询者是一个什么样的人。有时候求询者可能是一个有强烈的偏执倾向，严重的不信任别人的人，因而会对咨询师的笔记产生强烈的怀疑，目光时时投注在笔记上，甚至会要求看笔记的内容。咨询师可以这样处理：把笔记给求询者看，看完后与其讨论："你为什么想要看？看完之后你的感受是什么？这和你平时的行为方式有什么关系？"咨询与辅导过程中发生的每件事情都有意义，有经验的咨询师会注意到这一点，并融合到咨询与辅导的过程中。

咨询师在记笔记的时候要大大方方，切忌用手或用身体遮掩，这些动作会让求询者感觉不舒服。另外，笔记本的选择也有讲究，不要用那种过分随意、非常小的笔记本，让求询者觉得过于随便；也不要选择那种翻开竖起来能把求询者视线全部挡住的笔记本。可以选择适合办公室使用的笔记本，大小和颜色适中。

有的咨询师提议在咨询与辅导的开始阶段就询问求询者："如果我记笔记你介意吗？"这是一个好的建议，但需要注意：如果求询者根本不知道记笔记的目的，就很难作出判断，而且这种征求的口气可能会让一些求询者说："我介意，请不要记笔记。"如果有这样的回答，咨询师是记还是不记？如果马上讨论求询者这样回答意味着什么，在没有和求询者建立起良好的稳定的咨询与辅导关系之前，这样做不妥当。为了防止这种尴尬情形发生，可以在开始时向求询者解释做笔记的目的，重申保密原则，让求询者安心。

第二节　心理咨询与辅导关系的建立

心理咨询是个过程，也是一种关系。心理咨询关系是一种特殊的人际关系，它是存在于咨询师和求询者之间的一种相互信任、相互尊重、彼此坦诚的支持性人际关系。它不是我们平日里所熟悉的医患关系、师长关系、长幼关系、上下级关系和朋友关系。良好心理咨询关系的建立是心理咨询是否成功的重要影响因素，同时也是心理咨询的第一步。所以，在心理咨询的过程中，受过专业训练的咨询师，都会致力于与求询者建立良好的咨询关系，协助求询者认识自己、悦纳自己，解决其成长过程中的心理问题，完善人格，充分发挥个人潜能，走向自我实现。

如何建立良好的咨询关系，各个心理学派在方法技巧上各有特色。例如罗杰斯的人本主义认为人性是善的，每个人都有向上发展的愿望，每个人都有解决问题的潜能，因此，建立良好的咨询关系，促进个人成长和发展的三个充分必要条件是真诚、尊重和共情。一般求询者在日常生活中缺乏足够的温暖、真诚和理解，而咨询师在咨询与辅导过程中所给予的理解、信任与关注恰恰是求询者所迫切需要的。咨询师这样的行为与态度一方面帮助求询者满足了心理需要；另一方面也为求询者树立了一个学习的榜样，从中求询者可以学到如何去尊重、信任、理解他人。目前很多从事心理咨询的专家们认为在建立咨询与辅导关系的过程中真诚、尊重、温暖、共情和积极关注具有重要意义。

一、真诚

真诚是指咨询师在咨询关系中是一个表里一致、真诚、统合的人，也就是说咨询师在咨询关系中是真实的，不会虚伪地保护自己，也不是在扮演角色，把自己藏在一个专业咨询师的假面具后面，而是以真实的自己与求询者接触，不虚假、不做作。这里的真诚有四层含义：第一个层次是恰当的真诚表露，表露不当反而会起到相反的效果；第二个层次是展现真实的自己,以自己真正的感觉来反应;第三个层次是有限度的自我表达,但是不表达否定性的、批评性的情感;第四个层次是对求询者的表达进行情感反应。

咨询师的真诚不仅给求询者一种安全感,而且为求询者提供了一个榜样,使求询者逐渐地开放自己,表达自己,袒露自己的内心。这里要注意三点:一是真诚不等于说实话,真诚应符合对求询者负责,有助于求询者成长的原则,并不是把所思所想都说出来,但说出的必须是真实的;二是真诚不是自我发泄,求询者的某些话题可能引起咨询师的强烈共鸣,如果咨询师此时此刻表达出自己的感受就变成过多地宣泄自己反而会产生负面效果;三是真诚应实事求是,不必在求询者面前过多表现自己的完美,增加修饰成分,要实事求是,既不夸大自己,也不妄自菲薄。

真诚是一种咨询的技术或方法,更是一种人生态度。恰当地表达真诚,不仅是一种技术,更是一种艺术。在咨询与辅导的过程中,咨询师可以从以下几个方面注意真诚的表达。

(1) 支持性的非言语行为,如微笑、点头、眼神等,都可以透露出咨询师的真诚。

(2) 角色行为:真诚要求咨询师不过分强调角色、权威或地位,对自己、对他人和情境均能感到自然舒服。咨询师帮助他人是他生活方式的一部分,而不是他可以随意穿戴、脱掉的角色。咨询要在咨询室中进行,咨询师不能为亲人朋友做咨询,但可以利用理解、真诚的特质来对待和帮助亲友。

(3) 一致性,是指咨询师的言语、行为和情感相辅相成。

拓展阅读

请看下面两个在一致性上表达很好的个案。

例子A:

求询者:"老师,您是不是生气了?"作为咨询师应该如何回应呢?有些事情是令自己生气的,但出于咨询师的角色而说自己不生气,这就不一致、不真诚。实际上,咨询师要解读问题,而不是如何回答。

咨询师:"你很在意老师的情绪吗?"

例子B:

求询者:相貌一般,认为自己不漂亮,问:"老师,您是不是也认为我不漂亮?"如何回应?回应是很难的,有时可以把问题扔回给求询者。

咨询师:"看来你很在意别人是否认为你漂亮,生活中这对你有什么影响?"因为我们不仅关注求询者问我们什么,更要关注他为什么这么问。

(4) 自发性,即在没有刻意或造作行为的情况下自然地表达自己的能力。自发还包括在没有任何考虑要怎样说和做的情况下所表现出的反应。当然不是让咨询师说出任何的想法和情感,尤其是负面情感。例如求询者流泪时,咨询师受到感染也流泪,如果是因为共情而自然地流露是可以的,不必刻意地克制。但也不能与求询者一起哭,因为哭会影响对问题的认识和分析,咨询师要把握好。

(5) 开放和自我暴露,即咨询师用语言向求询者泄露个人的情况。目的是产生畅所欲言的咨询气氛,拉近与求询者的距离,增加求询者的开放度,帮助求询者形成新的视角,以利于设定目标和行动方案。暴露的程度以中度最为适宜。暴露要简洁,不宜过细。暴露信息的内容和心境与求询者的接近。

📖 拓展阅读

> 求询者："我对自己感到没有信心，我的朋友们总是批评我，而我常常认为他们是对的。我真的许多事情都不能做好。"
>
> 咨询师："许多时候我对自己也会失去信心，所以我能体会到你是多么的沮丧。有时候朋友的批评也使我感觉很坏。尽管我正在学习如何看重自己，而不去在乎朋友的批评。"

自我暴露主要是为求询者打开思路，并不是说咨询师做的就是应该模仿的，这点要特别注意。

真诚是内心的自然流露，不是靠技巧所能获得的，真诚建立在对人的乐观看法、对人有基本信任、对求询者充满关切和爱护的基础上，同时也建立在接纳自己、自信、谦和的基础上。真诚是咨询师的一种素质，这种素质是潜心修养、不断实践的结果。

二、尊重

尊重是对求询者无条件地接纳、爱护，是在不带有任何企图和要求的情况下，让求询者说出自己的想法。尊重他是一个独特的、有价值的人，是有潜能并可以改变的人。尊重他是一个人，而不是一个怎样的人。每一个求询者问题的背后都有相对于其自身来说合理的原因。并能够保持价值中立，不批判与自己不同的价值观，能尊重求询者自己的选择。

尊重求询者的意义在于可以给求询者创造一个安全、温暖的氛围，这样的氛围可以使其最大程度地表达自己，获得一种自我价值感。特别是对那些急需获得尊重、接纳、信任的求询者来说，尊重和接纳具有明显的助人效果，是咨询成功的基础。

正确使用尊重，要重视以下几点。

(1) 尊重意味着完整地接纳一个人，既接纳他好的方面，也接纳他不好的方面。接纳一个价值观和自己不同甚至差距很大的求询者，能够保持价值中立。所谓的价值中立，不等于没有价值观，不等于要同意求询者的价值观，更不是把自己的价值观强加给求询者。其真正意义是对求询者的情绪、认知、行为给予心理学层面和社会文化层面的理解。

(2) 尊重意味着一视同仁。无论男女、贫富、年龄、出身、职位等。

(3) 尊重意味着以礼待人。无论求询者以什么样的态度对待咨询师，咨询师都要做到对求询者礼貌，做到给他无条件的尊重。

(4) 尊重意味着信任对方。咨询师要表现出信任的态度，为求询者树立榜样，让求询者有机会学习如何尊重他人。

(5) 尊重意味着保护隐私。在咨询过程中，咨询师要保护求询者透露出的各种隐私。

(6) 尊重应以真诚为基础，离开真诚尊重就变得有点冷冰冰了。

📖 拓展阅读

咨询师要保持价值中立

求询者：一位女学生，进入大学后情绪状态不佳，怀念高中时的生活。高中时和物理老师曾经相爱。物理老师已结婚并且有孩子，他的爱人也认识她并且很喜欢她。女生问：

"老师，我这样做是不是很不道德？"对此应该怎样回应？我们感觉到，一不小心就会流露出自己的价值观。

咨询师："其实，喜欢一个人是正常的，我理解你的困扰。爱上一个有妇之夫不符合社会道德标准，但你的爱也是可以理解的。这是我的看法。"

案例分析：

咨询师可以表达自己的价值观，但要与求询者分开，不是要让其照做，理解求询者的做法也是有原因的，听听求询者的看法。咨询师要具有模糊性，即开放性，咨询师不能做道德和法律的捍卫者。

三、温暖

温暖、热情是一个优秀的咨询师必备的素质，它是咨询师真情实感和爱心的流露，它应该贯穿于咨询的全过程。温暖可以通过咨询师的言语、姿势、动作、表情让求询者感受到，但要注意温暖的使用要因人而异、因事情而异、因咨询与辅导的程度而异。

温暖与尊重相似，但是也有不同。温暖不同于尊重的地方在于：尊重带有平等、礼貌的成分，而温暖则多一点友好和热情；尊重想要保持距离，而温暖想要减少距离；尊重带有较多的理性成分，而温暖则带有较多的感性成分。如果只有尊重就会让人觉得有点客气，有点公事公办的感觉。如果只有温暖，又会让求询者感到过于友好，让人不知所措。所以，咨询师要把尊重与温暖合理地结合起来，才能做到情理交融，感人至深。在咨询与辅导的过程中，咨询师的温暖可以体现在以下几个方面。

(1) 求询者初次来访时咨询师可以适当询问，表达关切。一般来说，求询者初到时，常有一种错综复杂的心态，一方面希望咨询是有效的，咨询师是出色的，能给自己以理解、热情和帮助；另一方面则又担忧是否如此。因此，许多求询者是带着不安、疑虑、自卑、紧张和犹豫而来，有些人会表现出拘谨、手足无措。这时，咨询师的热情、友好往往能有效地消除或减弱求询者的不安心理，使其感到自己被接纳、受欢迎。

双方坐下后，咨询师可适当地与求询者闲聊几句，如"骑车来的还是走来的"，"等候的时间长不长"等，这类充满了关切的话，会使求询者感到温暖、可亲。但一般以几分钟为宜，否则会耽误时间，还会使一些急于倾诉的人感到紧张。对于有些求询者，可直接进入主题。

(2) 咨询师要注意倾听求询者的叙述。在求询者叙述过程中，咨询师应积极倾听，重视言语与非言语行为的表达，全神贯注地留心求询者的一言一行。目光应注视求询者，不宜东张西望或漫不经心，面部表情、身体姿势都应传达对求询者的关心。非言语行为往往比言语更能让求询者知道咨询师对自己是否热情，这种热情会大大激发求询者的合作愿望。咨询师的温暖本身就具有助人功能。反之，一旦求询者感到咨询师对自己缺乏热情，就会感到失望不满。

(3) 咨询师要耐心、认真、不厌其烦。求询者由于某种原因，可能会出现表达上的不足，使咨询师难以把握。例如，有些人思绪不清、语无伦次或啰嗦、表达模糊；有些由于语文水平不高，用词不准，生搬乱造，以致不知所云；有些由于心情紧张，致使叙述受影响；有些由于有顾虑，而不愿讲出实质性问题，也可能把客观事实和主观判断搅和在一起，使人理不清头绪。面对诸如此类的情况，咨询师应耐心细致，一旦心烦意乱，就可能搞不清真相，给求询者造成心理压力。

(4) 咨询结束时，使求询者感受到温暖。咨询师应送别求询者，告知有关注意事项，感谢求询者的配合等。

四、共情

共情，又称神入、同感、同理心等，是指咨询师认识求询者内部世界的态度和能力，能设身处地地从求询者的角度理解求询者的感受，并向求询者表达出来。梅耶罗夫(Mayeroff, 1971)认为，共情就是"关怀一个人，必须能够了解他及他的世界，就好像我就是他，我必须能够好像用他的眼看他的世界及他自己一样，而不能把他看成物品一样从外面去审视、观察，必须能与他同在他的世界里，并进入他的世界，从内部去体验他的生活方式及他的目标与方向"。而罗杰斯对共情的解释是，"咨询师能够正确地了解求询者内在的主观世界，并且能将有意义的信息传达给求询者。明了或察觉到求询者蕴涵着的个人意义的世界，就好像是你自己的世界，但是没有丧失这'好像'的特质"。通过共情，求询者会感到自己被理解和接纳，这样有助于良好的咨询关系的建立。同时，也是咨询师在协助求询者进行自我表达、自我探索和自我了解。当咨询师共情地回应时，求询者会感到被理解，感到温暖和安慰，这也具有治疗功能，会令求询者产生较大的力量来迎接当前的困扰。贴切地使用共情应注意：第一，咨询师应走出自己的参照框架而进入求询者的参照框架，把自己放在求询者的地位和处境上来尝试感受他的喜怒哀乐。第二，不太肯定自己的理解是否准确、是否达到了共情时，可使用尝试性、探索性的语气来表达，请求询者检验并作出修正。第三，共情的表达应适时适度，因人而异，并考虑到文化背景及求询者的某些特点。第四，要以言语准确表达对求询者内心体验的理解。共情的表达除了言语表达外，还有非言语行为，后者有时更有效、更简便，咨询中应注意把两者结合起来。第五，共情时咨询师要能进能出，出入自如，恰到好处，才能达到最佳境界。共情是指体验求询者的内心"如同"体验自己的内心，但永远不要变成"就是"。这是共情的真谛。

在实际咨询与辅导的过程中，共情存在程度上的差异，反映出咨询师共情的质量。卡库夫(Carkhuff, 1976)等把共情由低到高分为五个层次，具体如下。

层次一：没有理解，没有指导。咨询师似乎没有留意求询者表达的内容和感受，因此他表达不出求询者的内容和情感。

层次二：没有理解，有些指导。咨询师的反应只注重内容而忽略了情感成分。

层次三：理解存在，没有指导。咨询师对内容、意义或情感都作出了反应，但是没有表达出求询者深层次的、隐匿于言语背后的意义和感受。

层次四：既有理解，又有指导。咨询师理解并表达出求询者未能表达或未察觉到的情感反应。

层次五：理解、指导和行动都有，这是贴切的共情。咨询师对层次四的内容均作出了反应，并提供了行动措施。

拓展阅读

共情的五个层次

求询者："我已经尝试和我父亲和睦相处，但实在行不通，他太严厉了。"

不同层次的共情反应如下。

层次一："我相信将来会行得通的。"(安慰和否认)"你应该努力去理解他的观点。"(建议)"为什么你们两个不能相处呢？"(问题，指责)

层次二："你与父亲的关系正处在困难期。"(注重信息的内容)

层次三："你尝试与他相处，但不能成功，因而感到沮丧。"(注重内容和情感反应)

层次四："你似乎无法接近父亲，所以感到沮丧。你想让他对你宽容些。"(有感受，并揭示求询者内心的渴望和感受)

层次五："你似乎不能接近父亲，所以感到沮丧。你需要他对你宽容些。你是否可以采取一个步骤，向你的父亲表达出你的这种情感？"(在层次四的基础上加上行动措施。经验丰富的高级心理咨询师才能直接到这一步)

通常所说的标准的共情表达方式指的是层次三，也叫做初级共情。常用句型："我感到因为……(内容)，所以你感到……(情感)。"初级共情多用在咨询的初期，使用的时候既要用心去听，更要用精确的词汇表达出求询者的内容和情感反应。咨询师在表达的时候应简单明了，还要有弹性，给求询者留有余地。

拓展阅读

例子1：

求询者："我已经尝试着和××同学和平共处，可是那没有用，他对我依然是那么不友好。真不知道该怎么办好了！"

咨询师："对于尝试着和××同学友好你做了努力，可是结果却并不理想，这让你感到很沮丧。"

例子2：

求询者："我到学校来只是为了读书，并没有其他目的，我成绩不好你们可以罚我，但为什么一定要强迫我参加课外活动呢？真没道理！"

咨询师："我知道你对学校的规定很不满，认为太不合理而感到气愤。"

例子3：

求询者(14岁男孩)："有一天晚上我半夜醒来，看见我父母正在……"

咨询师："看起来你很矛盾，不知道该怎么说。没关系，不想说的话，我们可以等一下想好了再说。"在这个练习中，特别注意，共情应该关注求询者此时此地的情感反应。咨询师的回应最主要的是理解他的处境，给他自由选择的空间。不要在内容上打转，如看到的到底是什么？咨询师自己可能很好奇，并可能有自己的预设，如看到父母的性生活等。

与初级共情相对的是高级共情，即初级共情＋揭示求询者内在的情感＝高级共情(相当于层次四和层次五)。咨询师在使用高级共情时，要注意时机的掌握，不可过早地使用，尽量选择有弹性的语句，因为所表达的内容可能连求询者本人也未意识到。

拓展阅读

高级共情的表达

例子1：

求询者："我不明白这个意外为什么总会发生在我身上。我生活得不错，可现在却变成这样。"

咨询师："因为你无法解释为什么这会突然发生在你身上，所以感到很愤怒。你想至少找到一些看起来更为公平的理由。"

例子2：

求询者："今天我把××同学弄哭了，老师就狠狠地批评了我一顿。我又不是故意弄哭她的。"

咨询师："在学校受到老师的批评，这让你很气恼，也很没有面子，你也不想把事情搞得这么糟糕，如果有可能你会努力补救的。看看有没有什么办法补救一下呢？"

例子3：

求询者："我从来就没想过我会考得这么糟糕，班级上很多不如我的同学都考得比我好，现在我最怕回家见到父母。"

咨询师："考试没考好，你心里一定很难过。你担心父母会责怪你，也觉得在同学面前很丢面子。你不能原谅自己的失误，因为你是一个对自己要求很高的孩子，同时你也是想通过自己的努力把成绩赶上去的孩子。我理解你，也愿意和你一起讨论你目前所遇到的困难。看看我们可以做些什么使自己更好。"

共情的核心在于为求询者提供"矫正情感体验"，重要的是咨询师对求询者及其情感的接纳，要避免任何使求询者听起来像是批评的评论。共情水平的提高、共情特质的获得是一种学习、实践的过程，是用心修养的过程。咨询师的人格力量有时比他的技术水平更有影响力。咨询师丰富的知识、人生经验和社会阅历对达到共情会有帮助，咨询师本身的生活态度、个性品质等也与共情的层次有关。

五、积极关注

拓展阅读

她是怎么改变的

有一位女中学生，学习成绩较差，并且又有小偷小摸的行为，可谓"全校闻名"。学校的老师提及她，没有一个不摇头的。开始接触她时，就接连发现她几次偷窃现象，还出现作业欠交、上课不认真等现象。接触一段时间后，发现她劳动时挺积极的，并且她的记忆力非常好，表达能力也不错。于是，我多次约她谈话，让她找一找自己的长处是什么，在哪些方面是成功的，有没有尽力去做。通过自我分析之后，她找到了自己的闪光点。慢慢地，她有了一种向上发展的力量。几个月后她的不足之处也渐渐消失。

案例分析：

咨询师在辅导的过程中，应重在引导求询者思考：我的长处是什么？我在哪些方面是成功的？我有没有尽力去做？

积极关注是有选择地对求询者的言语和行为的积极面予以关注，从而使求询者拥有更客观的自我形象、正向的价值观和积极的人生态度。积极关注涉及对人的基本认识和基本情感。咨询师首先必须有一种基本观点、基本信念，即人是可以改变的，每个人都有这样那样的长处和优点，都拥有自身的潜力，都存在着一种积极向上的成长动力，通过自己的努力、外界的帮助，每个人都可以比现在更好。这一观点对于咨询师来说非常重要。那么，咨询师在咨询与辅导的过程中就要多关注求询者的积极面，因为每个人都是需要鼓励和肯定的，尤其是对那些不自信、不踏实、情绪低落的求询者来说，咨询师的积极关注具有特别重要的意义。

为了有效地使用积极关注，应当注意以下几点。

(1) 态度真诚。只有建立在真诚基础上的积极关注才会得到求询者的信任。否则效果就不好。

(2) 实事求是。积极关注应建立在求询者客观实际的基础上，不能过分夸大，既不能盲目乐观，也不能过分消极。有些咨询师片面理解积极关注的含义，表现出对求询者的过分乐观，如"我发现你身上有好多长处，你所面临的困难算不上什么，黑暗过去就是光明。"这样的反应就其本身来说还可以，但在整个咨询与辅导的过程中都如此，就变成了一种形式的、教条的反应，淡化了求询者的问题，同时表现出对求询者缺乏共情。一般来说，咨询师不应泛泛而谈，而应针对求询者的实际问题，客观地分析其现有的不足，同时帮助分析其拥有的资源。有些求询者面临挫折时往往只看到失败、缺点，并把它们放大，陷入其中而难以自拔。咨询师的工作就是要把求询者的观点从只注意失败面转到客观分析形势，立足于自己的长处和所用资源。与盲目乐观相反，有些咨询师则是走向另一种极端，如"你所面临的困难确实很大，你的处境很不乐观，这样下去你会越来越糟糕的。"或许这句话确实反映了咨询师的心态。但是如果整个咨询与辅导的过程都运用这种方式，求询者就会越来越消极，甚至会更沮丧、困惑或绝望。咨询的本质是给人以支持、鼓励和帮助，促使求询者在困境中崛起，消除迷茫，减轻或消除痛苦。因此，咨询师应始终立足于给人以光明、希望和力量，这就是积极关注的实质。咨询师的反应不能是纯自然的、纯客观的，应对求询者负责，应促进咨询与辅导的有效进行。

(3) 有针对性。咨询师给予的关注应是求询者需要的。针对性越强效果就越好，针对性应该符合咨询与辅导的目标。

(4) 在给予积极关注的时候要避免求询者的某些故意迎合的表现。如一些求询者故意做一些改变，目的是为了获得咨询师的好感和赞扬，这样的进步就不一定是真正意义上的进步。另外求询者可能以一种方式来掩盖某些自己想要逃避的东西，如某些同学借好好学习来回避去改变人际交往的不足，他把学习作为一种手段。所以这时候咨询师不应该给予关注和鼓励，并在适当的时机提出来，让求询者敢于面对自己的问题。

(5) 咨询师最好是引导求询者自己去发现自己的长处，去挖掘自己的潜力，自己学会鼓励自己。这是一种更高境界的积极关注。

本 章 小 结

心理咨询是咨询师运用其专业知识和技能帮助求询者解决心理问题。本章围绕着如何开展心理咨询与辅导这一活动介绍了心理咨询与辅导的一般过程,把它分为开始阶段、指导与帮助阶段和结束阶段三部分。在咨询与辅导过程中着重阐述了良好的咨询与辅导关系对心理咨询与辅导过程的影响,并详细地介绍了各种促进良好咨询与辅导关系的手段,如尊重、真诚、共情、积极关注等。最后结合咨询与辅导的具体情况,介绍了一些基本的和常用的会谈技术,如倾听技术、影响技术和非言语技术等。

思 考 与 练 习

一、思考题

1. 心理咨询与辅导每个阶段的工作重点是什么?
2. 如何建立良好的咨询与辅导关系?
3. 如何能够做到积极倾听?并举例分析。
4. 共情可分为几个层次?并举例说明。

二、案例分析

假如你是咨询师,请结合下面若干个案试着共情。

个案1:

求询者:同寝室的×××太过分了,最近老是找我的麻烦,当着其他同学的面对我指桑骂槐。我真想与他大吵一顿。

个案2:

求询者:入学已经这么长时间了,可我还是适应不了大学的学习。我父母希望我好好学习,能取得好成绩。一想到这,我就心烦意乱。

个案3:

求询者:每次班级组织课堂讨论,总有许多同学上台发言,我也想上去发表意见,而且我觉得有许多内容好讲,可总是鼓不起勇气,始终没有上台。唉,我真没出息,我怨死自己了!

实 践 课 堂

学 会 倾 听

课堂说明:倾听是一种重要的会谈技术,是咨询师必须具备的一项能力。本课堂设计就是着眼于锻炼学生的倾听能力,将教学过程分为四个环节。

一、第一环节——静静地聆听

1. 活动目的

活动"静静地聆听"重在感受,期望给同学们留下一定的感性认识,即倾听是一项能力，且人人不同。

2. 活动设计

(1) 闭上眼睛，静坐一分钟，聆听耳边的各种声音。

(2) 睁开眼睛，将听到的声音记录在纸上。

(3) 听到8种以上声音的举手，7种以上，6种以上……

(4) 交流刚才1分钟里到底有多少种声音，总结在黑板上。

(5) 交流分享：为什么每个人听到的数量、内容都不同？受什么因素影响？日常生活的人际交往中有这样的情形吗？为什么？自己平时是否是一个合格的倾听者？

(6) 归纳总结：听到8种声音以上，是个很好的聆听者。

二、第二环节——讨论：怎样的倾听是合格的

1. 活动目的

通过讨论积极倾听所具备的特征，让学生通过生活中的实际体验，自己归纳积极倾听技巧。

2. 活动设计

(1) 态度：真诚，尊重，热情，耐心，不过快下结论，不用自己的观点解释对方的行为。

(2) 姿势：坐姿自然大方，有适当的身体距离，腿和脚要摆放出礼貌的姿势，身体面向对方前倾等。

(3) 语气：柔和，坚定，清晰，温暖等。

(4) 目光：直视，不回避，不左顾右盼，保持目光交流。

三、第三环节——回旋沟通

1. 活动目的

通过表演与练习让同学们体验不同的倾听方式会给讲述者怎样的感受，从而加深印象。

2. 活动设计

(1) 介绍活动规则：①讲述者必须用第一人称"我"来表述自己的观点；②倾听者不可以打断对方的话语或反驳对方的意见；③交谈的双方不得将话题岔开；④倾听者必须有所回应。

(2) 让同学们分成同等2组，团坐成内外2圈，内圈的人脸朝外，外圈的人脸朝内。

(3) 由老师出一个话题，内圈同学先讲，外圈听。两分钟后互换，外圈讲，内圈听，也是两分钟。

(4) 老师再换第二个话题，此时内圈的人向左移动一个位置，外圈的人不动，以同样的方式进行。如此轮换5～6个题目，让同学们能够和不同的人沟通。

(5) 交流分享：①你觉得哪个与你交流的人最善于倾听？感受如何？你是如何得出这个结论的？②你的倾听者哪些动作或表现令人舒服？哪些令人不愉快？③你觉得自己是个好的倾听者吗？

推 荐 阅 读

1. 刘晓明，张明. 心理咨询的理论与技术[M]. 长春：东北师范大学出版社，2005.

2. Richard Nelson-Jones. 使用心理咨询与助人技术[M]. 北京：中国轻工业出版社，2008.
3. 殷炳江. 小学生心理健康教育[M]. 北京：人民教育出版社，2003.
4. 严文华. 做一名优秀的心理咨询师[M]. 上海：华东师范大学出版社，2008.
5. 唐红波. 小学生常见心理问题及疏导[M]. 广州：暨南大学出版社，2005.
6. 安秋玲，陆芳萍. 儿童、青少年心理咨询案例分析:原理与方法[M]. 上海：上海社会科学院出版社，2014.
7. 陈昌凯. 心理咨询的理论与方法：会谈技巧[DB/OL]. 2019. https://www.icourse163.org/course/NJU-1001893005.

第五章课件

拓展阅读

> 辅导的终极目的是在协助个体发展成为一个健康、成熟而能够自我实现的人。
>
> ——美国著名心理学家马斯洛

第六章 青少年发展性心理咨询与辅导

 本章学习目标

- 掌握青少年常见的学习心理问题及指导要点。
- 掌握青少年常见的交往心理问题咨询与辅导的技巧。
- 掌握青少年常见的恋爱及性心理问题咨询与辅导的技巧。
- 掌握青少年常见的网络心理问题咨询与辅导的技巧。

 核心概念

发展性心理咨询(development psychological counseling);考试焦虑(test anxiety);代沟(generation gap);异性恐惧(heterophobia);网络成瘾(internet addiction disorder);网络依赖型人格障碍(internet dependent personality disorder);网络孤独症(internet autism);电脑狂暴症(computer rage)

引导案例

她为何害怕考试[①]

小 S,女,14 周岁,初三学生,是家中的大女儿,有一个上幼儿园大班的妹妹。身高体重匀称,近视,但没有重大身体疾病史。父亲是自由职业者,母亲是家庭主妇,主要操持家务和管理孩子的学习。经调查、询问得知,父母都是初中毕业。小 S 无人格障碍和其他精神症状性障碍。家庭经济条件一般,家庭关系和睦。小 S 性格开朗,主持过学校元旦文艺会演。平时和同学关系良好,品行端正,受到各科教师的好评。

主诉:参加理科科目考试时,注意力容易分散,出现肚子疼、冷、桌子摇晃等各种小问题。个人陈述:这次参加科学课考试时,发现桌子会摇晃,我拿了很多纸巾去垫它,还是不行。弄了半天,还是没弄好,最后还耽误了考试。还有,我很讨厌做计算题,所以经常算错。有时候知道算错了,也懒得改正。只要是理科考试(数学和科学),就会临时出现

[①] 陈迎春. 考试焦虑学生的心理健康辅导案例报告[J]. 成才之路,2017(25):12-13.

各种小问题分散考试注意力。同时，内心排斥做数学计算题。认为外部因素是考试成绩下降的主要原因。

综合所收集的资料，小 S 的问题产生与现实的客观刺激考试相联系，属于正常心理。小 S 表现出遇到课桌会摇晃、肚子会痛、衣服穿少了会冷，都是潜意识里找的借口。该症状为考试焦虑。经过分析，主要原因如下。

(1) 生物学因素。小 S 14 岁，正处于青春期。这个时期的孩子心理发展未成熟，缺乏生活经验，很难全面客观地分析问题。

(2) 心理因素。①认知方面：小 S 对考试存在一些不合理的认知，如认为考试必须考好，考不好别人就会瞧不起等。②个性特征：小 S 性格内向、敏感，遇到问题可能不善于向别人寻求帮助；从小父母要求严格，性格上可能存在完美主义倾向。

(3) 社会因素。①父母给予小 S 的压力过大造成其对考试格外看重，把父母给的压力转化为分析评估与诊断自己的压力，以至于焦虑过重；②初三升学压力加大，同学之间的竞争更加激烈，而小 S 屡次考不好，加重了其焦虑。

辅导要点如下。

(1) 与小 S 建立良好的关系。向小 S 介绍保密原则，并表达想帮助她的诚意。从小 S 的陈述中了解她的成长经历及家庭情况。

(2) 运用认知疗法，帮助小 S 澄清错误观念。通过与小 S 的交谈，发现她是从初三第一次模拟考之后才出现考试焦虑的症状，以前没有发生过。经过进一步的交谈发现，因为在她没有考好后，挨了父亲的责骂，使其对考试更加看重，也增加了她的考试焦虑，从而导致了考试失败，而考试失败又反过来加重其焦虑，如此形成了一个恶性循环。向她解释问题产生的原因，同时也帮助她认识到原因的背后其实是她一些错误的观念和认识在起作用。

(3) 运用放松训练和系统脱敏疗法帮助小 S 缓解焦虑。教授给小 S 渐进性肌肉放松法。运用脱敏疗法，让小 S 想象以上引起焦虑的情境，并一一进行放松。

发展性心理咨询的对象主要是针对心理基本健康、无明显心理冲突、能基本适应环境的青少年，帮助他们解决在成长过程及心理发展中所遇到的矛盾和困惑。一是针对那些在恋爱、学习、生活、交往、求职等方面遇到实际困难而难以自我调节的学生；二是想更好地寻求潜能开发、个性改变、人格塑造、能力培养、自我提升的学生；三是对如何设计未来人生、事业发展、求职就业、恋爱婚姻、性问题有困惑的学生。

第一节　青少年学习心理咨询与辅导

青少年在学习中经常会遇到一些问题，比较突出的有考试焦虑、厌学、马虎、注意力分散、学习方法不当等，这些问题能否解决好，将直接影响到青少年的身心发展。学校心理咨询一个很重要的任务就是帮助青少年应对这些问题。

一、考试焦虑

考试前学生出现一些反常的言行，近年来这种现象有不断增加的趋势，有的学生变得异常敏感，有的学生易怒，有的学生不明原因地烦躁，有的学生爱顶嘴，有的总对父母挑刺，更有甚者在班上攻击别的同学，还有个别产生出走或自杀意向……各种表现都说明在目前的中考、高考制度下考试已经对中学生的心理造成了极大的压力，或者说有相当一部分学生对考试产生了焦虑情绪。

(一)考试焦虑的概念及表现

考试焦虑是中小学生常见的一种心理问题，它是指在一定的应试情景激发下，受个体认识评价能力、人格倾向与其他身心因素所制约，以担忧为基本特征，以防御或逃避为行为方式，通过不同程度的反应所表现出来的一种心理状态。考试焦虑主要体现在以下几方面：①自我认识方面。产生一些消极的自我评价，担心考试成绩不理想。②生理方面。具体表现为心率加快、呼吸加剧、肠胃不适、多汗尿频等与植物性神经活动失调有关的身体症状。③行为与情绪表现。根据每个人性格特点的不同而有不同的表现形式。这三个方面的表现常常交织在一起，因此，考试焦虑的外在表现是一种非常复杂的现象。

(二)考试焦虑的原因

考试焦虑的产生是诸种因素相互作用的结果，既有与学生生活、学习密切相关的外部客观环境的影响，也有与学生个体相关的内部主观因素的影响。

1. 社会因素

中国人口多，升学、就业压力大，竞争意识普遍增强，这种目前还无法改变的社会氛围不知不觉影响着敏感的青少年。邻居、亲戚以及周围同学免不了的议论和比较，使学生长期处在无形的监控之下。一些学生在邻居、亲戚或同学的眼里甚至已经是准"大学生"或是准"研究生"了，这种不切实际的定位和评价，更令学生感到强大的无形压力，生怕考不好被别人嘲笑，在别人面前抬不起头，怕考不上重点中学、好大学或是研究生而"无颜见江东父老"。

2. 家庭因素

许多家长对孩子的期望值不断升高，家长要求孩子一定要考上重点初中、重点高中、重点大学等，并为此不惜代价，每天的口头禅是"今天考试了吗？得了多少分？排第几名？"在这种过度大的压力下，学生把取得好成绩、好名次当成学习的唯一目的。当家长的期望水平没有转化为孩子的内在需要甚至与需要相冲突时，当家长过高的期望值与学生的实际能力相背离时，就容易引发学生的焦虑情绪。

3. 学校因素

尽管我们已经在大力倡导实施素质教育，但是应试教育依然是各类教育的主要模式。"考，考，考，教师的法宝；分，分，分，学生的命根"仍然现实地存在着。在中考、高考指挥棒的影响下，以及为了实现升级目标的需要，当前学校片面追求升学率、优秀率的现象仍很突出，一些学校甚至定出升学率、优秀率指标。迫使教师一味看重学生的学习成绩，搞题海战术，频繁进行考试。在这种情况下，学生必须不断应对各种考查和竞争；始终处于一种极度紧张的学习状态中，会觉得压力太重，难以承受，被压得喘不过气来，"上学真累"是他们无助却又最真实的感受。

4. 学生自身因素

学生自我评价过高或过低，不能客观分析自己的实力，把考试结果看得太重，害怕考不到理想的分数都可产生焦虑。包括三种情形：一是害怕失败。学生们往往不愿失败，老师和家长也不允许他们失败，他们深知失败可能带来的种种不良后果，因而常常为自己的多次失败而内疚、自责。长此以往，便产生了对学习和考试的恐惧心理，从而背上沉重的心理负担。二是缺乏自信。一些学生被自己的非理性认知所压抑，不相信自己的能力，总认为自己不如别人，只会失败不能成功，为一次次的失败而担忧、焦虑。三是神经过敏性焦虑。这是一种由已经受到严重伤害的自尊心本身所引起的焦虑，表现为由于某次学习失败，自信和自尊受到严重损伤，导致"一朝被蛇咬，十年怕井绳"，当再度面临类似情景时，马上会诱发出紧张恐惧心理，无法正常学习和考试。

(三)考试焦虑的辅导要点

考试焦虑并非都是坏事。适度的焦虑能够激发人的潜在能力，使人努力，但如果焦虑过"度"了就会起副作用。这个"度"就是以是否影响到人的正常生活和学习为标准。消除考试焦虑建议从以下几方面着手。

(1) 对考试结果的期望要恰当。考试的竞争对手主要是自己，只要已竭尽全力，便问心无愧。

(2) 不要随意预测考试结果。考试失败是对考试结果的一种预测。而这种预测是无谓地分散精力，会加重心理压力，会对考试产生消极干扰，因此，这种结果的预测不是考试前要思考的问题。

(3) 面临考试要充分相信自己平时的积累。有的考生由于过于担忧自己的复习准备，临考前仍然"开夜车""搞题海战术"等，如此会使大脑负荷过重，导致考试时大脑兴奋与抑制失调，影响水平的正常发挥。所以考前要合理安排学习和休息时间，不对自己求全责备，既会紧张学习，又会享受娱乐，有张有弛，这对保持身心平衡具有关键作用。

(4) 合理利用减压法。

一是自我暗示减压法。在焦虑、紧张和烦躁时，不妨自我鼓励一下，对自己说："该复习的我都认真复习了，还怕什么呢？考试的内容无非是这些复习过的东西。""和别的同学相比，我下的工夫一点也不少，在竞争中我并没有落后，既然如此，我又何必紧张呢？"

二是肌肉放松减压法。找一个安静的环境，以轻松的姿势坐好，从上到下或从下到上依次紧张肌肉、放松肌肉，然后感受肌肉由紧张到放松的感觉。需要注意的是，此方法一定要持之以恒，每天 1~2 次，每次 10~20 分钟。

三是焦点转移减压法。有意识地转移注意力是减轻心理压力的有效途径。处于压力过大的状态时，转移自己的注意力，做一些或想一些愉快的事情有助于心理压力的缓解。

(5) 要学会放弃。在学习不太好的时候，考试中必然会有不会做的题目，如果你确定无论如何你都不会做的题目，就不要浪费时间和精力去做了。不如把有限的时间和精力用到可能得分的题目上去,或是检查那些你认为你应该做对的题目。

二、厌学

厌学已经成为青少年学习活动中最为突出、最为普遍的问题之一,而且呈现出一种让人忧虑的现象:不仅成绩不佳的学生厌学,成绩好的学生也普遍存在厌学情绪。那么厌学到底是怎么回事呢?

拓展阅读

小红的苦恼

小红是某中学初中二年级的学生,对于自己的学习她几乎天天发愁。因为她知道家里经济并不很宽裕,父母却不惜省吃俭用供她来私立中学学习。她非常清楚,她唯一能够报答父母的,就是努力学习和学习成绩好。可是,她无论如何也做不到这一点。她的理科成绩总是上不去,她把学习好理科的决心用刀刻在桌子上,但还是一上理科课就睡觉。她为了克服上课时的情绪低落、困倦,不惜掐痛自己的手臂,有时甚至连胳膊都掐破了,以便尽可能地坚持学习下去……她天天在努力,天天不见效。于是,她悲观失望,常有自杀和离家出走的念头。

案例分析:

通过这个案例可以看到,这些学生的一切努力都是他们为了能够学习下去进行的意志努力行为,而他们的厌学反应就是顽固地与他们的意志努力对抗,换句话说,就是他们每天都在逼迫着自己学习。这种情况如果不能被早期发现和及时控制,不但导致学习成绩下降,还影响到自尊心、自信心和在师长心目中的信任、地位等,进而又导致其人格发展上的种种危机;接下来这种人格危机又殃及其对功课学习所进行的努力和取得的成绩。

(一)厌学的类型及表现

厌学可分为意志性厌学和非意志性厌学。

所谓意志性厌学是指由于受本人思想支配的原因而导致的自觉的、有目的的厌学、弃学或其他抗拒学习的行为。例如某些学生受到现今社会上一些不良思想的影响,认为学习就是为了将来能够赚钱,有了钱什么都会有,所以与其天天在学校里面苦苦地学习,不如趁早离开学校走入社会赚钱来得实在。这种情况往往解决起来相对容易些,因为我们只要通过思想教育纠正学生的错误认知就可以了。

所谓非意志性厌学是一种学生本人不愿意那样,却又心不由己、身不由己的行为或表现。具有非意志性厌学行为的学生在思想上都能够意识到自己当前努力学习与自己未来前途、命运等方面的关系。相对于意志性厌学,非意志性厌学行为出现的频率更高,影响更严重,解决起来也棘手。

(二)厌学的原因

学生厌学的原因包括以下三个方面。

(1) 家庭教育方式不正确。大多家长"望子成龙""望女成凤"心切,因此对待孩子的学习与成长，所采取的教育方式特别容易走极端，或者过于严厉地要求，或者过度偏爱，这些都会对学生的学习心态造成不良的影响。父母对学习的态度、学习行为习惯以及生活方式等都是孩子模仿的榜样。家长勤学好学，子女自然也会乐学上进。有的家长从不看书，不学无术，反对学习，即使他们对孩子的学习期望很大，要求很严，也不可能产生很好的效应。

(2) 办学理念误区。在中国中学教育以应试教育为主，忽视素质教育的办学思想，从而导致学生畸形发展，面临升学竞争的巨大压力，心理负担加重。教师不注重对教材、教学方法和学生心理方面的研究，教学方法守旧、单调，严厉惩罚等方式，阻碍了师生间的情感交流，抹杀了学生的求知欲与好奇心，使学生于压抑中形成了逃学、弃学、不愿意学等消极行为反应模式，厌学情绪越来越严重，最终导致厌学症形成。

(3) 低俗文化的传播。青少年的年龄特征决定了他们的活泼好动，容易接受新事物，而又缺乏较强的是非分辨能力。因此，当低俗文化成为学生的追求时，他们必然会失去对学习的追求和兴趣。

(三)厌学症的干预策略

针对厌学症可采取如下干预策略。

(1) 进行正确的归因。学生对自己成就情境的不同归因，会引起不同的认知、情绪和行为反应。合理的归因可以提高自信与坚持性，而错误的归因会增加自卑和自弃等不良情绪和行为。比如一次考试成绩不好，把原因归于强手如林、课程太难，自己就不行了。高估了学习中的困难，低估了自己的学习能力，所以学习成绩才会越来越差。

(2) 设置恰当的学习目标。设置一个适合自己的学习目标，刚开始目标不要过高，过高的目标容易使学生产生较大的心理压力，往往造成欲速则不达；目标太低则起不到应有的激励作用。所以目标要明确为中等难度，可以近期达到，这就要求家长不要给孩子施加过大的压力。

每一个青少年都有不同的生活环境和生活遭遇，因此产生厌学的原因是各种各样的，父母因孩子成绩稍有下降就非打即骂，过度地追求分数，父母对孩子灌输了不正确的人生观、价值观，对孩子管束不严导致孩子结交了不良朋友，老师对孩子有歧视或教育方法不当等都能导致孩子产生厌学心理，所以解决的途径就不是唯一的。但是，有一点是相同的，那就是，这些问题的解决需要家长、学校很好地配合和孩子自己的努力。

三、马虎

所谓的"马虎"就是远看似像马，近看却是虎；说白了"马虎，就是对问题没有求真，一知半解；说不会还会点，模棱两可"。具体表现：本来不该错的题却答错了，不该丢的题却丢了，不该写错的字却写错了。有时候即使提醒自己不能马虎了，但到时候依然会犯不该犯的错误。

(一)马虎的原因

马虎是学习中普遍存在的现象，从平时的作业到中考、高考；从小学生到中学生，甚至大学生，学习中尝过马虎苦头的不在少数。那么学习中为什么会出现马虎呢？

(1) 不良的性格特征是产生马虎的心理基础。性格是一个人对现实的稳定的态度和习惯化了的行为方式。马虎是一种不良的行为习惯,是性格中态度特征的直接表现。中小学生是性格形成的关键时期,在此期间如形成了做事匆忙、缺乏责任心、不认真的态度,其行为方式必然表现为粗心大意、不尚细致等不良习惯。

(2) 心理定式为马虎的形成提供了条件。定式是由先前的活动而形成的一种心理准备状态,它有决定同类后继心理活动态势的倾向。在情况不变的环境中,定式有助于迅速知觉刺激对象,在变化了的环境中,定式常使人的知觉出现错误,阻碍问题的解决。学生作业中的错题,有一部分是由知觉定式而导致的。

(3) 认知方式是导致马虎的内在因素。认知方式是人在认知过程中所采取的方法,研究发现人的认知方式是有差异的,冲动型的认知方式比稳定型的认知方式在学习中更容易出现马虎现象。

(4) 注意分散是造成马虎的直接原因。缺乏良好注意习惯的学生,学习中常处于一心二用的注意分散状态,他们一边做作业,一边做其他事情,想想这,摸摸那,心不在焉,注意的稳定性与集中性很差。注意的稳定与集中是保证学习顺利进行的必要条件,如果学习过程中注意处于分散状态,认知活动的正确性和有效性就失去了基本的保证,由此而抄错题、算错数、记错单词的马虎现象也就随之产生了。

(5) 情绪干扰是造成马虎的重要原因。情绪是重要的非智力因素,积极的情绪对学习具有激发、维持和促进作用,消极的情绪则能妨碍、中断和削弱学习活动的进行。如焦虑、恐惧、紧张、担忧、烦躁等不良情绪,都能破坏学生良好的心境,干扰正常的认知活动,形成心浮气躁、注意难以集中、思想常开小差的心理状态。

(二)消除马虎的对策

马虎是学生深恶痛绝的"瘤疾",它耗费学习时间,降低学习成绩,考试中给学生造成不可弥补的损失,有的学生甚至因马虎而形成了学习中的心理障碍。要消除学习马虎,必须培养学生良好的心理素质和健康的学习心理,从根本上消除引起马虎的心理因素。具体措施如下。

(1) 培养良好的性格特征。性格特征是形成马虎的重要原因,要根治马虎,首先须从改造学生不良的性格特征入手。培养学生认真的态度、严谨的作风和高度的责任感是克服马虎不良习惯的首要条件。只有认真,学习才能一丝不苟;只有认真,知识大厦的基础才能牢固。

(2) 破除心理定式。要破除心理定式,一方面要培养学生良好的观察品质,有计划地训练学生,提高学生辨别事物或现象之间细微差别的精确性品质,发展观察能力,这是保证知觉的客观性、避免马虎、消除心理定式的有效措施。另一方面,培养求异思维习惯,使学生从不同角度思考问题,也有助于消除心理定式。

(3) 培养良好的注意习惯。注意是心理过程的开端,可为认知活动提供一个清醒的心理背景。注意力不集中,学习活动时的心理指向经常变化,注意对象不能得到清晰而完整的反映,因而极易马虎出错。荀子所说的"目不能两视而明,耳不能两听而聪",恰如其分地说明了一心不可二用的道理。

(4) 发挥成绩评定的作用。成绩评定可以使学生了解学习结果,了解学习进步和不足,并帮助学生分析造成差距的原因，从而提高学习热情，激发上进心，提升努力程度。教师可以结合思想教育，运用不同形式的成绩评定(如小组竞赛、红旗、红花、红星夺标等)，及时表扬那些作业认真、清楚、正确率高的学生，鼓励克服马虎有成效的学生，并与严格的要求紧密结合起来，如要求学生作业字迹工整、格式正确、卷面干净、书本不卷角、按时完成等，让学生在日常学习中逐渐养成良好的学习习惯。

(5) 培养学生的元认知能力。元认知能力是一种高级的心理能力，是学会"如何学习"的能力。通过元认知指导调节学生的认知活动，实现对学习活动的自我意识、自我评价、自我监控和自我调节，是学生学会学习的有效途径。

四、注意力分散

(一)注意力分散的表现

有些学生在学习过程中会表现出经常感到厌烦、对什么都不感兴趣、注意力维持时间短等现象。上课时，目光游移不定，心思不定，不知道自己在想什么，也不知道老师在讲什么，无法把注意力集中在课堂上，当环境嘈杂或有干扰存在时，容易分心，无法正常学习。

(二)注意力分散的改善策略

针对学生在学习中存在的这种注意力分散现象，建议从如下方面着手，帮助其改善。

(1) 激发学习动机。首先，应力求让学生感到学习内容有意思。就是学习内容要生动、富有哲理性、启迪性，又要有审美价值。既要源于学生的知识基础，又要高于学生的基础。其次，要力求使学习活动富有趣味性。教材处理、课堂组织、教学方式诸方面的艺术性，是课堂教学趣味性的前提，创设浓烈的教学感染情境，使学生的情感得到充分的满足与熏陶，意志得到充分的锻炼，才能得到充分的展示。最后，要使学生体验到学的知识有用。

(2) 运用积极目标法逐步训练。当给自己设定了一个要自觉提高自己注意力和专心能力的目标时，就会发现，在非常短的时间内，集中注意力这种能力有了迅速的发展和变化。因此可以借助这种方法训练注意力集中的能力。首先要确定一个目标，就是从现在开始要比过去善于集中注意力。不论做任何事情，一旦进入，能够迅速地不受干扰，这是非常重要的。在军事上把兵力漫无目的地分散开，被敌人各个围歼，是败军之将。这与我们在学习、工作和事业中一样，将自己的精力漫无目的地分散到很多事情上，永远是一个失败的人物。学会在需要的任何时候将自己的力量集中起来，这是一个成功者的天才品质。培养这种品质的第一个方法，就是要有积极的目标。

(3) 排除干扰因素。毛泽东在年轻的时候为了训练自己注意力集中，增强抗干扰能力，曾经给自己设置了这样一个训练科目，到城门洞里、车水马龙之处读书。一些优秀的军事家在炮火连天的情况下，依然能够非常沉静地、注意力高度集中地在指挥中心判断战略战术的选择和取向，就是因为具有这种抗拒环境干扰的能力。当然这种能力需要训练，同时大家还要善于排除内心的干扰。

(4) 节奏分明地处理学习与休息的关系。有很多学生是这样学习的：从早晨开始就好像在复习功课，书一直在手边，但是效率很低，同时一会儿干干这个，一会儿干干那个。

12个小时就这样过去了，既没休息好，也没玩好，学习也没有什么成效。这叫学习和休息、劳和逸的节奏不分明。正确的态度是要分明，可以尝试从现在开始，集中 1 小时的精力学习，如背诵 80 个英语单词，看能不能背诵下来。学习完了，再休息，再玩耍。当需要再次进入学习状态的时候，又能高度集中注意力。这叫张弛有道。一定要训练这个能力。

五、学习方法不当

学习方法，就是人们学习活动所应遵循的原则以及采用的程序、方式、手段。现在，有千千万万儿童和青少年在学习、在竞争，但他们普遍缺少科学的学习方法和竞争方法。他们整天在题海中拼搏，在忙乱中跋涉。他们需要有秩序地、有成效地学习，他们迫切需要科学的学习方法指导。法国著名生理学家贝尔纳曾说："良好的方法使我们更好地发挥运用天赋的才能，而拙劣的方法则可能阻碍才能的发挥。"学习只靠用功不行，还要研究学习规律，掌握和运用科学的学习方法，这样，既能省时省力，又能增强功效。不论是教师还是学生都应该重视学习方法问题，这是学习成才和教育成功的要诀。

(一)学习方法的种类和运用

学习方法从不同角度来划分，可有许多种类。概括起来说，常用的学习方法有如下几种。

1. 整体学习法与部分学习法

整体学习法，就是把学习内容从头到尾反复学习的方法。即把学习的内容当做一个整体来学，先求得一个概括、全面的了解，然后再学习具体的环节，从整体到部分，弄清它们之间的相互联系，也就是从综合到分析、以大带小的学习方法。部分学习法，就是把学习内容分成几个部分，按顺序分解来学习的方法。即把学习内容分解成几个具体的问题，每次集中学习一个问题，搞通了一个问题再接着学习下一个问题，直到最后全部学完，全部搞通为止。这两种方法各有其优缺点，学生可根据自己的接受能力和具体的学习内容来决定采用何种方法。二者结合便是最佳的学习方法。

2. 集中学习法与分散学习法

集中学习法又称无间隔学习法，就是不中断学习时间，连续学习。分散学习法又称间隔学习法，就是间隔一段时间的学习方法。两种学习方法的选择和运用也应根据每个学生的主观条件来定。一般来讲，学习比较复杂的材料，逻辑性和连贯性较强或抽象难懂的材料，应用集中学习法较好。但实践经验表明，只要每次学习的时间不是太短，分散学习法效果较好。

3. 自我复述法

自我复述法又称自我测验法，就是在学习一段时间后，可以停下来检查一下自己掌握内容的情况。自我复述也可请别人协助进行。自我复述对记忆的保持具有重大作用。美国著名学习心理学家盖茨早在 1917 年对边复述边记忆的时间比例和再现量的关系进行了研究，结果表明，复述所花费的时间越长，再现量就越多。

4. 强化学习法

强化学习法，是指通过一些"强化手段"来使学习内容得到巩固，从而增强学习效果的一种方法。学习效果的增强，是经验和强化作用的结果，同时也可以增强联结作用。"强化手段"包括提高学习兴趣，增强学习意图，包括应学习什么和为什么要学，因此每一位学生都要提高对于学习目的和任务的认识，并在实践中不断加深对它的理解。高涨的学习热情也会强化学习，而学习环境、学习气氛与学习的情绪有着极为密切的关系，能够激发起高涨的学习热情。

5. 过度学习法

过度学习法又可称为"过剩学习法"，是指在全部学会学懂以后再继续学习一段时间。就是说，在达到最低限度领会后，或在达到勉强可以回忆的地步后，继续进行学习，对于学习效果也可以产生巩固作用。过度学习究竟学习到何种程度取决于学习材料的性质和学生本人的具体情况。

6. 迁移学习法

迁移学习，就是先前的学习或训练的内容，可以影响到以后相继而来的类似的学习或训练的内容。即已获得的知识、技能、方法、态度等分别对学习新的知识、技能、方法、态度等的影响。如"举一反三""触类旁通"和运用"比喻"等，就是指利用迁移的方法学习。一切有意义的学习都是在原有学习基础上进行的，都受学生原有的认知结构的影响。因此，一切有意义的学习都包含着迁移，而决定迁移的实现及学习效果的重要原因则是学生的认知结构。在读书期间必须踏踏实实地深入掌握和领会各门课的基本结构、基本原理和基本概念，将来在知识的学习和能力的发展上才能具有较强的生命力。

(二)正确的学习方法应遵循的原则

学习方法与学习的过程、阶段、心理条件等有着密切的联系，它不但蕴涵着对学习规律的认识，而且也反映了对学习内容理解的程度。在一定意义上，它还是一种带有个性特征的学习风格。学习方法因人而异，但正确的学习方法应该遵循以下几个原则。

(1) "循序渐进"，就是学生按照学科的知识体系和自身的智能条件，系统而有步骤地进行学习。它要求学生应注重基础，切忌好高骛远，急于求成。循序渐进的原则体现为：一要打好基础，二要由易到难，三要量力而行。

(2) "熟读精思"，就是要根据记忆和理解的辩证关系，把记忆与理解紧密结合起来，两者不可偏废。记忆与理解是密切联系、相辅相成的。一方面，只有在记忆的基础上进行理解，理解才能透彻；另一方面，只有在理解的参与下进行记忆，记忆才会牢固。"熟读"，要做到"三到"：心到、眼到、口到。"精思"要善于提出问题和解决问题，用"自我诘难法"和"众说诘难法"去质疑问难。

(3) "自求自得"，就是学生要充分发挥学习的主动性和积极性，尽可能挖掘自我内在的学习潜力，培养和提高自学能力。自求自得的原则要求不要为读书而读书，应当把所学的知识加以消化吸收，变成自己的东西。

(4) "博约结合"，就是要根据广博和精研的辩证关系，把广博和精研结合起来。博与约的关系是在博的基础上去约，在约的指导下去博，博约结合，相互促进。坚持博约结合，一是广泛阅读，二是精读。

(5) "知行统一"，就是要根据认识与实践的辩证关系，把学习和实践结合起来，切忌学而不用。"知情行之始，行者知之居"，以知为指导的行才能行之有效，脱离知的行则是盲动。同样，以行验证的知才是真知灼见，脱离行的知则是空知。

总之，学习方法是重要的，只有努力掌握科学的学习方法，才能获得最佳的学习效果。可以在自己的学习过程中，学习前人总结出来的好的学习方法，也可以结合自己的实践，努力探索出一系列行之有效的学习方法。

第二节　青少年交往心理咨询与辅导

交往指的是人与人之间的一种具有互通意味的彼此往来、信息传递、情感交流、思想沟通、相互作用和影响的社会活动。这种活动是一种"人类机能"，是人的一种存在方式。交往对于青少年有着极为重要的意义。交往是青少年实现社会化的必经之路，也是社会化过程中的一个重要动因；交往也是青少年个性完善的重要手段，通过与同伴、成人交往能促进青少年自我意识的发展；交往对青少年人生观、价值观的形成有重要影响，青少年在交往活动中以自己独有的特性塑造着个体的人生观、价值观。然而，在他们的交往过程中又不可避免地存在着一些问题，需要给予指导。

一、异性交往

青少年异性交往是其交往活动的重要方面，是其社会化发展的"必修课题"。青少年阶段是人生社会化过程的重要时期，而该阶段的异性交往，又是实现其社会化过程中必不可少的链条。因为"人不可无群"，在男女参半的社会中，青少年必然面对异性交往，只有学会与异性健康交往，才会形成良好的人际关系，保证学习、生活的正常进行。心理学研究表明，随着青少年生理和心理的发展，异性之间交往的愿望日益强烈，但由于其既缺乏异性交往的心理准备又缺乏相应的经验和技巧，难免产生心理和行为问题。因此，了解青少年异性交往的心理问题，指导青少年培养异性交往能力和积累异性交往经验，为其步入社会做好准备十分必要。

(一)异性交往的问题表现

由于社会转型、环境变化、教育不力，当前青少年异性交往存在着不少问题。这些问题概括表现在以下几方面。

(1) 交友观不正确。部分青少年以异性朋友多为荣，借以炫耀能力，互相攀比，甚至有的学生交友是为了达到自己的私欲。

(2) 超越友谊界限。一些青少年由于分不清友谊与爱情的本质区别，将异性同学之间的互相吸引和愉快相处误看作"爱情"，把握不住自己的感情而陷入早恋的旋涡。

(3) 交往方式不当。这突出表现在青少年的随意性交往和隐蔽性交往增多。青少年交往中往往随意性较强，交往对象良莠不齐。

(4) 择友标准不当。大多数青少年以学习好、能力强、思想品质高为择友时考虑的主要因素，但也有部分青少年在择友时注重时尚和势利，以"讲义气""出手大方""漂亮""有钱"等为择友标准。

(5) "一对一"的异性交往带来的困扰。在同学间的交往过程中，难免出现较为亲密、频繁的"一对一"的异性交往，这种交往即使是正常的交往，也容易招来周围同学、老师、家长的猜疑和议论，给交往带来压力和困扰。

(6) 爱情错觉。有的青少年因受到对方言谈举止的迷惑，或自己的各种主观体验的影响而错误地坠入爱河，或因自以为某个异性对自己有意而产生"被爱"的错觉，并因此感到困扰。

(7) 心相近而形相远的矛盾。由于生理和心理的发育，青少年产生了强烈的与异性交往的愿望，但由于缺乏与异性交往的技巧，不安和害羞使部分青少年以反向的方式来表达自己对异性的关注，从而出现特殊的"心相近而形相远"现象。

(8) 拒绝异性交往与异性交往困难。拒绝异性交往并不是因为这些青少年违背异性相吸的自然法则，而是由于他们以往的生活经历造成了对异性的偏见。异性交往困难大多是由于个性心理障碍所致。这都可能使这些青少年厌恶、回避、拒绝乃至仇视异性。

拓展阅读

她得了什么怪病

静文是大学四年级的学生，人如其名，外表文静，温柔，又很聪慧，成绩一直优异。她出生在一个世代书香之家，爷爷是中学语文老师，父亲为大学教授，深受传统家教的熏陶，从小就很听话，学习认真。但是，她自高二开始，就患了一种怪病——不敢见异性。只要与异性在一起则面红、心慌、紧张、口吃、手足无措。于是，遇到有异性在场的情况，只好赶紧走开。有时不得不与异性打交道，也只好尽量距离远些，办完事赶快逃走。上课时，最后一个进教室，坐最后一排，下课最先一个离开教室。上课时也总是忐忑不安，唯恐哪位男生在注意她，因而听课效率极低，只好靠借女同学的笔记来复习。为此，她陷入了深深的苦恼中。

静文讲述她第一次发病时，正值一位男老师讲课，是一位刚从某名牌大学毕业的优等生，身材高大，长相英俊，善于言表，气质颇佳，在大学期间历任学生干部，一直是女生心目中的偶像。接触之初，静文感觉老师很有才华，也很有风度。发病那天，静文在听课时突然对老师有种异样的感觉，似乎有一种冲动，想与老师亲近，当时马上脸红心慌，深恐这种"肮脏"的念头被别人窥见。以后每当这个男老师上课时，她总是提心吊胆，深恐自己再出现那种"不应该"的想法，但是越害怕似乎越要往那方面想，因此非常紧张。此后，又由于担心在其他男老师上课时是否会紧张，由此真的紧张起来。

案例分析：

静文之所以出现这种情况，正是因为她不允许自己头脑中出现对异性的自然欲望，对其作了彻底的压抑，心理能量的不可压制性使其终日感到紧张而以症状的形式发泄出来。她之所以产生病态，是因为她认为不该对青年男老师产生性爱的冲动，因此对她的治疗主要是纠正她对性不恰当的认识，让其领悟到对性的过分压抑与症状之间的关系，从而达到消除症状的目的。

静文的案例引发了许多的思考，人类有各种各样的欲望与需要。有些是高级的、道德的、社会鼓励的；有些是低级的、自私的、有害他人而被社会规范所不允许的；还有些是高级与低级混合在一起(爱情)，不管我们是否允许，也不管我们是否愿意，它们都是客观存在的，都会实实在在地影响着我们的心理活动。

(二)异性交往的正确做法

异性交往的正确做法如下。

(1) 更新观念，正确认识异性交往。青少年由于性的萌动，产生对异性的渴慕，是正常的生理心理现象，过分压抑对身心健康发展是不利的，不应将与异性交往神秘化。青少年、教师、家长都应理解和认识到正常异性交往的必要性和可行性，将正常交往带来的益处和不适当交往、不健康交往或回避交往等所带来的弊端区分开来，摒弃"男女授受不亲""异性交往就是谈恋爱""异性交往没什么好处"等不正确的观念和"禁""堵"处处设防的被动做法。切忌将不恰当交往中出现的问题归咎于正常的异性友谊或异性关系，并由此全盘否定青少年的异性交往。

(2) 把握好异性交往的原则。在指导青少年进行正常异性交往时，要告诫或建议他们把握好"自然"和"适度"两个原则。所谓自然原则，就是在与异性交往过程中，言语、表情、行为举止、情感流露和所思所想要做到自然、顺畅，既不过分夸张，也不矫揉造作。清除异性交往中的不自然感是建立正常异性关系的前提。所谓适度原则，是指异性交往的方式要恰到好处，应为大多数人所接受。把握好异性交往的度，包括广度、深度、适度。

(3) 恰当使用交友方法。首先，要克服交往心理障碍，包括自卑、焦虑、冷漠、羞怯、猜疑、妒忌等障碍，树立自信心。其次，要讲究交往的基本礼节、礼仪。这些礼仪包括说话和气、称呼得体、衣着整齐、举止大方、坦荡无私、以诚相待、相互信任等。最后，注意培养交往的良好品德、谦逊诚实、宽宏大度、举止得体、自尊自爱等。

(4) 提倡集体的异性交往。在健康的班集体里，积极向上的群体交往氛围，有利于培植异性交往的能力，便于掌握异性交往的原则、方法，能抑制异性交往中出现的不良现象。在提倡集体的异性交往的过程中，积极地进行高尚的友谊教育，明确友谊的意义及与爱情的界限。高尚的、高质量的友谊是消除不良异性交往的清洁剂。

(5) 启动学生内部心理机制，教育青少年做感情的主人。人际交往实质上是心灵的碰撞，心理的交流，学校要重视启发学生的内部心理机制，用自己的意志和理智来调节自己的交往心理和行为。帮助学生正确认识异性交往的意义，划清友谊与爱情的界限，掌握异性交往的原则、方法，树立正确的交往观，促进青少年个性全面、健康地发展。

二、师生交往

青少年正处于生理、心理迅速发展的时期，其个性发展表现出较多叛逆、矛盾和冲突性，这些必然会在师生交往中体现出来。一方面，他们把老师的教诲视为对自身发展的束缚，同时又希望能得到老师的认可。另一方面，有时候教师将他们当做孩子来看待，使他们觉得教师不理解自己，进而不愿意和教师交流，并对教师的意见表现出大的反抗性，师生关系明显下降。

(一)师生交往问题表现

师生交往中的问题表现在以下几个方面。

(1) 师生冲突。首先,随着学生个体身心的不断发展,学生个体自我意识、独立精神逐渐增强。尤其到了中学阶段,学生表现出强烈的"成人感",出现过度自尊、反抗成人控制、固执己见等现象。如果教师不能理解学生这一特点,就很容易导致冲突的产生。其次,学生的挫折感也会引发师生冲突。学生在学习上的困难,可能导致学生对学习过程和学习结果的焦虑和恐惧,引发挫折感,师生冲突往往成为学生宣泄挫折感的一种方式。最后,学生触犯角色"规范"的行为。学校或教师为了保证教学活动的顺利进行,促进学生良好个性和道德品质的形成与发展,制定了每个学生必须遵守的规范准则,学生因无法做到而产生故意违反管理制度的行为。

(2) 师生之间缺乏沟通。一方面,在传统教育观念的影响下,教师抱着师道尊严的思想,不愿意与学生进行真诚的交流,特别是对一些学习成绩不好、表现较差的学生,更是不屑一顾,这让学生对教师敬而远之。有调查显示,绝大多数教师虽然在理论上接受了平等、民主等师生关系的理念,但在实践中认为不能无原则地与学生打成一片,必须建立与自己"教师"职位相吻合的形象,和学生保持适度距离。另一方面,青少年特殊的心理发展特点决定了他们的叛逆性较强,生活中遇到问题、困难时,更倾向于找同学交流,不愿意告诉老师。

(3) 师生间缺少情感协调。师生间经常产生摩擦,学生很少将师生关系作为支持源。究其原因主要有:一方面,教育教学过程中师生矛盾的客观存在,使师生冲突的发生在所难免;另一方面,青少年身心急剧变化造成的自主意识增强、情绪不稳定、自控能力差和普遍存在的逆反心理,使他们对与之发生冲突的教师普遍抱有成见,主要以逆反心理的形式呈现。

(二)如何正确处理师生交往问题

正确处理师生交往问题应做好以下几点。

(1) 做好交往的准备。缺乏和老师交往经验的学生,在老师面前容易出现过度紧张、脸红、不知所措等不良反应,这有碍于师生关系的深入发展,若要克服这种现象,就必须做好一定的心理准备。

第一,培养自己的交往意识。相对于学生来说,教师具有更丰富、更广博的知识,具有更多、更深的人生阅历,也具有更为完整的人格和成熟的个性。因此,在与老师交往的过程中,学生可以获得老师的关心,学习老师的经验,接受老师的教诲,从而满足自己的情感需要,并使自己不断成长和完善。每个学生都应培养主动与老师交往的意识。

第二,做好谈话腹稿。由于老师与学生的特殊关系,初与老师交往的同学有些不适应,这是很正常的现象。有位学生说,他每次和班主任谈心时都会出现思维短路,交谈的形式总是老师问一句他答一句,老师没话问了他也觉得无话可说了,这种情况让他尴尬极了,几乎令他丧失交往的勇气。一般来说,和老师谈话都有一定的目的,或寻求学习上的帮助,或解决心理上的困惑等。若在谈话前先想想自己要问什么,该说什么话,有备而来,就能有效地克服胆怯、紧张、口齿不清等现象,提高交往的信心。

第三，尊重老师的心理需求，给交往创造一个舒畅的心理环境。老师在与学生的接触中，更注重的是心理需求，即精神满足。聪明的学生懂得尊重老师的人格，交往时有礼有节，用自己的进步表现作为献给老师的礼物。实际上，这更能体现老师的人生价值，使老师获得精神上的满足。

(2) 勤学好问，虚心求教。经常听到学生说"那个老师并不怎么样"，"他的水平太低了"，等他们长大以后才知道这种看法和想法是多么天真。就像作弊者从来都认为老师发现不了，其实，只要老师往讲台上一站，谁在下面干什么一目了然。老师从年龄、学问、阅历上来说，在某门课上的水平肯定是高于学生的，所以，要向老师虚心求教。勤学好问不仅直接使学习受益，还会增多、加深和老师的交流，无形中缩短了与老师的距离。向老师请教问题往往是师生间交往的第一步。除了班主任外，任课老师并没有多少时间和学生直接交往，常向老师请教学习上的问题会加深师生彼此的了解和感情。

(3) 正确对待老师的过失，委婉地向老师提意见。心理学的研究发现，人们会对没有缺点的人敬而远之。其实，根本不可能存在没有缺点的人。老师不是完美的，他有的观点不正确，或误解了某个同学，甚至有的老师"架子"比较大，或是太严厉，这都是可能的。发现老师的不足要持理解态度，向老师提意见语气要委婉，时机要适当。如果老师冤枉了你，暂且忍一忍，等大家都心平气和再解释。无论如何，老师是长者，做学生的应该把他们置于长者的位置，照顾老师的自尊心和面子。

(4) 犯了错误要勇于承认，及时改正。有的学生明知自己错了，受到批评，即使心里服气，嘴上也死不认错，与老师搞得很僵；有的人则相反，受过老师一次批评心里就特别怕那个老师，认为他是对自己有成见。这都是没必要的，错了就是错了，主动向老师承认，改正错误就是好学生。老师不会因为谁有一次没有完成作业，有一次违反了纪律就认为他是坏学生，就对他有成见。相信老师是会全面、客观地评价学生的。与老师关系融洽既可以促进学习，又可以学到很多做人的道理，会使你一生受益无穷。

三、友谊挫折

(一)友谊挫折问题表现

在与朋友交往过程中，当好朋友又交了其他一些朋友而冷落自己的时候，就会有一种失意感、空虚感；在涉及一些原则问题上，和朋友相持不下，导致友谊破裂；当失去友谊，则感觉世态炎凉，人生险恶，处处提防他人而不愿与人坦诚相处，影响学习、生活，饱尝遭受打击的痛苦。

(二)友谊挫折的种类及应对

1. 归属挫折

假如朋友又交了另一个朋友，扩大了你的友谊圈，你可能感到高兴。当然，只有在你的老朋友把你视为主要朋友时，这种欢快心理才能维持，如果这个新朋友部分甚至完全代替了你的地位，你会有种不可言状的失意感、空虚感，这就是归属挫折。因为我们所认识的朋友，不可能永远只和你一个人在一起，为了各自的学习、生活和发展，大家一定会有新朋友。特别是在现代信息开放的时代，人际交往也是多方面和多层次的，谁都需要更多的朋友。但要注意，友谊的价值一方面在于不干涉和伤害各自的独立性；另一方面也在于相互忠诚。有了新朋友而疏远旧朋友是不可取的，这必然导致双方产生归属挫折而使友谊夭折。

2. 错觉挫折

由于事务的巧合或信息传递带有歪曲性以及外界的流言、挑拨而造成当事人对朋友的不满意和怀疑，使得双方的友谊受到影响，这就是错觉挫折。朋友之间出现了错觉挫折，一定不要性急或失去理智马上得出结论，不要轻易相信自己的主观判断，而要进行一番归因分析，即使出现了误会误解，也应以越早解开越好，越彻底越好。朋友之间既要做到"君子坦荡荡"，又要谨防过于自尊地把话闷在心里。从维护友谊出发，应尽快消除错觉，错觉一旦消除，友谊会升华一层，也显得更加纯洁牢固。

3. 分歧挫折

由信仰分歧、观点分歧、行为分歧而引起的友谊挫折比较复杂，因为有些分歧是带有原则性的，而有些则无原则性，有时这些分歧又错综复杂地交织在一起，因而就使得朋友间的友谊时离时合，也可能会导致友谊的中止甚至反目为仇。所以要认真区分分歧挫折。人们的生活习惯、交际方式等行为分歧在现实生活中是较常见的，有的人喜欢安静；有的人喜欢热闹；有的人喜欢读书；有的人喜欢打球等。这样的分歧只能求大同存小异，大可不必迁怒于对方。

4. 利害挫折

能不能经得起利害挫折是对真假友谊的最好辨别。在现实生活中，利害冲突是在所难免的，尤其是这种利害冲突涉及的人是你和朋友时，你就应该好好想一想，在这种利害冲突中自己将得到什么，失去什么，这一得一失哪个更宝贵。为了帮助朋友，有时需要牺牲些自己的利益。

四、说话紧张胆怯

(一)说话紧张胆怯的表现

有些青少年在大的场合就会紧张，语无伦次，要不就是讲不到重点；头脑空白，只有脑海经过反复的想象才能好点；虽然也经常告诫自己不要紧张，但到时就不由自主了。

(二)改善紧张胆怯的有效做法

深受说话胆怯紧张困扰之苦的青少年，不妨尝试从如下几个方面做起，努力改善这种紧张状况。

(1) 树立自信心。树立自信心是改善紧张心理的关键。要从心里确认自己能行，自己给自己鼓劲。不要太在乎别人对你所说的话有什么看法，当然这要经过一段时间有意识的培养才行，哪怕与从前对比只有一点点不在乎，也要坚持。你只要有了自信心什么困难都能克服，什么事情都难不倒你。

(2) 要充分利用人多的场合，鼓励自己多说话，哪怕只说一两句也行，慢慢地增加说话内容。记住，一定要开口锻炼。

(3) 寻找自己熟悉的面孔。把讲话中断几秒，从听众中寻找熟悉的面孔，调整呼吸，防止注意力集中在紧张感上。

(4) 向听众坦言自己很紧张。以"尽管做了大量准备，但还是很紧张"做讲话的开场白，这样直言相告，听众就会在笑声中接受你。

(5) 多动上半身。上半身用力的时候较多，很容易紧绷并造成情绪上的紧张。所以，索性上下耸耸肩，扭扭身子。

(6) 避开对方目光。很多场合紧张的原因来自对方目光，说话时要做到"目空一切"，就是不要盯住某个人或某处，要做到"虚看"，这样才会集中注意力讲话。

(7) 把双手活动起来。脸上的紧张往往在手上表现出来，可以扳手指数数，用手势表现语言中的大、广泛等，可以缓和紧张情绪。

第三节 青少年恋爱与性心理咨询与辅导

爱情是什么？这是一个古老而常新的话题，是指异性之间在生理、心理和环境因素交互作用下互相倾慕和培植感情的过程。恋爱就是一对相互倾慕的男女共同追求、培育及实施爱情的过程。因此，对于青少年来说恋爱与性是两个不可回避的话题。

一、青少年恋爱心理咨询与辅导

心理学家依据恋爱中对爱情的追求，进一步把爱情分为健康的和不健康的两大类。健康的爱情表现在：①不痴情过分，不咄咄逼人，不显示自己的爱情占有欲，能够充分尊重对方；②将爱情给予对方比向对方索取爱情更使自己感到欢欣，并以对方的幸福为自己的满足；③是彼此独立的个性的结合。不健康的爱情表现在：①过高地评价对方，将对方的人格理想化；②过于痴情，一味地要求对方表露爱的情怀，这种爱情常有病态的夸张；③缺乏体贴怜爱之心，只表现自己强烈的占有欲；④偏重于外表的追求。对于处于青春期的青少年来说，往往会在恋爱这个问题上表现出一些问题倾向。

(一)早恋

所谓早恋，是指远在婚龄期以前的异性青少年之间的恋爱行为。早恋既要以年龄作为划分的界限，但也不能机械地"一刀切"，而是应该视具体情况来决定。一般来讲，有两个因素可供参考：一个是生活自立的程度；另一个是谈恋爱的年龄与法定最低婚龄相差的程度。用这两个标准来衡量，高中以及高中以下的学生谈恋爱，就属于早恋。因为他们的生活还不能完全独立，他们的年龄都在17～18岁以下，离法定的最低婚龄还有一段距离。目前青少年早恋现象普遍存在。

1. 早恋的原因

青少年发生早恋的原因是多种多样的，除了生活水平提高，营养状况普遍改善，身高、体重增长较快和性成熟期提前外，还与以下一些因素有关。

(1) 青春期的提前，产生了对爱情的需求。青少年产生了"我已长大成人了"的自我意识，认为"既然是大人，谈恋爱当然是无可非议的事了"。

(2) 逆反心理。越是压抑和禁锢的事情，就越会激发起人们的好奇心。处于青少年阶段的中学生，是禁止谈恋爱的。这种禁止的措施，会激发起他们的好奇心，想谈恋爱的心情也就越来越迫切了。

(3) 朦胧的性意识开始转变成自觉的追求。当前，青少年正处在信息传播十分发达的时代，这些客观因素使中学生的社会视野急剧扩大，通过阅读，观看有恋爱情节的小说、影视剧，使他们原先朦胧的性意识开始落实在行动上，形成自觉的追求，从而出现早恋。

(4) 公共场所的不良刺激。有些成年人在表达对异性的感情时，常常不分场合，作出过分亲昵的举动，有意无意中给青少年耳濡目染的不良感官刺激，触发和加强他们对异性的渴望，促使他们产生尝试爱情生活的冲动。

(5) 家庭影响。有的青少年因家庭住房拥挤，晚上时常能发现父母或兄嫂间的亲昵举动和性生活，受此影响而开始早恋。有些青少年是受了家长"早恋爱，早结婚，早生子，早享福"的旧思想影响而开始早恋的。

(6) 不健康文化的熏染。有些文化产品，如电影、电视、书刊等存在着许多的精神糟粕，如裸体镜头、色情描写等，这些对于青春发育期的青少年来讲，都会产生不良的诱发作用，从而发生早恋。

2. 早恋的预兆表现

早恋的青少年也会出现一些预兆表现。通过调查统计可将这些预兆表现归纳为以下几点。

(1) 变得爱打扮，十分注重修饰，常对着镜子左照右照，照前照后，还时常要求父母为其添置时髦服装。

(2) 原先学习成绩较好，"无原因"出现学习成绩急剧下降，上课时注意力无法集中的现象。

(3) 原先是活泼好动的，现在变得沉默起来，不愿和父母说话，脾气变得急躁起来。

(4) 在家坐不住，找借口往外跑，瞒着父母去公园、看电影、玩卡拉OK，不愿在家与父母看电视，有时还说谎。

(5) 放学回家后爱一个人躺在床上，沉默寡言，常想心事，时常走神发呆。

(6) 情绪起伏大，变幻莫测，有时兴奋，有时抑郁，有时烦躁不安。做事没头脑，丢三落四，缺乏耐心。

(7) 对描写爱情的文艺作品感兴趣，对影视剧中的接吻、拥抱等镜头尤为关注，目不转睛地看。

(8) 喜欢打听男女之间的"隐私"，对儿女情长的事情尤感兴趣。

(9) 背着家长偷写日记或写信，看到家长后急忙掩饰，显得慌慌张张，手忙脚乱。

(10) 电话、信件逐渐增多，信封上是异性笔迹，而且不留寄信人姓名和地址，大多署名"内详"字眼。

早恋，是人到了一定年龄以后性的自然流露表现，同时又是一件不适时的事情。对早恋中的青少年，要尊重他们的感情，对他们不宜采取压制、打击，更不能采取"记过""开除"等简单的处分。应对他们循循善诱，进行性教育，帮助他们消除性神秘感，区分友谊和爱情的关系，处理好理智与冲动的关系。绝大多数青少年都是通情达理、要求进步的，只要对他们讲清楚道理，指点迷津，他们是能够理解和接受的，并能够正确处理好早恋问题。

3. 早恋的干预策略

正确处理早恋问题，可以从如下几个方面入手。

(1) 正视早恋。要让青少年清楚地认识到早恋的危害，用理智来战胜这种不成熟的感情。早恋最直接的危害是严重干扰学习。要让他们知道由于整日整夜满脑子想着自己喜欢的那个异性，会没有心思学习，觉得学习没多大意思，上课注意力就难以集中，学习成绩越来越差。有人说：事业的引力，爱情的驱动力，歧视与压迫的反作用力，是人生的三大动力。因此，早恋处理得好，可以产生"合动力"。有关统计材料表明，那些在中学时代就耳鬓厮磨、如胶似漆地恋着的，大都是学业荒废，爱情失败，甚至有的由"爱得深"变为"恨得深"。相反，那些把爱深深埋在心底一心向学的青少年，多数不仅事业有成，而且能够赢得爱神的青睐。因此，青少年要把眼光放得远一点，要用理智战胜自己的感情。毅力的真谛是战胜自己，能战胜自己，便会摆脱早恋。

(2) 正面引导。性成熟带来的好奇的探究，是引发早恋的心理准备条件，应有步骤、审慎地对青少年进行健康正面的性教育，打破蒙昧的神秘感。如果强行禁止甚至申斥，青少年对性的好奇感反而被不正常地强化，对性充满一种神秘与不安的罪恶感，这是十分不利于青少年身心健康的。要正确处理早恋和男女生正常交往的关系。

(3) 活动宣泄。如果青少年学生总被束缚在单调、枯燥的学习之中，精神文化生活和社会交往需要受到抑制时，他们的生理性需要就会被激发起来，而发生"早恋"现象。因此，多些活动或运动，使青少年把集聚的能量合理、有意义地释放出来，在有益的活动中既满足青少年自我实现的需求，又引导他们学习社会伦理要求和集体活动的规则，学习生活艺术，形成良好的心理品质，培养素质优良的知、情、意、行，对青少年健康性心理发展是十分必要的。

(4) 设法摆脱早恋。青少年如果正面临早恋的困扰，可以尝试采取如下方法：①转移法，把精力转移到学习上去，用探求知识的乐趣来取代不成熟的感情；②冷处理法，逐步疏远彼此的关系，以冷却灼热的恋情；③搁置法，即中止恋情，使双方的心扉不向对方开启，而保持着纯洁的、珍贵的友谊。

青少年应该注意陶冶情操，多参加集体活动，培养多种喜好，从自我心理中解放出来，要清楚地认识自己、认识他人，体验和理解自己与他人的感情，正确区分友谊与爱情。应该清醒地看到自己所处年龄阶段的特点——"暴风骤雨，瞬息万变"。

(二)失恋

1. 失恋的消极心理表现

失恋是指一个痴情人被其恋爱对象抛弃。失恋引起的主要情绪反应是痛苦和烦恼。大多数失恋者能正确对待和处理好这种恋爱受挫现象，愉快地走向新的生活。通常，青少年失恋后，会搞得生不如死，好像天都要塌下来了。常常出现以下几种消极心态。

(1) 自卑心理。失恋者羞愧难当，陷入自卑和迷惘，心灰意冷，走向怯懦封闭，甚至绝望、轻生，成为爱情的殉葬品。

(2) 虚荣心理。即为了维护个人的自尊心而寻求各种各样的理由来为自己的失恋事实辩护，尽管有些理由在旁人看来近乎荒唐。失恋者对抛弃自己的人一往情深，对爱情生活充满了美好的回忆和幻想，自欺欺人，否认失恋的存在，从而陷入单相思的泥潭。也有人会出现一个特殊的感情矛盾——既爱又恨，不能自拔。

(3) 报复心理。失恋者或因失恋而绝望暴怒，失去理智，产生报复心理，造成毁坏性的结局；或从此愤世嫉俗，怀疑一切，看什么都不顺眼，爱发牢骚；或从此玩世不恭，得过且过，寻求刺激，发泄心中不满。

2. 失恋的消极心理调适

失恋的种种不良心态会严重影响青少年的身心健康，甚至会导致一系列社会问题。所以，正为失恋而痛苦的失恋者必须学会自我调整、自我拯救。可采取如下方法。

(1) 倾吐。失恋者精神遭受打击，被悔恨、遗憾、急怒、失望、孤独等不良情绪困扰，应该找一个可以交心的对象，一吐为快，以释放心理的负荷。可以用口头语言，把自己的烦恼和苦闷向知心朋友毫无保留地倾诉出来，并听听他们的劝慰和评说，这样心情会平静一些。也可以用书面文字，如写日记或书信把自己的苦闷记录下来，或给自己看，或寄给朋友看，这样便能释放自己的苦恼，并寻得心理安慰和寄托。

(2) 移情。及时适当地把情感转移到失恋对象以外的他人、事或物上。如失恋后，与同性朋友发展更密切的关系，交流思想，倾吐苦闷，求得开导和安慰；积极参加各种娱乐活动，释解苦闷，陶冶性情；投身到大自然中去，把自己融化到大自然的博大胸怀中，从而得到抚慰。当然密切自己与其他异性的交往，也不失为一个合适的途径。

(3) 疏通。疏通指的是借助理智来获得解脱，用理智的"我"来提醒、暗示和战胜感情的"我"。要想想，爱情是以互爱为前提的，不可因一厢情愿而强求，应该尊重对方选择爱人的权利。也可以进行反向思维，多想对方的不足点，分析自己的优势，鼓足勇气，迎接新的生活。还可以这样设想，失恋固然是失去了一次机会，然而却让你进入了另一个充满机会的世界。正如海伦·凯勒所言："一扇幸福之门对你关闭的同时，另一扇幸福之门却在你面前打开了。"

(4) 立志。失恋者积极的态度会使"自我"得到更新和升华，全身心地投入到工作中去，许多失恋者因此而创造出了辉煌的成就。像歌德、贝多芬、罗曼·罗兰、诺贝尔、居里夫人、牛顿等，都曾饱受过失恋的痛苦。他们可谓用奋斗的办法更新"自我"，积极转移失恋痛苦的楷模。

(三) 单相思

单相思是青少年中常见的一种心理障碍。所谓单相思是一种单一的爱。单相思者误认为某异性爱上自己或明知某异性不爱自己而自己却深爱着对方。单相思者所爱的是一个不爱自己的人，因此也就得不到爱的回报、没有爱的补偿。所以，单相思者内心非常烦躁苦闷。

单相思者通常有三种类型，首先要分析一下求询者属于哪种类型的单相思者，然后再根据实际情况区别对待。

1. 爱情错觉型

爱情错觉型是指误认为某异性爱上自己。产生这种错觉的人，往往因为自己爱着对方，于是时时处处想着对方一定也爱自己。常常自觉或不自觉地把对方的言谈举止都纳入自己的主观愿望范畴来解释。看他(她)的一举一动好像在对自己表示好感。例如：某A从宿舍到校外去要经过一条路，而恰好某B也经过这条路，于是某A就误认为某B对自己有意思。要排除这种爱情错觉就必须客观地看待对方的言行。必要时，也可以请自己最知心的朋友帮助自己分析对方的言行是否有什么"特别"。一定要有勇气承认客观事实，只有勇于承认自己产生了爱情错觉，才有可能用坚强的意志力去转移自己的情感。

2. 爱情固着型

爱情固着型是指明知某异性不爱自己，但自己却一往情深地爱着对方。要打破这种爱情固着心理，就必须先从感情上否定对方。要不断地想：既然对方不爱自己，自己为什么要爱他(她)，为什么要爱一个不爱我的人呢？爱情是两颗美好心灵撞击的火花，不是一颗心对另一颗心的敲击，否则，即使两个人最终结合了，也会为后来的生活罩上阴影。然后要用坚强的意志力去克制自己，设法回避对方，尽量减少与他(她)见面。把自己的这份爱转移到学习、工作、生活中去，要更加勤奋地学习、努力地工作、积极参加各种文体活动，深信未来一定会有更好的人爱自己，从而树立起爱的信心与勇气。

3. 爱情迷惘型

爱情迷惘型是指自己深深爱着对方，却又不知对方的感情，又怯于表白，从而苦苦思念。此种情况下，不妨直接或间接地向对方表达自己的这份感情，要勇敢地去追求爱情。即使对方无意，也比苦苦单恋而没有结果好。如果对方不接受这份爱也没有关系，相爱不成友谊在，只要珍惜和发展友情，或许某一天水到渠成，友情就会发展成爱情。但不宜操之过急。

二、青少年性心理咨询与辅导

(一)青少年性心理咨询工作的基本要求

1. 基本宗旨

性心理咨询工作的宗旨：要依据科学的原则，对人类性行为作出本质的说明，以便帮助求询者将自己的性行为由"自为"转向"自觉"、从愚昧转向文明；借助于对性行为的科学认识，排除自己的种种性心理障碍，澄清种种性道德的混乱，从而使自己从苦闷、冲突与迷惑中解放出来。

2. 基本原则

在性心理咨询中坚持性道德、性法律、性心理、性生理、性医学"五位一体"的结合。吴阶平曾经指出(1993)：在宣传普及性知识教育的时候，坚持性知识教育与性道德教育以及性法制教育的统一应当是一个重要原则。可以说，没有法制及文明道德观念约束的"纯性知识教育"，可能腐蚀危害社会，甚至人类自身。相反，否定性知识教育的必要性，试图划出禁区，单纯依靠法律或道德观念代替性知识教育，则可能禁锢人们的思想，影响到人类本应享有的健康文明、和谐美满的生活。因此，在性教育中如何正确选择宣教内容很重要。以法代教的简单做法固然不好；无视人类共同的道德标准，迎合少数人猎奇寻秘、追求刺激的低级趣味，更是有害的。

(二)青少年期性心理咨询的内容

1. 性道德咨询

在4岁以前，道德教育是以道德行为培养为主，4岁以后，可以使用道德观念进行道德教育。为此，少年期的性道德教育，可以通过"晓之以理"的方式进行。以"尊重他人""羞耻感""不应以强凌弱"等道德观念作为性道德基础教育，进而以"男女有别""尊重女性""自律精神""循规蹈矩""组织纪律性"等规范，进行自我约束教育，再进一步进行理解教育，以生动事例说明什么是"高尚"，什么是"卑劣"等。性道德教育不是孤立的，它必须建立在一般道德教育基础上，才能有效地实施。在心理咨询时，面对有性行为失误的少年，不应无情地批判，只能循循善诱地进行性道德教育。

2. 性法律咨询

青少年，特别是步入正轨教育期的少年，法律教育应是重要的一课，性法律教育则是内容之一。例如，性侵犯的违法性质，应在这类教育中给予充分说明。青少年时期，如果有超过性道德范畴并触犯法律时，除了受到必要的法律惩治以外，更重要的是对当事人及其监护人员进行性法律教育和咨询。

3. 性生理和性医学知识咨询

性生理咨询主要包括性器官的解剖知识和性生理发育的知识。孩子一进入青春期，成人就应主动向他们介绍有关性器官的解剖和生理发育的知识，使他们对自己面临的性生理现象有一定心理准备，防止不良心理的产生。同时，还可发现他们在性方面身、心发育是否健康。性医学教育，主要是性生理卫生知识的讲解，特别是关于艾滋病的相关知识，必须及时地予以讲解。另外，还要讲解如何处理性生理变化和保护正常的性发育的知识。进入青春期，也是上述问题开始出现的时期，在这时，性生理和性医学的咨询，也显得十分必要。

4. 性心理知识咨询

随着性生理的成熟，青少年逐渐意识到了两性的差别和两性的关系，并随之产生了一些特殊的心理体验。由于青少年的思维水平尚低，自控能力还较弱，在与异性交往时往往理智的成分低于情感的成分，他们可能只凭感情的冲动去接近异性，在不考虑后果的情况下，与异性发生性行为。出现这类问题后，要及时进行心理咨询和辅导，不能盲目地进行惩罚。临床上还有许多案例证明，这一时期由于性过失而遭受严厉惩治的少年，可能会形成"情结"或"不良认知模式"，这对后来的心理发展或人格形成，会产生严重不良影响。

关于青少年的性心理咨询问题，除了上述内容外，成人的言传身教亦起着"潜移默化"的作用。因此，改进成人的性教育状况，增强成人的性知识教育，是做好青少年期性咨询和性心理卫生工作的重要环节。

(三)青少年性心理问题

1. 手淫

青少年时期,性意识的觉醒会导致性冲动的产生,部分青少年为了获取性冲动的满足而常常采用手淫行为(或称自慰行为),久而久之形成不良习惯。这种习惯不会对青少年的身体产生直接影响,它主要危害青少年的心理健康。长期的手淫会造成青少年心理的挫伤,他们会感到懊悔、惶恐、羞耻,内心充满罪恶感,承受巨大的心理压力。手淫在青少年中普遍存在,它所造成的危害远远不如人们对手淫的恐惧和把手淫的后果夸大所带来的危害。把手淫的危害估计过高,甚至渲染到能引起精神疾病的程度,这是误导人的错误观念。

2. 性早熟

性早熟是指在青少年阶段出现了成年人的性欲、意向和行为。众所周知,性的成熟除了生物学基础,尤其是神经内分泌因素的影响外,与环境因素,如家庭教养方式和其他社会因素关系更密切。例如,父母对子女过度的亲昵行为或较大年龄女孩仍和父亲同床睡,较大年龄的男孩仍在吸吮或玩母亲的乳房或与母亲同床睡,有的男孩子青春发育阶段还要母亲为其洗澡等。这些肉体接触和过分亲密的行为对儿童是过度的刺激,使其性早熟。其他环境因素,如因同室居住,孩子看到父母的性活动或亲密行为,以及孩子受到色情影视、书刊的不良影响,均可产生性兴奋。其结果可能促使他发生早恋或过早性行为,以及心理异常。由此可见,家庭、学校对青少年的性教育至关重要。

3. 青春期性幻想

性幻想是指人在清醒状态下对不能实现的与性有关事件的想象,也指自编、自演的带有性色彩的"连续故事",其内容不着边际,是不由自主地幻想自己投入浪漫的爱情或与异性发生性行为的一种性心理活动。由于性幻想过程如同做梦,所以又称为"性白日梦"。

性幻想在青少年中大量存在。据国外一些资料报道,大约有 27% 的男性和 25% 的女性肯定他们在完全没有性知识时就有了性幻想,28% 的男性和 25% 的女性在青春期前就有这种性幻想。据国内的调查,在 19 岁以下的青少年中,有性幻想的占 68.8%,幻想的内容丰富多彩,各不相同。性幻想通常会给青少年造成烦躁不安、厌恶感、苦恼或相当严重的紧张焦虑等,从而影响其生活、学习以及与异性的正常交往。

4. 性识别障碍

在日常生活中,经常看到这样的现象:有的男生处处模仿女生,弄得男不男、女不女;有的女生则以"假小子"自称,这说明青少年在认识自己的性身份、性角色时出现了意识偏差,表现为男生具有女性气质和行为倾向,女生具有男性气质和行为倾向,均不喜欢甚至厌恶自己的自然性别。如有的初中女生对于自己的性别十分不满,很想做一个男孩子,表现为留男式发型、穿男式服装,甚至模仿男孩子踢球、打架、称兄道弟等。究其原因是这个时期的女孩子突然发现身边的男孩子身上发生了巨大的变化,她们对于男孩子的某些个性特征,如坚毅豪爽的男子气等产生了莫名的羡慕,于是对自己的性别角色产生怀疑,羡慕男孩子,希望自己身上也具有一些男孩子的特点。

5. 身体关注

儿童很少注意自己的外在形象，如身高、美丑、生殖器发育情况等，但到了青春期，几乎所有青少年都开始关注身体特征和身体的变化。青少年随着性心理的发育，对自己身体的适当关心并不为过，但缺乏生理卫生知识的过分担忧则是不必要的。如果在担心之余，进一步采取幼稚的可能损害自己健康的行动则更不可取。例如某些少女为了减肥拼命节食，这对发育期的青少年来说，可能会对健康造成永久性的损害。青少年对自己的身体或身体变化有疑虑时，不妨先请教医学专家，切忌私下采取行动或暗暗忧虑。

6. 遗精恐怖和初潮焦虑

一些少男之所以感到焦虑，一是因为他们对"黏糊糊的液体"的突然出现缺乏了解，再则是偏听了民间流传的遗精有损健康的谬论。事实上，正常遗精的精液损失对身体健康并无损害，对遗精缺乏正确认识的少年，不能理解这种正常的生理现象，又因其来自阴部，羞于启齿，便焦虑不安，久而久之，出现继发性的神经衰弱症状，如头痛、失眠、记忆力下降、无力等。一旦他们懂得遗精完全是正常的生理现象，一切惊恐、疑惧也就荡然无存了。

少女月经初潮的头几年，经量通常不恒定，会时多时少，周期也不规则，或一月来几次，或几个月来一次，一般情况下，都属正常现象，这与体内神经内分泌环境不稳定有关。对生理卫生缺乏正确认识的女孩，也会感到恐慌、烦恼，且比男孩更害羞，不知如何是好。这种情况的出现，与社会、学校和家庭长久以来对性教育的错误认识有关。

拓展阅读

月经与遗精

月经是指女子进入青春期以后，每月一次的子宫出血现象。第一次来月经，叫做月经初潮。月经初潮是女性生殖系统正常发育的标志，它表明生殖系统已开始成熟。所以月经是一种正常的生理现象，切不可视为污物或"倒霉"。月经初潮时间因人而异，多数在11~13岁，有人可提前到8岁，有人可推迟到18岁甚至更晚些。如果身体和其他第二性征发育都正常，月经初潮早些、晚些都没关系。规则的月经每月一次，每次3~5天。初潮后半年到一年内月经周期不大规则，两次月经相隔时间可能长些、短些；每次来月经的时间也可能长些、短些，但月经周期（两次月经的间隔时间）如果延长到6个月以上或每次月经超过11天就属于不正常了，需要及时到医院治疗。

男性生殖器官睾丸产生的精子，精囊腺产生的精囊液，前列腺产生的前列腺液，混合在一起后叫做精液。精液不定期从阴茎溢出的现象叫做遗精。遗精多在梦中发生，所以也称为梦遗。进入青春期后，第一次发生的遗精现象叫做首次遗精，首次遗精一般发生在12~14岁。首次遗精的出现，是男性生殖器官趋于成熟的标志，是正常的生理现象，不必惊奇或恐惧。不是所有的男生都会发生遗精现象。发生不发生遗精，顺其自然即可。只要生殖器官发育正常，有没有遗精现象都属于正常。

(四)青少年性心理问题辅导要点

青少年性心理问题辅导要点如下。

(1) 及早进行性知识和性道德教育。在南太平洋的洛摩亚群岛上居住的人们,有个传统的社会风俗,就是孩子长到10岁左右便由父母教给结婚生育常识等。他们长大以后,并不把男女关系看得神秘莫测。在调查中,很少发现少男少女有性问题的烦恼。他们通过早期的性教育,获得了"后天的免疫性"。因此,要预防青少年性心理问题,家长、学校就要及时地对青少年进行性教育,培养青少年健康的性心理。

(2) 净化社会文化环境。不可否认,青少年性心理问题的发生,与当今社会不良的文化环境有密切的关系。大众传媒的快速发展,一方面丰富了人们的生活,方便了人们的工作,加快了整个社会现代化的进程。另一方面,借助大众媒体所涌现的"黄色狂潮""色情文化",严重毒害着青少年幼稚的心灵,使部分青少年沉溺其中不能自拔,有的甚至坠入罪恶的深渊。据司法部门统计,当前青少年犯罪中,有60%以上与各种媒体所传播的黄毒有关。各种媒体所渲染的黄流毒害给青少年的身心健康以极大的摧残。因此,加强对青少年性心理问题的防范,就必须净化社会环境,控制传媒污染,创造适宜青少年健康成长的优良文化环境。

(3) 培养青少年健康的情趣。青少年正处于急剧的生理和心理变化时期,他们机体能量激增,精力充沛,因而在学习之余还有过多的能量需要释放,因此,家长和老师应引导青少年发展健康有益的兴趣爱好,培养高尚的生活情趣,多参加有益于身心健康的活动。学校可在学生中广泛开展丰富多彩的文化娱乐活动。

(4) 引导青少年学会与异性相处。进入青春期的青少年,对异性的探究意识增强,自身性别角色意识进一步确立,与异性交往的需要也进一步加强。异性间的良好交往,会满足青少年的这些心理需要,使青少年产生愉悦的情绪体验,使青少年群体出现和谐融洽的心理气氛。这不仅能够激发青少年的生理潜能,提高其抗御疾病的能力,而且对青少年心理的健康发展和个性的完善有着积极的影响。因此,要引导广大青少年树立健康的交往意识,掌握异性交往的原则,学会与异性同学相处。

(5) 加强学校心理健康教育。青春期性意识的觉醒给青少年带来了许多烦恼和困惑,但由于他们的闭锁心理,很少向家长、老师吐露,只有在压抑中任其自然发泄或增长,久而久之,就有可能发展为严重的心理障碍。针对这一情况,学校应加强心理健康教育,设立专门的心理辅导机构,并配备心理辅导专职教师。

本 章 小 结

青少年发展性心理咨询与辅导重在尽可能地帮助青少年圆满完成各心理发展阶段的发展任务,妥善解决心理矛盾,以更好地认识自己和社会,提高心理健康水平,预防心理疾病,开发潜能,促进个性发展和人格完善。本章重点介绍了青少年常见的学习心理问题、交往心理问题、恋爱及性心理问题、网络心理问题,同时针对这些心理问题给予积极的指导和帮助,让青少年走出这些青春期问题所带来的阴霾。

思考与练习

一、思考题

1. 什么是发展性心理咨询?
2. 举例说明青少年常见的学习心理问题有哪些。
3. 对于患有厌学症的青少年如何干预?
4. 举例说明青少年常见的交往心理问题有哪些。
5. 如何看待早恋,怎样帮助早恋的青少年澄清认识?
6. 试分析青少年常见的网络心理问题及成因。

二、案例分析

赵某,男,12岁,小学五年级插班生。赵某适龄入学,聪明伶俐,学习成绩优秀,曾被评为三好学生。一年前赵某全家迁入吴江。转入新的小学后,赵某发现自己在学习上的优势荡然无存。特别是英语,班里的同学听说读写样样精通,而自己只懂得几句简单的英语会话,"奥数"更是从来没听说过。恰逢国庆长假,应邀去一位同学家玩,这位同学教给他玩网络游戏,赵某甚觉新奇有趣,从网络游戏中获得了成就感。于是赵某谎称学习需要,缠着母亲也买了一台电脑。赵某在电脑上偷偷地安装了游戏软件,每天闭门玩游戏将近3小时,欲罢不能。回顾以往,赵某学习自觉,能独立完成作业,课余喜欢看《水浒传》《三国演义》等名著。在农村时,喜欢与同学踢足球。转学后,由于不适应新环境,考试成绩又不理想,自尊心受挫,沉迷于网络游戏,无心向学。

赵某说:"我的学习底子太差,与同学差距太大,根本追不上他们。我在学习上是没有希望了。""我也希望改变,可是在玩网络游戏时,我感到很满足,如果不玩,我会很失落。"

(1) 根据材料中的描述,判断赵某存在哪种网络心理问题。
(2) 根据本章所学相关内容,提出相应的辅导策略。

实 践 课 堂

青少年人际交往问题辅导案例[①]

基本资料:

李某,女,16岁,中职一年级学生,身高160厘米,体重50公斤,体态正常。父母亲均在事业单位工作。家庭经济状况较好。经调查,父母均无人格障碍和其他神经症性障碍,家族无精神疾病历史。

李某是家中的独生女,父母对其十分疼爱。其性格外向,但自尊心强。在学校时学习成绩优异,从小到大在班上一直担任班委。但中考失误,这对当时的她是个严重的打击。在家长和朋友的劝说下,她才来中职学校上学。

---

① 薛诗雨. 一则中职生人际交往问题的心理咨询案例报告[J]. 科学大众(科学教育),2018(10).

主诉：两个多月来，焦虑烦躁、情绪低落、食欲不振、入睡困难。

求助者自述：上了职专后，我被分配到一间七人宿舍，舍友推选我为舍长。因为刚刚认识，舍友们都还挺拘束的，只要有一人上床睡觉，大家也都纷纷上床睡觉。渐渐地大家熟悉以后，舍友们的本性就开始暴露。两个多月前，有几个舍友总是玩到十二点才去睡觉，这让我十分不习惯。我认为我是舍长，她们就必须听我的，于是我就用舍长应有的威严命令她们晚上十点准时睡觉，她们"哼"了一声，说了句"有什么了不起。"我听到后心里很不是滋味。第二天晚上十点她们就上床了，但是有一个人一直在床上翻来覆去，制造噪声，另一个舍友来了一通电话就跑到阳台上大声聊起天来，我觉得她们这是故意针对我的。身为舍长，我连这点问题都处理不好，还有什么能力做好其他事。我现在为这事学习效率都下降了，也变得不爱和人讲话了，都是她们害的。

通过观察交谈，发现李某衣着整洁，说话谈吐正常，但说到激动处就流泪，精神状态略显疲惫，自知力完整，有明确的求助要求。

据其母亲反映，近两个月，李某打电话回家经常哭哭啼啼的，回家后也总是愁眉苦脸，称和舍友闹矛盾，家长认为这是小事，只是劝说而已。

综合临床资料，对求助者的初步诊断是：严重心理问题。

诊断依据如下：根据郭念峰划分心理正常和异常的三个标准，该求助者的知情意协调、一致，个性稳定，自知力完整，有主动求医行为，无逻辑思维混乱，没有表现出幻觉、妄想等精神症状，因此可以排除精神病。

该求助者的主导症状是焦虑，其目前的心理与行为是因为与舍友产生矛盾所引起，其冲突具有现实意义，可排除神经症性问题。

鉴别诊断如下：与一般心理问题相鉴别——该求助者内心冲突已持续两个多月，不良情绪已经泛化，并对学习与生活产生了影响，故排除一般心理问题。与抑郁性神经症相鉴别(抑郁性神经症在症状上主要是抑郁，病程在两年以上)——该求助者以焦虑为主要症状，抑郁只是伴发症状，且持续两个多月，因此可排除抑郁性神经症。与焦虑性神经症相鉴别：该求助者虽以焦虑为主导症状，但内心冲突为常形，可排除焦虑性神经症。

咨询过程如下。

咨询过程大致分为三个阶段：诊断评估与咨询关系建立阶段；帮助分析和解决问题阶段；结束与巩固阶段。

第一阶段：诊断评估与咨询关系建立

(第一次咨询)

目的：了解基本情况；建立良好的咨询关系；确定主要问题；寻求解决问题的方法。

方法：摄入性会谈、心理测验。

过程：让求助者填写咨询登记表，了解求助者的基本情况，包括人口学特征、生活状况、学习和社会交往情况及个人爱好，介绍咨询中的有关事项和规则。

对求助者进行 SCL-90、SAS 和 SDS 测量。

第二阶段：帮助分析和解决问题 (第二次和第三次咨询)

(第二次咨询)

目的：进一步加强咨询关系；帮助求助者领悟到自己的情绪和行为不适的根本原因及明确自己的不合理信念。

方法：合理情绪疗法。

过程：咨询师通过列举实例让求助者进一步了解合理情绪疗法，让求助者认识到不良情绪体验 C 之所以发生，是由于自己存在不合理的信念 B 造成的。帮助求助者找出使自己产生负性情绪的诱发事件 A (与室友吵架)，分析挖掘求助者对诱发事件的解释、评价和看法 B (糟糕至极，过分概括化，绝对化要求的思维模式)，从理性的角度去审视这些信念，并探讨这些信念 B 与产生不良情绪和行为反应 C (孤独、不合群、注意力不集中) 之间的关系。

第三次咨询

目的：帮助求助者修正不合理信念，建立合理信念，减轻和消除情绪困扰。

方法：合理情绪疗法、角色扮演。

过程：通过填写表格，求助者已经明白使自己产生负性情绪的诱发事件 A 是与舍友吵架，产生不良情绪和行为反应 C 是焦虑、烦躁、注意力不集中，其不合理信念 B 是"我是舍长，舍友就必须听我的；我没能力把事情做好；宿舍关系已无力挽回"等。接着采用角色扮演法，咨询师先扮演求助者的舍友，内容为那次冲突情景的对话，了解求助者平时和同学沟通交流的方式。

第三阶段：结束与巩固阶段；第四次咨询

目的：巩固咨询效果、结束咨询。

方法：会谈法。

过程：让求助者回顾整个咨询情况，对自己有个清楚的认识，肯定其在咨询过程中的积极改变。帮助求助者认识到其缺乏一些交际技巧是出现人际问题的关键，对求助者进行交际技能训练，让求助者练习用委婉、温和的语气给别人提意见，掌握与他人交往的技巧。

咨询师跟踪回访：

求助者对自己的问题有所领悟，在与咨询师交谈中表示通过咨询，敢于面对问题，学会了正确与人沟通的方式。咨询已基本达到预期目标，即基本消除了求助者的人际关系紧张、焦虑和抑郁的情绪，改变了原有的认知模式，增强了适应社会能力，恢复了积极的学习生活方式。

推 荐 阅 读

1. 苗蕊芳. 小学生心理健康活动与辅导[M]. 北京：科学出版社，2004.
2. 肖恩·柯维. 青少年最重要的 6 个决定[M]. 王军，译. 北京：中国青年出版社，2006.
3. 理查德·布兰德-杰弗瑞斯. 青少年咨询[M]. 王志云，译. 北京：高等教育出版社，2008.
4. 科里. 心理咨询与治疗经典案例[M]. 7 版. 谭晨，译. 北京：中国轻工业出版社，2010.
5. 约翰·桑特洛克. 青少年心理学[M]. 11 版. 寇彧，等，译. 北京：人民邮电出版社，2013.
6. 西盖蒂，Jonh R.Weisz，Robert L.Findling. 儿童与青少年认知行为疗法[M]. 王建平，王珊珊，闫煜蕾，等，译. 北京：中国轻工业出版社，2014.

第六章课件

拓展阅读

一位心理咨询师送给已痊愈的求询者这样一句话：是你自己点燃了你生命的火炬，你心中的太阳永远属于你。

——题记

第七章　青少年矫治性心理咨询与辅导

本章学习目标

> 掌握与理解青少年常见的心理障碍、神经症及人格障碍咨询与辅导的基础知识与技能。
> 青少年常见的心理障碍主要包括智力缺损、多动症、口吃、神经性厌食、学习困难、心理危机等。
> 青少年常见的神经症主要包括神经衰弱、焦虑症、强迫症、神经性抑郁、癔症等。

核心概念

青少年(teenagers)； 心理障碍 (psychological disorders)； 神经症(neurosis)； 人格障碍(personality disorders)； 心理咨询与辅导(psychological counseling and directing)

引导案例

大学城里的"梁山伯"[①]

一天晚上，一位大学生来到学校心理咨询中心。中心的老师很友好地招呼他坐下后，客气地向他介绍了中心的人员组成、工作纪律和咨询服务范围。之后，该大学生慢慢地诉说了他的苦恼。大二上学期时，他在学校结识了一位心地善良、性格开朗、积极上进的漂亮女同学。经过半年的交往，俩人互相倾诉了爱慕之情，并确定了恋爱关系。谁知，天有不测风云，一年后女友不幸被白血病夺去了生命。女友死后，他痛不欲生，心情极度痛苦，情绪十分混乱，一直难以从失去她的痛苦中走出来。他一看见其他乐呵呵的女生，女友的形象就浮现在眼前。一想到女友，他就烦躁、头疼、失眠。一年来，他不敢参加集体活动，严重时甚至连和女生一起上课都会烦躁不安，头发昏、心发慌、出虚汗。长期的情感折磨使他孤独难忍，难言的痛苦使他几乎失去了学习的信心，总担心自己完不成学业。可是，

[①] 丁成标. 走出心理困惑：大学生心理咨询个案集[M]. 北京：中国工人出版社，2005.

一想到年迈的父母,他又咬牙坚持下去,但效率极低。现在又面临毕业,论文也写不下去,他经常失眠、头痛。虽多方求医,但结论一样:没病。他吃了不少安定、谷维素等安眠健脑药,但效果甚微。他开始怀疑自己有精神病了。

接诊后,老师对该生进行了近三个月的咨询和治疗,最后他基本痊愈并顺利毕业。

案例分析

该大学生的症状并不属于精神病,而是属于焦虑症。这是一种以焦虑反应为主要症状的神经症。焦虑反应是人面临应激压力时的一种正常反应,在正常人身上也常发生。但正常人是在面临现实的、明确可辨的威胁或危险情景时才产生紧张不安、担惊害怕等体验,实质上是人在应激时身心唤起状态的表现,如面临升学考试、突闻火灾、地震报警等场合时人的反应。而有焦虑症的人不仅在上述正常情况下会产生焦虑,在没有明确可辨的现实威胁时同样也会产生焦虑反应。焦虑反应又分为心理体验和与植物神经系统异常活动有关的躯体症状两方面。心理体验主要是一种难以言说的紧张感,混合着担心、着急、坐立不安、害怕、惶恐等成分,好像灾难即将降临似的。躯体症状表现为交感神经过度兴奋的症状和运动性不安,如心悸心慌、手足发抖、内分泌失调等。另外,患者大多有睡眠障碍,多表现为入睡困难、早醒或睡眠惊醒。

了解了该焦虑症的成因后,针对其症状,可采取下列手段进行治疗。

(1) 为了减轻他的焦虑及与女生接触的恐惧心理,可用森田疗法和放松疗法的基本原理进行治疗。根据森田疗法倡导的"顺其自然,为所当为"原则,教他如何做放松训练。要求他自本周起,必须走出封闭的自我,学着带"病"参加集体活动,主动和男女同学交往,坚持做放松训练。只要他的不良情绪稍有好转,就给他安慰和鼓励,并希望他能坚持按要求做下去。

(2) 从改变他的不良认知入手,帮他分析病因,使他悟出:他的一系列不良情绪反应是心理原因所致而非生理原因;他的焦虑是精神交互作用的结果;他错误地把因焦虑反应而引起的一般性头痛看成精神病;愉快地生活、学习,是对已故女友的最好怀念。

(3) 征得他的同意,借助催眠疗法来消除他的睡眠障碍。

第一节 青少年常见的心理障碍

心理障碍、行为障碍、心理异常、心理困扰、行为适应不良、人格适应不良、心理疾病等指称各种心理健康问题的词语,在不太严格意义上常常交互使用,尽管它们在强调的侧重点上以及反映心理健康的严重性程度上存在着一些差别。习惯上,人们用心理困扰、心理障碍和心理疾病等概念分别指称严重程度由低到高的几类心理健康问题。以下所列的青少年常见的心理障碍大都属于心理咨询、辅导与治疗的适用范围。

一、智力缺损

到目前为止,所谓"智力缺损"(intellectual deficiency)仍是一个具有伸缩性的描述性概念。在特殊青少年教育中,多采用"弱智""智力缺陷""智力残疾""智力落后""可训练性智能不足"等术语来描述这些偏低的智能与行为水平。智力缺损是指个体智力明显落后于同龄人的发展水平，并在社会行为的适应方面有明显的障碍。智力缺损者的精神发育在出生前、出生过程中或早年生活的各个阶段因种种原因受到阻碍而发展迟缓。

智能不足或智商低下是判断智力缺损的重要标准之一。一般来说，凡智商值低于70分者(韦氏智力量表得分)视为智力缺损。智力缺损青少年与同一文化层次的青少年相比，除了智能偏低之外，还缺乏适当的社会行为，或者说是社会行为的成熟性低，或伴有明显的社会行为障碍。由于智力缺损者的学习能力极差，他们在日常生活中很难自理，他们的学习能力、适应生活能力也明显落后。当然，智力缺损者的实际表现会因缺损程度不同而不同。例如，轻度智力缺损者的学习过程比一般人要慢，但经过特殊训练后能独立生活，且能从事一定的工作或职业；严重智力缺损者生活不能自理，也不能完成最简单的任务。

(一)智力缺损的致病因素

造成智力缺损的因素十分复杂，涉及的范围也很广，到现在为止，人们也只了解部分病因，还有很多病例的病因说不清楚。总的来说，造成智力缺损的因素主要有遗传、环境与社会心理等方面。

1. 遗传因素

临床研究表明，父母智力低下，近亲结婚，患有某些先天代谢性疾病，或染色体异常，都可能造成孩子智力低下；若父母有一方智力低下或两方均智力低下，他们所生的子女中弱智发生率高达77%～96%。从遗传学上看，遗传因素一般包括染色体突变与基因突变。染色体突变是指由于某种原因，染色体发生数目和结构的改变，导致遗传信息转录或转译过程的紊乱而引起智力缺损。基因突变指的是细胞染色体内脱氧核糖核酸(DNA)分子上氨基酸的排列发生改变，使遗传信息的传递产生障碍，引起酶的活性缺陷或减弱，从而导致各种代谢障碍，影响脑的发育，最终导致严重智力低下。

2. 环境因素

环境因素指的是孩子出生前、出生时与出生后的成长环境对孩子智力造成的影响。在胎儿期，母亲妊娠早期8～12周是胎儿在母体中大脑发育的关键时期，各种物理的或化学的毒物、公害、放射线、病毒感染等，均是造成胎儿脑发育不良的致病因素。其次，孕妇腹部外伤、滥用药物、精神上的剧烈刺激、胎儿与母亲血型不全，都可能使胎儿发育受到障碍，导致孩子弱智。此外，孕妇喝酒、吸烟也是使胎儿智力受损的原因。有研究发现，每天吸20支烟的母亲生下的孩子出现智力低下的，要比不吸烟的母亲生的孩子多2～3倍。

分娩时产程过长，新生儿头部长时间受压，或使用产钳不当，都容易使脑部直接受损，或因窒息而引起脑缺氧，从而影响孩子的神经系统功能。其中，出生时的窒息是智力缺损者常见的致病因素，因为缺氧容易引起长期的认知障碍和神经系统异常。

出生后，幼年的营养不良、感染性疾病、中毒、头部受损等均可能导致孩子智力缺损。孩子食物中缺乏某种物质可能引起各种神经系统功能障碍，如缺碘可引起呆小病，缺蛋白质会阻碍脑的发育；孩子患有脑膜炎、脑炎或其他脑病造成的脑损伤都可能导致智力低下；铅和汞等有毒金属元素被吸入体内也可能损伤脑的功能，如孩子住在油漆未干的房屋，舔牙膏皮或铅笔上的漆，吃受污染的鱼，住在空气污染的厂房附近都可能会引起汞中毒。此外，孩子幼年由于摔伤、交通事故，或受虐挨打引起头部损伤都可能导致智力的发育受损。有统计表明，1%的智力缺损者是由头部受伤引起的。

3. 社会心理因素

孩子大脑功能的发育需要外界适宜的刺激。如果孩子早期与社会隔绝、情感被剥夺、缺乏母爱，或孤儿无人照料等均可能影响智力水平。孩子长期缺乏丰富的刺激和充分的照顾，如从小生活在孤儿院里的孩子，一般智力比同龄人低下。此外，缺乏必要的早期教育和训练，对适当的行为(如学习、说话等)缺乏及时的奖励和指导，也可能使孩子的智力发育迟缓。

一般而言，重度的弱智以生物因素为主，环境与社会心理因素次之，而轻度的弱智生物因素较轻，以环境与社会心理因素为主。研究发现，大部分智力缺损孩子的脑电图都有明显的异常波，他们的神经系统发育也大大落后于同龄的正常孩子。这就证明，胎儿期、出生期和出生后的种种有害因素确实阻碍了脑和神经系统的发育而导致智力低下。根据国外对智力缺损孩子所做的病因分析，发现属于出生前因素的占 50.38%，出生时因素的占 5.11%，出生后因素的占 32.75%，尚有 11.76%的因素不明。总之，人们应普遍认识并重视导致智力低下的因素，并设法减少或避免这些因素，以便使每个孩子的智力都能健康发展。

(二)智力缺损的表现

临床上，智力缺损有不同的表现，缺损程度有不同的级别，各级别有不同的行为发展特征。

1. 智力缺损的分级

智力缺损最突出的表现是智力低下和适应社会能力缺陷，临床上可按轻重程度和智商低下分级，分为以下几等。

1) 极度智力缺损

极度智力缺损，又称白痴，韦氏智力量表的记分在 25 分以下；斯坦福—比纳智力量表的记分在 20 分以下。极度智力缺损的青少年有明显智力异常的外显症状，如面容呆滞，表情愚蠢，情绪反应原始，经常重复一些单调和无意义的动作；多伴有大脑器质性的损伤和严重的生理障碍，经过训练也只能是在上肢、下肢、颈部运动等方面有所反应；不会讲话，只是嚎叫，至多发出个别单音节的词。极度智力缺损的青少年需终生护理，没有生活自理能力。

2) 重度智力缺损

重度智力缺损，又称痴愚，韦氏智力量表的记分在 25～39 分之间；斯坦福—比纳智力量表的记分在 20～35 分之间。重度智力缺损的青少年有明显智力异常的外形，缺乏生活自理能力，运动与语言交往能力很差；发音含糊，词汇贫乏，理解能力极差，动作也十分笨拙；缺乏数的概念，不会简单计算；能辨别亲疏，进行简单的交往，表现一定的感情，但建立不起较深的联系。经过特殊的教育与训练，他们能获得最基本的生活自理能力，但训练效果多不明显。

3) 中度智力缺损

中度智力缺损，又称可训练性弱智，韦氏智力量表的记分在 40～54 分；斯坦福—比纳智力量表的记分在 36~51 分。中度智力缺损的青少年具有部分的生活自理能力，但对周围环境的辨别力差；他们的词汇贫乏，吐字不清，表达能力差，尤其是难以建立抽象概念。因此，他们只能反映事物的表面、片段现象。中度智力缺损的青少年阅读与计算能力都很低，他们也许可以进行 10 以内的加减计算，或模仿书写，但不能理解其中的意义。经过特殊的教育和训练，他们可以完成小学一二年级的学习任务，在没有人照料的情况下，可以在熟悉的地方单独活动。

4) 轻度智力缺损

轻度智力缺损，又称愚鲁或可教性弱智，韦氏智力量表的记分在 55~69 分；斯坦福—比纳智力量表的记分在 52~67 分。轻度智力缺损的青少年在外观上没有明显的异常状态。他们在生活用词上虽难度不大，但掌握抽象性词汇极少，在理解、综合和分析方面，缺乏逻辑性联系；能进行简单的计算，但对应用题就难以理解；能背诵成段的文章，但不能正确运用。轻度智力缺损青少年有生活自理能力，能承担一般的家务劳动和工作，但缺乏技巧和创造性；在学业上经过特殊的教育和训练，能读完小学的课程，具有一定的阅读和计算能力，经过教育能学会遵守一般的社会行为规范。

2. 不同程度智力缺损者的行为发展特征

不同程度智力缺损者的行为发展特征如下。

(1) 极度：严重落后，感觉运动功能极差，有某种运动发展，能对极小或有限的训练作出反应，需要专人照料。

(2) 重度：运动发展差，不太能说话，一般不能通过自我帮助训练取得进步，很少或没有交往技能，通过训练只能养成基本的健康习惯。

(3) 中度：能说话或学会交往，有较好的运动发展，经过自我帮助训练能够有所进步，只需稍加监督，经过训练能很快学会和掌握职业技能。

(4) 轻度：能发展社会交往技能，感觉运动有轻度的发展迟缓，长大前难以看出有异常，几乎到青年期才能学会小学六年级的课程；在指导下能适应社会，一般能获得社会职业技能，可维持个人最低的生活水平。

(三)智力缺损的诊断

根据青少年的成长发育程度，以及学习和适应社会能力水平，结合详细的精神和体格检查，作出临床判断是智力缺损的基本诊断方法。

智力缺损诊断的注意事项：①诊断前要详细收集患者的成长发展史，将他们在各年龄阶段的言语、思维、计算、情感和行为动作等的发育过程，与正常青少年作对比分析，从中找出发育上的差距；②要做详细的精神和体格检查，并重点对智力活动进行检查，包括学习能力和适应社会生活的能力，体格检查中如发现先天性畸形可为诊断提供部分依据；③要详细收集家族遗传史、母孕情况、分娩经过、出生后生长发育情况及既往史，并结合体格检查，包括神经系统检查和必要时作细胞染色体或生化代谢等检查，可为探讨智力缺损的病因、类型和程度提供资料。

目前，智力测验方法已广泛用于临床评定患者的智力水平。智力测验一般用智力量表作为工具。最早的智力量表是法国的比纳(A. Binet)和西蒙(T. Simon)于 1905 年编制的，即比纳—西蒙量表(Binet-Simon Intelligence Scale)。继比纳、西蒙之后，又有许多智力量表被编制出，其中斯坦福—比纳智力测验(Stanford-Binet Intelligence Tests)和韦克斯勒智力测验(Wechsler Intelligence Tests)比较著名，影响较大。现在常用的还有瑞文推理测验(Raven's Standard Progressive Matrices，SPM)。

(四)智力缺损的辅导

智力缺损治疗的关键是及早发现、及早查明原因，并及时治疗。如能查明原因，应针对病因及时治疗。治疗开始得早，则症状可消失得早且快。教育和训练是治疗智力缺损的关键。过去长期以来人们认为，一旦有人被诊断为智力缺损并被列入极度、重度、中度或轻度的智力缺损和适应行为落后的范畴，那么他就终生停留在这个水平而不能改善。近年来，根据对智力缺损者采取一些积极措施后的结果表明，通过专业人员的训练和教育，他们的智能和社会适应能力是可以提高的，并能对社会作出一定的贡献。

近年来，由于注重优生，加上广泛的宣传教育与生活、文化及社会经济水平的提高，并积极推行医疗性、教育性等措施，智力缺损者的出生率和患病率已大为减少。胎儿期、婴幼儿期是儿童大脑与神经系统飞速发展的时期，也是对儿童实施教育的最佳年龄期。也就是说，在这时期对孩子实施教育质量好、见效快，若错过该时期，会产生不可弥补的损失。所以，应重视胎教与早期教育。积极采取科学的胎教与早期教育，对预防环境因素致智力缺损有积极意义。

二、多动症

多动症从广义的定义来看，凡各种有实质性损害的大脑疾病，如脑炎与脑膜炎后遗症、智能低下、遗传性疾病、脑损伤、各种脑病、先天性脑发育不全，以及精神病、贫血、铅中毒等所表现的多动、注意障碍、冲动任性、认知能力或协调动作障碍等症状统称为"多动综合征"，它是继发性的多动综合征，也是一个多病因所致的临床综合征。

(一)多动症的致病原因

对于多动症的病因，目前有各种假说，真正病因仍不完全清楚，但多数学者确信多动症是由多种病因引起的。病因中有生理因素、遗传因素和社会心理因素，在病例中各有侧重或是多种因素共同作用的结果。由于该症在青少年心理障碍中发病率较高，对正在成长中的青少年学习、社会适应能力的不良影响较大，因而引起广大教师、家长的注意。下面列举的一些因素作为参考。

1. 生理因素

有人认为，多动症的发生可能是由于脑神经递质(如去甲肾上腺素、多巴胺)数量不足。脑内神经递质浓度降低，可降低中枢神经系统的抑制活动，从而使孩子动作过多。此外，脑组织器质性损害也有可能导致多动症。研究表明，大约85%的患者是由于前额叶或尾状核功能障碍所致。

2. 遗传因素

研究表明，多动症患者的父母、同胞和亲属中患本病或其他精神疾病者明显高于对照组。对孪生子的研究发现，单卵孪生子的多动症同病率达100%，而异卵孪生子的同病率仅占17%；大约 40%的多动症患者的父母、同胞兄弟姐妹或其他亲属在其童年也患此症。可见，遗传因素与多动症密切相关。

3. 社会心理因素

社会心理因素主要包括社会环境因素与教育因素。社会环境因素主要指孩子生活的周边环境可能存在着诱发其患多动症的因素。研究表明，几乎一半的多动症儿童血液中含铅量较高。如今，工业社会的环境污染、汽车的尾气排放、化合物的铅挥发气体等都容易被孩子吸入体内。孩子接触含铅的玩具、餐具，也容易造成体内铅蓄量过大，从而引起多动症。有人发现不少多动症患者的家庭有喜欢听高音调、快节奏和近似噪声音乐的嗜好。当今许多电视、电影中充斥着狂歌劲舞、打斗凶杀场景，对孩子正在发育的大脑都构成超强刺激，容易引起脑功能失调，诱发多动症。教育因素是指家庭、学校和社会不良的教育因素，也容易诱发孩子的多动症。在放任型的教育方式下，家庭破裂、父母离异或早丧，子女缺乏良好教育，放任自流，导致心理变态、行为偏离、社会适应不良，入学后常伴有多动表现。在专制型的教育方式下，家长或教师经常指责、打骂孩子，使孩子的心理压力增加，精神紧张可导致多动行为。

(二)多动症的表现

从临床表现来看，多动症大致包括感知觉障碍、注意障碍、活动过多、情绪和行为障碍、学习困难，以及社会适应不良等。

1. 感知觉障碍

患有多动症的孩子常伴有感知觉障碍，如表现为视觉运动障碍、空间位置知觉障碍、左右辨别不清、经常反穿鞋子、听觉综合困难及视—听转换困难等。

2. 注意障碍

患有多动症的孩子注意力往往难以集中，干什么事情总是半途而废，即使是做游戏也不例外；他们不能专注于一件事，易从一个活动转向另一个活动。玩时，他们往往是拿了某个玩具没玩一分钟就丢下玩别的了，环境中的任何视听刺激都可能分散他们的注意力。上学后，患者在课堂上的症状表现更为明显，上课时注意力持续时间短暂，几分钟后就做与课堂内容无关的动作；他们坐在教室里总是东张西望，心不在焉。他们无论是看连环画或看电视，都只能安坐片刻，便要站起来走动。当然，这类患者的分心不是发生在任何场合，有时也能较好地从事一种活动，如在黑板上解题或从事一对一的游戏时，分心则不太明显。

3. 活动过多

患者往往从小活动量就大，有的甚至在胎儿期就特别好动。随着出生后身体机能的发展，显得更不安分。他们学会了走就不喜欢再坐，学会了爬楼梯后就上下爬个不停。进幼儿园后，这些孩子也不能按正常要求的时间坐在小凳子上。到了学校，大部分孩子因受制约而增加了对自己活动的限制，而多动症患者过度活动则更为明显。上课时他们小动作不断，甚至会站起来在教室里擅自走动，一放学便像利箭一般冲出学校。这样的孩子走路蹦蹦跳跳，到了家里翻箱倒柜，忙个不停，即使晚上睡觉也经常不停地翻动身子、磨牙、说梦话等。

4. 情绪和行为障碍

多动症患者情绪不稳定，极易冲动，对自己欲望的克制力很薄弱；一兴奋他们就手舞足蹈，忘乎所以，稍受挫折就发脾气、哭闹，常常是不经考虑就行动。他们总是在教室内突然喊叫，离座奔跑、抢同学东西或袭击别人等；在做集体游戏时，他们难以等待。他们在校园里会经常与同学争吵或打架，行为冲动而不顾及后果，如不顾危险从高处跳下，想喝水时不顾杯子里的水是凉是烫，抓起就喝。这些冲动有时会导致一些灾难性的行为结果。

5. 学习困难

虽然多动症孩子的智力大多正常或接近正常，但学习成绩却普遍很差。由于他们上课、做作业都不能集中注意力，情绪容易波动，这就严重影响了学习效果。感知觉方面的一些障碍也会导致他们学习困难，如视一听转换障碍会使患者阅读困难，而空间位置知觉障碍和左右辨别不清会使他们在学习算式和一些算术符号时发生困难。此外，写字、画画、手工等学习活动也会受到这些感知障碍的严重影响。因此，留级生中多动症患者占了相当大的比例。

6. 社会适应不良

患者常表现为个性倔强，不愿受别人制约或排斥小伙伴，所以很难与其他同龄孩子相处，往往不得不找比自己年龄小的孩子做游戏。

上述这些主要临床特征经常引起一系列继发性后果，如成绩不良、不及格或留级，情绪低沉；有自卑心理，或有逃学、说谎、斗殴和偷窃等品行问题。此外，他们还常伴有精神异常、智力明显落后等症状。

(三)多动症的诊断标准

根据国际诊断标准，多动症必须具有注意涣散、冲动任性、活动过多三个特征。

1. 注意涣散

注意涣散至少具备下列三项。
(1) 做事情往往有始无终。
(2) 上课常常不听讲。
(3) 注意力容易随情境转移。
(4) 很难集中精力做功课和从事其他需要长时间集中注意力的事情。
(5) 很难坚持做完某一种游戏或玩耍。

2. 冲动任性

冲动任性至少具备下列一项。
(1) 往往想到什么就做什么。
(2) 过于频繁地从一种活动转移到另一种活动。
(3) 不能有条不紊地做事情。
(4) 需要他人予以督促照料。

(5) 常在教室里突然大声叫喊。
(6) 在游戏或集体活动中不能耐心地等待轮换。

3. 活动过多

活动过多至少具备下列两项。
(1) 坐立不安。
(2) 经常奔跑。
(3) 难以待在教室座位上。
(4) 躺在床上常常扭动翻身。
(5) 终日忙忙碌碌，没完没了。
(6) 7岁以前开始出现多动现象。
(7) 至少持续6个月以上。

(四)多动症的辅导

对于孩子的多动症，要及早发现、及早查明原因，并且及时治疗。下面提供的一些方法与措施可供参考。

1. 行为治疗法

行为治疗法治疗的重点在于培养多动症孩子的自制力和注意力，主要是训练他们采用较好的认知活动改善注意力、克服分心；其次是通过一定程序的训练，减少孩子的过多活动和不良行为。

行为治疗法的使用原则：①多鼓励、少批评，对其正确行为和微小进步及时表扬或奖励；避免惩罚，禁止打骂；不可歧视。②加强学习的直观性，提高患者的学习兴趣，利用他们的无意注意。③坚持个别对待、耐心引导、坚持不懈、持之以恒。④合理安排他们的作息时间，使他们生活有规律，做到松紧适度。

2. 娱乐疗法

根据患者的个性特点和家庭条件，因地制宜，合理安排多种形式的娱乐活动，如唱歌、游戏等，以调整气氛、陶冶性情。尤其要鼓励孩子多参加集体娱乐活动，在活动中给予指导并矫正行为偏差。

3. 饮食疗法

近年来有人研究发现，限制西红柿、苹果、橘子、人工调味品等含甲醛、水杨酸类食品的摄入，对多动症有明显疗效，可考虑试行。多动症的孩子应多吃含锌、铁丰富的食物，如蛋类、瘦肉、肝脏、豆类、花生、禽血等。因为锌是人体内的微量元素，与人体的生长发育密切相关；铁是造血的原料，缺铁会使大脑的功能紊乱，加重多动症状。

4. 药物治疗

治疗多动症的药物主要为中枢神经兴奋剂，如苯丙胺、利他林、咖啡因、三环类，也可考虑抗忧郁药如丙咪嗪，或抗精神病药如氯丙嗪等。在我国，中医工作者对多动症的治疗也做了不少的努力，如采用中医中药、针灸、推拿等治疗方法，均取得了较好效果。药物治疗能为心理治疗提供有利条件，促进患者集中注意力，使其自我控制能力得到加强，能专心学习，但要使学习成绩提高、不良行为得到纠正，还需要长期耐心的教育，包括文化知识教育。

三、口吃

口吃俗称结巴，是青少年常见的一种语言障碍，又称为语言流行障碍，指正常的语言节律被阻断，表现为不自主的语言重复，发音的延长或停止，也就是反复不断地重复某一个字或堵塞在某一个音节上。

口吃可分为暂时性口吃、良性口吃和永久性口吃。暂时性口吃是一种发育性口吃，始于1～2岁婴儿初学说话时出现的口吃，3岁年龄阶段最多，1～3岁的小儿在情绪紧张时出现一时性的口吃一般都是暂时性口吃。这时儿童言语发展到自己构造词句的阶段。3～5岁出现的口吃一般都可以得到纠正，称为良性口吃。5～8岁后出现的口吃，常作为一种特殊的持续固定的言语形式存在，除非进行持续的有效矫治，否则保持终生，称为永久性口吃。

(一)口吃的病因分析

就其性质而言，口吃是一种心理障碍。口吃的真正病因是患者意识到自己患了口吃之后引发的心理障碍。也就是说，口吃是语言结巴与心理障碍结合而导致的一种心因性语言疾病。具体来说，口吃产生的原因主要有以下几个方面。

1. 生理因素的影响

从生理上看，口吃是由发声器官的肌肉痉挛而引起的。人体的任何一个动作，不论是走路、写字、说话、举手、观看和思维等，都是由神经系统来指挥和调节的。人体的运动就是中枢神经活动的外在表现。人体各种各样的正常运动表示了中枢神经兴奋和抑制的统一平衡的协调过程。

2. 强烈的精神刺激

恐惧、惊吓等情绪也是造成青少年口吃的一个重要原因。人在受到巨大惊吓时，身体器官的许多功能都可能失去正常，如瞪眼、张口、面色发白、心跳加剧、出冷汗、毛发竖立、四肢发抖，甚至大小便失禁、昏厥等。这时语言也会紊乱，产生口吃甚至失语，如"杀、杀、杀死人了！"惊吓刺激过后，通常逐渐恢复正常，但也可能成为一种心理中潜藏的病因。特别是当口吃被意识为一种可怕的后遗症，面对它失去治愈的信心时，口吃便成为一种病而发展。

3. 模仿和暗示

口吃也与孩子喜欢模仿和受暗示有关。儿童时期正是学习和掌握语言的关键期，这个时期的孩子心理特点之一就是模仿性和易受暗示性。他们觉得结巴说话有趣可笑，模仿结巴很好玩，很容易就学会口吃。口吃的感染性很强，孩子若是与口吃者经常接触，更容易受到经常的感染而成为口吃。周围人的语调、姿态、动作和习惯等，孩子不自觉地就能学会，口吃亦如此。

4. 父母或教师教育不当

一般来说，容易发生口吃的三个年龄段为：3 岁前后、小学低年级和 14 岁前后的青春发育期。这三段时期内，父母或教师的教育不当，往往容易使孩子发生口吃(成年后患口吃者极少)。幼儿 1～3 岁期间掌握日常语言，发育迟早有差异。有的父母见孩子说话迟或说不好，便给予斥责，硬逼孩子练说话，使孩子紧张不安而发生口吃。7 岁上学以后，学校教育对孩子的语言提出了大量的新要求，他们本来就要作较大努力才能适应，如果教师过分严厉，对孩子发言的缺点当众批评，也会造成他(她)们对说话的恐惧而口吃。初中时进入青春期，孩子全身各器官急剧地、不平衡地生长发育，情绪极易受到干扰。青少年在激动、急躁或选词有困难时难免出现重复、停顿或拖音等口吃现象。

5. 个性心理特征

青少年口吃患者中内向性格倾向的人居多。从某种意义上说，内向的性格倾向是口吃的准备状态。内向性格的学生内省性强，只是拘泥于自己，总是把注意力集中于自己身体与心理方面的各种极其细微的"异常"，并对之产生"病"的感觉，还对它产生执着不安、苦恼忧虑的情绪。这样的学生即使不被别人提醒，也很容易觉察出自己的口吃。

6. 社会歧视

社会上一些人对口吃患者缺乏善意和同情，常歧视、嘲笑，甚至取笑口吃的孩子，从而加重孩子紧张和自卑心理，使其口吃加剧。

上述列举的几种原因，是导致口吃的原因中占比较大的。一般来说，口吃往往是由其中一种原因造成的，还有其他一些极个别的特殊原因，如强行纠正左撇子也可能会造成口吃。此外，还可能与遗传因素有关等，在此就不一一作具体分析了。

(二)口吃的表现

临床上，口吃患者的智商并不像人们想象的那么低，甚至还可能高于正常人，但他们常伴有神经质症状，并容易因口吃引发继发性心理反应和心理障碍等。

1. 常伴有神经质症状

口吃患者常有神经质症状，如情绪不稳定、性情急躁、好激动、易兴奋、胆小、敏感、睡眠障碍等。有些患者还常遗尿，食欲减低，并易有恐惧等情绪反应。

2. 有口吃继发性心理反应和心理障碍

孩子入学后，言语活动大增，口吃患者不能顺利地回答老师的提问，也不能与同学、老师正常地交谈，加上周围人的嘲笑，常使他们深感羞愧和苦闷，终日焦虑不安。这不但会加重口吃和神经质的症状，还会使患者加强心理防卫机制，而采取消极逃避对策——独来独往，日久便容易形成孤僻、退缩、羞怯、自卑等性格特征。

(三)口吃的心理指导与矫治

从口吃产生的原因及各种类型的口吃症状可以看出，口吃并不仅是生理上的缺陷和发音器官的疾病，口吃的病根不在嘴上而在心上，它是与心理状态有着密切关系的语言障碍，是由心理的原因而引起的疾病。如果仅针对发音障碍进行矫治，虽然比较容易取得治疗效果，如通过发音法练习，在短时间内就能减少或消除口吃现象，但不能认为口吃病已完全治愈。因为他们仍可能存在口吃复发的心理因素。所以，口吃的根治在于心理治疗的效果，即需要指导患者改变过去那种仅盲目克服口吃症状的态度，学会自觉地调适自己的心理状态，以达到彻底治愈的目的。

1. 对口吃要有正确的认识

口吃是一种普遍的、人人都可能出现的言语障碍，世界上也许找不到一位从来没有发生过口吃的人。就连大名鼎鼎、口若悬河的体育现场解说员宋世雄，在情绪紧张时也难免会发生口吃现象。由于一般人不在意，也不看重自己讲话中的口吃现象，所以并不会产生障碍；而有的人却十分在意，而且力图克服，其后果却适得其反，心理负担加重，或产生心理障碍，从而形成口吃。所以，没有必要把它当做一回事，耿耿于怀，从而影响自己的情绪、学习与工作。如果确实放下包袱，不去过分注意它，那么口吃现象至少可以消除一半。

2. 社会心理治疗

前面谈到口吃主要是一种心理障碍，"心病"首先得用"心药"治。精神紧张是一种最容易和最经常诱发口吃的因素，所以，家长和老师有责任帮助孩子消除对口吃的紧张与恐惧心理，为其创造一个愉快安定的环境，减少他们对口吃的注意，消除他们的思想负担。当孩子讲话口吃时，家长应该采取平静的态度，不加批评，不作议论，不要提醒他们："你又口吃了。"这是十分有害的暗示。家长要以身作则，引导孩子树立克服口吃的信心，放慢讲话速度、降低音量、从容不迫地讲话，或对他们这样解释："没关系，这不算什么，任何人多多少少都会这样的。你想说什么，慢慢说。"这样，口吃自然会逐渐得到矫正。

还应强调，当家长遇到子女口吃时，应多给予安慰和鼓励，应尊重孩子的人格，要保持心平气和、不慌不忙，要耐心听完、不可打断，更不应流露出急躁情绪，或粗暴地打断孩子的讲话，更不能打骂、训斥或惩罚孩子。

3. 言语矫正训练

在上述心理治疗的基础上，并确保精神紧张和环境中的不良因素已消除的情况下，进行言语矫正训练才易获得成功。口吃患者言语过程中的发音、语流和节律偏离了正常状态，言语矫正是通过训练，使患者重新掌握正确的发音。下面介绍几种矫正训练的基本方法。

(1) 系统脱敏疗法：先让患者在没人的环境中，从容地练习发音，先念单词，再练短句，再读长句。可配合音乐舞蹈、节拍器等，从容不迫地、有节奏地练习讲话。也可收听广播，模仿播音员朗读，逐渐克服口吃，说话流畅。由近及远地与他人对话，先与家人，再与同学、周围人对话，最后再上讲台演讲。

(2) 集体训练：可组织言语矫正训练班，在集体中，让口吃患者互相鼓励、互相帮助、互相矫正。老师给予必要的指导，教会口吃者尽量放松口腔、咽喉肌肉，先做呼吸练习，在呼气时发各种单音，然后再练习不发音的唇、舌音。做语言练习时先用简单的对答方式，一问一答，放慢讲话速度，使患者说话呼吸正常，口吃自然会减轻。

(3) 阳性强化法：在进行个体或集体语言训练时，家长、教师可配合使用行为疗法中的阳性强化法。即患者口吃时不予理睬，而讲话无口吃时，给予适当的赞扬或鼓励，逐渐增加讲话速度和流利程度的要求，每有进步，均给予表扬。

(4) 松弛疗法：语言训练中还可配合松弛训练疗法，以放松情绪和肌肉，减少焦虑，有助于语言训练的成功。

(5) 催眠疗法：在催眠状态下，按照施术者的指令，反复进行语言训练。患者在催眠状态中，不会产生紧张情绪，也不会担心他人的嘲笑，便于患者集中注意力进行语言训练，疗效较好。

4．对口吃患者的心理护理

对口吃患者的心理护理应注意以下几点。

(1) 对口吃患者要多加关怀、体贴，做好说服解释和心理疏导，鼓励患者树立战胜口吃的信心。

(2) 协助医生对患者进行语言训练。在风趣幽默、轻松愉快的语言环境中对患者的点滴进步及时予以表扬、鼓励，并且多与患者交谈。

(3) 指导周围的人正确对待口吃患者，尊重他们的人格。不可嘲笑和歧视口吃患者，为他们争取更多的社会支持，打消他们对口吃的顾虑，创造良好的心理环境，以消除周围环境中引起他们紧张的人为因素。

四、神经性厌食

神经性厌食是一种与精神因素有关的心因性疾病，以厌食和体重减轻为主要特点，好发于青少年，以女孩为多见。患者病前往往有拘谨、保守、偏食、焦虑、强迫等症状，可能与家长过分溺爱，养成孩子挑食、偏食的习惯有关。患者常常没有食欲，拒绝进食，即使与家长一起进餐，吃了"一点"，也常常偷偷地吐掉，有时还偷偷地服泻药。患者常有营养不良、头晕、贫血、瘦弱、腹部凹陷或停经现象，严重者可造成逆转性的器官功能损害，以致衰竭死亡，也有的患者因悲观绝望而自杀。此病在西方国家较为常见，据美国某地区统计，15~19岁女性发病率为0.567‰，我国近年来也有明显增多的趋势。该病为胃肠神经症的一种类型。

(一)神经性厌食的临床表现与诊断

神经性厌食是一种自己有意造成和维持的，以节食造成体重减轻为特征的进食障碍，常引起营养不良、代谢和内分泌障碍及躯体功能紊乱。其主要临床表现为：开始时具有因怕胖而有意节食的心理和行为；继而出现没有限度地限制饮食，长期对食物不感兴趣，缺乏食欲，吃得极少，经常回避或拒绝进食，如果强迫进食，即刻引起呕吐；然后，体重下降迅速，消瘦得像患有恶病仍不肯增加食量，甚至无限制地瘦到脱形及致死的程度仍觉太胖。

其中，少女神经性厌食症的主要心理特征是怕胖，追求形体苗条。患者宁愿挨饿，唯恐长胖。有时患者虽对某种食物保持兴趣，甚至贪食饱餐，但吃后又后悔，常设法偷偷吐掉。部分患者有情感障碍，据统计，38%~80%的患者有抑郁症状。

一般来说，如达到下列标准，则可判断患上神经性厌食症。

(1) 体重至少比原来减少 25%，比同年龄和身高的标准体重至少低 15%。
(2) 以苗条为美，唯恐长胖，有意控制饮食，宁愿挨饿。
(3) 女性停经三个月以上。
(4) 有心动过缓、消瘦、呕吐和发作性食欲亢进等症状。
(5) 无其他躯体性病理改变及精神障碍。
(6) 起病年龄常在 10 岁以上。

(二)神经性厌食症的发病原因

造成神经性厌食的因素比较复杂，涉及的范围也较大，到现在为止大多数学者确信它是由多种病因引起的，其中有生理因素、心理因素和社会因素等，在病例中各有侧重或是多种因素共同作用的结果。由于该症对正在成长中的青少年生活、学习与社会适应能力带来比较大的不良影响，应引起广大教师、家长的注意。下面列举一些原因作为参考。

1. 生理因素

生理因素表现在：一方面和下丘脑功能紊乱有关。下丘脑为摄食中枢，该处功能异常必然导致摄食障碍；同时，下丘脑又是内分泌中枢，其功能缺陷又可导致内分泌紊乱。另一方面还和胃酸分泌减少以及各种疾病有关。

2. 认知因素

认知因素主要表现为错误的审美观念，多见于少女。这些女孩盲目地追求形体美，担心发胖而有意识地极度限制饮食，即使饿得四肢无力、头晕眼花也不肯进食，因长期节食而厌食。

3. 个性因素

患者的性格大多表现为拘谨、刻板、敏感、易焦虑、有强迫倾向，或幼稚、癔病性格、不合群、多幻想等。

4. 不良的进餐环境

该因素多见于年龄较小的孩子。有的家长由于工作很忙，平时没有时间管教孩子，于是常常在吃饭的时候教育、训斥孩子，使吃饭的环境笼罩在不愉快、紧张的气氛之中。久而久之，使孩子在"吃饭"与"受罪"之间构成条件反射而厌食。

5. 不良的饮食习惯

患者偏食、挑食、吃零食等不良饮食习惯或父母过度关注子女的饮食，甚至强迫他们进食，从而导致他们的摄食中枢兴奋性减低而厌食。

6. 突然的精神刺激

突然的精神刺激如受惊吓、变换环境、父母离异、限制孩子的自由、损伤孩子的自尊心等均会使孩子食欲降低而厌食。

(三)神经性厌食症的治疗

鉴于该症对青少年的生活、学习与社会适应能力带来的不良影响较大，对其要及早发现，分析其原因，并采用适当的措施予以治疗。

1. 心理治疗——行为疗法

心理治疗对神经性厌食的患者十分重要。首先，要了解患者的发病诱因，凡是能解决的客观诱因，均应立即解决。

其次，使用消退法。饭桌上成人可以谈论饭菜可口的味道，引起孩子对饭菜的兴趣，或多谈自己的事情，少关注或不关注孩子进餐。

最后，要取得患者的合作，了解其发病诱因，给予认知治疗、行为治疗与家庭治疗，并使其愿意接受躯体治疗和精神药物治疗。调整环境，住院隔离可较好地阻断恶性循环。进行家庭治疗时，注意家庭成员之间要一致，共同坚持执行。一次迁就、让步，就难奏效。

2. 少女厌食的治疗

神经性厌食症患者以少女居多，她们往往是娇生惯养的独生女，缺乏独立生活能力。其过度厌食逐渐成为家庭注意的中心，家庭不断地给予压力，致使其脾气暴躁，容易产生敌对情绪和行为。这类少女的家长多认真谨慎，对事要求尽善尽美，坚持己见。针对以上症状可采取认识领悟疗法，使其知道每天消耗多少热量。由于消耗多、进食正常，体重不会增加。另外，家长还要改变过多关注子女进食的态度和行为，给予子女独立自主的机会。

3. 饮食与药物治疗

神经性厌食症除较轻的症状以外，一般应以住院治疗为宜，由专人管理患者的饮食，边鼓励边进食，如能与护士一同进餐更好。患者应卧床休息，供给高热量饮食，必要时可强迫鼻饲；对营养极差，又有呕吐或坚决拒食者，可采用静脉补液或静脉营养，输给白蛋白，或输血。

针对患者进食量少的特点，还可供给高热量饮食，对伴有呕吐或拒食给予静脉输液或高静脉营养治疗；补足多种维生素，内分泌发生改变者可给予激素治疗。还可采取措施促进食欲，如在医师观察下，餐前半小时肌注胰岛素 2～6 个单位，直至体重恢复。对于症状严重者可采用精神药物治疗，如抗抑郁药、抗精神病药锂盐、抗癫痫药、抗焦虑药物均可用于此病的治疗，常用的有舒必利 200 mg～400 mg/日、赛庚啶 12 mg～32 mg/日、阿米替林 150 mg/日，对伴贪食诱吐者效果较好。

拓展阅读

由节食而导致的神经性厌食症[①]

婷婷是个 14 岁女孩，从小活泼可爱，能歌善舞，对影星、舞星、时装模特的苗条身材美慕不已，总希望有朝一日自己也能成为一个令人美慕的"明星"。半年前，在一次班级联欢会上，婷婷一展舞姿，但不知是哪位调皮的男同学议论她说："舞是跳得不错，挺美的，只是胖了一点。"这句话深深地刺痛了婷婷的心。从此她闷闷不乐，想用节食来减轻她的"肥胖"。因而，她每天给自己规定，只能吃两餐饭，每餐只吃几口，有时干脆一口也不吃。有时在父母的监督下不得不多吃一些，但是一转身，立即又到厕所里去偷偷地吐

---

① 刘新民，李建明. 变态心理学[M]. 合肥：安徽大学出版社，2003.

掉。久而久之，婷婷的食欲明显低下，见到饭就厌烦。这样，仅仅过了4个月的时间，婷婷的体重就明显下降，由先前的40公斤，减少到30公斤。婷婷变得精神萎靡、面色憔悴、营养不良，瘦得脱了形，停经3个月。

案例分析：

婷婷的确患了神经性厌食症，发病原因是以瘦为美的错误审美观点，她盲目追求一些影星、舞星、时装模特的苗条身材，担心发胖而有意识地极度限制饮食，即使饿得四肢无力、头晕眼花也不肯进食，因此因长期节食而厌食。婷婷的症状符合神经性厌食症的诊断标准，如她的体重比原来减少了25%；以苗条为美，唯恐长胖，有意控制饮食，宁愿挨饿；停经3个月以上；有消瘦、呕吐等症状；起病年龄在10岁以上。婷婷应及早去医院心理科就诊，进行心理咨询与治疗。

五、学习困难

人和动物在生活过程中通过训练和实践不断获得经验，学习就是这种经验所引起的相对持久的适应性心理变化，它是有机体适应环境的手段之一。对于人类来说，由于先天遗传下来的适应环境能力有限，因此主要依靠学习获得的能力来适应环境，如婴幼儿学习说话走路，学会与他人交往等。而广大青少年则要通过学习来获得人类长期劳动和智慧的结晶，通过学习发展智力、增强体质，在学习过程中形成个性品质。目前，在心理咨询的实践中，学生咨询学习问题的比例也是比较高的。因此，有必要对学习活动中出现的心理和行为问题给予必要的指导，帮助青少年更好地适应学校的学习生活，使他们健康成长，早日成为建设祖国的有用之才。

学习困难实际上是一种学习技能的发展障碍。这类患者并非天生就呆傻或愚笨，而是从发育的早期起，获得技能的方式受损，表现在阅读、计算或绘画等单一方面的能力低下，而其他技能均属正常。所以，他们常出现某一门功课的成绩好，而另一门功课成绩差的偏科现象。学习困难综合征在小学生中比较多见，占学龄儿童的5%～10%，且男孩多于女孩。

(一)学习困难的致病原因

造成学习困难的因素很多，有先天遗传因素，也有后天环境因素；有生理因素，也有心理因素。

1. 生理因素

造成学习困难的生理因素主要有如下几项。

(1) 青少年在胎儿期、出生时、出生后由于某种伤病而造成轻度脑损伤或脑功能障碍，可能影响其学习技能的掌握，还可能和左右大脑偏用有关。人类左右大脑两半球各自掌管着不同的认知领域，如左半球掌管语言、抽象思维，右半球掌管形象思维、空间知觉等。很多学者认为，左右偏用牵涉到学习困难，其结果是造成个体在位置知觉、视知觉、空间关系知觉方面的困扰，导致个体在阅读书写方面的困难。

脑部损伤也会造成学习困难。这里说的脑部损伤是指在出生前、出生时或出生后脑部受伤或感染而导致有机体的损伤。这类损伤外表上看不出来，然而青少年在感知、思维及情绪等方面会受到脑损伤的困扰而影响学习效果。国外学者富兰克和莱文森(Frank &

Levinson)研究了 115 位学习困难的青少年,结果发现其中有 79%的患者是脑功能失常导致的。

(2) 遗传的影响。有些学习技能障碍具有遗传性,如阅读障碍可以遗传好几代,从患者的父母、爷爷或其他亲属中可见到类似的症状。

(3) 身心发展落后于同龄青少年的发展水平。如乳牙脱得慢,走路、说话迟,个子特别矮小;感觉器官(如眼、耳)功能缺陷或运动协调功能差等。

2. 环境因素

造成学习困难的环境因素主要有如下几项。

(1) 不良的家庭环境,父母与孩子缺乏适当的交流。有些学生的父亲、母亲工作忙,长期在外地工作,或家庭成员关系紧张很少有机会与孩子沟通情感,使孩子从小就未得到成人充分的爱抚,特别是缺乏母爱,由此导致学习产生困难。

(2) 青少年在幼儿期没得到良好的教育。在青少年早年生长发育的关键期,父母没有对他们提供丰富的环境刺激和教育。

(3) 家长过度期望和高压力以及教育方法不当,使青少年产生厌学情绪。有些父母望子成龙心切,却又没掌握正确的教育方法,孩子考试成绩较差时,为父母者不是首先帮助孩子分析试卷,让他们找出差错的原因,而是不分青红皂白地一顿责骂或棍打。其结果是,孩子感觉家庭缺乏温暖,无心学习。

此外,疾病、虚弱、营养失调等身体障碍也容易引发青少年学习困难。有些青少年的家庭经济状况欠佳,长期营养不良,课上到一半,便感觉眼冒金星,肚子饿得咕咕叫,无法坚持听课。

(二)学习困难者的表现

从临床上来看,学习困难者大都有阅读障碍、拼音障碍、书写障碍、计算障碍、交往障碍等方面的表现。

1. 阅读障碍

阅读障碍是指阅读能力大大低于其年龄及智商水平,表现为不能正确辨认字母、单词或按逆方向阅读,不能将字母和发音联系起来进行阅读。其理解能力、语言能力差,对于空间结构上下、左右、高低、前后分不清。如要他站在桌子前,他却站在桌子后,特别是进行左手拍右腿或右手拍左肩一类动作时表现明显。

2. 拼音障碍

拼音障碍是指不能正确地拼出读音,读字、发音错误,对某些拼音的学习特别困难,伴有感觉空间障碍,如把 b 当成 d,把 p 当成 q 等。

3. 书写障碍

书写障碍是指难以把想到的事物形象地画出来,把看到的词写下来,如难以抄写黑板上的习题等。这样的视觉运动性感知障碍,可能是运动功能协调不佳的结果。

4. 计算障碍

计算障碍是指加减乘除运算能力差,如有时能做"加"和"乘",却不能做"减"和

"除",心算能力差。由于他们往往有空间障碍,不能辨别上下、左右,因而在运算时常出现错误。平时完成数学作业困难,数学成绩差。

5. 交往障碍

交往障碍是指患者由于在某一学习技能发育方面存在障碍,而常遭受同学们的嘲笑和捉弄。因此,该类青少年很难主动与人交往,他们的社交能力往往很差。

(三)学习困难者的心理测验与诊断

根据青少年的成长发育程度,以及学习能力与学习成绩,结合相应的心理测验,作出临床判断是学习困难的基本诊断方法。学习困难者通常有以下几种表现。

(1) 学习困难的青少年存在着明显的学习技能发育障碍。学习成绩不好,是由于某种学习技能障碍引起的,而并非智力低下引起,也就是说这类青少年的智力发育是正常的。

(2) 学习困难是指青少年在某一科目上的学习成绩,比他实际智力所能达到的成绩差得多。如学生一般平均智商为100分,阅读和数学成绩在标准化的量表上应在4分以上,如果他的阅读和数学成绩只有2分,那就是学习困难;如果阅读2分,数学3分,则说明在阅读方面存在学习困难,且阅读差会影响其数学成绩。

(3) 学习困难是青少年多动症的一种表现,但青少年多动症的学习困难主要是由于好动、注意力缺陷和行为障碍所造成的,而患有学习困难综合征的学生,则主要是由于某一学习技能发育障碍引起的。

(四)学习困难者的治疗

对学习困难者的治疗主要是教育训练和心理辅导,其关键是父母、教师对该类青少年要有正确的态度。

1. 成人的正确态度

父母和老师不要歧视学习困难的青少年,要给予他们更多的关心、同情和帮助,为其创造良好的生活和学习环境。不要对学习困难的原因不加分析,一概认为这类青少年是"坏孩子""不想读书"等。

2. 教育训练

教育训练这一工作在国外由专门的诊疗机构——学习中心来承担。我国目前还没有这种专门机构,其治疗可在条件较好的心理咨询机构的指导下,由有经验的教师利用寒暑假进行集中治疗训练。治疗的基本程序是针对患者的具体技能障碍,制订出专门的训练计划,然后在治疗教师的示范下进行个别矫治。如对有视觉空间障碍的青少年可以进行系统视觉空间能力的训练;对听觉困难者,可以给予系统的音调、节律训练;对语言表达困难者,可由字到句逐步训练。

3. 心理治疗

心理治疗主要采取正强化法,在进行教育与训练时,对患者的每一微小进步给予及时表扬和奖励,以正强化其新技能的获得,提高其自信心。

六、自杀及心理危机干预

自杀是一个人以自己意愿与手段结束自己生命的行为,它是一种人类生理、心理、家庭、社会关系及精神等各种因素混杂而产生的偏差社会行为。心理危机是指个体由于遇到重大而无法克服的外部刺激时产生高度紧张或严重痛苦的状态。危机干预是指对处在心理危机状态下的个体采取明确有效的措施,使之最终战胜危机,重新适应生活。危机干预的主要目的是防止自杀。如遇到心理危机,需要家长、教师、心理医生给予更多的关怀和帮助。青少年心理危机求助者在学校、医院心理门诊中占一定比例。

(一)青少年自杀及心理危机的原因

青年期是人生旅途的重要时期,他们面临升学、就业、恋爱、婚姻和事业等人生的重大课题,学习生活竞争的严峻已初露端倪。以上诸问题中一项或数项不幸遭遇若处理不当均可能造成他们的心理危机。而青少年还较为幼稚,生活阅历、知识经验均相对贫乏,与成年人比较,他们对挫折、困境的承受能力较差。归纳起来,造成青少年自杀及心理危机的因素主要有以下几个方面。

1. 家庭与学校因素

家庭环境对青少年心理健康与成长至关重要。父母性格不良、家庭教育内容和教育方法不当、家庭气氛差、父母关系不和、父母受教育水平低等,都直接影响孩子的心理健康。青少年自杀与儿童时期的家庭环境密切相关。经济条件差也会使部分青少年产生消极情绪,严重者会萌生自杀念头。

2. 社会因素

当今社会快速发展,竞争日益激烈,生活节奏加快,人与人之间的交流和沟通日趋减少;青少年接受的现代教育与传统教育、东方文化与西方文化产生碰撞,会迷失方向,造成严重的价值错位。世界观、价值观偏差往往造成人对社会不适应,不能客观面对挫折和压力,忽视事物好的方面,夸大不好的方面,心理承受力较差的人如不能及时调整自己,就可能产生自杀冲动。

3. 性格因素

虽然性格类型并不决定青少年自杀行为,但是青少年自杀行为与性格类型有一定关联。性格一般分为内倾型与外倾型。内倾型的人一般表现为沉静、谨慎、多思、孤僻、反应缓慢、适应环境困难;外倾型的人一般表现为开朗、活泼、善于交际、情绪外露、不拘小节、易于适应环境。从上述两种性格类型的具体表现来看,内倾型性格影响自杀的因素较为明显。

4. 疾病因素

各类精神疾病也是导致青少年自杀的重要原因之一。由于公众缺乏精神卫生知识,不能早期发现患精神疾病的青少年,即便发现了,受社会偏见的影响他们也不敢就诊,从而延误病情,结果导致悲剧的发生。此外,一些青少年身患遗传病或残疾也有可能导致自杀。

(二)心理危机者的表现

从临床上来看,心理危机者大致有情绪、认知、行为、躯体症状等方面的表现。

1. 情绪表现

心理危机者的情绪绝不是积极、愉快的,因为在积极、愉快的情绪状态下,根本不可能发生自杀行为。他们往往表现出高度的紧张、焦虑、抑郁、孤独、悲伤和恐惧,部分人甚至会出现恼怒、敌对、烦躁、失望和无助等情绪反应。

2. 认知活动

在急性情绪创伤或自杀准备阶段,心理危机者的注意力往往过分集中在悲伤反应或想"一死了之,一了百了"之中,从而出现记忆和认知能力方面"缩小"或"变窄",判断、分辨和作决定的能力下降,部分人还会有记忆力减退、注意力不集中等表现。

3. 行为表现

心理危机者往往会有痛苦悲伤的表情、哭泣或独居一隅等"反常"行为。例如,他们学习能力下降,不能维持正常的学习活动,兴趣减退和社交技能丧失,从而日趋孤单、不合群、郁郁寡欢;对周围环境漠不关心,对前途悲观失望,从而会产生拒绝他人帮助和关心,脾气暴怒或易冲动。

4. 躯体症状

相当一部分心理危机者在危机阶段会有失眠、多梦、早醒、食欲下降、心悸、头痛、全身不适等多种躯体不适表现,部分患者还会出现血压、心电生理及脑电生理等方面的变化。

(三)自杀及心理危机干预常用的方法

根据引起自杀及心理危机因素的不同可采取相应的干预方法。

1. 亲人死亡引起的心理危机干预

与死者关系越亲密的人,产生的悲伤反应越严重。尤其是亲人骤逝,引起的悲伤反应最为严重。一般表现为感情麻木或昏厥,呼吸困难或窒息感,或痛不欲生、呼天抢地地哭喊。干预的方法如下:对出现昏厥者立即予以平卧位;对于情感麻木或严重激动不安者给予安定类药物使其安静入睡;当沮丧者醒后,表示同情,造成支持性气氛以逐渐减轻悲伤。

2. 学业失败造成的心理危机干预

一些人因为对自己前途命运有重大影响的考试(如中考、高考、考研)失利,而产生极度悲伤和痛苦,自认为前途暗淡,万念俱灰,甚至萌生自杀念头。近几年,不仅青年大学生,中、小学生因此自杀的事件也屡见不鲜。干预的方法:其一,教师、家长、心理医生应指导患者勇敢地正视挫折,面对困境,振奋精神,重新生活。其二,对其考试、学业的失利抱宽容态度,深表同情和安慰。其三,与青少年患者共同研究、探索,制定出适合青少年实际水平,并经过努力能够达到的近期奋斗目标和实现目标的具体措施,使其行动有据;并充分肯定其实现目标的有利条件,增强自信心。其四,对于流露出"活着没意思"的情绪的患者，或已准备采取自杀行动者，或自杀未遂者，要严密监护，置监护对象于视线之内，严防藏药积蓄自杀；指出任何自杀念头都是消极不明智之举，配合治疗，达到心理平衡。

3. 恋爱关系破裂引发的心理危机干预

有些失恋的年轻人往往把"狂热的爱恋变成愤懑的恨"，采取自杀、毁容、伤害、杀害对方或其亲人的攻击行为。干预方法：对有可能自杀者应指出恋爱和感情一是不能勉强，二是不值得殉情，而且使其相信将来肯定有机会找到自己心爱的人。对企图采取攻击行为者则防患于未然，应制止其攻击行为，指出这种行为的严重后果和犯罪性质，才可能阻止当事人鲁莽冲动的行为。

(四) 自杀及心理危机的预防

控制与干预青少年自杀与心理危机重在预防，要防微杜渐。

(1) 加强青少年心理卫生教育。宣传普及心理卫生知识是防止自杀及心理危机的有效办法。要强化和培养他们的责任意识，告诉他们"一个人活着应该有家庭责任感和社会责任感，选择自杀的行为是自私的"。要让青少年了解自己的心理特点，帮助他们了解和掌握人格顺应和情绪控制的基本规律，学会合理宣泄、代偿、转移、升华等缓解心理消极情绪的方法与技巧，使其应付挫折的能力得到提高。

(2) 改善青少年心理环境。要加强校园精神文明建设，丰富青少年课余的文化娱乐生活，组织青少年参加社会实践活动，在实践中引导他们正确地看待社会、看待人生。组织适合学生的集体活动，促进同学之间的关爱，让学生找到归属感。教育学生认识社会的复杂性，增强他们的心理耐挫力。

(3) 家长要学会"肯定教育"。国外的家长善于使用拇指进行肯定和鼓励，中国家长常用食指进行指责。经常指责，孩子的自信就会打折扣，没有足够的自信，难以培养自尊，不尊重自己何谈去尊重别人，人际关系就会紧张。

(4) 设立心理咨询机构，开通心理咨询热线。通过心理咨询可早期发现青少年的各种心理问题，帮助青少年摆脱各种心理困扰，消除各种心理障碍，使之及时恢复心理平衡。已出现自杀念头的，如果能及时进行咨询和接受适当的心理治疗，是能够避免自杀行为的。可通过电话咨询、通信咨询以及广播、电视、新闻、报纸、网络等媒介的作用，宣传心理卫生知识，提高人们心理防御能力，减少和避免不良的社会心理应激源。

(5) 建立心理危机干预中心。对发生心理危机的求助者提供干预技术服务，提供适当的医疗帮助、现场急救和处理，负责收治高度危机的人。

(6) 建立健全青少年心理档案。长期观察、记录青少年各方面的行为表现和心理问题，定期进行心理测试，以便较准确地掌握学生心理上的变化，对预防自杀及心理危机很有意义。

第二节 青少年常见的神经症与人格障碍

神经症(neurosis)，又称为神经官能症或精神神经症，是一组非精神病性功能性障碍。神经症是变态心理学研究的经典内容，也是心理咨询门诊最为常见、心理治疗效果较好的一类心理障碍。神经症的临床表述可追溯到2000年以前，直到1769年，苏格兰精神病学家威廉·卡伦(William Cullen),才正式提出神经症的命名。20世纪初,神经症的概念已在西方广为流行,并传入中国。近几十年来,西方发达国家的精神障碍分类系统中取消了神经症的称谓,而是按照各种亚类疾病来命名。《中国精神疾病分类与诊断标准》中仍在使用神经症的命名,并提出了下列诊断标准。

(1) 症状标准:后面所述神经症综合征之一为主要临床相,包括轻度抑郁症状、恐怖症状、强迫症状、惊恐发作、广泛性焦虑症状、疑病症状、神经衰弱症状,以及其他神经症症状或上述症状的混合。

(2) 严重程度标准:因上述症状造成至少下述情况之一:妨碍工作、学习、生活或社交;无法摆脱精神痛苦,以致主动求医。

(3) 病程标准:病程持续至少3个月(除癌症或惊恐障碍外)。

(4) 排除标准:排除器质性精神障碍、精神分裂等疾病。

我国神经症的分类是根据患者的主要临床表现来进行的,分为恐怖性神经症、焦虑性神经症、强迫性神经症、抑郁性神经症、疑病性神经症、癔症和神经衰弱等。神经症的共同特征除了上述诊断标准所列项目以外,起病常与心理因素或社会因素有关,患者具有一定的人格特征,没有任何可以证实的器质性病变,自知力完好,主动求治,人格完整,适应现实社会能力良好。本节在阐明神经症的共同特征基础上,将依次就神经衰弱症、焦虑症、强迫症、抑郁症和癔症的表现与防治问题进行讨论。另外,还将讨论人格障碍的防治问题。

一、神经衰弱

神经衰弱(neurasthenic)是由于长期情绪紧张和精神压力,使大脑精神活动能力减弱,表现出易兴奋、易疲劳、睡眠障碍、头痛等,伴有各种躯体不适症状,病情迁延,时重时轻,病情波动,与社会心理因素有关。神经衰弱是神经症中最多见的一类,对于以脑力劳动为主导活动、正在求知的大多数青少年学生来说,这是一种不容忽视的心理障碍。另外,该病也多见于机关干部和教师等脑力工作者,常常导致他们工作和学习困难。

(一)神经衰弱的致病原因

从心理学角度来看,神经衰弱是一种常见的心理障碍,它是由心理社会因素引起的高级神经活动过程过度紧张、抑制过程和兴奋过程弱化以及兴奋性与易疲劳性增强而产生的一系列全身不适症状。

1. 生理因素

生理因素指患有感染、中毒、颅脑外伤、长期失眠或其他削弱机体功能的因素,以上因素均能导致神经衰弱的发生。

2. 社会心理因素

社会心理因素是神经衰弱的主要病因,如工作学习负担过重,持续的精神过度紧张,考试压力大,学习目标超过实际能力,人际关系紧张,竞争激烈,亲属死亡和生活受挫等。社会心理因素能否致病,取决于刺激的性质、强度、作用时间以及个体抵御精神压力的能力。

3. 个性因素

该类患者的性格特点较多是不开朗，心胸狭窄，胆怯、自卑、敏感、多疑，依赖性强，缺乏自信、任性、急躁、自制力差等。行为表现为主观急躁，自信心不足，办事犹豫不决，自制力差。当然，神经衰弱也可能发生在一般性格的人身上。

神经衰弱通常不是单一因素造成的，而是不良情绪体验、不健康的性格特点和机体功能削弱共同作用的结果。

（二）神经衰弱的临床表现与诊断标准

神经衰弱是临床常见的心理障碍，但对其诊断往往有误解。有人认为失眠、头痛就是神经衰弱，还有人主张治疗神经衰弱就得依赖打针、吃药。殊不知，这都是误解。那么，怎样来识别神经衰弱呢？临床医学研究表明，神经衰弱包括如下六组症状。

(1) 精神易兴奋。这组症状主要表现为患者联想与回忆频繁出现，伴有不快感，患者几乎控制不住，甚感苦恼；脑力易兴奋，学习工作不专心，易激惹；不论是工作、学习，甚至于看电视或闲谈，思想活动犹如脱缰之马，浮想联翩，无法控制。精神易兴奋还可表现在患者注意力难以集中，对光和噪声敏感，惧怕声响和吵闹，也怕强光刺激等。

(2) 精神易疲劳。这组症状主要表现在患者脑力活动迟钝、注意力不能持久、记忆力差，精神易疲劳，受情绪影响很大，具有明显的情绪选择性。情绪较好时，精神疲劳不明显，而情绪低落时，则精神容易产生疲劳；工作和学习时间稍长，就会感到头胀、头昏和头痛，注意力不集中，掌握不住书中的中心内容，记忆力差，学习活动效率下降，有力不从心之感。

(3) 情绪障碍。主要表现为患者易激惹和烦恼。所谓易激惹是指患者特别容易急躁、发怒，控制不住情绪，常常为一点小事发火。患者在情绪爆发之后会感到后悔和自我谴责。易激惹容易损害和谐的人际关系。精神易兴奋与烦恼相结合，则使患者联想和回忆的内容大多是不痛快的事，造成患者情绪抑郁。

(4) 睡眠障碍。最常见的是患者入睡困难、难以睡熟；早醒，醒后不易再睡；梦多，因做噩梦而苦恼；易惊醒，醒后感到不解乏，甚至浑身难受。少数患者有睡眠感丧失，即患者实际上已睡，却自感没睡，白天发困，打不起精神。

(5) 紧张性头痛。神经衰弱患者头部发沉、发胀、疼痛，头顶有重压感。头胀痛或紧张性头痛，无固定部位，恶心，无呕吐，学习时头痛加剧；如果情绪松弛或经过充分休息，头痛明显减轻；肌肉紧张性疼痛，头痛，肌体酸疼。

(6) 植物神经功能紊乱。主要表现为心跳过速，血压波动，多汗、厌食、便秘、腹泻、尿频等；继发性反应，过分关注自己的症状，产生疑病，焦虑不安，使症状恶化，形成恶性循环。

根据临床经验，上述六组症状，至少要有三组症状才能判断是神经衰弱。除这些症状外，患者的学习生活或社交受到影响，无法摆脱痛苦，能主动求医，病程至少 3 个月，患者还须排除其他疾病。

(三)神经衰弱的治疗

神经衰弱的治疗采用心理治疗为主、药物治疗为辅的综合治疗方法才能取得效果。心理治疗对神经衰弱来说是一种治本的方法。

1. 认知疗法

认知疗法的核心是使患者对该病能正确认识，即认识神经衰弱的根本原因是自己对生活事件不能正确认知和评价，导致精神过度紧张而发病，大脑无器质性损害；可对患者开诚布公地讲解神经衰弱的有关知识，如疾病发生、发展规律及科学防病、治病措施；促使患者联系实际，自我分析，消除对该病的疑虑和不科学的认知。还可邀请已治愈患者进行现身说法，介绍经验，互相交流、启发。通过治疗，让患者主动参与改变自身状态的治疗活动，建立积极的心理状态，以消除衰弱症状。

2. 放松训练

在解决认知的基础上，有意识地改变身体活动状况，做一些自我调节机体运行的体操，会达到标本兼治的功效。患者常感到疲乏、头痛、头晕，实际上是由于紧张而导致的。因此，有意识地进行深度呼吸练习可有效地解除上述症状，令人神清气爽、精神焕发。练习方法很多，最简单的操作程序是尽可能地深吸一口气，气沉腹底，然后屏气，感到有点憋闷时再缓缓呼出，呼气要尽可能地彻底些。如此循环20次左右，一般就可起到平缓紧张情绪的作用。

3. 施行生物反馈

对神经衰弱患者可使用安定等药物取得一些心理效应，再施行生物反馈，即应用电子仪器把患者的体温、脉搏、呼吸、血压、脑电波等生理变化转换成各种能为患者自己感觉到的量化信号，如音调、光点、数字等。此方法对神经衰弱的焦虑、紧张、敏感和情绪不稳以及头痛、失眠、心惊等疗效显著。

4. 森田疗法

森田疗法由日本森田正马教授于1920年始创，主要用于神经衰弱、强迫症和恐怖症等神经症的治疗。森田认为神经衰弱是患者假想、主观臆断，患者具有疑病素质，由于精神的(如感觉、注意之间)交互作用，使某种感觉越来越过敏，形成精神内部冲突。治疗原则是"任其自然，为所当为"。对症状和情绪变化完全服从，放弃抗拒，就会消除精神内部冲突，切断精神交互作用，以消除衰弱症状。如睡眠者，越企图赶快入睡，就越难入睡，如果任其自然，不强求入睡，由于睡眠本能也会自然入睡。"为所当为"是要求患者该做什么事就继续做，不受症状所困扰。住院森田疗法总疗程为1个月，分四阶段：一是绝对卧床期，隔离患者，使其对症状听之任之，逐渐安静，产生生活欲望；二是轻工作期，让患者白天到户外做轻微活动；三是重工作期，让患者读书、劳动，体验工作的愉快；四是生活训练期。森田治疗有住院和门诊多种形式，住院治疗有利于患者从原环境的惰性状态中脱离出来，通过病友之间相互交往，写日记和体会，加上医生的指导，可使症状很快消失。

二、焦虑症

焦虑症(anxiety)又称焦虑性神经症,以焦虑和紧张情绪障碍为主,伴有植物神经系统症状和运动性不安,是以突如其来的、反复出现的莫名恐惧和焦虑不安为特点的一种神经症。本病有两种形式:一种表现为反复出现惊恐发作;另一种为慢性持续性的焦虑状态,一般伴有植物性神经功能障碍。焦虑症在国外非常多见,据说人口中有5%患有急性或慢性焦虑症,占精神科门诊患者的6%～27%,占心脏病门诊患者的10%。我国现在也比较常见,据统计,我国焦虑症患病率为1.48%,占综合医院心理门诊病人的12.2%,女性多于男性,多发生在20～40岁。

焦虑症患者的焦虑与正常人的焦虑不同,它往往指向未来实际并不存在的某种威胁或危险,焦虑紧张之程度常常与现实事件很不相称。

(一)焦虑症的病因

焦虑症的病因尚无定论,有人认为是精神内部冲突所致,在儿童时期就有冲突体验,继而被压抑,成年后在某种条件下又被唤起。学者们一般认为有以下几种因素。

1. 遗传因素

有人认为,焦虑症可能有特殊的生物学基础和遗传倾向。已有研究表明,在焦虑症患者近亲中,本病发病率较一般人高3倍,亲属患病率为15%,而一般居民只有3%。对孪生子的研究表明,单卵孪生子焦虑症的焦虑素质一致性均较双卵孪生子高,单卵双生同病率为41%,而双卵双生只有4%。

2. 生理因素

一般来说,患者肾上腺素、去甲肾上腺素和乳酸分泌增加,交感和副交感神经系统的活动也普遍增加。交感神经活动增加时,血内肾上腺素浓度上升,血压升高和心跳加快;皮肤苍白和出汗,并且口干;呼吸也加深、加快和肌张力减低或颤抖。而副交感神经活动增加时,出现尿频和尿急,肠蠕动加快和腹泻等。如果这种情绪持续较长时间,肌张力增加,并伴有紧张不安和反复出现激越动作。

3. 心理因素

有人认为,焦虑症主要是由于过度内心冲突对自我威胁的结果,常常主观感觉紧张或有不愉快预感;还有人认为,个体童年期心理体验被压抑,一旦遇到应激便成为焦虑。另外,焦虑素质在焦虑症的发生中起重要作用。焦虑素质即易焦虑、易激惹、有不安全感、自信心不足;常苛求自己,依赖性强,而且过分关心身体健康。这类患者大都胆小怕事、谨小慎微、情绪不稳、对轻微挫折或身体不适容易焦虑和紧张。

4. 社会因素

亲人死亡、事业失败或流行性疾病等也常是引起焦虑症的直接原因。另外,一些患者家庭社会环境较好,经济条件宽裕,造成从小任性,被过分迁就溺爱,心理比较脆弱,遇到挫折或不顺心的事也容易引起焦虑症的发作。

(二)焦虑症的临床表现

焦虑症的临床表现主要有如下两种。

一是急性焦虑症，又称惊恐障碍，表现为反复出现显著的心悸、出汗、震颤等植物神经症状，伴以强烈的濒死感或失控感，害怕产生不幸后果的惊恐发作等特征。多在精神创伤后突然发病，患者发作时有明显的植物神经症状，如心悸、呼吸困难、胸闷、胸痛、四肢发麻、出汗、发抖、惊恐万分；或出现大祸临头、死亡来临之感，似乎死亡迫近，驱使他们尖叫，大声呼救，以致逃离或躲藏起来，但说不出究竟怕什么。发作时间长短不一，有时只有1~20分钟，有时长达数小时，可反复发作多次。

二是慢性焦虑症，又称广泛性焦虑，是焦虑症的主要表现形式。它表现为持续的显著紧张不安、伴有植物神经功能兴奋和过分警觉的特征。患者对客观上并不存在的某种威胁、危险和坏结局总感到担心、不安和害怕；虽认识到这是杞人忧天，但不能控制，颇为苦恼，容易激惹，对声音过敏，注意力不集中，记忆力不好。患者还有躯体症状，植物神经功能亢进，如口干、恶心、胀气、腹泻、呼吸加快、心动过速、尿频、月经不调、阳痿、面色潮红等。慢性焦虑症一般还伴有运动症状，如紧张性头痛、肌肉紧张、手震颤、睡眠障碍、做噩梦等。

(三)焦虑症的诊断标准

我国提出的焦虑症诊断标准按临床表现可分为两种：急性焦虑症和慢性焦虑症。

急性焦虑症的诊断标准如下。

(1) 符合神经症的诊断标准。

(2) 1个月内至少有3次惊恐发作，首次典型发作后继之以害怕再发作的焦虑而持续1个月。

(3) 惊恐发作符合下述四项：①没有任何客观危险的环境下发作，或者发作无明显而固定的诱因，以致发作不可预测；②两次发作的间歇期除了害怕发作外，没有明显症状；③发作表现为强烈的恐惧，伴有显著的植物神经症状，还往往有人格解体、现实解体、濒死恐怖、失控感等痛苦体验；④发作来得突然，10分钟内达到高峰，一般不超过1小时，发作时意识清晰，事后能回忆发作的经过。

(4) 排除恐怖症和抑郁症等继发的惊恐发作。

慢性焦虑症的诊断标准除了与上述第(1)(4)条标准相同外，主要是以持续的焦虑为原发症状，经常或持续地无明确对象和固定内容的恐惧或提心吊胆，伴有植物神经症状或运动性不安。

在心理咨询门诊和群体调查中，可以使用评定量表来对焦虑症者进行筛查。这类评定量表很多，这里介绍常用的焦虑自评量表(SAS)。SAS(参见表7.1)由Zung氏1971年编制，含20个条目，4级计分，可以自评，也可以他评，一次评定约10分钟，使用简便。

表7.1 焦虑自评量表(SAS)[①]

填表注意事项：下面有 20 条文字，请仔细阅读每一条，把意思弄明白，然后根据您最近一星期的实际感觉，在适当的空格处画一个钩，每一条文字后有 4 个空格：A 没有或很少时间；B 小部分时间；C 相当多时间；D 绝大部分或全部时间；E 由工作人员评定。

	A	B	C	D	E
1. 我觉得比平常容易紧张或着急	□	□	□	□	1 □
2. 我无缘无故地感到害怕	□	□	□	□	2 □
3. 我容易心里烦乱或觉得惊恐	□	□	□	□	3 □
4. 我觉得我可能将要发疯	□	□	□	□	4 □
5. 我觉得一切都好，也不会发生什么不幸	□	□	□	□	5 □
6. 我手脚发抖打战	□	□	□	□	6 □
7. 我因为头痛、颈痛和背痛而苦恼	□	□	□	□	7 □
8. 我感觉容易衰弱和疲乏	□	□	□	□	8 □
9. 我觉得心平气和，并且容易安静坐着	□	□	□	□	9 □
10. 我觉得心跳得很快	□	□	□	□	10 □
11. 我因为一阵阵头晕而苦恼	□	□	□	□	11 □
12. 我晕倒发作，或觉得要晕倒似的	□	□	□	□	12 □
13. 我吸气呼气都感到很容易	□	□	□	□	13 □
14. 我的手脚麻木和刺痛	□	□	□	□	14 □
15. 我因为胃痛和消化不良而苦恼	□	□	□	□	15 □
16. 我常常要小便	□	□	□	□	16 □
17. 我的手脚常常是干燥温暖的	□	□	□	□	17 □
18. 我脸红发热	□	□	□	□	18 □
19. 我容易入睡并且一夜睡得很好	□	□	□	□	19 □
20. 我做噩梦	□	□	□	□	20 □

表中第 5、9、13、17、19 题为反向计分，A、B、C、D 四级分别评为 4、3、2、1 分，其余题为正向计分，A、B、C、D 四级分别评为 1、2、3、4 分。将 20 题的得分相加，即为总粗分，通过下式可换算成标准分：标准分=粗分×1.25。对于结果的诊断可参照表 7.2。

表7.2 不同精神疾患的 SAS 总分(标准分)

诊　　断	总分均值	标　准　差
焦虑症	58.7	13.5
精神分裂症	46.4	12.9
抑郁症	50.7	13.4
人格障碍	51.2	13.2
正常对照组	33.8	5.9

[①] 王向东, 王希林, 马弘. 心理卫生评定量表手册(增订版)[J]. 北京：中国心理卫生杂志社, 1999: 235-238.

(四)焦虑症的治疗

对焦虑症的治疗可采用认知疗法、行为疗法与催眠疗法，再配合药物疗法，一般可达到较好的疗效。

1. 认知疗法

对焦虑症可用心理认知治疗的方法，即对患者给予指导、保证、劝解、疏导和调整环境等，要让患者认识该病的非器质性的性质，以便消除疑虑、去除病因。

2. 行为疗法

患者不宜全休在家，否则会加重焦虑；应合理安排学习、生活，劳逸结合，有规律地进行松弛训练，如绘画、种花、听音乐、练气功、打太极拳等对焦虑症的治疗都有一定的效果。

3. 催眠疗法

催眠疗法实施的关键在于让患者接受很好的暗示，如"现在你体验到的紧张已消失，焦虑已不存在了，你自由自在地享受着催眠给你带来的轻松感"，"对今天的治疗你会感到十分满意，醒后你仍保持良好的、愉快的情绪"，"你能享受催眠的快感，醒来后你能感到体力和精力得到恢复，今后不必担心失眠和焦虑了"。经数次催眠后，患者焦虑的情绪减轻以至消失，失眠症状好转，在此基础上，以后的催眠针对其他症状治疗。患者治愈后应继续巩固催眠1~2次，以提高其认知能力和应激能力，预防复发。

4. 药物治疗

药物治疗主要是应用抗焦虑药，如安定类，对伴有抑郁症状者可用抗抑郁药丙咪嚓、阿咪替林、多虑平等。

三、强迫症

强迫症(obsessive-compulsive neurosis)是一种以强迫观念和强迫动作为特征的神经症，以有意识的自我强迫与有意识的自我反强迫同时存在为特征，患者明知强迫症状的持续存在毫无意义且不合理，却不能克制，越是企图努力抵制，反而越感到紧张和痛苦。患者一般自知力完好，求治心切。国外报道一般人口中的患病率为 0.05%~1%，占精神科患者总数的 0.1%~2%。国内流行学调查表明，本症患病率为 0.3‰，发病多在 16~30 岁，通常于青壮年期起病，脑力劳动者居多，性别分布上无显著差别。由尼古拉斯·凯奇主演的美国电影《火柴男人》中的主人公罗伊就是一个强迫症患者。

(一)强迫症的致病因素

俗语说"冰冻三尺，非一日之寒"，强迫症也不是短时间内就能形成的，它与个体的生理、心理素质以及社会心理因素有关。

1. 生理因素

过去大多数人认为本病源于精神因素和人格缺陷，近些年来发现遗传因素比较明显。根据家系调查发现，患者的父母中有5%~7%的人患有强迫症，远远高于普通人群。双生子的研究也显示，单卵双生子的强迫症同病率高于异卵双生子。可见，强迫行为的某些素质是可以遗传的。

2. 心理素质因素

病前患者的人格特征在本病病因中起着重要作用，在临床上也观察到，约2/3的强迫症患者在病前已存在强迫性人格或精神衰弱。其主要表现为患者过分要求严格与完美，特别死板、缺乏灵活性，过于谨小慎微，优柔寡断。但即使如此，患者也仍有"不完善""不安全"和"不确定"的感觉，他们或者表现为循规蹈矩，胆小怕事，缺少判断，犹豫不决，严肃古板，依赖顺从；或者表现为办事井井有条，力求一丝不苟，注重细节，固执倔强，墨守成规，宁折不弯，脾气急躁。

3. 社会心理因素

社会心理因素是本症发生的主要诱发因素，诸如由于工作、生活环境的变迁，责任加重，处境困难，担心意外，家庭不和，性生活不协调，或由于亲人去世，突然惊吓，政治冲击和濒临破产等，使患者谨小慎微，遇事犹豫不决，反复思考，忧心忡忡，都可能诱发强迫症的发生。患者病情严重时，常有中度甚至重度的社会功能受损，成为休学或不能工作的原因。但一般来说，患者始终有自知力，积极求医及治疗。

(二)强迫症的临床表现

强迫症的临床表现主要为强迫观念以及强迫性动作和行为两方面，同时伴有焦虑和苦恼状态。下面介绍这两类症状。

1. 强迫观念

强迫观念是强迫症的核心症状，最为常见。它包括强迫性怀疑、强迫性穷思竭虑、强迫性对立思维、强迫性回忆、强迫性情绪，以及强迫意向等。

(1) 强迫性怀疑。患者对自己言行的正确性反复产生怀疑，并由此产生强迫性检查行为，如出门怀疑是否关好门窗、煤气是否关紧、写信是否写错地址等，虽然检查了一遍又一遍，还是不放心；儿童常常怀疑自己将老师布置的家庭作业完成了没有、做错了没有，怀疑自己有没有将上课需要的书带齐。

(2) 强迫性穷思竭虑。患者对日常生活中的一些事情反复思虑，明知毫无实际意义，但无法控制。如某患者反复考虑人为什么分男女、人为什么要洗澡、谁最先洗澡，如果不洗澡会出现什么问题。有个患者每天都想："为什么人的眼睛、鼻孔、耳朵都成双成对，而偏偏只长了一张嘴巴。"另有一个患者反复想不通："为什么1+1=2，而不是等于3。"有的患者反复问："到底是先有鸡，还是先有蛋，为什么？"有的还反复想以往发生过的事情。

(3) 强迫性对立思维。患者在接触到某些观念和词语时，立即产生相反的观念和词语。如听到"黑"，脑海里就产生"白"；听见"好事"，就产生"坏事"；读到"战争"，就想到"和平"；别人说"漂亮"，便想到"丑陋"；别人说"成功"，便想到"失败"。有一个患者，每遇到开会或看戏，总是冲动，要大声叫喊，非常紧张，不敢开会，不敢看戏。

(4) 强迫性回忆。患者对经历的某些事件，不由自主地在脑海里反复出现，虽明知缺乏实际意义，而且是有害的，但无法摆脱。如患者与他人谈话后，要反复思考谈话时的情景、对象、内容，自己说了什么，对方说了什么，如果不能回忆清楚便觉得十分苦闷；总是回忆与某人相处时不愉快的情景，如到商店购买东西受到奚落而难堪等。

(5) 强迫性情绪。患者对某些事物担心，明知不对，但无法摆脱。如一位女患者老是担心在陌生的男性面前，作出下流举动，明知不可能，但每一次出门前都得这么想。

(6) 强迫意向。患者有反复做某种违背自己意愿的动作或行为的强烈内心冲动，如走在马路上，总是想到自己冲上高速公路，被汽车撞伤。有的患者一走到楼顶、桥上、井边、阳台上，总有往下跳的冲动，为此非常恐慌。有一个产后患者，每当抱着孩子走上楼顶时，就产生把孩子往下扔的冲动，吓得她不敢再到楼顶，也不敢抱孩子了。

2. 强迫性动作和行为

强迫性动作和行为主要是患者为了摆脱强迫观念引起的焦虑和烦恼，而被迫采取的一种顺从行为。它包括强迫性检查、强迫性询问、强迫性清洗、强迫性计数和强迫性仪式动作等。

(1) 强迫性检查。强迫性检查是指患者为减轻强迫性怀疑而引起的焦虑所采取的行为。如自己总是担心把信的地址写错，为了减轻这种疑虑而引起的焦虑，必须反复检查书信的地址。

(2) 强迫性询问。患者往往不相信自己，为了消除因怀疑自己造成的焦虑，患者反复询问他人，并要求得到解除。如一个平时很少说话的女孩因为偶然一次被同学讥刺为哑巴，然后不停地问医生、周围人，自己是否真是哑巴。

(3) 强迫性清洗。为了消除自己可能受到不干净物品污染的担心，必须反复洗手、洗澡或洗衣物。有的患者反复用肥皂水洗手，以致皮肤被洗破仍不罢休。患者也知道这样做无益，但是没有办法控制，如果不做，就会感到焦虑、难受。有时一洗就要两个小时，甚至半天，一天要洗掉一块肥皂，手洗破了还不罢休。有一个患者，洗手先洗左手的大拇指，再洗食指……然后洗右手。一旦程序打乱，又要从头开始。

(4) 强迫性计数。患者以一定形状的物品进行强迫计数，虽明知无此必要，但无法控制自己。有的患者见到电线杆、台阶、楼层、窗口等，不由自主地依次点数，否则会感到烦躁。有一个患者，只要一看到窗户，就要数有几块玻璃。

(5) 强迫性仪式动作。患者必须完成一系列的复杂动作行为或重复出现某些动作，才能消除由强迫观念引起的不安和焦虑。

(三)强迫症的诊断标准

我国提出的强迫症诊断标准如下。

(1) 符合神经症的诊断标准。

(2) 以强迫症状为主要临床相：以强迫思维表现为主的有强迫观念、强迫回忆、强迫表象、强迫性对立观念、强迫性穷思竭虑、强迫性害怕丧失自控能力；以强迫动作表现为主的有反复洗涤、反复核对检查、反复询问、仪式化动作等。

(3) 排除其他精神障碍的继发性强迫症状。

(四)强迫症的治疗

1. 心理治疗

心理治疗是强迫症治疗中非常重要的手段之一。尤其是那些合并有人格缺陷的患者，他们更需要通过心理治疗来健全完善自己的人格，以达到治疗强迫症的目的。不同的心理治疗师遵循的指导理论不尽相同，他们会根据自己遵循的理论对强迫症作出各自的解释，并使用各自的治疗手段进行系统的心理治疗。精神分析和森田疗法都是经实践证明行之有效的治疗方法。

2. 行为治疗

行为治疗分为两个基本流派：第一种观点认为具有强迫症的人是借助于各种行为和仪式动作来缓解焦虑，称为"驱力降低模型"。依照这个模型，治疗的主要方法是各种降低焦虑的技术，其中最常用的是系统脱敏法。治疗者主要集中于通过激发可以减少焦虑的情境来消除患者的不适当行为与仪式动作。第二种观点是基于操作模型而建立的，强调对强迫行为的后果进行调节，因此在这个模型中大量运用惩罚和示范学习。

3. 暴露疗法

暴露疗法的技术在过去的几十年中被许多人重视和运用，尤其是把患者逐渐暴露于各种无论是想象的还是现实的焦虑情境中，效果都很好。由于暴露持续时间的长短的主要依据是能否让患者消除焦虑和恢复宁静，因此，采用这种方法的治疗时间要长一些，大约在 2 小时。

4. 家庭人际关系治疗

家庭人际关系治疗强调人际关系的因素，注重研究行为问题的整体意义，避免单纯研究孤立的个人行为。例如在治疗患者的同时，可以为患者的家庭成员提供咨询。

四、神经性抑郁

神经性抑郁，又名抑郁性神经症(depressive neurosis)，它主要是由一定的心理应激引起的一种持久的情绪抑郁，是对痛苦经历的抑郁反应，程度较轻。患者具有持久性的情绪低落、沮丧、压抑，伴有焦虑、躯体不适和睡眠障碍，无幻觉和妄想等精神病性抑郁症表现。日常生活中，患者在学习上无明显异常，有自知力，能主动求医。

此病在国外较多见，我国抑郁性神经症的患病率为 3.11%，占精神科门诊病例的 5%～10%，发病的年龄以成长早期较多，且女性发病率较高。

(一)神经性抑郁的病因

抑郁性神经症的病因十分复杂，一般来说，主要有社会心理因素、个性特征和躯体疾病等。

1. 社会心理因素

绝大多数患者的起病原因都是由一定的心理应激引起的，常见的有家庭不和、亲人分别、意外伤残、学习困难、人际关系紧张等，因长时间困境的苦恼，容易导致神经性抑郁的发生。

2. 个性特征

患者往往表现出一定的个性特征，如被动性、依赖性强，不开朗，胆小怕事；情绪低落、寡言少语、喜欢思考、精神不足；凡事看得悲观，回忆过去谴责自己，展望未来缺乏信心，面对现实困难重重。此外，不良的认知模式也在抑郁性神经症发病中起着重要作用。

3. 躯体疾病

躯体疾病也有影响，如癌症和血液病患者易产生担心或焦虑情绪。患者体内的生化物质有所改变，如脑内去甲肾上腺素减少。

(二)神经性抑郁的临床表现

从临床上来看，神经性抑郁首先有躯体方面的症状，其次有情绪和日常生活方面的表现。

1. 躯体症状

有的患者以躯体症状表现为主，常有头痛、头昏、耳鸣、口干、背痛、四肢痛，但查不出原因；或伴有植物神经功能障碍，如心悸、胸闷、多汗、胃部不适、腹泻、便秘和失眠等。

2. 情绪表现

神经性抑郁临床上最突出的症状是持久的情绪低落。主要是抑郁情绪，程度轻，患者描述症状生动具体，如心情不畅、消沉、沮丧，常沉思不愉快的往事，或遇事总往坏处想；夸大自己的缺点，自我评价下降，看周围一片暗淡。患者对日常活动包括工作、学习、业余爱好和娱乐无兴趣与热情，感到生活无意义，对前途悲观，有些患者甚至有轻生念头。

3. 日常表现

患者的社交活动减少，不愿主动与别人交往；自觉活力下降，懒散乏力。不过，患者的学习、生活、工作受影响不明显，常常被人认为是思想问题来进行教育。

(三)神经性抑郁的诊断标准

我国提出的神经性抑郁的诊断标准如下。

(1) 符合神经症的诊断标准。

(2) 以持久的轻度至中度抑郁为主要临床相，伴有下面症状中的三项：兴趣减退，但未消失；对前途悲观失望，但不绝望；自觉疲乏无力或精神不振，自我评价下降，但愿接受鼓励和赞扬；不愿主动与人交往，但被动接触良好；愿接受同情和支持，有想死的念头，但又顾虑重重；自觉病情严重难治，但主动求治，希望能治好。

(3) 无下面症状中的任何一项：明显的精神运动性抑制；早醒和症状晨重夕轻；严重的内疚或自责；持续的食欲减退和明显的体重减轻；不止一次自杀未遂；生活不能自理；幻觉或妄想；自知力缺损。

(4) 病程至少 2 年，在全部病程中大部分时间心境低落，如有正常间歇期，每次最长不超过 2 个月。

对于神经性抑郁也可应用量表评定方法来筛查。这类评定量表很多，这里介绍常用的抑郁自评量表(SDS)。SDS(见表 7.3)由 Zung 氏于 1965 年编制，含 20 个条目，4 级计分，可以自评，也可他评，一次评定约 10 分钟，使用简便。

表 7.3 抑郁自评量表(SDS)[①]

填表注意事项：下面有 20 条文字，请仔细阅读每一条，把意思弄明白，然后根据您最近一星期的实际情况在适当的空格处画一个钩，每一条文字后有四个空格：A 没有或很少时间；B 小部分时间；C 相当多时间；D 绝大部分或全部时间；E 由工作人员评定。

	A	B	C	D	E
1. 我感到情绪沮丧，郁闷	□	□	□	□	1□
2. 我感到早晨心情最好	□	□	□	□	2□
3. 我要哭或想哭	□	□	□	□	3□
4. 我夜间睡眠不好	□	□	□	□	4□
5. 我吃饭仍像平时一样多	□	□	□	□	5□
6. 我的性功能正常	□	□	□	□	6□
7. 我感到体重减轻	□	□	□	□	7□
8. 我为便秘而烦恼	□	□	□	□	8□
9. 我的心跳比平时快	□	□	□	□	9□
10. 我无助感到疲劳	□	□	□	□	10□
11. 我的头脑像往常一样清楚	□	□	□	□	11□
12. 我做事情像平时一样不感到困难	□	□	□	□	12□
13. 我坐卧不安，难以保持平静	□	□	□	□	13□
14. 我对未来感到有希望	□	□	□	□	14□
15. 我比平时更容易激怒	□	□	□	□	15□
16. 我觉得作出决定是很容易的	□	□	□	□	16□
17. 我感到自己是有用的和不可缺少的人	□	□	□	□	17□
18. 我的生活很有意义	□	□	□	□	18□
19. 假若我死了，别人会过得更好	□	□	□	□	19□
20. 我仍旧喜爱自己平时喜爱的东西	□	□	□	□	20□

表中第 2、5、6、11、12、14、16、17、18、20 题为反向计分，A、B、C、D 四级分别评为 4、3、2、1 分，其余题为正向计分，A、B、C、D 四级分别评为 1、2、3、4 分。将 20 题的得分相加，即为总粗分，通过下式可换算成标准分：标准分=粗分×1.25。

中国正常人 1340 例测定的结果，总粗分均值为 33.46±8.55 分，标准分均值为 41.88±10.57 分，SDS 总粗分的分界值为 41 分，标准分为 53 分。

[①] 王向东，王希林，马弘. 心理卫生评定量表手册.(增订版)[J]. 北京：中国心理卫生杂志社，1999：194-197.

(四)神经性抑郁的治疗

神经性抑郁的治疗一般有认知疗法、催眠疗法和药物治疗等。

1. 认知疗法

应用认知疗法治疗患者，主要是指导患者进行自我监察，安排好行为活动，辨认特殊思想；改变患者对现实、对自己的不正确认识，进而使消极的、负面的情绪好转起来，从而建立个人与社会适当的、合理的关系，逐步建立有信心的活动程序，再配合松弛训练。

2. 催眠疗法

催眠疗法主要是就引起患者抑郁的心理因素进行分析、解释与疏导，增强其信心，消除其抑郁情绪。具体操作：第一步，通过暗示，使患者进行回忆，或帮助启发他回忆，然后针对其心理问题进行分析、解释和疏导，如说暗示语"催眠对你的病有良效，我们将帮助你从困境中摆脱出来，你仔细想想是什么原因影响你的情绪"。第二步，改善患者失眠、多梦等症状，如对患者说暗示语"今天主要帮助你改善失眠与多梦，现在你非常舒适，头部与全身肌肉都已放松，头痛消失；体验一下，你将身心愉快、精力充沛。"经数次催眠治疗病情好转后，还可教会患者自我催眠，以巩固疗效，达到增强抗病能力和自我保健的功效。

3. 药物治疗

针对神经性抑郁，除了上述介绍的治疗方法外，还可以辅之以药物治疗。目前，一般认为阿米替林、丙咪嗪、多虑平等药物对于减轻病情、缓解抑郁心境有良好的疗效。但要注意用量，治疗的剂量为75～150 mg/日，可从低剂量开始用药，缓慢递增。另外，这些药都有副作用，要注意副反应，服药遵从医嘱。

总的来说，抑郁性神经症的药物治疗效果不如心理治疗明显，要强调心理预防，解除患者的心理负荷，调整社交关系，消除心理应激源，创设健康的外部环境，从小培养开朗、健全的个性。此外，患者亲属如患有抑郁症须积极治疗，对企图自杀者做好监护。

> **拓展阅读**
>
> **抑郁症实例**[①]
>
> 某女，25岁，抑郁寡欢、兴趣降低、自卑、烦躁、疲乏无力7年。开始是头昏、注意力不集中、入睡困难，随后心情经常抑郁、沉重，感到脑子不够用，被诊断为神经衰弱，药物治疗疗效不明显；临近高考时更加烦躁，易激惹，学习力不从心，每天学习10余小时，收效甚微，考试前头痛欲裂，通宵不眠，食欲不振，时有呕吐。后来，患者高考落选，设法摆脱抑郁情绪而转学复读，第二次高考又以2分之差落选，怀疑人活在世上没有意义，拼搏得不偿失，不愿再读书，整日待在家中，怕见熟人，羡慕古代隐士，曾萌发削发为尼的念头，遇到一点不顺心的事就万念俱灰，几次企图自杀，但又觉得死了太可惜。患者性格内向，孤独少语，胆小怕事，爱思考，多愁善感，喜读诗歌和小说，常为古人担忧落泪。

[①] 王登峰. 变态心理学[M]. 北京：时代文化出版公司，1993.

患者无幻觉妄想和自罪自责表现,求知心切,自知力充分。

案例分析:

根据上述症状及抑郁症的诊断标准,该患者可诊断为抑郁性神经症。对这一典型的抑郁性神经症患者可实施认知心理治疗,帮助其发掘自己不合理的思维方式,坚持记日记,改变认知系统。经过半年的治疗,患者的抑郁情绪定会有所改善。

本章小结

本章内容与第六章的内容相互衔接,旨在使学生在了解发展性心理问题咨询与辅导的基础上,进一步掌握与理解青少年矫治性的即常见的心理障碍与神经症及人格障碍咨询与辅导的基础知识。所以,本章的内容主要包括智力缺损、多动症、口吃、神经性厌食、学习困难、心理危机等心理障碍与神经衰弱、焦虑症、强迫症、神经性抑郁等神经症以及人格障碍的含义、致病因素、临床表现与治疗等。

思考与练习

一、思考题

1. 智力缺损的含义是什么?有哪些临床分级?
2. 举例说明多动症的治疗方法。
3. 如何对口吃患者进行训练?
4. 学习困难的含义与表现是什么?
5. 焦虑症的含义与表现是什么?说说催眠疗法在治疗焦虑症中的运用。
6. 强迫症分为哪几类?举例说明各自的临床表现。
7. 试分析人格障碍的成因与类型。

二、案例分析

材料1:

某女,20岁,大学生,因失眠、精神差、易疲劳来就诊。患者因感到学业压力过大而开始失眠,表现入睡困难,每晚要2~3小时方能入睡,睡后极易惊醒,轻微响声都不能忍受,梦多,白天昏昏欲睡,不能坚持上完一节课,记忆力和学习效率下降,一看书便心烦意乱,熟人的名字有时也叫不出。近3个月来头昏、头痛、眼花、情绪急躁,常因小事叹息不已。患者病前性格多疑敏感,不果断,易急躁,自信心低,情绪不稳。检查时患者对稍强的光线或一般噪声不能忍受,无其他障碍表现,认为自己的疾病非常顽固,难以治愈,甚为着急,主动诉述病情,求治心切。

材料2:

某男,19岁,高中生,做事反复思考,犹豫不决,自知不必要的事反复想,不该做的事想去做,因而自觉痛苦紧张已3年。患者从小懂事守规矩,15岁后频繁手淫,暗中自责;对担任学生干部十分矛盾,既怕耽误学习,又怕辜负老师,冥想苦思,通宵不眠;每天早晨4点起床,晚上12点就寝,常常手捧书本,思想却云游四方,自称"该记的记不住,该忘的忘不了"；做事小心缓慢，吐痰时瞻前顾后，提水时小心翼翼，偶尔溅到别人鞋上几滴水，于心不安，非要替别人擦干净；去邮局取款反复核对钱数，关灯锁门均需几次验证，书桌衣箱清理再三，自感多余，但非如此心不得安。某日他还一妇人家的水桶，客气地说了声"麻烦您了"，后在回家途中感到应该说"谢谢您"而不是"麻烦您"，便回头去找妇人更正，又觉得此事荒唐，一直耿耿于怀。患者在日记中记载：今天不小心踩了一块晒在操场上的水泥预制板，碰坏一角，长 10 cm，宽 18 cm，厚 4 cm，我不是有意的，打听一中午，还未找到主人是谁……一个半月后，临近考试，有些事仍放心不下，水泥板的主人一直下落不明，更糟糕的是水泥板已经被抬走了，不说声对不起，我心里总不能平静……最好在校门口贴张纸条，打听谁是水泥板的主人……

(1) 根据材料1和材料2的描述，判断患者分别属于哪类症状。
(2) 根据本章所学的相关内容，提出相应的治疗方法。

实 践 课 堂

大家都来帮帮他

活动目的主要在于了解偏执型人格障碍的表现及辅导措施，增强大学生同学间的情感交流。

一、小品表演

由7位同学分角色表演一个小品，人物有大学生甲、乙、丙、丁、老师、校长和家长。情节如下：大学生甲系大一男生，前半学期由于同学间互不认识，由老师指定他暂任班长。半学期后由于与同学关系不和，被撤换班长之职。于是，大学生甲就怀疑是大学生乙、丙、丁等人嫉妒他的才能，在老师那里说他的坏话，认为自己受到了排挤和压制，对班长撤换一事耿耿于怀，愤愤不平。他认为大学生乙、丙、丁与老师这样对他不公平。于是，他经常指责、埋怨同学和老师，后来发展到与同学、老师发生冲突，甚至要去校长和家长那里告状，要求恢复他的班长之职，并扬言上告，要伺机报复。大家都耐心地劝他，他却总是不等人把话讲完，就急于申辩，始终把大家对他的好言相劝理解为恶意、敌意。这样的无理取闹导致他与同学、老师的关系恶化，到毕业时，仍无根本性的转变。

二、同学讨论

主要围绕以下几个方面分析与发表意见。

(1) 分析大学生甲的行为表现及特征是否属于人格障碍，如果属于人格障碍，那么属于哪一类人格障碍？
(2) 分析大学生甲的行为根源。
(3) 探讨对大学生甲进行心理咨询与辅导的措施。

三、教师点评

从大学生甲的行为表现来看，可以诊断为偏执型人格障碍，因为他的行为符合该人格障碍的特征，如对自己的能力估计过高，对挫折过分敏感，广泛猜疑，看问题主观片面，习惯把失败归咎于别人等。偏执型人格障碍一旦形成，就具有一定的稳定性，要想彻底矫治难度很大。因为他对周围的人甚至心理咨询师都不信任，拒绝合作。辅导的措施主要有：

其一，学会自我暗示。如果有时间的话，每天默念"自己一定要改掉固执多疑的缺点，要谦和，要心平气和地表达自己的观点，多听听同学、老师的意见；千万不要高傲自大，不要总认为自己比同学、老师能干，要知道天外有天、人外有人；一定要用宽容的态度对待同学、老师，相信他们也会这样对待自己……"坚持一段时间，症状定会得到缓解或改善。

其二，学会用自我分析法。主要是分析自己非理性的观念，如每当自己出现对同学、老师不信任的观念时，患者就要分析一下是不是自己卷入"信任危机"之中；每当自己对同学、老师有敌意的观念时，患者就分析一下是不是自己卷入"敌对心理"的旋涡之中。通过自我分析非理性的观念，可以阻止患者的偏执行为。如果用上述方法仍不能奏效的话，可以求助医生辅之以药物治疗。

推 荐 阅 读

1. 李白坨. 青少年心理卫生与心理咨询(修订版)[M]. 北京：北京师范大学出版社，2005.
2. 莫雷. 教育心理学[M]. 广州：广东高等教育出版社，2002.
3. 韩延明. 大学生心理健康教育[M]. 上海：华东师范大学出版社，2007.
4. 张嘉玮. 丁香一样的芬芳——大学生校园心理发展轨迹[M]. 长春：长春出版社，2005.

第七章课件

拓展阅读

20世纪人类社会最伟大的发明之一是"小团体运动"。

——卡尔·罗杰斯

第八章 青少年的团体心理咨询与辅导

本章学习目标

- 了解和掌握团体心理咨询的概念、特点以及历史。
- 掌握青少年团体心理咨询过程。
- 掌握青少年团体心理咨询方案的设计。

核心概念

团体心理咨询(group counseling); 特点(feature); 过程(process); 方案(program); 设计(design)

引导案例

大一新生的迷茫

某大学大一新生王××,进入大学之后,整日无所事事,每天以上网游戏度日。心不在焉、昏昏欲睡地混过了大学的一个学期。辅导员多次找他谈话也不配合,认为自己已经是大人了,自己的事情可以自己处理。第一学期结束时,五门课程四门不及格,另外的一门还是勉强过关。他认为自己不能这样继续大学生活了,才找到辅导员求助。原来自从拿到录取通知书开始,王××就很不情愿地到这所大学就读。入学伊始,看到校园、寝室的环境和自己理想中的大学差距很大,内心便有了失落感。学校组织的活动也不积极参加。渐渐地对大学没有了期望,进而失落,没有目标。

幸运的是学校组织了一次生涯规划的团体心理咨询活动,辅导员推荐王××参加了这次活动。通过这次活动,王××重新找回了积极、奋斗的心态,并对自己未来的学业进行了清晰的规划。团体心理咨询以其高效、经济的特点在学校大放光彩,并帮助越来越多的青少年走出困境,迎来希望。

从这个案例中可以看到，大学的生活环境不再是单一的课堂，还有很多娱乐休闲的时间。学习方式也不再是被动学习而变成了主动学习。大学是自由开放的，同时又需要大学生具有一定的自我规划和约束力。本案例中王××因为缺少自我规划和约束的能力，导致了学业上的困惑，进而失落、失意，缺少积极向上的动力。而此时进行的团体生涯规划就是很有必要和有意义的。

第一节　团体心理咨询与辅导概述

团体心理咨询是一门以心理学为基础的专业知识、理论与技术。随着我国心理健康教育工作越来越受到政府、社会、大众的关心和重视，团体心理咨询的技术和方法也将被广泛应用在社会生活的各个方面。

一、团体心理咨询的概念

团体心理咨询一词是从英文 group counseling 翻译而来的。group 可翻译为团体、小组、群体、集体，counseling 可翻译为辅导、咨询、咨商，所以团体心理咨询又称为团体咨询、集体咨询、团体辅导等。近年来，国外出版了许多有关"团体心理咨询"的理论和技术指导方面的书籍，但是大家对团体心理咨询的概念尚无一个明确、公认的定义。清华大学樊富珉教授将它定义为：团体心理咨询(group guidance 或 group counseling)是通过团体内人际交互作用，促进个体在交往中通过观察、学习、体验、认识自我、探讨自我、接纳自我、认识他人、调整和改善与他人的关系、学习新的态度与行为方式，以发展良好的适应能力的一种助人过程。

团体咨询通常由一位或两位咨询员主持，一般称为团体领导者，多个来访者参加，一般称为团体成员。团体领导者根据成员问题的相似性组成课题小组，通过共同商讨、训练、引导，解决成员共同的发展课题或共有的心理障碍。团体的规模因咨询目标的不同而不同，少则3～5人，多则十几人，甚至几十人。通过几次或十几次团体聚会、活动，参加成员互相交流，共同讨论大家关心的问题，彼此启发、相互支持，鼓励分享，使成员了解自己的心理，了解他人的心理，以便改善人际关系，增加社会适应性，促进人格成长。实践证明，团体咨询既是一种有效的心理治疗，也是一种有效的教育活动。

二、团体心理咨询的特点

团体心理咨询具有如下特点。

(1) 团体心理咨询感染力强，影响广泛。团体咨询是多向沟通的过程。对每一个成员来说，都存在多个影响源。每个成员在接受来自团体每一个成员的帮助的同时，也可以成为帮助其他成员的力量。此外，在团体情境下，成员可以同时学习模仿多个团体成员的适应行为，从多个角度了解自己、洞察自己。团体咨询过程中，成员之间互相支持、集思广益，共同探寻解决问题的办法，减少了对领导者的依赖。

(2) 团体心理咨询效率高，省时省力。团体咨询是一个领导者面对多个团体成员，即一个领导者可以同时指导多个求询者，增加了咨询人数，节省了咨询的时间与人力。团体咨询符合经济的原则，提高了咨询的效益。团体咨询的效能还体现在防患于未然，避免问题的发生，利用集思广益的研讨方法，谋求问题发生后的处理方式，这是解决问题最经济的方法。

(3) 团体心理咨询效果容易巩固。团体咨询创造了一个类似真实的社会生活情境，为参加者提供了社交的机会。成员在团体中的言行往往是他们日常生活中行为的复制品。在充满信任的良好团体气氛中，通过示范、模仿、训练等方法，参加者可以发现和识别自己不适应的行为，并尝试与他人建立良好的人际关系。

(4) 特别适用于需要改善人际关系的人。团体心理咨询对于改善人际关系有其特别的作用。一般的青少年缺乏社会化的经验，在学校或社会中常发生人际关系方面的冲突或躲避与人接触，在团体咨询过程中可以得到改变。那些长年与同学、同事不能相处的人，也可经由团体咨询来改善人际关系的适应性。有些人因为缺乏客观的自我评价、缺乏对他人的信任、过分依赖或过分武断，难以与他人建立和保持良好的、协调的人际关系，也可以通过团体咨询矫正。

三、团体心理咨询的功能

(一)团体心理咨询的教育功能

团体咨询的过程被认为是一个通过成员相互作用，来协助他们增进自我了解、自我抉择、自我发展，进而自我实现的一个学习过程。团体心理咨询有助于学生自我教育，还有助于培养学生的社会性，形成适应社会生活的态度与习惯，以及互相尊重、互相了解、少数服从多数的民主作风，促进学生德、智、体全面发展。

(二)团体心理咨询的发展功能

咨询心理学强调发展的模式，它试图帮助咨询对象得到充分发展，扫除其正常成长过程中的障碍。团体方式的活动，不但可提供成员必要的资料，改进其不成熟的偏差态度与行为，而且能促进其良好的发展与心理成熟，可以培养成员健全的人格及协调的人际关系。应该说，团体咨询最大的功能就在于它有益于正常人的健康发展。

(三)团体心理咨询的预防功能

通过团体心理咨询，成员对自己有了更多的了解，懂得了什么是适应行为，什么是不适应行为。团体咨询提供了更多的机会，让成员之间彼此交换意见，互诉心声，研讨以后可能遇到的难题及可行的解决办法，增强处理问题的能力，这可以预防心理问题的发生或减少心理问题发生的概率。同时，团体咨询中，领导者不仅能发现那些需要个别咨询的人，并及时予以援助，同时也能使所有成员对心理咨询有正确的认识、积极的态度，心理上有所准备，一旦需要帮助，能够主动求助。这也起到了预防心理问题发生与发展的作用。

(四)团体心理咨询的治疗功能

在团体模式下,由于治疗的情境比较接近日常生活与现实状况,以此处理情绪困扰与心理偏差行为,易收到效果。目前在学校心理咨询中,许多团体治疗技术已经得到应用。尽管学校里心理疾病患者人数很少,但情绪不稳、适应不良、有心理困扰的学生却为数不少。这些有心理困扰的学生,经过团体咨询,问题不再恶化甚至减轻,这既可以说是预防,也可以说是治疗。因此,团体咨询的治疗功能是显而易见的。

四、团体心理咨询的类型

(一)根据团体心理咨询所依据的理论分类

1. 精神分析团体咨询与治疗

精神分析团体咨询与治疗是将精神分析的理论、原则和方法应用于团体成员的一种形式。其目的在于揭示团体中每个成员的核心冲突,使之上升到意识层面,以此促进成员的自我了解,认识并领悟自己被压抑了的种种冲动和愿望,最终消除症状,较好地适应和处理各种生活情境与挑战。

2. 行为主义团体咨询与治疗

行为主义团体咨询与治疗是指把行为疗法用于团体咨询与治疗。它具有四个特征:第一,用具体的行为主义的术语来阐述问题,并确定治疗目标;第二,所有的方法与技术都是针对成员的外部行为或症状本身;第三,对适应不良行为和新行为进行客观的测量与评定;第四,采用学习原则促进团体成员的行为变化。行为主义团体咨询与治疗的常用技术与方法包括集体系统脱敏、集体放松训练、示范疗法、角色扮演、社交技能训练等。

3. 认知—行为团体咨询与治疗

认知—行为团体咨询与治疗是指在团体情境下将认知疗法与行为疗法相结合,帮助团体成员产生认知、情感、态度、行为等方面的改变。按照认知—行为疗法的基本观点,个体的心理障碍和行为问题产生于错误的思维方式以及对现实的错误感知。

4. 会心团体咨询与治疗

会心团体咨询也称为交朋友小组、坦诚团体,是美国人本主义心理学家罗杰斯倡导并首创的团体咨询方法,它的理论基础是罗杰斯的个人中心疗法理论。

会心团体作为一种很有实效,且广为应用的团体咨询形式,至少具有三个作用:第一,提供自我探究的机会;第二,提供在变化激烈的时代里生存的再学习机会;第三,提供了与陌生人交往的机会。

(二)根据团体咨询功能分类

1. 成长性团体咨询

成长性团体咨询是应用最为广泛的团体咨询形式,特别是在学校教育中更受关注。成长性团体咨询的主要目的是通过团体成员的主动参与,表达自己进而找到大家共同的兴趣与目标，重点放在自我成长与自我完善上。

2. 训练性团体咨询

训练性团体咨询注重的是人际关系技巧的培养，强调通过团体环境中的行为实验来帮助成员解决问题、作决定、表达自己的意见等。

3. 治疗性团体咨询

治疗性团体咨询是指通过团体特有的治疗因素，如团体中所提供的支持、关心、情感宣泄等，改变成员的人格结构，使他们达到康复的。治疗性团体一般持续的时间较长，所处理的问题也较严重，往往针对某种行为异常，如焦虑、抑郁、性问题等，团体咨询的重点放在过去的经验影响以及潜意识的因素，同时或多或少必须改变个人的人格结构。因此，治疗性团体咨询对领导者的要求要比成长性团体咨询更严格。

(三)根据团体的计划、成员参与、背景分类

1. 结构式团体咨询与非结构式团体咨询

结构式团体咨询是指事先做了充分的计划和准备，安排有固定程序的活动让成员来实施的团体咨询。此类团体有预定的目标，比较注重针对团体所要达到的目标，设计活动以引导成员参与团体学习。在这类团体中，团体领导者的身份易辨认、角色明确，经常需要采用较多的引导技巧来促进团体内互动。成员自主性与自发性的行为相对减少。一般比较适合青少年，如大、中学生团体。

非结构式团体咨询是指不安排有程序的固定活动，领导者配合成员的需要、根据团体动力的发展状况及成员彼此的互动关系来决定团体的目标、过程及运作程序。领导者常潜入团体中，身份不易被觉察，主要任务是催化、支持，多以非指导方式来进行。非结构团体也会适当运用团体活动和练习。一般适合年龄较长、心智成熟、表达能力较强的人。

2. 开放式团体咨询与封闭式团体咨询

按照团体咨询参加者的固定程度可将团体心理咨询分为开放式团体咨询与封闭式团体咨询。

开放式团体咨询是指成员比较不固定，不断更迭，成员的加入或退出皆尊重个人情况、需求和意愿。成员的流动性相对带来不同程度的冲击，会使团体气氛产生很大变化，彼此刺激，相互学习。

封闭式团体咨询是指一个团体，从第一次聚会到最后一次活动，其成员固定，保持不变，熟悉程度高，团体凝聚力与信任感较强。成员加入或退出必然会像平静的水面扔下一颗石子，影响团体进展。一般情况下，团体咨询常采用封闭式的方式进行。

3. 同质团体咨询与异质团体咨询

按照团体成员背景的相似程度可将团体心理咨询分为同质团体咨询与异质团体咨询。

同质团体咨询是指团体成员本身的条件或问题具有相似性，包括性别、年龄、学历、职业、婚姻等。同质团体的好处在于：团体成员因背景、条件相似而有更多的共同语言、共同体验，相互之间容易沟通，能互相关心，不会感到孤立，而且成员可以从其他人的经

验中得到解决问题的启发。

异质团体咨询是指团体成员自身的条件或问题差异大、情况比较复杂，如年龄、经验、地位极不相同的人，所具有的问题也不同。这类团体的成员常常因为志不同、道不合、话不投机而难以沟通交流，难以建立相互信任的关系，从而妨碍团体的发展。而且对领导者要求很高，领导者的知识、经验、能力直接影响咨询效果。

五、团体心理咨询的发展历史

团体心理咨询的发展是针对人类在不断变化的世界中的各种社会需要而产生的。随着社会政治、经济、文化的发展和变迁，人们的适应出现了许多新的特点和问题，早期的团体工作主要是协助个人适应社会的变化，最早出现在19世纪中期的英国。在团体咨询发展的过程中，被称为"团体咨询之父"的普拉特、"职业指导之父"的帕森斯、"心理剧创始人"的莫雷诺等人作出了重要的贡献。

(一)团体心理咨询的萌芽期

最早尝试团体形式用于心理治疗的是美国的内科医生普拉特(L. H. Pratt)。1905年，在波士顿做内科医生的普拉特将住院的20多位肺病患者组成了一个团体，他称之为class，采取讲课、讨论、现身说法的形式开展团体心理治疗。

1908年帕森斯(Frank Parsons)在马萨诸塞州首府波士顿创立了一家具有公共服务和培训性质的"波士顿职业局"(Vocah on Bureau of Boston)，同年10月他又提出心理咨询师的训练计划，主张公立学校应该为学生提供职业咨询的服务。

1928年，奥地利的阿德勒(A. Adler)和他的同事及其追随者先在维也纳，然后在芝加哥和纽约的阿德勒研究所开展了以阿德勒个人心理学为理论基础的团体心理咨询与心理治疗的技术。阿德勒等人通过小组讨论、小组社交活动、心理剧表演等形式使参加团体心理咨询的人在心理学家的指导下讨论人的生活价值，发展社会兴趣，培养社会情感，识别错误态度，克服自卑情结，建立起符合社会利益的生活态度。这种团体心理咨询与治疗的实践长达20多年。

(二)团体心理咨询的发展期

1940年，英国精神病学家福尔克斯(S. Foulkes)最先提出实施集体分析治疗。第二次世界大战期间，这一疗法率先被用于英军北部战区神经症中心的患病士兵中。战后，该疗法从军队扩展到地方医院和私人诊所。

20世纪60年代，人本主义心理学兴起，被称为心理学的第三势力。代表人物马斯洛(A. Mallow)、罗杰斯等人倡导"人类潜能运动"，其中心概念是人的自我实现。特别是罗杰斯大力提倡的会心团体受到社会各部门的欢迎，在学校发展尤其迅速。会心团体形成于50年代，60年代是普及期、发展期，70年代是反省期，80年代进入日常生活期。

(三)团体心理咨询与治疗的现状

1. 美国的团体心理咨询发展状况

在美国，各种类型的团体心理咨询活动特别是会心团体如雨后春笋般地涌现出来。团体心理咨询的发展是社会发展进步的需要。如何与人相处，如何适应群体，如何发展个人潜能，如何维护身心健康成了人们极为关心的问题。而这些能力的改善与发展可以通过成长团体和训练团体来达成。

(1) 团体心理咨询与集体心理治疗发展的主要趋势为：以马斯洛和罗杰斯倡导的人类潜能开发运动受到越来越多的人的关注。这个理论基础，促使美国的团体心理咨询与集体心理治疗的发展呈现三种主要趋势：①情绪释放疗法；②侧重于躯体控制的情绪释放疗法；③情绪控制和放松疗法。

(2) 发展性团体心理咨询进一步受到重视。20世纪90年代以来，发展性团体心理咨询进一步受到重视。

2. 中国的团体心理咨询发展状况

通过学习和借鉴国外团体心理咨询的有效形式，使团体心理咨询在学生人格成长、人际关系训练、心理障碍矫治中发挥作用是完全可以实现的。

1) 团体心理咨询导入期

1991年10月，中国心理卫生协会大学生心理咨询专业委员会根据大学心理咨询工作的特点以及大学生心理发展特点，特别组织了为期两天的团体心理咨询培训班，由从日本筑波大学心理学系留学归来的樊富珉带领，学员来自北京各高校。

2) 团体心理咨询探索期

1996年是中国内地团体心理咨询发展的一个重要时期，两本与团体心理咨询与治疗相关的专著出版。一本是由清华大学出版社出版，樊富珉编著的《团体咨询理论与实践》；另一本是由首都经贸大学杨眉编著的《社交焦虑团体心理治疗》。随着专著的出版，对团体心理咨询认识、了解的人逐渐增多，需求更大，培训工作更加活跃。

3) 团体心理咨询的专业化发展

进入21世纪，随着中国社会经济政治改革的步伐加快，心理咨询与心理健康教育也受到政府的重视，先后出台了多个文件强调心理健康教育的重要性。为了培训心理健康教育专业骨干教师，自2001年9月开始，教育部在天津师范大学设立了全国培训中心，在培训课程中安排了8学时的团体心理咨询教学。

4) 团体心理咨询本土化的探索

团体心理咨询与治疗是首先在西方发展起来的心理咨询方法。近年来，关于心理咨询本土化的呼声渐强，逐渐成为一种发展趋势。港台地区和内地学者都在探索如何开发适合中国人心理行为的团体咨询模式。

(四)团体心理咨询未来的发展趋势

团体心理咨询已有近百年的发展历史。未来团体心理咨询的健康发展与普及取决于未来社会发展的需要以及团体心理咨询效能研究和团体领导者的训练。

1. 未来社会的变化

心理咨询是民主社会的产物，只有重视人的价值、尊严和权利的社会才会注重培养和开发国民的心理潜能。21世纪最重要的资源是人力资源，而学校是开发和培养人力资源的重要场所。以人为本的教育理念正在为更多的教育者接受。团体心理咨询的功能将越发显得重要。团体心理咨询有助于发挥每一个人的潜能，增进人对自身和他人的了解和尊重，必将广为使用。

在现代化社会中，无论在学校、工厂还是在公司、政府部门，人们都要和他人相处，成功的人际关系已经成为现代社会发展的重要因素。如何与人相处，如何适应群体，如何发展个人潜能，如何缓解生活压力，如何找到适合自己特点的发展道路等问题成为人们极为关心的问题。而这些能力的改善与发展可以通过成长团体和训练团体来达成。

2. 团体心理咨询发展的新特点

团体心理咨询的发展具有如下新特点。

(1) 发展性团体心理咨询将成为学校心理健康教育的重点。近年来，由于心理健康教育面向全体学生，以发展为主的模式越来越成为人们的共识，团体心理咨询与训练逐渐升温。团体心理咨询与训练特别适合在学校运用。

(2) 更加重视团体咨询师专业培训。团体心理咨询由于参加人数多，团体动力复杂多变，对领导者的专业培训要求更高，没有经过专业训练的领导者会给团体成员带来伤害。美国的从业人员必须具有相关专业硕士以上的学历，以及经过资格认证获得执业资格方可带领团体。我国台湾地区已经就"心理师"通过了相关规定。由于团体心理咨询在我国还是新生事物，专业化程度比较低，学校心理辅导员的水平参差不齐，学科背景千差万别。

(3) 基于终身发展观的生涯团体咨询将受青睐。生涯团体咨询不再只是强调职业探索和职业规划，而是协助成员从心理、社会、经济等各个层面去观察、思考自己的人生怎样才能更加充实，所以团体过程更关注成员个人的需求、能力、潜能、人格特质、价值观等，更注重决策能力的提高。

(4) 重视多元文化背景下的团体心理咨询。不少心理学家都提出过，20 世纪末，多元文化咨询与治疗已经成为心理学的第四大势力，与心理动力论、认知行为论、个人中心论并驾齐驱。传统的心理学未能从文化的角度去协助当事人。多元文化咨询一方面肯定固有的心理学派，另一方面寻求整合传统的心理学派，从个人的建构立场去协助一个人探求其人生意义。团体成员不仅需要重视和欣赏自己所属文化的价值，也要学习、了解、接纳和尊重不同文化的价值，学习在多元文化中的沟通能力。

第二节 青少年团体咨询与辅导的过程与方法

团体心理咨询是心理咨询的主要形式之一，心理咨询的理论为团体心理咨询提供了理论基础，也为团体心理咨询的方法提供了依据。各学派的创立与发展，各有其背景与基础，逐渐形成了一整套理论。了解心理咨询主要流派在团体咨询方面的观点、贡献，以及在不同理论指导下的团体目标、领导者的任务、团体基本技术，可以为学习者构建自己的团体咨询理论打下基础。

一、团体心理咨询各阶段及其特征

任何一个团体心理咨询都会经历一个启动、过渡、成熟、结束的发展过程。在整个过程中，每一个阶段都是连续的、相互影响的。作为一个成功的团体咨询领导者，必须对团体咨询的发展阶段及特征有清晰的了解，才能把握住团体咨询的方向，有效地引导团体咨询向健康的、既定目标的方向前进。

由于不同的团体咨询参加成员不同，目标不同，活动方式不同，所以每个团体咨询都会经历不同的发展。但是，无论什么形式的团体咨询，大致都有五个阶段，即团体咨询的创始阶段、过渡阶段、规范阶段、工作阶段和结束阶段。

(一)团体咨询的创始阶段

在团体咨询的创始阶段，团体咨询成员最重要的心理需求是获得安全感。领导者的主要任务是协助成员相互间尽快熟悉，增进彼此了解，澄清团体目标，订立团体规范，建立安全和信任关系。这是团体进行下去的前提条件。

在这一阶段，有些成员常因担心自己的言行会不会被他人接受而小心翼翼。有的成员会故意表现出令人不快的言行，试探团队的真实安全程度，考验团体是否能接受他所有的行为和情绪。有时候，团体还可能会出现沉默、尴尬的气氛，这是成员在思考问题、寻找方向的表现。

(二)团体咨询的过渡阶段

团体咨询的过渡阶段，团体咨询成员最重要的训练需求是被真正接纳和有归属感。领导者的主要任务是提供鼓励与挑战，使成员能面对并且有效地解决他们的冲突和消极情绪，以及因焦虑而产生的抗拒，使团体咨询进步到彼此有效地建立成熟关系的阶段。

团体咨询领导者必须冷静沉着面对，主动、真诚而积极地关心每一个成员，协助他们了解自我防御的行为方式及处理冲突的情境，鼓励成员谈论与此时此地有关的事情，说出内心的想法，学习接纳自己和他人，建立支持和接纳的气氛，协助他们成为团体中独立自主的一分子。

(三)团体咨询的规范阶段

团体的规范阶段也称凝聚阶段，团体咨询经过冲突后进入一种平稳的状态，是进入工作阶段的重要条件。团体咨询成员需要体察和确认个人的行为是自己选择的结果，而且个人也必须对团体过程负责。

随着团体咨询成员彼此互动、尊重和接纳的增加，团体成员达成共识，凝聚力增强，成员获得更多的满足感，有更多的活动参与积极性。此外，成员也会发现个人的行为主权掌握在自己手里，只有主动改变自己的行为，才能改变自己的生活。对团体过程中自己所承担的责任也会更加明晰，并愿意主动利用团体来达到自助和互助的目标。团体领导者的任务是协助成员认识个人行为的主动权，体验和建立责任行为，鼓励成员彼此尊重，在团体中学习做求助者，也做助人者。

(四)团体咨询的工作阶段

团体咨询的工作阶段是团体咨询的关键时期。在该阶段，团体成员最主要的需求是利用团体解决自己的问题。团体咨询发展到这个阶段，团体凝聚力和信任感已达到很高的程度。成员充满了安全感、归属感，互相接纳，互诉衷肠，开放自我，表露出更多的个人资料及其生活中的问题，并愿意探索问题和解决问题。同时也表现出真诚地关心他人的行为。

这一阶段团体领导者的主要任务是协助团体成员解决问题。领导者不仅要示范，而且要善用团体的资源，在充满信任、理解、真诚的团体气氛下鼓励成员探索个人的态度、感受、价值与行为，深化对自我的认识；使成员将领悟化为行动，进一步增强成员之间的相互支持和帮助，鼓励成员尝试新的行为。

(五)团体咨询的结束阶段

在团体咨询的结束阶段，团体成员的主要任务是必须对自己的团体经验作出总结，并向团体告别。领导者的主要任务是使成员能够面对即将分离的事实，给予成员心理支持，并协助成员整理归纳在团体中学到的东西，肯定成长，鼓舞信心，将所学的智能应用于日常生活中，使其改变或继续成长。

在团体咨询的最后阶段，由于分离在即，一些成员心中充满离愁，同时想利用最后的机会表露自己希望、害怕的情绪以及对别人的观感。领导者要把握好这个机会，抚平成员心中的离愁，为分别做好心理准备，认真总结整个团体过程，并协助成员作出个人的评估，鼓励成员充满信心地面对生活，将团体所学用于实际生活。也可以听听成员对团体咨询的意见、感受，以便总结经验。

综上所述，团体咨询从开始和转变阶段的发展过程中，团体领导者必须面对并处理的任务是：创造一个有利于建立信任感的环境；处理成员的焦虑与期待；了解团体的负面情绪和冲突；了解并指出成员冲突的真实寓意；在接受成员挑战时树立不防卫性的行为榜样；减少成员对领导者的依赖；加强成员个人的责任感；引导成员直接而有效地面质；鼓励成员表达他们对团体的感情和反应；帮助成员更深一层地表达个人心理的反应；激励成员将团体的经验延伸到日常生活，使其发挥作用。

二、团体心理咨询的主要理论

心理咨询的理论从传统的指导学派与非指导学派，到后来增加折中学派为三大学派，历经数十年的发展，延伸为十余个学派。对于团体心理咨询工作，各学派都有其影响与贡献。其中影响最大的有个人中心治疗、心理分析治疗、行为治疗、理性情绪治疗，以及人际相互作用分析理论。

(一)个人中心治疗理论

个人中心治疗理论是1940年由美国人本主义心理学家罗杰斯创立的一种心理咨询和心理治疗方法发展而来的理论。它的发展经历了三个阶段。第一阶段是非指示咨询与治疗时期。第二阶段是以求询者为中心疗法确立时期。第三阶段是以求询者为中心疗法的深化和进一步实践的时期。罗杰斯的影响不断扩大，开展了许多发展个人成长的团体心理咨询的研究和实践，并将这种理论应用到许多不同类型的会心团体(encounter-group)中。同时，罗杰斯将"以求询为者中心"扩大到"以人为中心"，并把它应用到人格理论和其他人际关系领域。该理论的基本思想是只要创造一种最优化的心理气氛，每个人都有一种内在的自我理解和改变其对自己、对他人的看法的可能性，并能表现出自我指导的行为方式。

(二)心理分析治疗理论

心理分析治疗理论由弗洛伊德创立，主要是探讨个人在发展过程中适应各种冲突的历程，从心理层面分析造成现在行为的原因。虽然弗洛伊德注重个体动力学，以及病人与心理分析者一对一的关系，但其理论观点对分析取向团体治疗有许多启发。首先在团体治疗中使用心理分析原理和技术的人是沃尔夫，他强调在团体中的心理分析不治疗整个团体，而将着眼点放在与其他个体相互交往的每一个成员上。

弗洛伊德的人性论强调，人无法主宰自己的命运，个人的行为受过去经验的影响很深。人类行为取决于非理性力量、潜意识动机以及生物与本能驱动力，即性的内驱力和攻击的冲动。6岁以前的性心理事件影响成年人的行为。人基本上是消极、负面取向和机械的。人类所有的行为都是根据享乐和避免痛苦这两个原则来决定的。人同时具有生存的本能和死亡的本能。生存本能的功能是使个体和种族生存下去，并导向成长、发展和创造。一切追寻享乐的行为都属于生存本能。死亡本能即攻击驱力。弗洛伊德认为性与攻击驱力是决定人类行为的重要因素，人类所面临的最大挑战就是如何驾驭攻击驱力。

(三)行为治疗理论

行为治疗理论是在行为主义心理学理论基础上发展而来的一个心理咨询与治疗派别，形成于20世纪50年代至60年代初期，也称行为矫正理论。行为疗法不是由一位心理学家创立的，而是由许多人依据行为主义理论开发出来的若干种治疗方法集合而成。行为主义心理学家华生(I. B. Watson)的行为主义理论为行为疗法奠定了基础。但行为治疗或行为矫正的理论与方法，却大大超出了行为主义心理学的范围，涵盖了许多行为治疗家的贡献。巴甫洛夫行为学派的基本观点是不适应的行为是经由学习而来，也可以经由新的学习历程而被矫正。

行为疗法一般包括四个阶段：确定行为目标、选择方法技术、实施治疗方案、治疗效果评估。柯里(1995)将团体行为咨询与治疗的一般过程分为三个阶段。第一阶段为明确治疗目标。行为经过评估后，团体领导者的任务是协助成员们把泛泛的一般目标，化为明确的、具体的、可供测量的、能够以有规律的方式实现的目标。第二阶段为治疗计划。成员明确目标之后，可以建立一个实现这些目标的治疗方案，引导成员开始进行团体互动的技术，如示范、行为预演、教导、家庭作业、回馈等。第三阶段为客观评价。一旦目标行为被明确指明，治疗目标被确立，治疗方法被确定，便可以对治疗的效果进行客观的评价。每一次团体聚会都要评价一次行为变化，以便成员能确定他们的目标达到什么程度。

(四)理性情绪治疗理论

理性情绪治疗理论(简称RET法)是由美国心理治疗家埃利斯(Albert Ellis)在20世纪50年代后期和60年代初期发展的一种心理治疗理论和方法。理性情绪治疗法的基本假设是人的情绪主要是由信念、评价、解释，以及对生活事件的反应而产生的。通过理性情绪的治疗过程，求询者能学习一些技巧去找寻和驳斥非理性信念，取而代之的是理性的认知，将会使由事件而引起的情绪反应有所改变。该疗法强调人的价值观在治疗心理障碍中的作用，主张采用纯理性的方法帮助求询者解决问题。理性情绪疗法也是一种认知行为疗法，所以也被称为REBT。

埃利斯认为，人生来就具备理性和非理性两种思维。理性思维使人珍惜生命，通过思考和学习推动行动，迈向实现人生理想和价值的目标。但人也存在且不可避免地会有某些非理性的思维和信念。非理性思维使人迷信固执、自怨自艾、盲目冲动或要求自己和他人完美。由于对环境和他人要求过高，因而难以与人建立和谐的关系，在孤独和苦闷中生活，必然会产生许多情绪和行为方面的困扰。埃利斯相信人具有能力去了解自己的限制，对自己的价值系统作出评价，所以有机会改变观念和价值，以新的观念、意见和价值代替原有的，进而导致新行为的出现。

(五) 人际相互作用分析理论

人际相互作用分析(transactional analysis)亦称沟通分析，简称 TA，是由美国精神分析学家柏恩创立的一种心理治疗的理论和方法。柏恩认为，"社会交往的单位称为相互影响。当两三个人或更多的人相互碰在一起时，迟早某人要说话，或者向其他人的出现致意。这叫做相互作用刺激。另外的人就会说一些或做一些与这种刺激有某种联系的事，那就是相互作用反应"。相互作用分析治疗的目的是协助人们了解他们与别人互动的本质，教育求询者改变生活态度，对人际交往获得深刻的领悟力，建立自尊的、成熟的人际关系。

本 章 小 结

团体咨询通常由一位或两位咨询师主持，一般称为团体领导者，多个来谈者参加，一般称为团体成员。团体领导者根据成员问题的相似性，组成课题小组，通过共同商讨、训练、引导，解决成员共同的发展课题或共有的心理障碍。团体心理咨询是一门以心理学为基础的专业知识、理论与技术。随着我国心理健康教育工作越来越受到政府、社会、大众的关心和重视，团体心理咨询的技术和方法也将被广泛应用于社会生活的各个方面。本章就团体心理咨询的概念、特点、设计等方面作了详细的介绍。

思 考 与 练 习

1. 团体心理咨询的概念、特点是什么？
2. 简述团体心理咨询的各阶段及其特征。
3. 结合身边的生活设计同质人际关系团体。

实 践 课 堂

我也要做"万人迷"——人际交往团体心理辅导方案

【团体目标】
(1) 协助成员掌握人际交往的基本技巧。
(2) 协助成员发展良好的人际关系。
【团体性质】封闭式、结构式、志愿式、发展性团体。

【团体对象】高一及以上年级的学生，男女生数量要求基本平衡。

【团体人数】12～16人，为便于分组活动，团体人数最好为偶数。设团体领导者和团体协助领导者各1人。

【成员招募方式与甄选标准】以海报张贴及网络公告的方式在校园内公开招募志愿者。领导者与志愿报名者进行面谈，确定其条件及问题适合接受团体辅导者方可成为团体成员。性格过于孤僻和有严重心理障碍的学生不宜参加。

【时间频率及次数】共6次，每周1次，每次90分钟。

第一次团体

单元名称：第一次亲密接触。

(1) "叠罗汉"(55分钟)。

(2) "许愿精灵"(15分钟)。

(3) "你我的约定"(15分钟)。

(4) 小结(5分钟)

第二次团体

单元名称：打开心门交朋友。

(1) "我猜你猜"暖身游戏(10分钟)。

(2) "爱在指间"(30分钟)。

(3) "信任后仰"(30分钟)。

(4) "团体检测站"(15分钟)。

(5) 小结(5分钟)。

第三次团体

单元名称：沟通从倾听开始。

(1) "我说你画"暖身游戏(10分钟)。

(2) "倾听的技巧"(20分钟)。

(3) "秘密红帐"(25分钟)。

(4) 沟通练习(30分钟)。

(5) 小结(5分钟)。

第四次团体

单元名称：人缘来自好性格。

(1) "坐地起身"暖身游戏(10分钟)。

(2) "魅力测试站"(50分钟)。

(3) "人际财富"(25分钟)。

(4) 小结(5分钟)。

第五次团体

单元名称：解开人际千千结。

(1) "电波传递"暖身游戏(10分钟)。

(2) "解开千千结"(45分钟)。

(3) 人际矛盾A、B剧(30分钟)。

(4) 小结(5分钟)。

第六次团体
活动程序：
(1) "回首来时路"（40分钟）。
(2) "祝福留言卡"（40分钟）。
(3) "最后大团圆"（10分钟）。

推 荐 阅 读

1. 龚惠香. 团体心理咨询的实践与研究[M]. 杭州：浙江大学出版社，2010.
2. 樊富珉. 团体心理咨询[M]. 北京：高等教育出版社，2005.
3. IrvinD.Yalom. 团体心理治疗——理论与实践[M]. 李敏，李鸣，译. 北京：中国轻工业出版社，2010.
4. 黄惠惠. 团体辅导工作概论[M]. 成都：四川大学出版社，2006.
5. 热身游戏 《畅想拼图》. https://video.tudou.com/v/XMTkxNTM3ODgyMA==.html.
6. 《探索生命》李佳团体心理辅导探索生命_腾讯视频. https://v.qq.com/x/page/p03915j1yc4.html.
7. 热身游戏《风雨小游戏》团体心理辅导课优秀小游戏-生活-高清正版视频在线观看 - 爱奇艺. https://www.iqiyi.com/v_19rsk0mbtk.html.
8. 《相逢是缘，沟通无限》示范课 https://v.youku.com/v_show/id_XNDEzMzc4OTE1Mg==.html?refer=seo_operation.liuxiao.liux_00003303_3000_Qzu6ve_19042900.
9. 张家口六中高三学生团体心理辅导-生活-高清完整正版视频在线观看-优酷 https://v.youku.com/v_show/id_XNDE5NjgxMDU1Mg==.html?refer=seo_operation.liuxiao.liux_00003303_3000_Qzu6ve_19042900.

第八章课件

拓展阅读

权,然后知轻重;度,然后知短长。物皆然,心为甚。

——孟子

第九章 青少年心理测量与心理档案的管理

本章学习目标

- 掌握心理测量的概念、性质、种类、方法及发展简史。
- 能够根据青少年独特的年龄阶段,选择适合青少年心理特点的心理量表来对青少年进行心理测量。
- 了解青少年心理健康教育档案建立的程序,并能科学使用和管理心理健康教育档案。

核心概念

青少年(adolescent); 心理测量(psychometrics); 智力测量(intelligence test); 人格测量(personality measurement); 心理健康教育档案(mental health education profile)

引导案例

心理档案深入人心

《新法制报》2019年5月10日报道:南昌中小学新生将建心理档案。

为进一步推动中小学心理健康教育,建立健全立体化治安防控体系,南昌市教育局近日印发《心理服务体系建设工作实施方案》(试行)和《中小学校心理危机管理工作方案》。

据悉,学校今后将在起始年级或关键年级开设心理辅导课,每学期心理辅导课不少于8节,并将心理服务贯穿于教育教学全过程,开展以生命、生存和生活教育为主题的"三生"教育。另外,学校应设置心理辅导室,安排专人值班、定期开放,为学生建立成长信息记录,根据记录有针对性地开展团体心理辅导或个别心理辅导。每学年,学校还要对新生进行心理普查,建立心理档案。

《海报新闻》2019年6月11日报道:周村三中将心理健康教育纳入学校整体发展规划。

为培养学生积极乐观的阳光心态,营造良好的学习成长氛围,构建文明和谐校园,周村三中将2019年5月定为学校心理健康活动月,并开展了一系列丰富多彩的活动。

学校先后组织了教师心理健康知识讲座、班级心理知识专题黑板报、心理课本剧、放松训练轻松备考、心灵光影之旅观影、亲子沙盘、主题班会、漫画心理等活动。在活动中，全校师生共同体验、共同参与，不但关注了心理健康和心灵成长，学习了调节心态的好方法，而且加强了心理健康意识，提高了心理素质。

近年来，周村三中一贯重视学生的健康成长，重视心理健康教育工作，学校认真落实《中小学心理健康教育指导纲要(2012年修订)》，将心理健康教育纳入学校整体发展规划，建立健全了规章制度，建设了心理健康指导中心，完善了心理辅导、档案管理、危机干预等方面的工作制度。

案例分析

以上两个案例为我们提供了这样一个信息：心理测量和心理健康教育档案正在悄悄进入校园并发挥其独有的作用，正在为学生心理健康教育作出巨大贡献。心理测量能够帮助老师和家长们了解学生的智力、人格等其独有的品质，心理健康教育档案帮助老师和家长们记录学生的成长和变化，并给他们的教育提供理论依据、实际支持和监控体系。

类似的案例还有很多，从中可以看出，建立心理健康教育档案对于中小学心理健康教育来说，是一件很有帮助且刻不容缓的事情。建立心理健康档案，不可避免地要涉及心理测量的问题，因为心理测量是建立心理健康教育档案的手段和方法。本章将介绍如何正确使用心理测量，如何建立一份适合青少年心理特点的心理健康教育档案，如何为青少年心理健康教育提供一个有效的监控体系，以更好地促进学校教育，也更好地培养青少年身心健康成长。

第一节　心理测量概述

随着社会的进步和心理学在中国的发展，心理测量在许多领域的理论和实践中发挥着越来越大的作用。系统地认识心理测量，可以为我们从事中小学心理健康教育工作提供帮助与支持。

一、心理测量的概念

在我们平时的生活和工作中经常会遇到很多测量，如有测量长度或重量的物理测量，有测量人体各种生理机能的生理测量，有人口普查等社会测量，也有如智力测量、人格测量等心理测量。

关于心理测量有很多定义，比较公认的是史蒂文斯(Stevens)的说法："广义而言，测量是根据法则给事物赋予数量。"也就是说，测量是根据一定的规则对事物的特征进行定量描述的过程。这里"一定的规则"是指科学的原理和手段，只有用科学的方法，才能得到准确的测量结果。

所谓心理测量，是指依据一定的心理学理论，使用一定的操作程序，给人的能力、人格及心理健康等心理特性和行为确定出一种数量化的价值。有了心理测量，人的心理属性和行为就变成可度量的过程，并且可以用直观的数字科学地表现出来，而且这些数字均具有统计学上的意义。

我们平时进行的各种考试也可用来测量人的某种行为，以判定个别差异。它们与测验的主要差别在于没有标准化，或标准化程度较低。通常教师只凭各自的经验出题和评分，对分数的解释也带有主观随意性。而测验不但要通过统计分析等科学程序编制出符合测验目的的题目，并有严格的实施程序与计分方法，而且要有关于测验的信度、效度以及如何解释分数的说明。

二、心理测量的性质

有人认为心理测量与物理测量相同，从而对心理测量产生了很多误解。其实心理测量与物理测量既有相同点也有不同点。心理测量有其独特的性质，因为心理现象比物理现象更复杂，更难以测量。

(一)心理测量的间接性

心理现象是看不见、摸不着的，我们无法直接测量人的心理活动，只能测量人的外显行为。也就是说，我们只能通过一个人对测验项目的反应来推论出他的心理特质。所谓特质，是描述一组内部相关或有内部联系的行为时所使用的术语，是在遗传与环境的影响下，个人对刺激作出反应的一种内在倾向。特质是决定个体行为的基本特性。比如说多愁善感是林黛玉的特质，狡猾奸诈可以说是曹操的特质。特质是个体独有的、稳定的、可辨别的特征，同时它也是一个抽象的产物、一个构想，而不是一个被直接测量到的有实体的个人特点。由于特质是从行为模式中推论出来的，所以心理测量永远是间接的。

(二)心理测量的相对性

在进行物理测量时，都会有一个参照点。例如测量长度时，以直尺的零刻度为参照点；测量温度时，以温度计的零刻度为参照点。只有参照点统一，量数所代表的意义才会相同，测量的结果才能比较，理想的参照点为绝对零点。同时，只有有了测量单位，如米、摄氏度等，我们才能得到量数，将测量结果表述出来，理想的单位应该是有确定的意义和相等的价值。

(三)心理测量的客观性

客观性是对一切测量的基本要求。心理测量的客观性实际上就是心理测量的标准化问题，这也是对一切测量的共同要求。要做到心理测量的标准化或者是客观性，须满足以下几点。

首先，心理测量用到的项目或作业，施测说明，施测者的语言、态度以及施测时的物理环境等，都需要经过标准化。测量时用到的测验项目也不是随便选择的，而是在预测的基础上，通过实证分析确定的。

其次，心理测量的评分原则和手续都经过了标准化，对反应的量化是客观的。评分方面的客观性随测验种类和项目类型而异。一般来说，投射测验的客观性差些，而选择题的客观性比较好。

最后，心理测量的分数转换和解释经过了标准化，对结果的推论是客观的。测验分数转换表是通过对总体的代表性样本的测试确定的，测验的有效性也在一定程度上经过了实践的检验，依据这些资料所作出的解释，自然较为可靠。

在实践中，心理学家力求达到的标准化只是一个理想的概念。事实上，受测者的精神状态、情绪、参加测评的目的、测评时间、情境都会影响其测评结果，这一点是难以预测和控制的。但是，由于心理学家在编制心理测评量表的过程中运用了科学的测量原理和先进的统计技术，使得心理测评仍不失为一种标准化的、科学的技术程序。客观地说，心理测评的局限性也是其他评估手段和技术所具有的，认识到测评的局限性，会有利于人们更好地应用心理测评。

三、心理测量的种类

(一)按测验功能分类

心理测量按测验功能分类，可分为智力测验、能力倾向测验、成就测验和人格测验。

(1) 智力测验。主要功能是测量人的一般智力水平。通常采用比纳—西蒙智力量表、斯坦福—比纳智力量表、韦克斯勒儿童智力量表、韦克斯勒成人智力量表、瑞文标准推理测验等国际上著名的标准智力量表来测验。

(2) 能力倾向测验。主要用于测量人的各种特殊能力，即在个人生活中经验累积的结果，如音乐、绘画、体育、机械等方面的特殊才能，也可以被用于指导升学或就业工作。

(3) 成就测验。主要用于测量个人(或团体)经过某种正式教育或训练之后对知识和技能掌握的程度。因为所测得的主要是学习成就，所以称作成就测验，最常见的是学校中的学科测验。

(4) 人格测验。主要用于测量性格、气质、兴趣、态度、品德、情绪、动机、信念、价值观等方面的个性心理特征。人格测验的信度和效度不如智力测验。测量人格的方法大致分为问卷法和投射法。

(二)按测验对象分类

心理测量按测验对象分类，可分为个别测验和团体测验。

(1) 个别测验。每次仅以一位被试为对象，通常是由一位主试与一位被试在面对面的情形下进行。个别测验的优点在于主试对被试的行为反应有较多的观察与控制机会，而且对于某些不能使用文字而只能由主试记录其反应的人(如幼儿或文盲)，就只能采用这种方法。但个别测验也有一定的不足，它不能在短时间内经由测验收集到大量资料，而且其手续复杂，主试需要受过较高的训练，有较高的素养，一般人不易掌握。

(2) 团体测验。在同一时间内由一位主试(必要时可以配几名助手)对多数人施测。团体测验的优点主要是可以在短时间内收集到大量的资料，因此在教育上被广泛采用。其缺点是被试的行为不易控制，容易产生测量误差。

(三)按测验方式分类

心理测量按测验方式分类，可分为纸笔测验、操作测验、口头测验和电脑测验。

(1) 纸笔测验。项目所用的是文字或图形材料，实施方便，团体测验多用此种方式编制。但文字材料易受到被试文化程度的影响，因而对不同教育背景下的人使用时，其有效性将降低，甚至无法使用。

(2) 操作测验。项目多属于对图片、实物、工具、模型的辨认和操作，无须使用文字作答，所以不受文化因素的限制。此种测验的缺点是大多不宜团体实施，要花费大量的时间。

(3) 口头测验。项目为言语材料，主试口头提问，被试口头回答。

(4) 电脑测验。项目可为文字或图形，在电脑上显示，被试按键作答。随着科学的发展和社会的进步，出现了网上心理测评系统。网上心理测评系统通过网络快速、便捷的方式，进行交互式的咨询和交流，使用MD5技术更好地保护了用户的信息，改善了传统心理测评中存在的种种弊端，同时也为网上心理咨询提出了一种新的发展思路和方向。

(四) 按测验项目分类

心理测量按测验项目分类，可分为描述性测验、诊断性测验和预示性测验。

(1) 描述性测验。测验的目的在于对个人或团体的能力、性格、兴趣、知识水平等进行描述。

(2) 诊断性测验。测验的目的在于对个人或团体的某种行为问题进行诊断。

(3) 预示性测验。测验的目的在于通过测验分数预测一个人将来的表现和所能达到的水平。

(五) 按测验要求分类

心理测量按测验要求分类，可分为最高作为测验和典型作为测验。

(1) 最高作为测验。要求被试尽可能作出最好的回答，主要与认知过程有关，有正确答案。其目的是测量某种能力的限度。智力测验、能力倾向测验和成就测验均属于最高作为测验。

(2) 典型作为测验。要求被试按照通常的习惯方式作出反应，没有正确答案。一般来说，人格测验测量的均属于典型作为测验。

(六) 按测验解释分类

心理测量按测验解释分类，可分为常模参照测验和标准参照测验。

(1) 常模参照测验。是以常模为参照点的测验。所谓常模，就是某一团体已经达到的平均成绩。常模参照测验就是将一个人的分数与其他人比较，看其在某一团体中所处的位置。

(2) 标准参照测验。是以标准作为参照点的测验。所谓标准，就是指测验应该达到的成绩。标准参照测验就是将被试的分数与某种标准进行比较来解释。

(七) 按测验应用分类

心理测量按测验应用分类，可分为教育测验、职业测验和临床测验。

(1) 教育测验。教育部门是测验应用最广的领域，许多能力和人格测验都可以在学校中应用，但用得最多的是成就测验。我们平时所说的教育测验，主要是指成就测验。

(2) 职业测验。主要用于人员选拔和职业指导，可以是能力和成就测验，也可以是人格测验。

(3) 临床测验。主要用于医疗部门。除感觉运动和神经心理测验外，许多能力和人格测验也可用来检查智力障碍和精神疾病，为临床诊断和心理治疗工作服务。

以上几种分类都是相对的，同一个测验，按不同的划分方式，可以归入不同的类别。如斯坦福—比纳量表，既属于智力测验，又属于构造性测验，还是常模参照测验等。

四、心理测量的方法

美国心理测量家奥尔波特(Allport)归纳出了 52 种心理测量方法，并将它们分为 14 个大类。这些测量方法有社会规范分析、遗传分析、个体档案记录、标准化问卷、心理测量、统计分析、标准化测验、实验室实验等。下面介绍其中的五种，也是最重要的五种。

(一)观察评估法

观察评估法是在完全自然发生的条件下，对人的外貌、形态、表情、动作行为进行分类对照，作出类别判断的测量方法。这是一种低级测量，却又是人们常用的一种测量方法，有很大的实用性。

(二)作业量表法

作业量表法是以作业作为刺激，让被试作答，从而测量个体能力水平的一种测量方法。这是心理测量科学中较为完善的一种测量方法。作业量表包括智力测验，也包括专门的能力测验，如飞行员的选拔、技术操作工的选拔等；还包括创造能力测验及一般能力测验。

(三)心理投射法

心理投射法是通过一定的媒介(如一组意义不明的刺激)，让被试对这些刺激加以解释或组构。这种方法的基本假设是：当一个人处在意义不明确的刺激情境中时，他往往会把自己特有的人格结构强加于刺激情境。如果知道了一个人如何对那些意义不明确的刺激情境进行解释和组构，就有可能推论出有关个体人格结构的一些问题。常用的投射测验有罗夏墨迹测验和主题统觉测验。

(四)自陈量表法

自陈量表又称自陈问卷，是测量人格最常用的方法。其基本假设是：只有被试自己最了解自己。所以自陈量表法是对拟测量的人格特征编制许多测验试题，让被试回答，从被试的答案来评价这项特征。这种方法不仅可以测量外显行为，还可以测量自我对环境的感受。但是由于自我报告对有关变量难以控制且不容易客观评分，自陈量表法多采用客观测验的形式。另外被试的答题偏向和习惯会影响结果的真实性，所以应在量表中增加效度量表以检查被试答卷的有效程度。常见的自陈量表有明尼苏达多相人格问卷(MMPI)和卡特尔16 种人格因素问卷(16PF)等。

(五)心理实验法

依照一定的目的，严格控制或创造一定的条件，引起某种心理现象以进行测量的方法被称为心理实验法。心理实验法可以分为仪器测量法和情境控制法两种。仪器测量法广泛用于现代科学和工程技术的最新成就。情境控制法是把受试者安置在那种要求作出某些行动或反应的情境中,对他们的行为进行观察记录,从而加以评定的测量方法。这是学校教育常用的手段,如测量儿童的自我控制能力、从众行为测验等。

以上五种方法各有其独特的应用范围:作业量表法主要用于各种能力的测量,自陈量表法、心理投射法主要用于人格测量,观察评估法主要用于情绪情感的测量,心理实验法可以对人的认识水平、情绪特征以及性格、气质进行测量。要想对各种心理现象和行为表现有全面的了解,各种方法必须综合运用、互为佐证。

五、心理测量的发展简史

尽管心理测量的发展还远远没达到能完美评估人类行为并预测其发展的地步,但我们还是能够从步履蹒跚中清楚地看到它前进的轨迹。

(一)心理测量在中国的悠久历史

中国自有文字记载历史以来,就开始有意识地采用心理测量手段,并在中华文明的各领域中不断发展完善。即便欧美国家在谈及心理测量时,也不得不把中国作为源头谈起。自从隋炀帝创行开科取士,科举制度在我国通行了1300年。目前西方言语测验中常见的填字和类比,相当于我国科举考试中的帖经和对偶,早在7世纪的唐代就有了。欧美各国通过考试选拔官吏的方法是18世纪末19世纪初从我国传入的。

清朝末年,心理学由西方传入我国。1920年,北京高等师范学校和南京高等师范学校建立了我国最早的两所心理学实验室。廖世承和陈鹤琴在南京高等师范学校开设测验课,并用心理测验测试投考该校的学生,这便是我国正式开始的科学心理测试。

根据不完全的资料统计,到抗日战争前夕,我国心理学工作者制定或改编出合乎标准的智力测验和人格测验约20种、教育测验50多种,出版心理与教育测验方面的书籍20多种。

1949年后,由于多方面原因,心理测验一直成为禁区。粉碎"四人帮"后,心理测验才在科学的春天中复苏。1980年初,北京师范大学心理系首次开设心理测量课。许多单位陆续编制或修订了一些心理测验。在1984年召开的第五届全国心理学年会上,成立了以北京师范大学心理系张厚粲教授为首的测验工作委员会,后改称测验专业委员会,加强了对测验工作的指导。

(二)心理测量在国外的发展

现代心理测量和测验作为心理学的一个重要分支,是在19世纪末的西方才发展成熟起来的,它是西方普及教育、两次世界大战中大规模军队扩充和战后工业化大生产社会需要的结果。

首先倡导测验运动的是优生学创始人、英国生物学家和心理学家高尔顿(Francis Galton)爵士。他在研究遗传问题的过程中,认识到有必要测量那些有亲缘关系和没有亲缘关系的人们的特性,以确定其相似程度。

在心理测验的发展史上,美国心理学家卡特尔(J. M. Cattell)占据了一个特别突出的位置。卡特尔早年留学于德国，从师冯特(W. Wundt)。1888 年，他在英国剑桥大学任教期间，与高尔顿过从甚密，深受其影响。回美国后，他编制了几十个测验，包括测量肌肉力量、运动速度、痛感受性、视听敏度、重量辨别力、反应力、记忆力以及类似的一些项目。他于 1890 年发表的《心理测验与测量》一文，首创了"心理测验"这个术语。

比纳—西蒙量表问世后，迅即传至世界各地。各种语言的版本纷纷出现，其中最著名的是美国斯坦福大学推孟(L. M. Terman)教授 1916 年修订的斯坦福—比纳量表，其最大的改变是采用了智商的概念，从此智商一词便为全世界所熟悉。

心理测验运动自 20 世纪初兴起，20 世纪 20 年代进入狂热，40 年代达到顶峰，50 年代后转向稳步发展。在此期间测验主要有以下几方面的发展。

(1) 编制出一批操作测验，既可弥补语言文字量表在理论上的缺陷，又可适用于文盲和有言语障碍的人。

(2) 编制出团体智力测验，扩大了测验的应用范围。在第一次世界大战期间，为满足美国军队对官兵选拔和分派兵种的需要，编制了团体测验，对 200 多万名官兵进行了智力测查。

(3) 多重能力倾向测验逐渐受到重视。20 世纪 30 年代，随着因素分析理论的发展，多重能力倾向测验在第二次世界大战后编制出来，这种成套测验为分析个人心理品质的内部结构提供了适用的工具。

(4) 正当心理学家们忙于发展智力测验的时候，传统的学校考试也在进行一场改革，卡特尔的学生桑代克等人，利用心理测验原理，编制了第一批标准化的教育测验。因此后人尊称他为教育测验之鼻祖。一些专门的教育测验机构也在一些国家陆续成立，如美国教育测验中心成立于 1947 年，是目前世界上最大的测验编制和研究机构。

(5) 心理测验发展的另一领域涉及情感适应、人际关系、动机、兴趣、态度、性格等人格特点的测量。

(6) 20 世纪 60 年代后，由于认知心理学的崛起，将实验法与测验法结合，产生了信息加工测验，为了解心理能力提供了一些补充方法，使心理测验出现了新的发展趋势。

第二节　青少年心理测量

青少年期又称青春发育期，处于由童年向成年的过渡阶段。该阶段的人有其独有的心理生理特点，所以对其测量也应针对其独有的特点而进行。在当今时代，青少年也和成年人一样，除了学习压力之外，面临着社会的各种挑战，承受着来自社会各方面的压力，经受各种各样的挫折，也会产生诸多的心理困扰和问题甚至疾病。通过对青少年进行各种有效的心理测量，可以帮助我们全面地了解这一时期学生的身心发展特点，能更有针对性地教育和指导学生，促进其身心健康、和谐发展。心理测量的资料还可以纳入青少年心理档案中，以备今后在教育工作中查阅和参考。

一、青少年常用的心理测量

青少年常用的心理测量主要有青少年智力测量、青少年人格测量，以及青少年适应性测量。

(一)青少年智力测量

伴随着青少年生理、心理发生的显著变化,其智力发展也取得了巨大进步。这种进步体现着量和质两个方面。在量的方面的变化主要表现在由于青少年各种基本智力因素的发展和完善,如言语、感知觉、记忆、想象和思维能力,使他们能更轻松、更快捷、更有效地完成各种认知任务;在质的方面,主要表现在青少年认知结构及思维过程的具体变化上,特别是初中生,新的认知结构的出现使得初中生在解决问题时,能逐渐熟练地运用假设、抽象概念、逻辑法则以及逻辑推理等手段,提高了解决问题的精确性和成功率。

1. 斯坦福—比纳智力量表

1905 年,法国心理学家比纳和西蒙编制了第一个诊断异常儿童智力的测验,即著名的"比纳—西蒙量表"。该量表包括 30 个项目,由易到难排列,以通过题数的多少作为鉴别智力高低的标准。美国斯坦福大学教授推孟修订了比纳—西蒙量表,推出斯坦福—比纳智力量表。该测验有 90 个项目,最大的特点是引入智力商数(Intelligence Quotient,IQ,简称智商)的概念。所谓智商,就是心理年龄和实足年龄之比,也称比率智商,作为比较人的聪明程度的相对指标。1937 年和 1960 年推孟对斯坦福—比纳智力量表做过两次修订,1972 年又在测验内容不变的情况下,对 1960 年的修订本做了标准化。

中国学者陆志韦 1924 年以 1916 年的斯坦福—比纳智力量表为基础修订了"中国比纳—西蒙智力测验",1936 年又与吴天敏进行了第二次修订。1982 年,吴天敏再次修订该量表,称为"中国比纳测验"。测验共 51 个项目,每岁 3 个项目,适用于 2~18 岁被试。

2. 韦氏儿童智力量表

韦氏儿童智力量表(Wechsler Intelligence Scale For Children,WISC)是由美国心理学家大卫·韦克斯勒编制的,1949 年出版,是世界上应用最广泛的个人智力量表之一,适用对象为 6~16 岁的儿童。

韦克斯勒认为,智力是个人有目的地行动、理智地思考以及有效地应付环境的综合能力。他在量表中设计了 12 个分测验,用来测量儿童的各种能力。这 12 个分测验分为言语量表和操作量表两部分。言语分量表有 6 个分测验,即知识、领悟、算术、相似性、词汇和数字广度;操作量表也有 6 个分测验,即填图、图片排列、积木图案、拼物、编码和迷津。数字广度和迷津两个分测验作为备用测验,在计算智商时,只用 10 个分测验。该量表的信度、效度系数很高,是一种好的儿童智力测量工具。

3. 瑞文推理能力测验

瑞文推理能力测验是非文字智力测验,是英国心理学家瑞文 1938 年设计的,简称瑞文测验。其编制在理论上是依据斯皮尔曼的智力二因素论,主要测量智力中的一般因素,它渗入所有的智力活动中。瑞文测验的使用范围很广,6 岁以上任何年龄的被试,不同语言、不同文化背景、不同职业、有无心理障碍的人都能使用。其常被用于跨文化研究,既可个别施测,也可团体施测,需 30~45 分钟。

拓展阅读

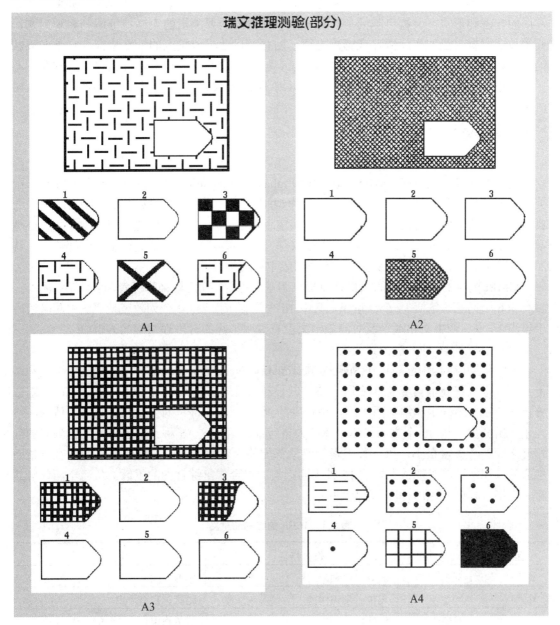

(二)青少年人格测量

青少年随着生活环境的扩大、知识技能的积累、生活经验的丰富和心理水平的提升，在人格倾向性和人格心理特征等方面都有了长足的发展。首先，青少年伴随着生理的逐渐成熟，使他们产生了独立感和成人感；其次，他们的需要水平有了新发展，增添了很多新的内容；最后，他们更多地关注自我形象，自我意识得到进一步的发展。但是青少年心理发展还不成熟，他们一时还无法应对人生急骤的变化。他们的自我意识具有矛盾性，"理想的我"与"现实的我"经常碰撞，往往好高骛远、不切实际；不能很好地认识到自己在发展中存在的问题，在人际交往中有时得不到老师或同学的理解和认同。

对青少年的人格测验常使用自陈量表、评定量表、投射测验。自陈量表是测量人格最常用的方法和形式，又称自陈问卷。这种量表是依据所要测量的人格特征编制客观问题，要求被试根据自己的实际情况或感受去逐一回答，以此来衡量人的性格特征。它是向被试提供一些意义不明的刺激情境，让被试在没有控制的情况下，对多种含义含糊的刺激，不受限制地、自由地作出反应，从而不知不觉地表露出人格特质。下面介绍几种常用的人格测量工具。

1. 自陈量表

1) 明尼苏达多相人格问卷

明尼苏达多相人格问卷(Minnesoda Multiphasic Personality，MMPI)问世于1943年，由美国明尼苏达大学教授哈萨卫及麦金利合作编制而成，是采用经验标准法编制自陈量表的典范。到目前为止，它已经被翻译成各种文字版本达100余种，广泛应用于人类学、心理学和医学领域，是世界上最常引证的人格自陈量表。我国对MMPI进行了研究和修订，从20世纪70年代末开始，已形成了一个中国版本和常模。

MMPI的目的是对个人的人格特点提供客观的评价，判别精神病患者和正常者。测验一共有566个问题，包括14个分量表，其中10个为临床量表，4个为效度量表。本测验适用于年满16岁、初中文化水平及对测验结果没有说明影响的有生理缺陷的人群。

2) 卡特尔16种人格因素问卷

卡特尔16种人格因素问卷(Sixteen Personality Factor Questionaire，16PF)是美国伊利诺伊州立大学人格及能力测验研究所卡特尔教授经过几十年的系统观察和科学实验，用因素分析统计法慎重确定和编制而成的一种精确的测验方法。16PF的主要功能是对个体的人格因素作出分析，从16个方面描述个体的人格特征。而且这16种人格因素是各自独立的，相互之间的相关度极小，每一种因素的测量都能使人对被试某一方面的人格特征有清晰而独立的认识，更能对被试人格的16种不同因素的组合作出综合性的了解，从而全面评价其整个人格。16PF的结构和意义见表9.1。

表9.1 16PF的结构和意义

因素	名称	低分特征	高分特征
A	乐群	缄默、孤独	乐群外向
B	聪慧	迟钝、学识浅薄	聪慧、富有才识
C	稳定	情绪激动	情绪稳定
E	特强	谦逊、顺从	好强、固执
F	兴奋	严肃、审慎	轻松、兴奋
G	有恒	权衡、敷衍	有恒、负责
H	敢为	畏惧、退缩	冒险、敢为
I	敏感	理智、注重实际	敏感、感情用事
L	怀疑	信赖、随和	怀疑、刚愎
M	幻想	现实、合乎成规	幻想、狂放不羁

续表

因　素	名　称	低分特征	高分特征
N	世故	坦率、天真	精明能干、世故
O	忧虑	安详、沉着、自信	忧虑、抑郁、烦恼
Q1	实验	保守、服从、传统	自由、批评、激进
Q2	独立	信赖、随群附众	独立、当机立断
Q3	自律	矛盾冲突、不明大体	知己知彼、自律严谨
Q4	紧张	心平气和	紧张困扰

16PF 在国际上颇有影响，具有较高的信度和效度，除了人格测评以外，还广泛用于人才选拔、心理咨询和职业咨询等领域。该测验已于 1979 年引入我国并由专业机构修订为中文版。

3) 艾森克人格问卷

艾森克人格问卷(Eysenck Personality Questionaire，EPQ)是英国心理学家艾森克等人编制的一种有效的人格测量工具，对分析人格的特质或结构具有重要作用。艾森克认为人格是由一系列可测量的特质构成的，他提出人格特质可以用两个独立的基本维度描述：情绪稳定—神经过敏、内向—外向，这两种维度都是连续的。后来艾森克又补充了精神质这一维度。EPQ 就是测查这三种人格维度的工具。EPQ 有成人和青少年两种问卷。成人问卷有 90 个问题，青少年问卷有 81 个问题，每种问卷皆包括 4 个分量表(即 E、N、P、L)。E、N、P 分别测量三个人格维度：内外倾性 E 因素与中枢神经系统的兴奋、抑制强度有关；神经质 N 因素与植物神经系统的稳定性有关；精神质 P 因素与某些易发展为行为异常的心理特质有关。L 是效度量表，测量说谎和掩饰。目前，艾森克人格测验已被广泛应用于心理学研究与医学、司法、教育、人才测评与选拔等诸多领域。

2. 评定量表

1) 莱氏品质评定量表

莱氏品质评定量表(Scale for Measuring Introversion Extroversion Qualities)又称内外向品质量表，是莱德编制的评定他人内向还是外向的量表。在我国常见的是肖孝嵘的修订本，共有 40 个问题。每个问题后面有 5 个不同的描述短句，短句有的是按外倾到内倾的顺序排列，有的则相反。评定者必须观察被试最近数月内的思想行为，逐级评定，在每一题后面的 5 个短句中，选择与被试最相符或相近的一个。评定时间不加限制，记分时应先查明每题从外向到内向的顺序，然后以 5 等记分。总分可与常模比较，高分为内向，低分为外向。

2) 猜人测验

猜人测验(Guess-Who Test)是一种标准评定量表，主要目的是利用同班同学的长时间相处，互相评定一群学生的各种人格特质。把全班同学的表格收回后，在热情一项被提名的次数最多的人，就是比较热情的；在孤独一项被提名的次数最多的人，就是比较孤独的。如果有人在热情上被提名 10 次，在孤独上被提名 1 次，抵消后等于在热情上被提名 9 次，以此类推。

拓展阅读

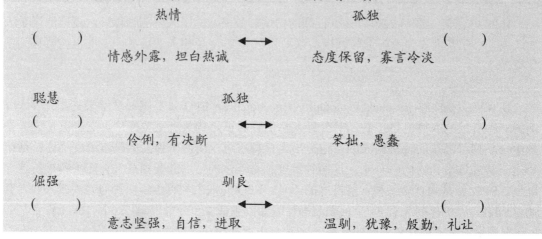

3. 投射测验

1) 罗夏墨迹测验

罗夏墨迹测验(见图 9.1)是现代心理测验中最主要的投射测验,由瑞士精神病学家罗夏经过长期的试验和比较研究后创制,发表于 1921 年。测验包括 10 张墨迹图片,图片的左右两侧几乎是对称的,但内容毫无意义,其中 5 张是黑白色,但深浅不同;另外 5 张中有两张是黑白加上其他深浅不同的彩色,余下的 3 张是彩色的。

图 9.1 罗夏墨迹测验图例

测验图片编有一定的顺序,施测时每次出示一张,同时问被试:"你看这像什么?"或"这使你想到了什么?"并允许被试转动图片从不同角度去看,然后让被试按照自己所想象的内容作自由描述,此为自由联想阶段,没有时间限制。主试要逐字逐句详细地记下被试的话,并记下每张图片从出现到第一次反应所需的时间、各反应之间较长停顿的时间、每张图片反应所需的总时间、被试的情绪表现、附带的动作及其他重要行为等。接下去是询问阶段,主试再将各图片逐一交与被试,并询问被试是根据墨迹的哪一部分作出反应的,以及引起反应的因素是什么,对其回答也要作详细记录。被试在此期间可能进一步对其先前的反应加以补充或澄清。

罗夏墨迹的主要功能就是测验被试的人格特征,其主要指标包括回答部位、回答决定因素(如形状、颜色、阴影、运动等)、回答内容、回答质量、组织活动及特殊回答等。该测验可以避免被试的反应倾向,更好地挖掘被试潜意识层面的人格特征,但是要求有受过专业训练的主试,且记分困难,再测信度低。

2) 主题统觉测验

主题统觉测验(Thematic Apperception Test,TAT)(见图9.2)是由美国哈佛大学默里和摩根于 1935 年编制而成的。测验包括 30 张内容隐晦的黑白色图片,另加一张空白图片,图片内容以人物或景物为主。施测时,对每一个被试只从 30 张图片中选取 20 张(包括 1 张空白图片在内),选取标准视被试的性别和年龄而定。每次给被试一张图片,要求他编一个故事,说明图中所表现的是怎么回事,事情发生的原因是什么,将来演变下去可能产生的结果,以及个人的感想等。要求故事越生动、越戏剧化越好。每张图片约需 5 分钟,测验完毕后,和被试谈话一次,以求深入了解和澄清故事的内容。测验通常采取个别施测,由主试记录(或用录音设备),并要注意被试在测验时的行为反应。

图 9.2 主题统觉测验图例

主题统觉测验的基本假设是,个人面对图画情境所编制的故事与其生活经验有着密切的关系。故事内容有一部分固然受到当时情境的影响,但其想象部分却包含着个人有意识的或潜意识的反应。换言之,被试在编造故事时,常常把隐藏在内心的冲突和欲望等穿插在故事情节中,借故事中人物的行为宣泄出来。也就是说,把个人的心理历程投射在故事之中,主试如能对被试编的故事善加分析,便可了解个人心理的需求。

拓展阅读

辽宁省大连市东北路小学学生的人格发展档案[①]

辽宁省大连市东北路小学从 1999 年 10 月开始了为学生建立人格发展档案的研究,至今已经为 1270 名学生建立了档案。

一、档案内容

档案内容分为如下四大类。

(1) 我看我自己——自我评价。帮助学生增强自我认识和自我评价能力。具体包括我爱我家、认识自己、我学习进步的轨迹、我的人格优势、我的体质。

---

① 白丽英. 中小学生心理测量与心理档案[M]. 福州:福建教育出版社,2008.

(2) 情感连接——相互评价。帮助学生与人合作，通过相互沟通来学习，通过对别人的评价和认识来进一步认识自己。具体包括我和我的好朋友、同学眼中的我、说说心里话。

(3) 成长故事——叙事性反思评价。帮助学生通过积累自己正反两方面的经验，反思自己的所作所为，鼓励自己进步。包括照片的故事、成长的烦恼、我真的长大了。

(4) 作品展示——实物展示反馈评价。通过学生把自己认可的、有价值的、满意的作品经选择后放入档案袋，定期或不定期翻阅，看到自己的进步。包括试卷、美术画、心理日记等。

二、操作方法

(1) 评语激励法。在学生的档案袋里都有一些数量不等的小卡片，这是教师在教育教学过程中随时随地写给学生的简短评语。

(2) 习惯养成自测评价法。该校设计了从一年级到六年级"我的体质"系列档案评价卡。通过这张卡，可以了解学生喜欢的运动项目、锻炼身体的习惯以及身高、体重等基本的身体信息。

(3) 家长反馈评价法。学生档案卡片中保留有充裕的供家长写反馈意见的地方，以便家长对孩子的表现作出详细、准确的评价。

(4) 心理倾诉评价法。很多老师结合学生档案夹卡片中"说说我的心里话""成长的烦恼"等栏目，创造性地开展了让学生写心灵日记的做法。学生可以把学习生活中遇到的烦恼、困惑和一些疑问随时写下来，以便教师及时把握学生的心理，了解学生的需求，及时跟学生谈心或通过文字进行交流。在教师的正确引导下，学生的健康人格得以形成。

(三) 青少年适应性测量

适应性行为过去也称为社会能力、社会成熟、适应能力，是区分智力落后和非智力落后的两个主要参数之一(另一个为智商)。不同的学者对适应性行为有不同的定义。全美智力落后协会(AAMD)对适应性行为的定义是：个体实现人们所期待的与其年龄和文化群相适应的个人独立与社会职责的程度和功效。一般认为适应性行为具有动态性，受个体发展和环境要求两个因素的影响。在不同发展时期，适应性行为表现不一样。在学前期一般以感觉运动协调、自理技能和语言成熟为标志；学龄期以基本的学习技能来评价；到成人期则以社会的适应为指标。总之，适应性行为是相对的、变化的，而不是绝对的、静止的。下面介绍两个西方比较有名的适应性行为量表。

1. AAMD 适应性行为量表

1965 年，全美智力落后协会提出了一个研究适应性行为的计划，编制了两个适应性行为量表，一个为 3~12 岁儿童设计，另一个为 13 岁以上的人设计。这两个量表后来经过修订，合并成了一个，称为 AAMD 适应性行为量表 1974 年修订本。1981 年经过再修订，成为现在流行的 AAMD 适应性行为量表学校版，简称 ABC-SE。ABC-SE 分为两个部分：第一部分以个体的发展顺序为线索，评估个体在独立、个人……社会责任感等 9 个行为领域的技能；第二部分涉及个体的不良适应性行为。施测方法有两种：一种是由了解被试的人来填写；另一种是由主试提问，然后填写答案。有三种不同的记分方法。

2. 文兰社会成熟量表

文兰社会成熟量表(Vineland Social Maturity Scale)的主要目的在于鉴别人的社会能力水平或"社会成熟",用以帮助诊断智力缺陷、儿童多动症等。该量表经过多次修订,较近的一次更名为文兰适应性行为量表。该量表有三个版本:面谈版—调查表、面谈版—扩张表、课堂版。头两个版本由了解和熟悉被调查儿童的人(父母、看管人等)接受测试,课堂版主要由教师填写,量表适用年龄为 0~30 岁,但以儿童为主。文兰社会成熟量表包括八个领域,即一般自理能力、饮食自理能力、穿着自理能力、移动能力、作业能力、实际能力、自我指导能力、社会化能力。

二、心理测量在青少年心理健康教育中的作用

我国心理健康教育起步较晚,还处在建立机构、探索规律、学习方法、规范操作的阶段,各地开展心理健康教育的程度,也因城乡差距、东西部的差距、重视程度的差异等因素而各不相同。中小学阶段心理健康教育的缺失,家庭和社会只重视学生的学习成绩,不重视心理发展状况的导向,导致学生不了解心理健康的重要性,不重视自己的心理健康,不会调整不良心理,不知道寻求帮助或不愿意接受心理咨询。学生在参加测评之后可能会主动学习心理健康知识,并为完善自己而走进心理咨询,获得专业的指导和帮助。心理测量这种开放式教育的手段,在心理健康教育中发挥着独特的作用。

第一,教育的一条基本原则就是因材施教。所谓因材施教,是指根据学生在学习成绩、学习方法、学习动机、智力水平、性格和气质特征、学习兴趣和学习态度、价值观等各方面心理特质的不同采取不同的教学措施和辅导方法。可见,因材施教的前提是教师必须很好地了解学生。心理测量的各种技术可以帮助教师更准确地、更客观地、更迅速地、更全面地了解学生的特点。

第二,教育的过程实质上是"教"和"学"的过程。教师教的效果和学生学的效果便直接反映了教育的效果。心理测量的技术既可以对教师的教学效果进行评价,又可以对学生的学习效果进行评价,从而为教育的过程提供及时有效的反馈信息,进而一方面促使教师改善教学方式,提高教学质量;另一方面也帮助学生反省和改善学习方法和学习态度,提高学习效率。

第三,要想发展教育事业,就必须不断地改进教育体制、教育目标、教材和教法。而好的体制、教材和教法要通过教育效果来体现,而教育效果又可以由心理测量的结果来评价,因此,心理测量的技术和方法可谓教育改革的重要工具之一。

第四,教育中的学生选拔离不开心理测量。一个典型的事实是:学生从上小学到攻读博士学位,每上一个台阶,都必须通过一次升学考试。考试成绩优秀的学生被预测为有足够的能力去适应更进一步的学习生活。可见,心理测量的预测功能可以将水平高的学生和水平低的学生很好地区分开来,因而有助于提高发现人才的可靠性和科学性。

第五,教育领域的定量化研究所依赖的主要资料来源之一是心理测量的结果。通过心理测量,可以迅速而大量地收集青少年的各方面信息,从中可以概括和总结出青少年心理发展的普遍规律和特点,进而丰富和扩展教育学理论研究成果,最终理论联系实际,有针对性地制定出教育方针、教育目标和教育措施。

第六，为了使心理测量的作用得到充分而有系统的发挥，在中小学建立学生心理档案将是最好的方式之一。所谓学生心理档案，是指根据学生的身心发展阶段的特点，通过心理测量手段，从个人简介、家庭背景、学业表现、智力水平、个性特征、心理健康状况、学习动机和态度、思想品德和价值观等各方面对学生进行描述和评价，一方面将结果分类保存，作为心理教育、心理咨询和因材施教的主要参考依据；另一方面建立动态的档案，即将学生每一发展阶段的新的信息不断存入档案，作为教育效果、教育改革和教育研究的主要参考依据。

三、科学应用心理测量的几个问题

科学应用心理测量应注意如下几个问题。

第一，合理选择心理测评量表。每一种心理测评量表都具有特定的目的和使用对象，施测者要依据施测目的和测评对象来考虑量表的选用。要选择信度、效度高，常模与所测群体接近，敏感性高，测评项目有一定难度和区分度的心理测评量表。还要注意尽可能使用新近修订的测评和常模。实施测评所需的人力、物力和财力，以及能否被社会和受测者所接受和认同，也是需要考虑的因素。心理测评量表的选择使用应对受测者负责，并注重科学性。

第二，施测者应具有一定的知识技能。施测者应该具有心理学或实验心理学的相关知识，接受过使用心理测评量表的训练，熟悉测评内容、适用范围、测评程序、记分方法。具有善于与不同的人打交道的个性心理特征。要尊重、理解受测者，要热情、真诚、耐心地对待受测者。能够激发受测者对测评的兴趣，以得到受测者的配合。能够熟练应答受测者的质疑，妥善处理施测过程中出现的问题，能够与受测者建立良好的关系。

第三，测评结果的分析、解释、反馈要科学规范。对于新生心理健康普查，学校要适当组织进行反馈与访谈，对参与反馈和访谈的人员要进行专门的培训，以保证反馈、访谈工作的规范性与有效性。对于开放的由学生自主选做的心理测评，则要由专门的人员对受测者进行适当解释，帮助他们理解测评结果。还要注意结合受测者的其他资料对测评结果进行分析；以建设性的、易于理解的、个别化的方式，向受测者进行结果解释；多强调测评结果的积极意义，以有利于受测者从测评中获益，促进其自我了解。

第四，保护受测者的权利。心理健康教育是以人为本的教育思想的体现，是否能够充分保护受测者的权利，关系到心理测评乃至心理健康教育引导的正面效果和积极意义。受测者的权利包括：了解测评目的和测评性质，了解如何准备测评及参加测评，清楚是否可以获得测评结果的反馈等，这些都需要得到保护。要对受测者的测评结果及个人隐私保密；回答有关机构的查询时，一般需要征得受测者的同意。此外，严格的管理制度、适宜的施测环境、清晰明确的指导语、严谨的操作程序，都是科学实施心理测评的保证。

第三节 青少年心理健康教育档案建立的程序

青少年时期是一个从幼稚走向成熟，由家庭迈进社会，同时也是一个变化巨大，面临多种危机的时期。对青少年的心理发展进行及时的了解、跟踪辅导对青少年的健康成长起着至关重要的作用。

一、建立学生心理档案的目的和意义

(一)建档的目的

建档是为了促进每个学生健康发展,这是每个准备建立心理档案的学校应始终清醒意识到的,这也是我们在整个心理档案的规划中,应始终遵循的主导思想。所谓"健康发展",不仅指学生心理要得到健康发展,而且是指学生全面素质得到提高。所谓"每个学生",是强调我们的心理健康教育不是临床上的医疗模式,而是为提高整个一代人素质的教育模式,是面向所有学生的,是为素质教育服务的配套工程。只有如此,我们才对得起为了建档而投入的大量人力、物力和财力。

(二)建档的意义

建立学生心理档案具有如下意义。

(1) 有助于进一步完善教育教学工作,提高教育教学质量。要了解学生,研究学生,就必须掌握学生心理发展的规律。建立学生心理档案可以使教师了解学生个性,使教师在教育教学中能有的放矢,减少盲目性,提高针对性,从而提高教学质量。而且建立学生心理档案也可以缩短教师了解学生的周期,提高教师总体工作的效率。

(2) 有助于促进学生心理的发展。学校的教育要根据社会发展的需要,学生心理发展的需要,积极地、建设性地按学生心理发展的规律和个性心理特点,有目的、有计划、有步骤地去施加直接或间接的影响,培养和提高学生的良好心理品质;预防心理偏差和心理障碍的产生;激发非智力因素,促进智力提高和发展;开发学生各种潜能,保证学生个性得到充分的发展,启发学生自我意识,增强学生社会适应能力。要达到这样的目标,学校就要建立学生心理档案。学生心理档案从纵向看,可以为学生个人心理发展提供十分重要的条件。它是每一个学生心理成长的轨迹,将对每位学生个人的心理成长、心理潜能开发提供帮助,它为心理咨询和心理辅导解决学生心理问题和心理障碍提供了重要保证。从横向看,学生心理档案可以揭示教师教育工作中的问题,揭示学生共性心理品质的问题,它能促进学校和教师端正教育思想,改变教育方法,创设良好的学校心理环境,设法通过各种手段去进行教育和训练,从而提高学生的共性心理品质,促进学生心理的发展。

(3) 有助于学生心理健康工作的开展。随着现代社会的发展、信息的增多、生活节奏的加快,学生承受的各种压力增多增大,学生产生的各种心理问题、心理障碍也在增多,少数学生因为承受不了学习和考试的压力,产生焦虑、恐惧和失眠。学生对社会的不了解,承受困难和挫折能力差,甚至对生活失去信心,产生消极情绪,这些情况都严重地阻碍了学生健康成长。

(4) 有助于加强对青少年心理的研究。青少年正处于身心健康迅速发展的时期,由于他们社会阅历浅,身心变化大,学习负担重和面临代沟等,在他们中存在的心理问题也就相当普遍。因此,对青少年的教育研究工作越来越受到人们的重视。同时,青少年的心理也随着社会的发展而不断地发展,建立学生心理档案,可以为青少年研究提供第一手资料,有助于加强对青少年的研究。

二、建立学生心理档案的原则

建立学生心理档案，要遵循以下六个原则。

(一)客观性原则

所谓客观性原则，是指收集的资料必须符合事实，准确可靠，不加收集者的主观臆测、成见和缺乏事实根据的评价，更不能主观演绎生造。客观性原则是建立学生心理档案应遵循的基本原则，缺乏客观性或客观性较差的心理档案不仅实用价值不大，而且可能会产生副作用。要做到客观性原则，除了要有实事求是、尊重客观事实的科学态度外，在实际操作过程中应该注意，要多方位地综合测评；要就事论事、事评分开；要选择合适的心理测验量表。

(二)系统性原则

人生活在极其复杂的自然环境和社会环境之中，人的每一个心理现象的产生都要受自然和社会诸多因素的影响和制约。学生在不同的时间里、不同的条件下，对同一刺激的反应是不同的。因此在建立学生心理档案时应坚持系统性原则，首先要全面、系统地确定心理档案的内容；其次是测评工具的选择使用方面要前后一致；此外还要在比较长的时间内，对学生的心理发展进行有系统的、定期的追踪研究，尽可能系统地、详尽地了解学生心理发展的连续过程和量变质变的规律，使建立起来的学生心理档案能系统地反映学生在教育条件下的心理变化过程。

(三)发展性原则

人的心理总是在不断发展变化的，特别是青少年时期的学生更是如此，因此心理档案只能是学生心理发展的一种凭据，是一种对过去某阶段心理状况的记录，并不代表学生心理发展的水平永远如此，也不代表学生今后的心理发展就是如此。建立学生心理档案是为了帮助学生更好地了解自我、发展自我，而不是为他算命定终身，学生的心理发展虽然具有一定的稳定性，但是更充满了可塑性，所以一定要用发展的眼光来看待学生的心理档案。

(四)教育性原则

所谓教育性原则，是指在建立学生心理档案时，要有利于提高学校的教育质量、教学水平和管理水平，有利于学生心理的健康发展，有效地为实现学校的教育目标服务。

(五)保密性原则

心理档案的保密性原则是指在尊重学生人格的前提下心理档案的资料不可以向非心理工作者泄露。它是心理档案建设和使用过程中最需要遵循的原则，要求在心理档案的建设和使用过程中除了少数几个档案的建设者和研究者能接触档案的内容外，即使是学生本人也只能有限度地了解有关档案的内容，而建档者或管理档案者绝对不能随意外泄心理档案的内容。

(六)最佳经济原则

建立学生心理档案是一项劳动量大、牵涉面广、技术要求高的工作，如果处理不好，则可能花掉了大量的人力、物力、财力和时间也达不到预期的效果。所谓最佳经济原则，就是要在建立学生心理档案的过程中，力求以最少的人力、物力、财力和时间，获得较大的效果。贯彻最佳经济原则，要求处处事事都讲求效率和效果，要力求以最小的消耗，尽可能多办事、办好事，建立起高素质的学生心理档案。

三、建立学生心理档案的一般程序

建立学生心理档案，是要按一定程序进行的，即首先要确定心理档案的内容，其次要使用科学的方法收集学生的资料，最后对收集来的学生资料进行解释并建立心理档案。

(一)确定心理档案的内容

所谓心理档案的内容，又称心理档案的项目，是指能揭示或从中了解到有关学生心理状况、心理特点等的材料。学生心理档案的内容，应尽可能全面反映学生的心理特点，为学校教育提供可靠准确的信息。学生心理档案一般包括两大方面：一是影响学生心理发展的基本资料，即学生基本情况，主要包括个人基本情况、家庭生活情况、学校学习生活情况及对个人生活有影响的重大社会生活事件等；二是反映学生心理状况和心理特点的资料，主要包括智力水平、个性特征、心理健康状况、学校心理特征、职业能力倾向类型等。具体说来，学生心理档案的内容如下。

1. 学生基本情况

学生基本情况主要是提供一些背景资料，以帮助教师深入分析学生心理，正确诊断学生问题产生的原因。主要包括如下几方面。

(1) 个人简介：主要包括姓名、性别、出生年月、籍贯、民族、政治面貌、就读学校、年级、家庭住址、爱好特长等。

(2) 身体状况：主要包括血型、一般健康状况、身体发育状况、生理缺陷、个人病史等。

(3) 家庭生活环境：主要包括家庭成员的工作性质及职务、文化程度、家庭的组织结构、家庭的居住环境、家庭的经济状况、家庭气氛、家长的教育方式与态度、亲子关系、是否独生子女、家中排行等。

(4) 学校学习生活情况：主要包括学生的学习成绩、学习态度、学习习惯、思想品德、行为习惯、体育运动、交际水平(含师生关系、同伴关系)、担任班干部情况、获奖情况等。

(5) 对学生个人生活有影响的重大社会生活事件：如家庭成员的死亡、父母离异、与教师同学关系紧张、生活条件改变、影响生活的重大挫折等。

2. 能力状况及其教育建议

能力状况主要是指学生的智力水平如何、智力特点怎样、如何进行有针对性的智力训练；学生的言语智能和数学智能水平如何，言语概括、言语推理、数学概括、数学推理、解决问题的能力分别处于哪个等级；能力倾向鉴定及创造力测量等。

3. 人格特征分析及培养建议

人格特征主要是指学生的性格类型及特征、气质类型及特征，个性心理中有哪些良好或不良的品质，怎样进行教育，学生的兴趣、态度、人际关系及品德特点等。

4. 心理健康状况及辅导策略

心理健康状况主要是指对学生的心理健康水平进行鉴定，有无心理问题或心理障碍，程度如何，怎样进行教育或矫治。

5. 学习心理分析及教育对策

学习心理主要是指学生的学习态度、学习方法、学习动机、学习意志力、考试心理、学习困难的诊断，学习认知因素分析、学习动力状况分析、学习社会因素分析，怎样优化学生的学习心理等。

6. 职业能力倾向类型分析及指导

职业能力倾向主要是指学生的职业兴趣、职业能力的诊断，分析其适合从事哪一类工作，从而为学生作升学就业指导。

以上是学生心理档案的一般内容，在建立心理档案过程中，可以根据本校实际选择其中的内容。表9.2 为学生心理档案示例。

表9.2 学生心理档案示例(基本资料部分)[①]

编号：＿＿＿＿＿　　　　　　　　　　　　　　类别：＿＿＿＿＿

学校		年级		姓名		性别		出生日期		建档日期	
因素			相关情况							备注	
家庭背景	（）父	修养	文化水平		专业期望			职业			
		接纳	学生评		教师评			家长评			
		允许	学生评		教师评			家长评			
		沟通	学生评		教师评			家长评			
	（）母	修养	文化水平		专业期望			职业			
		接纳	学生评		教师评			家长评			
		允许	学生评		教师评			家长评			
		沟通	学生评		教师评			家长评			
在校表现	学习方面	语文									
		数学									
		外语									
		体育									
	品德评定		(1)		(2)			(3)			
	出勤情况		(1)		(2)			(3)			
	慢性疾病		(1)		(2)			(3)			
	学业问题		(1)		(2)			(3)			
	行为问题		(1)		(2)			(3)			

---

① 吴增强. 学校心理辅导通论——原理·方法·实务[M]. 上海：上海科技教育出版社，2004.

续表

要求辅导者	时间	迫切要求辅导的心理问题	代码	辅导效果

方面		时间	观察记录	备注
家庭				
心理素质	智能			
	个性			
	心理健康			
在校表现				

(二)学生资料的收集

确定学生心理档案的内容后，就要收集反映这些内容的资料和信息，这是建立心理档案的关键。学生资料的收集方法主要有观察法、问卷法、作品分析法、谈话法和心理测验法。

1. 观察法

观察法是有目的、有计划、有系统地获取处于自然条件下学生资料的方法。按心理辅导教师是否参与学生活动，可将观察法划分为参与性观察法和非参与性观察法；按心理辅导教师在观察时是否借助于仪器，可将观察法划分为直接观察法和间接观察法。对于观察的结果，可用下列三种方式记录。

(1) 评等法。心理辅导教师对所观察的特质或行为评定等级，如学生对某种事物可以是不喜欢、不太喜欢、一般、有点喜欢、很喜欢，教师可以在预先印好的表格上按级画圈。

(2) 记录出现频率法。心理辅导教师将规定好要观察的项目事先打印在纸上，凡出现了某种现象，就在这个现象的框上画一个"√"。

(3) 轶事记录。是指教师把观察到的学生情况，以叙述性文字所作的一种简明的记录，包括学生的姓名、性别、年级、观察时间、观察事实及其发生情境的描述、教师的解释与建议等。

2. 问卷法

问卷是按一定的理论假设设计出来的，由一系列指标、变量所组成的收集资料的工具。问卷法是心理辅导教师运用统一设计好的问卷向学生了解情况和征询意见的方法。采用自编的问卷调查，如用书面问题、表格让学生回答、填写，可了解学生的一些基本情况，了解他们的心理活动。

3. 作品分析法

作品分析法是指借助学校的各种评定和记录以及学生的作品来获取信息的方法。如通过对学生的学习心得、笔记、作文、自传、各种作业、试卷、模型和其他创作作品等的分析，可了解学生的心理活动。其中，自传分为主题式自传和综合式自传。主题式自传的内容限于个人生活的某一方面，如"我的家庭生活""我的学校生活"等。在对学生自传进行分析和解释时，要考虑以下问题：自传反映了学生什么样的情绪基调？自传中提及哪些重大经历和重要的背景资料，在按时间顺序记载个人经历时有无明显的时间中断，有无逃避敏感问题的意向。

4. 谈话法

谈话法是心理辅导教师与学生或学生较亲近的人通过直接谈话的方式来了解和研究学生心理的一种方法。通过谈话法，可了解学生真实的心理背景、过去的心灵创伤等。

5. 心理测验法

心理测验法是建立心理档案中最主要和最常用的方法，其关键是选择合适的测评工具施测。在选择合适的测评工具时首先要考虑选择标准化测验，其次要明确测验的目的、功用及适用范围。

(三)结果解释和建立心理档案

在收集学生资料后，就要对每一种资料，尤其是心理测验的结果进行解释，并结合学生基本情况提出教育培养上的建议，然后再建立心理档案。

(1) 统计及结果解释。心理辅导教师首先要按照每一测验所提供的记分标准进行统计，并将原始分转换成标准分。在计分统计过程中一定要实事求是、客观公正。其次是将统计出来的分数赋予一定意义并将有意义的信息传递给当事人或其他教师及家长。在进行分数解释时，要参考常模资料、效度资料，还要考虑测验情境等其他因素。在向当事人或其他人报告时，一般只需告诉测验结果的解释，并应注意以下几个问题：使用当事人所能理解的语言；保证当事人知道这个测验测量或预测什么；使当事人知道他是和什么团体进行比较；提出科学的、有针对性的建议。

(2) 提出教育培养建议。根据结果解释，围绕如何发展能力、培养创造力、优化人格、促进心理健康、提高学习成绩以及指导升学和就业等方面来提出教育培养建议，这是建立学生心理档案的目的所在。因此，要根据结果解释，并结合学生各方面的情况，首先分析其现状成因，然后科学地、有针对性地提出教育培养建议或辅导策略。

(3) 建立学生心理档案。学生心理档案的形式主要有文本式和电脑软件式。文本式有档案袋和专项卡片。采用电脑软件的形式，可以减少差错，防止资料丢失，保证资料管理的准确规范、安全可靠，进而提高工作效率。

本 章 小 结

心理测量是指依据一定的心理学理论，使用一定的操作程序，给人的能力、人格及心理健康等心理特性和行为确定出一种数量化的价值。心理测量具有间接性、相对性、客观性等特性。心理测量按不同的标准有不同的分类,方法也多种多样,在国内外均有丰富的发展历史。

青少年有其独有的心理、生理特点,所以对其要有针对性地教育和指导,促进其身心健康、和谐发展。青少年常用的心理测量有青少年智力测量、青少年人格测量等,心理测量在青少年心理健康教育中有重要的作用,但在使用时要注意科学、合理地应用心理测量。

建立青少年心理健康教育档案对于青少年心理健康教育具有重要意义,但建立青少年心理健康教育档案有一套科学的程序,我们要明确建档的目的和意义,遵守建档原则,按科学的程序建立青少年心理健康教育档案。

建立青少年心理健康教育档案只是一个心理健康教育的良好的开始,要使档案发挥作用,还要科学地管理和使用。

思考与练习

1. 什么是心理测量?心理测量的性质有哪些?
2. 心理测量按不同的标准,可以分为哪些种类?心理测量的方法有哪些?
3. 青少年常用的心理测量有哪些?心理测量在青少年心理健康教育中起到了什么作用?
4. 青少年有其独特的心理特点,如何正确选择一种适合青少年身心发展特点的心理测量?科学使用心理测量应该注意哪些问题?
5. 如何建立一份完整的青少年心理健康教育档案?
6. 青少年心理健康教育档案在使用和管理时应该注意哪些问题?

实 践 课 堂

青少年心理适应性量表

指导语:下面这些问题都和你在学校、在家里的行为有关,请你回忆自己过去半年以来的表现,和下面的20种情形比较一下,每题后面有5个数字,它们的意思是:

"1"表示该题所说情况与你自己完全不符合;
"2"表示该题所说情况与你自己情况的符合程度是20%~30%;
"3"表示该题所说情况与你自己情况的符合程度是50%左右;
"4"表示该题所说情况与你自己情况的符合程度是70%~80%;
"5"表示该题所说情况与你自己情况的符合程度是100%。

请你根据这个标准,在每题后面选择一个数字,用一个圆圈把它圈起来。

	1	2	3	4	5
	非常符合	比较符合	有时符合	不太符合	不符合

1. 我的考试成绩常低于我真实的学习能力和水平。 1 2 3 4 5
2. 我喜欢尝试我从没吃过的、味道或名称古怪的食物。 1 2 3 4 5
3. 到一个新地方，我常闹消化不良，皮肤过敏或失眠。 1 2 3 4 5
4. 我参加正式运动会的成绩比体育课或平时练习成绩好。 1 2 3 4 5
5. 该背的课文已经背熟了，可是一到课堂上背就出差错。 1 2 3 4 5
6. 我开会发言时不紧张，措辞自然，临场发挥自如。 1 2 3 4 5
7. 我冬天比别人怕冷，夏天比别人怕热，夜里比别人怕黑。 1 2 3 4 5
8. 在嘈杂混乱的环境中，我照常做手里的事且效率不低。 1 2 3 4 5
9. 体检时，我的脉搏、血压等指标因为紧张而比平时高。 1 2 3 4 5
10. 如果需要，我可以熬一个通宵，精力充沛地做事。 1 2 3 4 5
11. 当家里有人来，父母让我去见客人时，我不想去。 1 2 3 4 5
12. 出门在外，我能很快习惯新的、变化了的生活条件。 1 2 3 4 5
13. 体育课或运动会上，同学们越为我加油，我越紧张。 1 2 3 4 5
14. 上课回答问题时，我冷静地把想好的一切完整地说出来。 1 2 3 4 5
15. 我一个人做事比和大家一起做事效率高。 1 2 3 4 5
16. 为了和睦相处，我宁愿放弃自己的意见，附和大家。 1 2 3 4 5
17. 当着众人、生人或异性的面，我感到腼腆，不自在。 1 2 3 4 5
18. 发生紧急情况，大家都慌乱时，我很镇静。 1 2 3 4 5
19. 和别人争辩时我常语塞，事先想好的话也说不出来。 1 2 3 4 5
20. 和陌生人接触时，我不大设防，容易攀谈起来。 1 2 3 4 5

推 荐 阅 读

1. 刘晓明. 中学生心理咨询与测评[M]. 长春：吉林大学出版社，2008.
2. 莫雷，等. 中小学心理教育基本原理[M]. 广州：暨南大学出版社，1999.
3. 白丽英. 中小学生心理测量与心理档案(中小学心理健康教育实用丛书)[M]. 福州：福建教育出版社，2008.
4. 陈雪枫，宇斌，刘科荣. 中小学生心理测评与心理档案——中小学生心理教育丛书[M]. 广州：暨南大学出版社，1997.
5. 心理测评网站：中国心理网 https://www.psy.com.cn/vue/#/test.
6. 心理测评网站：壹心理测试 https://www.xinli001.com/ceshi?source=pc-home.
7. 心理测评网站：525 心理网 https://www.psy525.cn/ceshi/index.html.
8. 心理档案：心生 https://v.youku.com/v_show/id_XMTQxNTgxMjky.html.

第九章课件

拓展阅读

> 无论在什么情况下,只要拥有一个良好的心态,我们就能从容地面对一切逆境。一种美好的心情,比十帖良药更能解除心理上的疲劳和痛楚。
>
> ——题记

第十章　学校心理辅导的工作模式

本章学习目标

- ➢ 掌握学校心理辅导队伍及心理辅导室的建立流程。
- ➢ 掌握学校心理辅导工作的基本任务和职业道德。
- ➢ 掌握学校心理辅导工作的评估方法。
- ➢ 掌握学校心理辅导课程的评价方法。

学校心理辅导(school psychological guidance);　职业道德(career morality);　工作评估(performance evaluation);　课程评价(curriculum evaluation)

青少年人际类问题的心理辅导[①]

小明,男,11岁,就读于某小学五年级。该生贪玩,学习兴趣不高,和同学关系不好。他欠了几个同学共计300元的债。经查,原来他为了和班里几个爱玩的、会玩的同学一块儿玩,竟然提出,玩一次承诺给对方多少钱。在班里,他不学习,作业常不完成,经常受到老师的批评,又爱以各种理由搪塞,爱讲大话。他在与同学交往中,情绪反复无常,常推卸责任,意志薄弱,自制力差,不讲信用,不注意卫生,身上总有一种说不出的臭味,一度处于自卑、自弃的失助状态中,沦为个别霸道学生攻击的目标。他生活在一个问题家庭,4岁时,父母的感情就亮起了红灯,母亲竭力挽救,总算维持下来。为了孩子,母亲委曲求

---

① 刘雨晴. 青少年人际类问题的心理辅导[C]. //中国武汉决策信息研究开发中心、决策与信息杂志社、北京大学经济管理学院. "决策论坛——区域发展与公共政策研究学术研讨会" 论文集(上). 中国武汉决策信息研究开发中心、决策与信息杂志社、北京大学经济管理学院,2016:1.

全，但常常处心积虑，小心提防着"背叛"的父亲。对孩子总觉得有些愧疚，希望多一点补偿。

本案例中当事人的主要问题是安全感缺失，情绪不稳定，难以融入集体生活，自信心丧失，封闭自我，自暴自弃。这主要是由于家庭关系不融洽，从小缺乏父亲的关怀，又承载着母亲的愧疚，让他极度渴望得到关怀和爱。对待这些青少年人际交往问题，要以合理的心理疗法对其进行疏导，引导青少年形成合理的人际交往观念，培养他们的人际交往能力。

学校心理辅导，是指在一种新型的建设性的人际关系中，学校辅导人员运用其专业知识和技能，给学生以合乎其需要的协助与服务，帮助学生正确地了解自己、认识环境，根据自身条件确立有益于个人发展和社会进步的生活目标，使其能克服成长中的障碍，在学习、工作以及人际关系等各个方面，调整自己的行为，增强社会适应能力，作出明智抉择，充分发挥其潜能[①]。

在学校开展心理健康教育，是社会发展对人的素质要求的需要，中共中央、国务院关于《深化教育改革全面推进素质教育的决定》中明确指出，要加强学生的心理健康教育，培养学生坚忍不拔的意志、艰苦奋斗的精神，增强青少年适应社会生活的能力。良好的心理素质是人的全面素质中的重要组成部分，是未来人才素质中的一项十分重要的内容，因此在学校开展心理健康教育工作是关系到学生身心健康发展的大事。

第一节　心理辅导队伍的建立

学校心理健康教育工作的成败在很大程度上取决于教师，因为教师是人类灵魂的工程师，是青少年学生成长的引路人。心理辅导工作与学生管理、班主任工作不同，它具有其独特的发展方向和工作特点，应该配备专门的工作人员。实践表明，如果仅由个别教师兼职心理辅导工作，会带来辅导与训导的角色冲突，降低心理辅导的功效。

一、学校心理辅导队伍的现状

心理咨询与辅导兴起于欧美等国，并走过了百余年的职业化发展道路，积累了丰富的经验。欧美发达国家心理咨询工作对从业者专业知识和技能有严格的要求。在美国，各个州都对职业心理咨询师有严格的从业要求，他们若要成为一名国家级资格认定的心理咨询师(NCC)，必须通过成立于1983年的"国家咨询者资格认定委员会"(NBCC)制定的标准化考试，获取相应的从业"执照"。并且美国的心理咨询与辅导工作者，至少要获得心理咨询硕士学位，并在相应的专业领域完成规定的实习内容和实习时间。在欧洲，由于各国的教育体制不同，有些要求从业者具有博士学位，有些则要求具有硕士学位。得到学位、毕业之后，一般不能马上找到正式工作，须先去医院或诊所从事实习助理工作1～2年，并要

---

① 刘华山. 学校心理辅导[M]. 合肥：安徽人民出版社，2001.

有专业人员的督导，才有可能受聘做正式的心理咨询或治疗专业工作人员。

我国学校心理辅导工作起步于20世纪80年代中期，当时，学校心理辅导仅仅局限于班主任、任课教师或德育老师解决学生面临的思想道德问题，并没有从辅导心理学的角度看待学生遇到的思想和行为问题，教师们也没有学校心理辅导的相关知识，更谈不上辅导技能。

此外，辅导人员专业化水平不高也是现今学校心理辅导工作一个突出的问题。造成这一问题的原因很多。首先，由于历史原因，心理学在我国的发展几经曲折，于80年代方得以兴起，在国内高校各学科中还很年轻，心理学工作者队伍比较薄弱。其次，目前中小学从事心理辅导的人员主要是兼职的任课教师、德育工作者和班主任老师。虽然高校各专门机构为基层学校教师举办了各类短期培训和专题培训，但总体来说，大多数学校辅导人员专业背景欠缺，没有掌握系统的心理辅导理念与方法技术。最后，即使是培训学校老师，很多也不是心理学专业出身，不少是从事心理学研究的教授，而非临床心理学家，缺少临床经验。因此，学校心理辅导人员专业化问题，是今后有待努力和发展的一项工作。

二、学校心理辅导队伍的建设

无论何种职业都有其特殊的专业属性，对从业者都有明确的资格要求，而达到资格要求的途径主要是接受专业教育和训练。心理辅导是一种较为特殊的职业，是一项充满挑战而又非常富有意义的助人工作，对从业者的素质和能力有着很高的要求。要成为一名合格的心理辅导工作者，不仅要接受严格的专业教育和训练，掌握较高的专业技能，而且应具备职业行为所必需的个性品质以及其他方面的个人要求。

学校心理辅导师资的专业化发展是心理辅导工作专业发展的前提，而学校行政与员工的支持则是学校心理辅导师资专业化发展的关键制约因素。就学校心理辅导工作的整体而言，尽管还不尽如人意，但只要我们有正确的观念指导，有全社会尤其是学校行政与员工的大力支持，心理辅导教师的专业发展就有了保障，心理辅导工作的开展也会走上专业化发展之路。

知识拓展

各个省市心理辅导队伍的建设要求[①]

自教育部1999年下发《关于加强中小学心理健康教育的若干意见》以来，各地积极贯彻教育部文件精神，许多省、市、地区在师资教育与培训方面出台了很多政策规定，也培训了许多可以从事学校心理辅导工作的专职或兼职教师。

广州市中小学心理咨询与辅导工作者行为规范及资格要求如下。①学历或职称要求：具有国家承认的大学本科学历(以心理学专业或教育学专业为最佳)，或医学、心理学中级以上职称，以及具有中学一级、小学高级教师职称，经过广州市教委认可举办的心理辅导专业培训，从事中小学心理咨询与辅导的工作者。②理论知识：应具备普通心理学、发展心理学、人格心理学、心理咨询学、心理测量等方面的知识，特别是青少年心理特点及辅导

---

① 李士江. 学校心理辅导师资的专业化发展研究[D]. 上海：华东师范大学，2003.

的知识。③辅导实践：符合上述条件的学校心理辅导工作者，需要在有经验的专业工作者指导下，从事学生心理辅导工作实践半年以上，方可独立从事此项工作。

《北京市中小学心理健康教育工作纲要》要求，北京市所有中小学都将至少配备一名专职心理辅导教师，而且心理教师须持证上岗。首批500名心理教师已在北京市教委进行了培训。

上海市中小学都设有心理咨询室，但教师水平参差不齐，初中、小学心理教师以兼职为主，不少教师并非心理学专业出身，持证上岗者比例不高。上海在从事学校心理辅导的专兼职教师中，仅有0.3%是师范院校心理系、教育系专业毕业的，另外有72%的教师仅受过市或区县级的短期培训，而且这些教师也大致分布在50%左右的学校里。《上海学校心理健康教育三年规划》要求上海各区、县教育局1999年有20%的学校，2000年增加到35%的学校，2001年增加到60%的学校，要达到开展学校心理辅导的具体要求。上海市教委于1999年下发了《关于实施〈上海市学校心理辅导员资格证书制度〉的意见》，委托华东师范大学心理系成立学校心理辅导师资培训中心，负责实施学校心理辅导专职教师上岗培训工作，培训时间为一年。培训结束经考核达到要求的，由上海市教委颁发"资格证书"，并确立心理辅导教师专项职称评聘系列。

天津市规定中学一般每校要有1～3名、小学1～2名心理辅导教师，凡从事心理辅导与咨询的教师要做到持证上岗，到目前已培训了1.2万名教师。

山西省教育厅全面部署了中小学心理辅导师资培训事宜，决定全省中小学从事心理辅导的教师两年后必须持证上岗。据悉，山西省教育厅将在山西大学举办学校心理辅导方面的研究生课程"双证书"进修班，并以此作为认定资格的依据。

浙江教育厅要求各地将心理辅导教师和全体教师的心理健康教育知识培训纳入师资培训计划，积极组织教师参加多种形式的培训。为拓宽中小学心理辅导师资培训渠道，开设了学校心理辅导专业自学考试。从2001年开始，对取得高等院校心理学相关专业及自学考试学校心理辅导专业大专或本科以上学历，并有一定学校心理辅导实践经验的专、兼教师核发《心理辅导教师资格证书》。对取得相关课程合格成绩的教师可颁发相应的专业证书和合格证书。同时，通过高师院校、教师进修院校的继续教育以及自学考试等形式，对全省在职教师进行心理健康教育基础知识的培训与考核。力争从2001年起，全省心理辅导专、兼教师实行持证上岗。2005年完成全体教师的基础知识培训及考核。

江苏省教育厅通过了《江苏省中小学心理健康教育实施纲要》《江苏省中小学心理健康教育师资培训规划》和《江苏省中小学心理健康教育心理咨询教师资格认证办法》等三个重要文件，对学校心理辅导的目标、内容、途径、方法、课程、教材及教师资格等各方面都作出了明确规定。

成都市建立培训网络，实行分级培训，并将心理辅导培训计划纳入教师继续教育的范畴，作为规范性课时计算。

河北省石家庄市制定了《石家庄市实施心理健康教育纲要》和《心理健康教育师资三级培训计划》，对骨干教师进行5～7个双休日的培训。

吉林省吉林市的学校心理辅导工作"十五"规划纲要指出，吉林市教育局将制定《吉林市学校心理健康教育教师培训计划》，全面系统地培训心理教师和心理咨询员。决定建立学校心理教师和心理咨询员的考核和资格认证制度。凡是在学校从事心理教育、心理咨询与辅导的教师，一定要做到持证上岗。对专业知识和实际能力达不到要求的，绝不能随意安排做专职心理咨询教师。

(一)学校心理辅导教师专业建设要求

学校心理辅导专业化是必然的发展趋势，而心理辅导师资的专业化是顺应这一趋势的前提。

拓展阅读

浙江省中小学心理辅导实现制度化、体系化[①]

学校心理健康教育现在已经成为学校教育的重要组成部分，习近平总书记在党的"十九大"报告中指出"要加强社会心理服务体系建设"，心理健康服务是社会心理服务的核心，心理健康教育又是心理健康服务的基础，在新的时代背景和要求下，学校心理健康教育如何切实提高科学性和实效性，教师队伍的专业性和规范性是重要保证，也是一个不小的挑战。

浙江省积极应对这一挑战，在多年实践经验积累的基础上，在全国首开先河，推出中小学心理辅导督导师制度，出台了《浙江省中小学心理辅导督导师管理办法》和《浙江省中小学心理督导网络建设意见》，并于2019年初举办了首批中小学心理健康教育专业督导师高峰论坛暨首批行政督导师培训班。

心理督导师的主要职能及技能要求包括三个方面：(1)工作督导。能指导制定区县或学校心理健康教育工作规划和心理健康教育教师培训计划；能指导心理教师的理论学习、工作方案制定和科研工作；能检查和指导心理教师遵守职业道德和相关的法律法规、工作态度、工作表现等情况；能够进行是非判断，引领传播科学的心理学思想、方法与技术，带头抵制非科学方法与技术对学校心理辅导工作的干扰。(2)业务督导。能对心理教师的业务能力进行评估并指出努力方向；能组织心理教师进行教学研讨及个案分析；能指导下级心理教师在辅导过程中恰当地使用辅导技术。(3)心理教师个人心理健康督导。能评估下级心理教师个人心理素质，指出薄弱点；能觉察下级心理教师个人心理健康状况并协助排除职业原因造成的心理问题。

浙江省教育科学研究院朱永祥院长表示：我省广大中小学心理健康教育工作者在开展学校心理健康教育工作方面发挥着重大作用，但是心理健康教育仍然存在短板，如心理健康教育的效果和有效性有待进一步提高。人才队伍建设和教师专业化水平的提升，是保证心理健康教育工作有效性的重点和难点所在。建立中小学心理督导体系，是进一步推进全省中小学心理专兼职队伍专业化建设的需要，也是推动学校心理健康教育工作走向更加科学、更加专业的需要。

案例分析：

从本案例中可以看出，目前我国心理辅导教师的素质参差不齐，往往都以兼职为主，

[①] 何妍，张国宪.首开先河，中小学心理督导实现制度化、体系化——访浙江省心理健康教育相关领导和专家[J].中小学心理健康教育，2019(15)：4～9.

而且很多老师并未接受过专业培训,更不用说持证上岗了。而心理辅导专业化已是目前的发展趋势,因此必须培训专门的心理辅导教师。

1. 辅导教师要经过系统的专业培训

接受系统的专业培训是心理辅导师资专业化发展的必然前提。为了提高当前学校心理辅导教师的专业素质,保证心理辅导工作的专业发展方向,心理辅导教师必须进行系统的专业培训,以便提高专业素养和工作能力。

一个专业系统性的培训课程,应该包括以下四个方面。第一是理论学习。一个专业辅导教师必须掌握心理辅导工作专业理论,必须清楚并且能解释他操作行为背后的理念。这些专业理论包括教育学、心理学、社会学、咨询理论等课程,也包括心理辅导与指导方法、心理及行为测验法等专业技能课。第二是心理辅导教师本身的素质与修养,主要涉及辅导教师的专业责任与专业道德,同时,要培养辅导教师自身心理健康素质。培训要为学员提供自我探讨和自我成长的机会,使他们在深层次的自我反思中增强自我认识和自我觉察。第三是心理辅导的方法和技巧的训练,包括心理辅导与指导方法、心理及行为测验法等专业技能课。心理辅导教师必须通过培训掌握心理辅导具体方法。第四就是实习。接受培训的教师应该有机会接触一些案例,亲身了解心理辅导的过程,并接受培训专家的指导。

2. 心理辅导教师积极开展相关的科研活动

心理辅导在我国内地各级学校的发展还处于起步阶段,对心理辅导工作的许多原则、内容、问题与措施的研究大都出自有关专家学者之手,但专业化发展的师资素质要求辅导教师对自己在实践中遇到的问题进行研究,提高自己对这一领域专业知识与专业技能的掌握。具体而言,可以从以下几个方面着手提高辅导教师的素质。第一,辅导教师要有研究的意识。教师专业化发展的进程表明要适应教育工作未来发展的需要,适应教师作为专业工作者的角色要求,教师必须向研究型教师方向迈进。作为从事学校教育工作的辅导教师也必须适应这种形势,自觉地承担研究课题,研究辅导实践中出现的问题。第二,教育主管部门的相关机构应提供有关课题,并出台相关的措施,将辅导教师的资格考核与职称晋升和辅导教师对心理辅导工作的研究相联系。第三,加强专家学者与广大辅导教师的联系,并教给辅导教师有关的研究方法,对他们进行适当的科研训练。第四,为了使辅导教师了解学校心理辅导工作的发展趋势,了解新的进展,建议心理辅导教师参加相关的辅导机构或组织。

(二)学校应加强对心理辅导队伍专业化发展的支持

在国外,"学校心理辅导教师的地位仅次于校长,由校长直接领导,负责全校的心理咨询工作。学校心理辅导教师应与全体教师,特别是班主任紧密协作,形成相互信赖关系。学校心理辅导教师对学校教育工作具有决定性发言权"。学校组织内部的态度对心理辅导工作的开展起着至关重要的作用。没有学校的支持就没有心理辅导师资专业化的发展,也就没有心理辅导的发展。

(1) 加强与家长及社会人员的联系,增强家长与社会人员对心理辅导工作的认识,为开展工作创造良好的氛围。

(2) 学校心理辅导教师应加强与学校行政人员和教师关于心理辅导工作的沟通，定期举办校内或校际之间关于心理辅导工作的各种活动，取得学校行政人员与广大教师对辅导工作在观念上的一致与行动上的配合。

(3) 明确心理辅导在学校工作中的地位，健全学校心理辅导工作组织，有助于促进心理辅导教师的专业化发展。心理辅导工作不应在学校教育活动中扮演配角，而应成为学校工作的中心之一。

(4) 减轻心理辅导教师的工作负担，为心理辅导师资的专业化发展提供条件。首先，为了促进学校心理辅导工作的进一步发展，提高辅导教师的专业化水平，学校应尽量减轻辅导教师的工作负担，设置心理辅导岗位，配置心理辅导的专门教师，减少或取消心理辅导教师的兼职工作，使他们有足够的精力从事心理辅导工作与研究。

(5) 保证经费到位，设施完备。学校应为心理辅导工作提供充裕的经费，并做到专款专用；同时建立合乎标准的心理辅导场所与设备，购置必要的资料。

(三)教育行政主管部门加强对学校心理辅导工作的督导

除了学校的支持与保障外，教育行政主管部门也应加强对学校心理辅导工作的督导。

(1) 为了提高学校心理辅导工作的效果，实现心理辅导理论的本土化目标，构建符合我国国情的辅导理论体系，使现在开展的心理辅导教师培训具有更强的针对性，真正提高心理辅导教师的专业知识与专业技能，建议教育主管部门组织相关的学术机构或团体加强研究，统一辅导工作及其组织名称，参考现有的辅导理论，联系学生心理与行为发展的实际，建立一套完整而适合我国国情的辅导理论，并以此为基础探索适合中小学心理辅导教师的专业辅导技术。

(2) 切实加强对学校辅导工作的组织领导和督导。教育部要求"各级教育行政部门都应有专门人员负责或分管中小学心理健康教育工作"，建议教育行政部门成立专门的机构督导各学校心理辅导工作的开展，根据教育部的要求切实抓好中小学心理辅导师资的培养与培训工作，使心理辅导工作尽快走上专业化发展之路；切实监督学校妥善使用心理辅导专项经费；设置专门辅导人员，督导学校心理辅导工作的开展；遴选有关专家负责对学校的心理辅导工作进行督导与考核，并把此项考核作为评价学校工作的指标。

(3) 建议教育行政部门在岗位编制与经费上，对心理辅导工作有实际的支持。2000年教育部印发的《中小学心理健康教育指导纲要》要求大中城市学校设立心理辅导室，配置专门教师。为了提高心理辅导工作的实效，推进心理辅导师资的专业化发展，建议教育行政部门设置心理辅导岗位，聘用专职教师从事辅导工作；制定学校心理辅导设施标准，拨出经费，专款专用。在培训工作方面，鼓励与支持学校教师参与心理辅导相关的培训，为有志投身学校心理辅导专业的人提供足够的进修与学习机会。此外，设法培育高素质的培训人员，以期保证培训课程的水平。至于在研究上，人力的配置与经费的支持，也有待政府的鼓励与支持。

第二节　学校心理辅导工作的基本任务和职业道德

学校心理辅导，是运用心理学的理论和方法，帮助学生解决他们在生活、学习、交际、就业等方面遇到困难与挫折时而产生的心理困扰，并且要对有关心理障碍或者精神疾病患者进行初步诊断，进行及时的转介(即求助于专业的心理治疗、精神病治疗机构)。

应该说，绝大多数学生所产生的心理障碍或者说心理问题都属于正常范围，是他们成长中的"烦恼"。因此，我们需要面对广大学生，并深入到他们学习及生活的方方面面中去开展心理辅导工作。在这一工作的过程中，教育工作者与学生应建立起一种具有疏导、引导情绪作用的、和谐的关系，帮助学生分析内心的矛盾冲突，探讨影响其情绪和行为的原因，协助学生认识自己、接纳自己、欣赏自己，引导学生克服心理障碍、发挥个人潜能和创造性。这就是心理辅导工作的基本任务。

一、学校心理辅导的工作内容

(一)学校心理辅导的目标

学校心理辅导从目标上，主要包括适应性辅导和发展性辅导。

适应性辅导主要是针对学生在各个年龄阶段以及相应阶段的生活和学习中遇到的各种问题，结合他们的认知特点和行为特征，给他们提供一些必要的指导，帮助他们提高学习效率，处理好人际关系，学会自我心理调适，更好地处理环境变化带来的各类问题，增强对环境和自我的适应能力，从而能够很好地解决面临的现实生活问题，很好地完成各个时期的学习任务。

适应性辅导有以下几个特点。

(1) 辅导的对象是身心发展正常，但带有一定的心理、行为问题的学生。

(2) 辅导着重处理或解决的问题，是学生的正常需要与其真实状况之间的矛盾冲突。

(3) 强调教育的原则，重视辅导对象理性的作用。

(4) 工作侧重于学习指导、交往指导、生活指导、升学就业指导等方面。

(5) 辅导伴随学生学校生涯的整个过程，关注他们的身心健康，支持和帮助他们适应各阶段的学校生活，指导他们完成各年龄段的自我发展任务。

发展性辅导的目标主要在于帮助学生提高心理素质，健全人格，增强学生承受挫折、适应环境的能力。

(二)学校心理辅导的内容

学校心理辅导，就其内容来说，主要包括下列几个方面。

1. 学习辅导

学习辅导主要是帮助学生了解自己的学习潜能；改进学习方法和形成良好的学习习惯；培养有效的智力活动策略和自我监控智力活动的意识与技能；提高学习自觉性、兴趣和成就动机；考试辅导和学业成败归因分析等。因此，学习心理问题辅导很重要，具体的内容有以下几个方面。

(1) 学习目标的辅导。帮助学生了解自身学习的潜质，认识自己的学习个性，确立明确的学习目标。尤其需要引导学生了解职业教育的特点和培养目标，树立起职业理想。

(2) 学习动机、兴趣、态度的辅导。协助学生了解学习的社会意义和个人意义，培养其探索求知的欲望，发展学习兴趣，促使学生建立认真的、自觉的、自主的、创造性的学习态度。

(3) 学习志向以及专业定位。帮助学生确立适合自己的学习方向和专业，增强学生学习的动机以及成功的机会。

(4) 学习习惯的培养。帮助学生改变不科学、不合适的学习习惯。培养有组织学习与工作的良好习惯，提高学习效率。

(5) 学习方法和策略的辅导。指导学生刻苦钻研专业知识，正确地认识专业理论与专业技能之间的关系，引导学生发展出一套适合自己的独特的学习方法和策略。

(6) 学习计划与计划监控的辅导。帮助学生制订合理的学习计划，选择学习内容、分清学习主次、科学地安排学习和实践时间，使其具备监控计划执行的方法和能力。

(7) 考试心理辅导。指导学生正确地复习和应对考试，帮助学生消除考试心理障碍等。

此外，学习心理辅导工作不仅属于专职辅导员的工作任务，还应该由班主任、任课教师共同完成这项工作。

2. 生活辅导

生活辅导主要是帮助学生情绪宣泄和自我调控；如何面对生活事件；改善与家人、老师和同辈的关系。具体来说有如下几项。

(1) 生活适应辅导。怎样度过课余生活、合理消费；价值观、生活目标和态度辅导；帮助学生学会适应各种生活环境，养成正确的生活方式和习惯。

(2) 人际交往辅导。帮助学生正确处理与家长、老师、同学、朋友之间的关系，掌握人际交往的技巧，帮助学生解决人际交往中的心理障碍。

(3) 情绪管理辅导。包括情绪的调控、缓解压力、挫折适应等具体内容。

(4) 情感与性心理辅导。帮助学生面对青春发育，科学地认识自己在性成熟过程中的常见问题，并帮助他们排遣青春期性心理困惑和心理冲突，学会与异性正常地交往，建立科学的爱情观。

3. 性格修养辅导

性格修养辅导主要是帮助学生自我认识、自我接纳和完善自我形象；养成自立、自信和增强意志力；关心他人、合群和增长爱心；矫正不良行为习惯和性格。

4. 择业辅导

择业辅导主要配合学校职业指导工作，帮助学生解决职业规划、就业、创业等方面的问题。包括以下内容：帮助学生提高对其专业的认识及定位，对其未来职业的合理设计；帮助学生认识自己的职业倾向、职业个性、职业能力等，进行合理的职业规划；引导学生掌握求职技巧，实现顺利就业；帮助学生做好创业心理准备，培养良好的创业素质。

二、学校心理辅导工作的具体形式

心理辅导的形式是多种多样的，可以归纳为两大类：一类是团体辅导，另一类是个别辅导。这两类形式相辅相成、互为补充。

(一)团体辅导

团体辅导，是指辅导人员将具有同类问题的学生分成若干个小组或较大的团体，进行共同的商讨、指导或者矫正的辅导形式。常见的团体辅导形式有如下几种。

(1) 心理辅导知识讲座。可以请专家就全校或某一年级的学生共同关心的问题作心理健康教育报告,如就业焦虑心理分析以及应对技巧专题讲座。也可以班级为单位,由心理辅导老师讲解心理知识,如对新生进行的环境适应讲座,对中间年级的学生进行的学习策略、情感调适、人际关系处理、挫折应对等辅导讲座,对即将毕业的学生进行的就业心理辅导等讲座。

(2) 心理辅导专门训练活动。这是为开展心理辅导而专门设计的一种活动。其特点是:第一,专门为心理辅导而设计,其目的不同于一般的班级、团队活动;第二,以学生活动为主,不同于普及知识为主的心理讲座。这种方式灵活多样,深受学生欢迎。

(3) 在学科教学中进行的心理辅导。学生大量的心理困扰都产生于学习过程中,他们理应在教学中得到满意的解决。实际上,各科教材都蕴涵着不少适用于心理辅导内容的素材,教学过程中还会经常出现有利于心理辅导的教育情境。教师只要细心挖掘,善加利用,一定会收到心理辅导的实效。

(4) 主题班会与团队活动。班主任最了解学生,对学生的心理需求和心理问题最有发言权,因此,可利用班会形式,针对班级学生在成长过程中共同面临的问题设计出许多有特色的团体活动方案。例如,新生入学后的自我介绍会、适应辅导,学生毕业时的择业辅导等。

(5) 沙龙对话。这是一种由主持人、嘉宾、学生三类人员共同组成的群体,围坐在一起讨论、交谈大家共同关心的健康话题的一种辅导形式。

(6) 专栏辅导。这是通过"知心话"栏目、校园广播、校园网络、校园周刊、校园电视等大众宣传媒介对学生提出的典型的心理健康问题进行辅导的一种形式。

(7) 小组辅导。小组辅导是一组学生在辅导教师指导下讨论训练并有效地处理他们所面临的共同问题,其成员多为同年级、同年龄的学生,且都有类似的待解决的心理问题。

(二)个别辅导

个别辅导是辅导人员通过与学生一对一的沟通互动来实现的专业助人的活动,一般由专职的心理辅导人员进行此项工作,需要在学校辅导室里进行,常用的方式有个别交谈、通信或网络辅导、电话辅导、个案研究等。

个别辅导都是针对特殊学生所实施的一种比较深入的、持续时间比较长的辅导方式。这些特殊的学生包括资质优异、情绪困扰、行为偏差、家庭处境不利的学生。这种方法需要广泛收集资料,客观分析问题的性质与成因,依据诊断结果,拟定辅导方案,协助学生解决心理问题。

1. 个别心理辅导的过程

个别心理辅导的过程主要是建立辅导关系、确定辅导目标、制定与实施辅导方案和进行辅导效果的评估。

1) 辅导关系的建立

在影响心理辅导效果的因素中,心理辅导员和求助学生之间建立相互信赖的关系是保证心理辅导有效进行下去的关键因素。影响辅导关系建立的主要因素包括以下几方面。
①场面的布置:应力求干净、整洁、安静、不被别人打扰;如有条件,可以配备室内装饰

画，画面要表现自然、清新、积极向上的主题；摆放好座椅，放上杯子和纸巾等物品供求助学生使用。②心理辅导员自身需要做好准备：集中精力，保持平和的心态；要保持旺盛的精力，服装要得体、大方。③注意第一印象：初次会面，辅导员要把亲切、自然、友善、真诚的态度通过各种方式传递给求助学生，使其形成良好的第一印象。一般要做到注意倾听、目光专注，不做作，真诚平等地对待求助学生，说话语气亲切，语速适中。

2) 辅导目标的确定

目标要明确、具体。求助学生都希望有所变化，但对于哪些方面需要改变，能变化到什么程度等问题，他们往往是模糊不清的。心理辅导员可以就这些问题与求助学生共同探讨，有哪些不满意，哪些因素阻碍着辅导的发展，可以达到什么样的目的等，这些问题都要经过讨论，使辅导的目标更加明确、具体。但不要"头痛医头，脚痛医脚"。在辅导过程中，心理辅导员应该全面评估求助学生的问题，看到影响其发展的真正障碍，制定长远的发展目标，帮助其成长。

3) 辅导方案的制定与实施

心理辅导方案应包括三个方面的内容：首先要简单说明求助学生的基本情况和主要问题；其次说明初步的诊断结果；最后简洁具体地说明辅导的步骤以及预计获得的效果，并注明可能采取的辅导或治疗的方法。

4) 辅导效果的评估

经过心理辅导员和求助学生相互协商确立的目标或在辅导过程中调整的目的是否基本达到，是评估辅导效果的参照，也是判断辅导可否终结的标准。这是一项难度很大的工作，一般情况下，我们可以从求助学生的满意度和辅导结果的显著性等方面来评价辅导效果。可以由参与辅导的学生填写《效果评价表》，也可以选择心理测试结果的比较，或者求助学生自己对比参与辅导前后的情况进行效果评价。

2. 在个别辅导中需要运用的技术

1) 调动求助学生内在的积极因素

求助学生自身的信心和积极性是心理辅导成功的保证。心理辅导员不仅要让求助学生多关注自己的光明面，也要多立足于求助学生自身的潜力和价值，促使其自我发现、自我成长。在帮助求助学生树立信心的过程中，一方面要通过积极性语言给予鼓励，另一方面也要通过辅导员自身的行动来树立形象。如果心理辅导员能够保持态度镇静、语气自信，在注意倾听的基础上，抓住问题要害，给予有说服力的解释和指导，求助学生的信心也就会随之增强。不过需要注意的是，不能随意给求助学生一些不切实际的保证："你放心，你的问题包在我身上，我一定帮你解决。"

2) 启发引导求助学生独立思考

不少前来求助的学生所叙述的思想、情感、事件常常是模糊、混乱、矛盾、不合理的。这些常常是引起困扰的重要原因之一。因此，在辅导过程中应该注意澄清那些求助学生表达不清楚的观念和问题，把握真实的情况；同时，也促使求助学生弄清楚自己的所思所感。

在启发求助学生独立思考的过程中，当学生出现言行不一致，理想与现实不一致，前后语言不一致，辅导员与求助学生之间的意见不一致的时候，应该及时地指出来，并且引发学生积极地思考。心理辅导员可以采取开放式的询问方式："你认为为什么会出现这种结果？""你觉得这和你的个性有什么关系呢？""你怎么看待自己在这件事情上的责任呢？"

3) 妥善使用干预技术

心理辅导员在辅导学生的过程中，指导、表达个人意见和情感、解释以及自我开放等，都是一种干预技术，也称为影响技术。具体需要注意以下几个方面的问题。

(1) 表达技术，主要是辅导员用于传递信息、提出建议、提出忠告、给予保证、进行褒贬和反馈辅导员种种看法等。使用这一技术时，应当注意措辞的缓和、尊重。向求助学生告知自己的情绪、情感活动状况，让求助学生明了心理辅导员的内心体验时，可以采取情感表达技术。

这种表达可以针对求助学生，如"我觉得你很坦然"。也可以针对自己，如"我很抱歉没有听清楚你刚才的话""我理解，我曾经有过这种悲伤的感觉"。也可以针对其他的事物，如"我喜欢与人交朋友"。也可以表明态度，如"不必客气，我很愿意与你交谈"。

(2) 指导技术，这种技术是辅导员直接地指示求助学生做某件事、说某些话或以某种方式行动。这是最具影响力的技巧。

使用指导技术时一定要注意叙述清楚指导的内容是什么、效果会怎样；同时不要以权威者的身份强迫对方执行，指导式的言语和非言语行为会对求助学生产生极大影响。

(3) 解释技术，即运用某一种理论来描述求助学生的思想、情感和行为的原因、过程、实质等，以加深求助学生对自身的行为、思想和情感的了解，从而领悟问题的实质，提高认识，促使其改变。

三、学校心理辅导工作者的职业道德

教师的职业道德水平直接关系到亿万青少年的健康成长，关系到国家的前途命运和民族的未来。加强教师职业道德建设，提高教师的师德素养，对于确保党的事业后继有人和社会主义事业兴旺发达，全面建设小康社会，构建社会主义和谐社会，实现中华民族伟大复兴，具有十分重要的意义。

(一)职业守则

按国家职业标准规定，专职的心理辅导员必须具有普通心理学、社会心理学、发展心理学、心理咨询学、心理健康与心理障碍知识、心理测量学、职业道德与相关的法律等方面的基本理论知识，与此同时，还要接受正规的培训以掌握心理测验、心理诊断和心理咨询的相关操作技能。只有将理论知识与实践能力有机地结合起来，才能理解求助学生的困难是怎样形成的，矛盾冲突的根源在哪里，才能有针对性地协助学生分析问题，引导学生走出困境，促进学生人格的发展。学校心理辅导工作者要热爱本职工作，坚定为社会做奉献的信念，刻苦钻研专业知识，增强技能，提高自身素质，遵守国家法律法规，与学生建立平等友好的辅导关系。

(二)职业道德

所有的专业咨询者都必须遵守有关法律和所属专业组织所明文规定的道德准则，违反这些准则将导致失去专业组织的成员资格、吊销执照和法律诉讼。因此，学校心理辅导工作者作为专业人员也应该遵循一定的职业道德。

根据我国对咨询工作者的道德要求和相关规定，学校心理辅导工作者应该遵从以下职业道德。

(1) 学校心理辅导工作者不得因求助学生的性别、年龄、职业、民族、国籍、宗教信仰、价值观等任何方面的因素歧视求助者。

(2) 学校心理辅导工作者在辅导关系建立之前，必须让前来求助的学生了解心理辅导工作的性质、特点、这一工作可能的局限以及学生自身的权利和义务。

(3) 学校心理辅导工作者在对求助学生进行工作时，应与其对工作的重点进行讨论并达成一致意见，必要时(如采用某些疗法)应与学生达成书面协议。

(4) 学校心理辅导工作者与学生之间不得产生和建立辅导以外的任何关系。应尽量避免双重关系(尽量不与熟人、亲友等建立辅导关系)，更不得利用学生对辅导者的信任谋取私利，尤其不得对异性有非礼的言行。

(5) 当学校心理辅导工作者认为自己不适合对某个求助学生进行辅导时，应向该学生作出明确的说明，并且应本着对学生负责的态度将其介绍给另一位合适的心理辅导者或医师。

(6) 学校心理辅导工作者必须始终严格遵守保密原则。

四、学校心理辅导工作中需处理好几大关系

学校教育是一个系统工程，心理辅导只不过是其中的一个子系统。因此，为使心理辅导发挥应有的作用，在当前要特别注意顺它与学校其他方面工作的关系。同时，又要使其内部各项活动得到协调。

(一)学校心理辅导与教学工作、德育工作的关系

学校教学工作的主要任务是教师按照教学计划、教学大纲和教材的规定，系统地向学生传授各门课程的基本理论、基本知识和基本技能，并结合教学活动培养与发展学生的相关智能和心理品质。

学校德育工作包括思想政治教育和道德规范教育。目前，我国学校德育教育强调的是要向青少年学生进行爱国主义、社会主义和集体主义教育，要树立民族自尊、自信、自强、自立精神，要继承和发扬自力更生、艰苦奋斗的优良传统，逐步形成正确的世界观、人生观和价值观，努力造就有理想、有道德、有文化、有纪律的社会主义建设者和接班人。

学校心理辅导的主要目标，是辅导人员从受辅者的实际出发，协助、引导受辅者去正确认识自己、接纳自己，正确认识环境和未来，学习面对困难和挫折，协调人际关系，维护和恢复心理平衡，促进身心健康，增强生活的适应性。其终极目的是使受辅者的潜力得到充分的发挥，为品德和才能的进一步发展奠定了良好的基础，并能依据自己的特点、环境和机缘，去选择既有利于自己，又有利于社会的人生道路，以便愉悦、有效地过属于自己特有的生活。

(二)学校心理辅导中的面向全体学生和关注个别的关系

处理好心理辅导面向全体学生和关注个别的关系,实际上也就是要使心理辅导的计划,首先以广大学生为对象,从多方面、用多种方式来促进他们的身心健康,减少或避免心理疾患和问题行为的发生,以达到大面积地实现心理辅导的基本目标,充分显示其发展性和预防性。而关注个别有两层含义。第一层含义是辅导要重视个体的差别,要因人而异。因为,同一群体的学生,他们的心理与行为虽有某些共性,但是每一个人又由于遗传素质、家庭环境、个人生活经历,以及所遭遇的生活事件等的不同,从而在智慧、能力、兴趣、主导需要、性格、自我观念以及健康状态等方面有许多独特性。第二层含义是关注个别,认真做好个案研究。个案研究的对象是学生,通常是学校的特殊学生、适应不良的学生。开展个案研究,积累个案资料,有利于深入探讨个别化辅导方面的经验,提高个别辅导的实效。

第三节 学校心理辅导的工作评估

学校心理辅导的工作评估,是运用科学的方法和手段收集有关学校开展心理辅导工作的客观资料,了解其目标达成情况,并对其效果和存在的问题作出符合实际并恰如其分的评价的工作[①]。进行评估工作可使上级行政部门准确了解所属学校开展心理健康教育的实际成效,便于确定下一步工作重点,为科学决策提供可靠依据;还可对学校在心理辅导教育方面所取得的成绩与不足及时明示,起到示范和导向作用;此外,评估结果可以用于向上级有关部门、学生家长及社会宣传心理辅导教育的意义和作用,以期获得各方面的理解与支持,更好地开展这项工作。

一、学校心理辅导工作评估的内容

学校心理辅导的工作评估主要包括对心理辅导课程、心理辅导活动和心理辅导的组织管理等进行评估。

(一)评估心理辅导课程

对于心理辅导课程的评估主要包括对课程设置、心理辅导课教师和教学效果的评估。

(1) 评估课程设置。主要包括课程开设的目的、具体内容、教材的选择与编写、授课时间与安排等。

(2) 评估心理辅导课教师。主要包括教师的任职资格和专业水平,对教学原则、教学过程和具体方法的掌握及运用情况,教师的教学能力、教学机智性与灵活性,教师的交往能力,教师的心理健康水平及教师的教学态度、责任感和职业道德等。

(3) 评估教学效果。主要包括通过教学活动学生是否主动接受了教学内容,产生了共鸣,并努力变成自己的行动,达到了接受教育、互相教育和自我教育的目的。同时,通过教学活动,潜移默化地提高了广大学生的心理健康水平,提高了主动学习能力和人际协调

---

① 傅文第. 试述学校心理健康教育评估的内容与程序[J]. 吉林教育科学·普教研究,2001(3).

能力。教育效果有一个反映过程。因此，对教育效果的评估不能脱离教育过程，可用座谈、问卷和测验的方式分层面加以评估，这样才能做到公正、客观、合理。

(二)评估学校心理辅导活动

对学校心理辅导活动的评估包括以下几个方面。

(1) 学校心理辅导工作者的资格与比例。主要包括学校心理辅导工作者的人数、学历、职称、工作年限、培训经历、咨询与辅导技术、能力与职业道德等。

(2) 学校开展各项心理辅导教育活动的记录及效果。主要包括学科渗透心理辅导教育的情况，学生团体与个体心理辅导与咨询的记录，辅导的过程与最后结果，学生"悄悄话"信箱的具体内容，家长的反馈意见，对个别有心理疾病的学生是否提供转介服务，转介资料是否完整，学生自办的墙报、广播、手抄报情况及在各种文体活动中开展心理健康教育的情况等。

(3) 具有完整的学生资料。主要包括：①学生一般情况记录，如家庭情况、成长与健康情况、学习情况、品行情况等；②学生心理档案的建立、班主任的学生观察日记、对学生进行心理健康教育前后的效果等；③学生资料是否完整，学生学习、生活档案是否规范等。

(4) 场地、设施及经费支持情况。主要包括心理辅导室是否建立，位置是否适当，空间大小是否合适，必备设施是否齐全，是否充分利用及经费是否有保障等。

(5) 心理辅导工作者的自我提高情况。主要包括心理辅导工作者是否对心理咨询与辅导方法的选择、过程及结果经常进行分析、评估；是否有自我评价记录和改进措施；是否切实按照改进措施进行工作，并有进一步的效果评估记录等。

(三)评估学校心理辅导的组织管理工作

学校心理辅导工作评估除了对心理辅导课程和心理辅导活动的评估外，还包括对心理辅导工作的组织和管理情况进行评估。

(1) 学校心理辅导教育领导小组。是否建立了以校长牵头、以副校长(或政教主任等)具体主抓、教工代表参加的学校心理辅导教育工作小组。工作目标是否明确适宜，校长对心理辅导教育工作组的管理、培训、帮助是否到位，小组成员是否真正履行了职责。

(2) 学校心理辅导教育工作计划的制订。学校要开展心理辅导教育工作，首先必须有一个切实可行并贯穿若干年的工作计划，说明工作的重点及主要工作项目。在形式上要简明、扼要、具体可行；在内容上要有明确的目标、重点，切合学生需要，并与学校教学任务相配合；在对象上要具有整体性、连续性；在功能上要具有发展功能、预防功能和矫治功能。

(3) 专、兼职心理辅导教师的培训与提高。主要包括专、兼职教师的脱产与半脱产培训、学历与非学历培训，参加各种学术会议及科研活动等。

(4) 教育效果评估。由于学生受教育环境、家长、居住环境、大众传媒及自身素质等多方面的影响，对教育效果只能从教育过程、教育付出的努力和教育结果等方面综合评估。

二、学校心理辅导工作评估的基本程序

学校心理辅导工作评估主要包括编制评估表、收集评估信息、进行评估和反馈评估结果四个基本程序。

(一)编制评估表

进行科学的评估,首先必须制定准确而客观的评估依据即评估表。评估表的编制一般要经过这样几个步骤,即确定评估指标体系、确定评估指标的评价标准、确定各级子目标的权重、确定评估表的编排方式及评定说明。

(1) 确定评估的指标体系。制定评估表的第一步,是确定评估的目标并对目标进行多级分解,确定评估指标体系。一般来说,学校心理健康教育工作从计划、实施、成效三个方面可划分为领导重视、师资素质、活动场地与设施、教育过程、教育效果五个指标。

(2) 确定评估指标的评价标准。确定评估指标体系后(一级、二级或多级),还要确定各个指标的评价标准。一般分可为优、良、中、及格、差。

(3) 确定各级子目标的权重。为了在评估过程中反映出不同目标在整个评估体系中的重要程度,需要确定各级子目标的权重,即权衡不同目标的重要性。比较重要的目标占的分数比例较高,而相对次要的子目标所占的分数比例相对较低。

(4) 确定评估表的编排方式及评定说明。评估表的编排,多采用并列直进式,即依照评估体系中的一级指标划分为几个部分,每部分中各级指标按权重分别排列。一个评估表大致包括一级目标、二级目标、三级目标……评估具体方法、标准、等级分值、总分计算方法和备注等栏目。

一个完整的、科学的评估表还要有编制说明,具体介绍评估方案制定的理论依据、评估目的、总体框架设计、实施的基本方式、具体方法、对评估者的具体操作要求等。

(二)收集评估信息

收集信息,是评估活动中的重要环节,通过收集信息,一方面可以完成评估表的具体内容,给出总体分数;另一方面可以提供相关信息,为写好评估报告作准备。一般可以通过以下几种方法获取信息。

(1) 听取汇报。评估者(评估团)可听取校长或学校心理健康工作负责人汇报工作,内容主要以评估指标体系中的内容为主,汇报要言简意赅,不要用"效果较好"等模糊语言,要用具体事实和准确数据说明。同时评估者还可以根据评估内容提出问题,让当事人回答,也可以提出建议,以便今后改进工作。

(2) 实地考察。评估者可观察校园环境、校领导和师生的精神面貌、校内人际关系及课堂心理气氛,察看心理辅导室的场地和设施、师生在心理活动课上的表现、在学校开展各项活动中渗透心理健康教育的情况等。

(3) 查阅有关资料。评估者可通过查阅心理健康教育的实验档案、工作记录、工作计划、心理辅导教案、心理辅导与咨询(团体与个体)全过程记录、学生心理档案、心理辅导者自评记录、各种心理健康教育活动记录及获得的各种荣誉证书等,对学校进行全方位了解。

(4) 问卷调查。评估者可设计问卷,向学校心理教育工作人员、教师、学生、家长发

放,了解学校开展心理健康教育工作情况及结果。如教师、家长对心理健康教育工作重要性的认识和支持程度,对工作计划的了解和执行情况,对教育方法、辅导技术的学习、掌握情况;学生对心理辅导的满意程度,在心理辅导课上的参与程度及收获大小;教师、学生对学校心理辅导室的了解程度,教师的辅导技术及学生的利用率等。

(5) 测验。可通过笔记或口试,测查心理辅导工作者的专业知识及对学校心理健康教育的理论认识程度。

(6) 召开座谈会。通过以上几种方法收集的信息,主观色彩较浓,还不足以了解学校开展此项工作的具体、详细和真实的情况,因此,还必须通过评估者与被评估者双向交流,才能获得更准确的信息。评估者可随时抽取部分教师、学生分别召开座谈会,根据事先拟好的座谈提纲,深入了解此项工作的进展情况。

(三)进行评估

了解情况工作结束后,应根据评估表及收集的相关信息给出评估总体分数和分析报告等评估结论。因为评估是评估者根据收集来的材料进行的主观判断,较容易产生评估误差。因此,在得出评估结论之前,首先要选好评估人员。每个评估人员都应该是教育界某方面的专家,应该精通学校心理健康教育方面的相关知识。其次,评估前,要向全体评估人员讲解评估表的制定情况,确定评定标准。最后,对材料的收集要做到全面、真实、客观、不带个人感情色彩。

(四)反馈评估结果

评估结束后,对评估结果应及时进行整理和解释,要形成一个结论报告,叙述被评估学校心理健康教育工作的整体水平、工作的优缺点,并提出改进意见和建议,帮助学校不断提高心理健康教育工作水平。

本 章 小 结

学校心理辅导,是指学校心理辅导人员运用其专业知识和技能,给学生以合乎其需要的协助与服务,帮助学生正确地了解自己、克服成长中的障碍并能充分发挥其潜能。本章主要从学校心理辅导工作的有效开展出发,介绍了学校心理辅导队伍及心理辅导室的建立,进而阐述了学校心理辅导工作的基本任务和职业道德,最后,对学校心理辅导的工作评估和课程评价作了详细论述。

思考与练习

一、思考题

1. 什么是学校心理辅导,学校心理辅导的任务是什么?
2. 结合你所在学校的实际情况,谈谈学校心理辅导室应如何设计和布置。

二、案例分析

小明是初三的学生，14 岁，活泼好动，待人热情，天资聪明，父母都是干部，文化素质较高，也比较疼爱他。他从小生活得很开心，学习成绩也较好，但长大后因父母工作忙，彼此见面、沟通的时间减少。初一时因过于讲朋友义气曾为一位干坏事的同学"放哨"，被记过处分，后由于表现好而撤销处分，但他一直放不下这件事，总感到自卑，在人前抬不起头来，很想甩掉这个思想包袱，但又无法做到，心中蒙上了一层阴影。现在他的学习成绩开始下降，体质也不如以前，还经常出现焦虑情绪，尤其是说话的时候常常说了半句，欲言又止，心中好像压了一块大石头。

针对本案例，试分析小明的心理问题是什么，如何对他进行辅导和帮助。

三、实践活动

调查了解你所在学校心理辅导工作开展的情况，写一份总结报告。

实 践 课 堂

上海市交通学校心理辅导室工作总结[①]

上海市交通学校心理辅导室自 2002 年成立以来，在校领导的高度重视和全体心理辅导教师的共同努力下，为广大学生疏解心结、使他们健康成长做了许多工作，也解决了不少易于发生的冲突甚至极端的事件。这支队伍在实践中经过不断探索、总结经验，由不成熟到逐渐成熟，目前已成为学校工作不可缺少的一部分。

一、队伍建设和机构设置

在学校的管理和决策中，心理健康教育一直占据着重要地位，被纳入学校行政和党务工作计划中，学校建立了一支由 14 名兼职辅导教师组成的强有力的心理辅导教育工作队伍。

学校还投入了一定的资金将心理辅导室的环境布置得温馨、典雅，该室集阅览、松弛、咨询于一体，添置了建档用的电脑，为有针对性地开展心理健康教育工作奠定了坚实的基础，使我校心理健康教育工作进一步规范化、科学化。

二、心理健康教育工作

(1) 坚持心理辅导值班制度。心理辅导室坚持每天 12:00—13:00 定时开放。每天 20:00—21:00 点，健全每周至少 4 天的值班制度和咨询案例登记制度；开通"知心朋友"电子信箱，做到有信必回。利用晚上的时间，继续开通 BBS(心理聊天室)。定期将工作情况报校领导和有关部门。

每学期都将心理辅导室的值班表发送至各学生，并在校报、校园网上公布。以预约、信函解答、网上咨询等方式及时提供帮助和服务。在学校强化学生有心理困惑就去心理辅导室寻求帮助的意识。坚持定期对具有明显心理障碍的同学摸底汇总，积极进行早期干预、处理。

(2) 心理健康教育进课堂。从 2003 年开始，学校开设了心理辅导课，构建课堂教学模

---

① http://www.rxyj.org/html/2010/0123/395824.php.

式。三年来，心理辅导课更加规范化，制订了教学大纲和授课计划，授课内容包括学习、人际交往、应对不良情绪等。今年对中职班的心理辅导课进行改革，采用教学与心理测试相结合、注重师生互动等贴近学生、贴近生活、贴近实际的方式教学，收到了一定的教学效果。

(3) 积极参加上海市心理辅导活动。
① 承担上海市中职心理热线网站"心语小屋"板块的组织开展工作。
② 完成与中职院校联合的《心理辅导》校本教材编写工作。
③ 心理教师参加市中职心理教案等评比获奖。
④ 作为团体会员能按时交纳会费。

(4) 创办心理健康教育专刊。为广泛宣传心理健康知识，提高学生对心理健康教育重要性的认识，保证学校整体工作迈向新台阶，使广大师生对心理辅导室的各项职能及工作安排有更深入的了解，面向广大教职员工、学生及外省市院校，创办了一期心理健康教育专刊，共印刷1500份，这项工作于2005年6月中旬顺利完成。

(5) 定期聘请专家为学生举办心理健康知识讲座。

(6) 成立了学生心理互助协会，加强了心理辅导工作的宣传力度。协会的主要任务包括：①配合心理辅导室做好心理健康教育宣传工作；②负责各班心理辅导信息员的联络工作；③参加心理健康培训工作；④配合心理辅导室做好中职心理热线的管理工作；⑤配合心理辅导室组织学生各项活动。

(7) 组织学生进行心理测试。2004年与上海交通大学心理辅导室联合进行了学生心理素质状况的调研，向学生发出问卷材料400多份，为加强学生心理素质状况的研究提供了宝贵资料。

(8) 举办了心理健康教育宣传画展，使学生在欣赏中受到了教育。

(9) 定期组织心理辅导工作交流，形成个案分析集。

总之，广大心理辅导教师将本着理解与尊重、爱护与保密相结合的原则，尽力为广大学生创造良好的心境，使他们健康成长，为我校心理辅导工作再上一个新台阶而努力工作。

推荐阅读

1. 刘华山. 关于心理健康教育课程评价标准的思考[J]. 河南教育(基教版), 2006(5).
2. 邓晓红, 严瑜. 学校心理咨询与辅导[M]. 武汉: 华中科技大学出版社, 2006.
3. 钟志农, 刘鹏志, 周波. 高中生心理辅导案例解析[M]. 上海: 华东师范大学出版社, 2007.
4. 周蓓, 雷玉霞. 大学生心理健康案例教程[M]. 北京: 人民邮电出版社, 2012.

第十章课件

拓展阅读

附录二维码